U0679565

International Marketing

浙江省高等教育重点建设教材
应用型本科规划教材

国际市场营销学

（第三版）

International Marketing

李亚雄 张启明 徐剑明 编著

ZHEJIANG UNIVERSITY PRESS
浙江大学出版社

前　言

　　《国际市场营销学》从 2007 年出版至今,一直以来得到了浙江大学城市学院的大力支持,得到了各个高等院校专家和同行的认可,得到了浙江大学出版社的鼎力发行。《国际市场营销学》于 2007 年获评浙江大学城市学院的重点规划教材,2011 年又纳入了浙江省"十一五"重点规划教材,获得了较好的社会效果。

　　在教材建设的同时,我们又进行了"国际市场营销"的精品课程建设,在此,我们在前面两个版次的基础上,把教材建设和课程建设的成果均融入进来,进行《国际市场营销学》教材的再创作。

　　此次教材的创作,我们重新对《国际市场营销学》的理论体系进行了梳理,重新建构了框架与结构,补充了很多新的知识点,并结合各部分知识的特点,灵活地运用了"知识链接"、"营销故事"、"思考提示"等贴士,以克服专业教材的枯燥感,增加可读性与看点,主要的创新点是:

　　1. 学科发展的导向。根据学科的最新发展,我们对教材的体系、结构和知识的顺序进行了调整。合并原来的第一章与第二章,把国际市场营销的基本概念、理念与任务进行整合,有利于学生树立全球化意识;在国际营销的地理环境分析中,我们加入了历史的视角;根据国际经济组织与跨国市场的内在逻辑关系,把原来的"国际组织"与"跨国市场"章节整合为"国际区域市场",契合区域经济一体化的理论逻辑,可以让学生清楚地理解国际经济组织在打破国家市场界限中的作用,以及对国际营销的深远影响。根据市场营销理论的最新进展,在借鉴传播学的理论基础上,我们把国际营销的促销策略分为"国际营销大众传播策略"和"国际营销个人传播策略",并独立成章,有利于对最新的、与互联网相关的促销方式进行研究,以符合全球化时代个性化营销满足个性化需求的特点,因为促销的实质就是信息的传播;把对国际市场营销的计划、控制和组织放在了全书的最后,因为在教学中我们发现,学生在不了解国际营销的具体策略和战术的情况下,无法理解战略性的职能和作用,所以我们充分关注了学生对知识的掌握习惯和心理顺序,以期更好地提高教学效果。

　　2. 教学的导向。编写教材就是为了满足教学的需要,我们把建材建设与课程建设相结合,把两者的建设成果均纳入教材的编写中。目前高等院校中对核心专业课程的设置均受到学分和课时的限制,为了方便老师的教学安排,我们突出国际市场营销学的重点,给出清晰的框架和逻辑,便于教师的教案准备。

3. 研究的导向。国际营销不是国内营销的延伸,目前已经成为独立的、具有明显研究范式的学术领域,在教材的编著中,我们借鉴并参考了大量的学术研究成果,并对新的理论、新的观点进行吸纳,把教材建设作为一种学术研究的载体和展示。

4. 务实的导向。这是我们一直坚持的原则,在此次编著中,我们仍旧一如既往,体现着国际市场营销学的科学性、实践性、实务性。

5. 视角效果的导向。此次编著我们特别邀请了浙江大学城市学院创意与艺术学院的刘双花老师为教材制作了插图,以期打破传统教科书死板、枯燥、艰涩的印象和感觉,增加可视性,提高阅读的视觉享受,"寓乐于教",算是我们对教材编著的一次大胆的尝试和探索吧,希望能够得到同行与学生的认可。

6. 全球化的导向。我们仍旧坚持"文化—环境"的分析框架,按照广义的文化概念,分析国际市场营销的特殊性和问题,依据全球一体化的趋势,体现全球营销的特点。

全书分为十四章:第一章,国际市场营销概述(浙江大学宁波理工学院胡松华撰写);第二章,国际市场营销环境——历史与地理(浙江大学城市学院李亚雄撰写);第三章,国际市场营销环境——文化(浙江大学城市学院李亚雄撰写);第四章,国际市场营销环境—政治(浙江大学城市学院李亚雄撰写);第五章,国际市场营销环境——法律(浙江大学城市学院周蔚撰写);第六章,国际市场营销环境——国际区域市场(浙江大学城市学院李亚雄撰写);第七章,国际营销调研(浙江大学城市学院李亚雄撰写);第八章,全球目标市场选择与进入战略(浙江大学城市学院李强撰写);第九章,满足全球市场需求的产品策略(温州大学城市学院张启明撰写);第十章,国际营销价格策略(浙江工商大学徐剑明撰写);第十一章,国际营销的分销系统(浙江工商大学徐剑明撰写);第十二章,国际营销的大众传播策略(温州大学城市学院张启明撰写);第十三章,国际营销的个人传播策略(浙江大学城市学院李亚雄撰写);第十四章,国际市场营销的计划与组织(浙江大学城市学院李强撰写)。书中所用的指示性图标与版式风格均由浙江大学城市学院创意与艺术学院的刘双花老师设计,全书由浙江大学城市学院李亚雄负责大纲的制订和定稿。

感谢浙江大学城市学院的领导及各位老师的鼎力支持,感谢温州大学城市学院、浙江工商大学、浙江大学宁波理工学院各位编写老师的智慧贡献和创造力。特别感谢的是浙江大学城市学院创意与艺术学院的刘双花老师,她的创造性思维能力与设计能力使我们实现了大胆的突破、视觉的新颖。感谢浙江大学城市学院国际经济与贸易专业 2008 级谢钰洁同学的精心排版!

　　全球化时代日新月异,不断给理论提出新课题和新挑战,我们只能孜孜以求,不断超越自我,才能紧扣时代的步伐。以此共勉!

浙江大学城市学院　李亚雄

2012 年 5 月 20 日

全书的结构

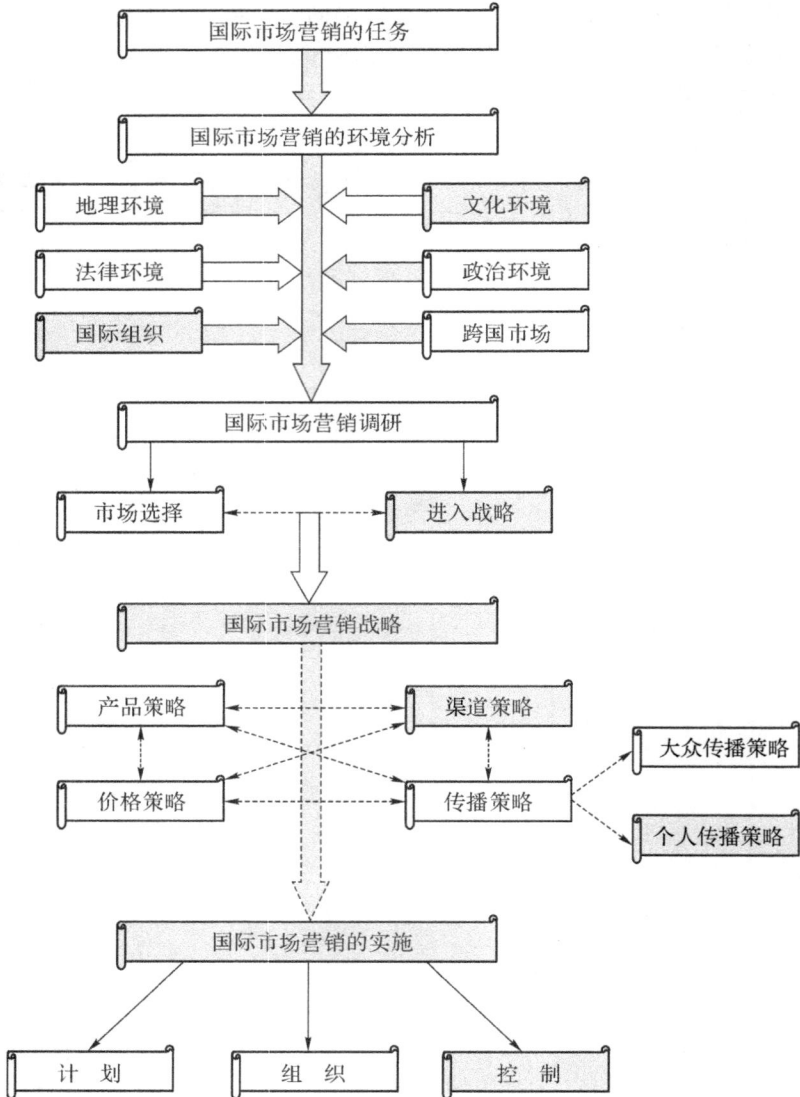

目　录

第 1 章　国际市场营销概述

学习目的

　　本章是对国际市场营销学的全面概述,为学习本课程,从事国际市场营销活动奠定理论和体系基础。

教学要求

知识点	能力要求
国际市场营销与国际市场营销学的定义	正确认识国际市场营销的含义和特点;熟悉国际市场营销学的理论体系
国际市场营销的任务	熟知国际市场营销的决策因素及其任务
国际市场营销观念	正确理解国际市场营销观念及其实践指导意义
国际市场营销的发展过程与全球营销趋势	了解国际市场营销活动的发展过程和全球化趋势,掌握企业进行国际营销的原因和方式

核心概念

　　国际市场营销(International Marketing)

　　出口营销(Exporting Marketing)

　　市场延伸(Market Extension)

　　多国市场(Multidomestic Market)

　　全球营销 (Global Marketing)

　　民族本位(Ethnocentrism)

　　多本位(Polycentricism)

全球本位(Geocentrism)
自我参照标准(SRC)
外向型国际化(Externally oriented international)
内向型国际化(Introverted international)

营销故事

　　美国皮尔斯伯公司(品食乐)是一家具有全球眼光的跨国公司,在印度,该公司利用一种玩偶 Doughboy 来销售该公司刚刚在美国市场上遭受遗弃的产品——面粉。皮尔斯伯公司的母公司是通用磨坊公司。公司在世界各地推销各种产品,如可以用微波炉烘制的比萨饼,利润丰厚。但是该公司发现,在印度这个深受传统影响的市场上,公司只能销售做饼的原材料——面粉。

　　虽然如此,在印度销售袋装面粉也是具有革命意义的,因为大多数印度的家庭主妇仍然购买散装的粗小麦,用手洗,然后将其储存在大的有金属盖的提篮中。他们会每周提一些粗小麦到附近的磨坊(印度人称为 chakki)去,在那儿,人们把麦子放在两块石头之间磨成面粉。

　　为了让公司的玩偶去亲近那些家庭主妇,公司为玩偶 Doughboy 乔装打扮。在电视广告中,Doughboy 双手合十,以印度的传统祝贺方式鞠躬行礼。它还能说 6 种地方语言。

　　资料来源:[美]卡尔·麦克丹尼尔等著:《市场营销学》,世纪出版集团 2009 年版

思考提示

　　国际市场营销是国内市场营销在国际市场中的延伸与扩展,是企业所进行的跨越国界的经营销售活动。面对海外市场的一系列陌生问题,国际营销活动因而具有了特殊性。

1.1　国际市场营销的概念

1.1.1　国际市场营销的含义

国际市场营销是指对产品或服务进入一个以上国家或地区市场的过程进行计划、定价、促销、广告等,以实现企业利润目标的商业活动。从发展历程来说,国际市场营销是国内市场营销在国际市场中的延伸与扩展,是企业所进行的跨越国界的经营销售活动。因此,营销的概念、过程与原则具有普遍性,无论在美国的旧金山,还是在太平洋的斐济岛,营销经理的任务都是相同的。区别不在于概念的不同,而在于实施营销计划的环境不同。面临海外市场的一系列陌生问题,如,地理区域的分散与广大、文化的多样性以及政策法规的限制等,国际营销因而具有了特殊性。

从学科角度来讲,国际市场营销学是研究以国外顾客需求为中心,从事国际市场活动的国际企业经营销售管理的科学。具体说,是研究企业如何从国际市场顾客需求大的角度出发,依据国内外不可控的环境因素(人口、经济、政治法律、社会文化及竞争环境等),运用企业可控因素(4Ps)制定、执行和控制国际营销计划,实现营销目标的管理过程。主要内容包括:国际市场营销环境分析、国际市场营销战略规划(市场调研、市场细分与目标市场的选择等)、国际市场营销组合策略和国际市场营销的计划、组织和控制。

国际市场营销是在国际市场上从事商品生产与交换活动,国际市场是通过国际贸易联系起来的各国市场总体,因而国际市场营销学与国际贸易学有着密切的联系。但是,国际贸易是指各国之间产品和劳务的交换,主要着眼于国家的权益,而国际市场营销则是以企业为主体从事国际市场的商品和劳务的交换活动,主要是以企业利益为基础的生产经营活动,因而,在市场主体、理论基础、生产经营特征、商品交换范围、利益机制等方面,都有不同的特点。美国经济学家费恩·特普斯特拉(Ven Terpstra)对此进行了详细比较(见表 1.1)。

表 1.1　国际市场营销与国际贸易的比较

内　容	国际贸易	国际市场营销
1.行为主体	国家	公司或企业
2.产品是否跨越国界	是	不一定
3.动机	比较利益	利润动机
4.信息来源	国际收支表	公司账户
5.市场活动		
①购销	是	是
②仓储、运输	是	是
③定价	是	是
④市场研究	一般没有	有
⑤产品开发	一般没有	有
⑥促销	一般没有	有
⑦渠道管理	没有	有

资料来源：维恩·特普斯特拉：《国际营销》，中国人民大学出版社 2006 年版

1.1.2　国际市场营销的特点

国际市场营销活动的舞台是世界市场，由于世界各国的政治经济制度不同，经济发展水平高低悬殊，社会文化和语言环境差异大，法律制度各具特点，因而呈现出纷繁复杂的情况。国际市场营销专家认为，研究国际市场经营的实质，不在于采用什么营销技巧，关键在于分析和掌握国际市场多种多样的营销环境，并在此基础上采取有针对性的营销战略。国际市场营销的特殊性，择其要者有：

①营销环境的差异性。各国在经济、政治、文化等方面都存在一定的差异，因此市场需求千差万别，要求营销决策应因地制宜。

②营销系统的复杂性。构成国际营销系统的参与者既有来自本国的，又有来自东道国的，还有来自第三国的，它们比国内营销更为复杂。同时，市场容量大，竞争激烈。

③营销过程的风险性。由于环境的差异，国际营销人员无法确切地把握国外市场的情况，营销活动要经受远比国内市场大得多的风险。主要包括政治风险、交易风险、运输风险、价格风险、汇率风险等。

④营销管理的困难性。国际营销活动中需要对各国的营销业务进行统一的规划、控制与协调,使母公司与分散在全球各国的子公司的营销活动成为一个整体,实现总体利益最大化,地理上的距离与文化上的差异,均给营销管理带来一定的难度。

1.2　国际市场营销的任务

营销故事

文化适应是国际市场营销的公认准则,而标准化带来的利益又如此诱人,美国企业的高明之处在于它们极力追求全球标准化运作,但并不排斥差异化的适应战略。麦当劳在全球取得成功的重要经验,就是把品质、工艺、服务、标识、广告和环境等标准化,世界各地的 25000 多家麦当劳餐厅都执行同样的标准,但食品品质的标准化并不排斥口味的多样化,麦当劳的汉堡包、炸薯条等主要食品的口味是全球统一的,但是麦当劳也根据各地顾客的口味推出一些仅在一定区域内提供的新产品。再如可口可乐饮料在全球都保持着统一的口味,但在国际广告中它也考虑各国文化的差异,可口可乐公司一个深受好评的广告表现了橄榄球运动员琼·戈芮尼在艰苦的比赛后把他的运动衫赠给一位给他一瓶可乐的小男孩。但在南美洲,广告的主角换成了阿根廷球王马拉多纳,而在亚洲则使用了泰国的足球明星尼瓦特。同样,宝洁公司在根据日本婴儿体型较小这一事实对婴儿一次性尿布进行改造后,在日本获得成功,但其全球战略的基本点仍保持不变。

资料来源:http://www.cntexu.com/

思考提示

国际市场营销的实质是企业使用其决策中的可控因素去适应客观环境中的不可控因素,以达到营销的目的。大凡营销成功的企业都能很好地完成这个适应过程。

1.2.1 国际市场营销决策的因素

国际营销经理在进行国际营销业务的决策时必然面临国内环境与国际环境中的不确定因素。不确定性是由环境中的不可控因素造成的，而海外国家市场比国内市场又会有一系列特殊的不可控因素，因此国际营销经理的任务比国内营销经理要复杂得多。

图 1.1 说明了国际营销经理所面临的决策因素。决策因素的内环代表国际营销经理的可控区，即国际营销组合方案，在公司拥有必要资源的前提下，可通过对营销组合的综合运用，获取目标利润；决策因素的外环代表国内、国外环境所造成的不确定性，调整营销组合以适应不可控因素的努力程度，决定了最终营销成果。

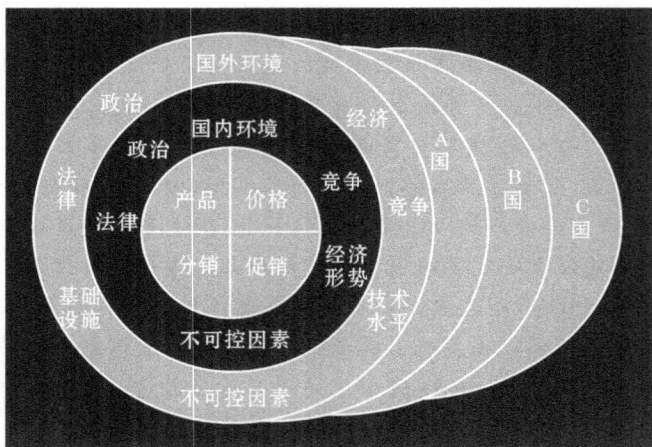

图 1.1　国际营销的任务——营销决策因素

（1）国内环境因素

国家的政治决策对公司的国际营销成败具有直接的影响。例如，中国政府决定加入 WTO，获得了国际贸易中的"正常贸易关系地位"（PNTR），使得许多中国纺织服装企业能够突破美国与欧盟的贸易壁垒，包括数量配额等，从而使国际市场份额获得迅速增长。而中国政府对于能源产品或战略性原料限制性出口的政策，对于制造这些产品的中国公司的国际营销计划构成了限制性因素。根据美国宪法，当某项贸易对美国的安全或经济具有不利影响时，或者与美国的对外政策相抵触时，美国政府有权加以限制。例如，美国政府对于高科技产品对华出口的限制政策,美国政府对于古巴、利比亚(已取消)、朝鲜等国的经济制裁政策。

国内经济形势是国内环境中的一个重要的不可控变量,对公司在海外市场的竞争态势具有重要的影响。因为,对外投资的资本形成往往得益于国内经济的增长与活力。如果国内经济恶化,本国政府就很可能限制对外投资,以便振兴国内经济。此外,汇率的变动对国际营销将产生直接影响,例如人民币升值预期给许多出口导向型的中小中国公司带来了困惑,并降低了它们的赢利能力和增加了它们的汇兑风险。国内竞争形式也会对国际营销决策产生重要影响。中国家电市场的激烈竞争,促使许多中国家电企业转向开拓国际市场,例如海尔集团、TCL 集团与长虹集团,但由于缺乏核心竞争能力及缺乏国际经验等因素,它们在海外市场的营销目标还未得以实现。因此,对于国际营销经理来说,国内环境的影响与国外环境的限制相互交织,难以分割。

(2)国外环境因素

政治稳定性、国民收入水平、产业竞争能力、商务惯例、文化习俗等等,是国际营销经理所面临的重要国外环境因素,关于环境因素对国际营销的影响,本书有相关章节进行深入讨论,现仅以法律体系与商务惯例为例说明。中国公司在与欧美公司签订商务合同时,很难找到国内公司法设定的单一"法人代表"的角色,而日本公司的"专务"(即执行董事)一般都具有"法人代表"的职责。海外公司一般也没有在合同文件上盖章的惯例。

1.2.2　国际市场营销的任务

适应环境是国际营销经理所面临的最重要与最富挑战性的任务,他们必须认清在进行决策或评估国际市场潜能过程中所使用的价值参照系统;价值判断来源于国际经验,而经验是在东道国环境适应过程中逐渐取得的;参照系统一旦建立,便成为决定或改变营销者对社会或非社会的情景反应的重要因素。对于国内环境因素对营销活动的冲击,营销经理凭借对自身环境与文化的敏感性,可以不假思索地以社会能够认可的方式行事;而对于陌生的海外市场或尚不适应的环境文化,国际营销经理往往从民族中心主义出发,按照自我参照标准(SRC)行事。

"自我参照标准"(Self-Reference Criterion)的概念是美国詹姆斯·A. 李在1966 年的《海外经营的文化分析》一文中首先提出的,指的是下意识地将个人的价值观、经验和知识作为决策的参照系统与依据。与此密切相关的是民族中心主义，即认为自己民族的文化与惯例是最有效的行为方式。自我参照标准与民族中心主义很大程度上妨碍了客观评价国际市场的能力与见解。不仅是来自发达国家的经理容易产生民族中心主义，来自发展中国家的经理们亦然。我们可以用中国外贸公司的谈判人员的一个细小举止来说明：有的谈判人员见到外国商人总要递上一支香烟，实际上这就是在使用 SRC。在中国，向客人敬烟是为了表示礼貌和友好，然而在国外，特别是在欧美国家，一般是不向客人敬烟的。因为有不少人是反对吸烟者，向这类人敬烟反倒是不礼貌的表现。

类似的情形国内外都有过严重的教训。羊在中国是个吉利的动物，而在欧洲并不受欢迎，尤其是山羊在童话中形象更差。由于不了解彼此的文化差异，广州五羊自行车公司出口欧洲的著名品牌"五羊"牌自行车，一进入欧洲市场便遇到了销售不畅的障碍，试问：哪个欧洲主妇愿意把五只"山羊"领回家！因此，五羊公司最终不得不更改商标。埃索是美国著名的汽油品牌，但在日本该品牌读音意思为"抛锚的汽车"。这两家公司的决策失误都是依赖自我参照标准所造成的。

如果国际营销经理超越自我参照标准去认真思考这些差异，将可能发现新的商机。KFC 在中国推出了"老北京"等当地化的新产品，无疑吸引了更多的消费者。而"奔驰"品牌汽车虽成为中国最著名高级别汽车，但是大多数中国消费者并不知道梅塞德斯是何许人也。

控制民族中心主义与自我参照标准的最有效方法，是承认其对我们行为的潜在影响，并意识到识别文化差异的必要性，不耻下问，就可能避免国际营销过程中的许多错误。通过旨在克服民族中心主义与自我参照标准的跨文化分析，可以在国际营销决策之中避免许多错误。以下是詹姆斯·A.李提出的跨文化分析的框架：

第一，按照本国的文化特征、习惯或规范定义营销问题与目标；

第二，按照他国的文化特征、习惯或规范定义营销问题与目标，但不进行价值判断；

第三，分离自我参照标准的影响，仔细分析自我参照标准是如何使营销问题复杂化的；

第四，重新定义营销问题，并解决问题，谋求最佳营销成果。

1.3 国际市场营销观念

国际市场营销观念是指导国际营销企业从事经营活动的思想观念或商业哲学。它包括两个层面的含义,一是宏观层面的反映企业对国际营销活动的态度和指导思想,直接影响企业国际营销活动的卷入程度和活动范围;二是微观层面的反映企业以何种观念和态度来处理日常营销活动中所涉及的顾客、企业本身及社会各方的利益问题。在企业国际营销活动的不同时期和不同阶段,起主导作用的是不同的国际营销观念。

1.3.1 宏观取向的观念

从对国内外市场的态度和价值取向方面来说,西方的企业在逐步走向国际化的过程中,大致有三类经营观念(或经营哲学)指导着其国际营销活动的开展:

(1)市场延伸观念(Market Extension Philosophy)

市场延伸观念是企业指导其海外经营活动的最早的一种观念。如今,这种观念仍被众多的中小企业所采用。该观念认为,相对于国内营销而言,国际营销是次要的,只是对国内营销业务的补充。国外市场基本上被视为消化剩余生产能力、增加销量以取得规模效益或利润的一种机会而已。因此采用这一观念的企业一般不会认真研究国外顾客的需求并为其开发新产品及相应的营销组合策略,而是将在本国的产品及有关策略搬到国外市场,期望得到国外顾客的接受。这种国际营销观念在某些情况下是适当的。例如,企业接到了国外的订单,有时只打算向国外顾客供货,而不想或没有能力认真发掘这一机会,争取更大、更长远的利益。又如,有时国外市场的购买者与国内购买者很类似,而国内外的经营环境也类似,而此时将本国市场适当延伸到国外也是顺理成章的。市场延伸观念反映的是民族本位(Ethnocentric)的思想导向,源于珀尔马特(Perlmutter)的本国中心主义营销战略观念,在企业国际市场的初始进入阶段表现得尤为明显。

(2)多国市场观念(Multidomestic Market Philosophy)

多国市场观念是二战后大多数跨国公司采用的国际营销观念。采用这种观点的企业认为,国外市场与国内市场同样重要,每一个国外市场都存在着一定的机会,并强调国别市场之间的差异。企业应研究每个市场的需求特点及环境,并制定出能够针对不同市场的营销策略。此外,企业还应该建立有效的机制,尽量将在某些国家获得的营销技能及经验转移到其他国家去。多国市场观念反映的是多本位(Polycentric)的思想导向,源于珀尔马特(Perlmutter)的 Polycentricism——多中心主义和 Regiocentrism——地区中心主义营销战略观念,常常在企业国际市场扩张阶段居主导地位。

(3)全球营销观念(Global Market Philosophy)

全球营销观念首见于莱维特(Levitt)1983 年发表的,题为"市场全球化"的学术论文中,并引起了社会各界的极大关注。莱维特认为,自 20 世纪 60 年代以来,"新的通信和交通方式创造了一个更加相同的世界市场。人们无论在哪里居住,都希望享受同一产品和生活方式。全球性公司应该忘记不同国家和文化的意识差别,而集中力量满足共同需求。"因此,持有这种观念的企业往往将包括本国市场在内的整个世界看做是一个的大市场,认定世界各国人民的需求和消费行为具有共性,而且它们还不断地挖掘新的共性。依据这些发现,它们发展和实施适合各国市场的统一的营销策略,通过这种标准化的营销策略取得规模效益和全球竞争优势。这便是全球营销观念的提出。

全球营销观念强调企业营销活动的全球化,企业通过全球性布局与协调,使其在世界各地的营销活动一体化,以便获取全球性竞争优势。全球营销的三个重要特征是:全球运作、全球协调和全球竞争。因此,开展全球营销的企业在评估市场机会和制定营销战略时,不能以国界为限,而应该放眼于全球。全球营销观念反映的是全球本位(Geocentric)思想导向,源于珀尔马特(Perlmutter)的 Geocentrism——全球中心主义营销战略观念,是企业营销活动全球化阶段的指导思想。

知识链接

全球营销哲学

全球营销在很大程度上是一种经营哲学。早在 1969 年,珀尔马特(Perlmutter)就首创了所谓 EPRG 体系。该体系将企业的国际营销战略分为四类,即:E(Ethnocentrism)——本国中心主义;P(Polycentricism)——多中心主义;R(Regiocentrism)——地区中心主义;G(Geocentrism)——全球中心主义。企业采取不同的营销战略,则其经营哲学也有所不同。EPRG 体系中各种营销战略的内涵如下表所示。

EPRG 体系的营销战略的内涵

	本国中心主义	多中心主义	地区中心主义	全球中心主义
市场物证	外国市场居于次要地位，用于推销剩余产品	各个市场相独立	每个地区视为一个市场	全世界视为一个市场
需求特征	外国市场与母国市场相同	不同市场有不同需求	地区内有相同需求	全世界的需求偏好相同
营销战略	与母国市场相同	各个市场采取不同营销战略，营销组合作重大调整	地区范围内标准化营销	全球协调与营销一体化

在上述 EPRG 体系中，本国中心主义采取的是市场扩张战略；多中心主义采取多国别战略；地区中心主义采取区域性营销战略；全球中心主义则采取全球营销战略。并且，全球中心主义将世界市场视为一个整体，而不是一系列国别市场的组合。所以，它实际上就是一种全球营销哲学。

此外，还有许多学者就全球营销哲学作过讨论。其中奥米（Ohmat）在 1989 年发表的"无国界世界中的的管理"及巴特利（Bartlett）和古歇尔（Ghosal）1989 年发表的"跨国界管理"两篇文章最为引人注目。

奥米将全球营销哲学的发展分为三个阶段。初始阶段为多国扩张阶段，即通过渐进的方式进占外国市场（在每一个新进入国，母公司以"单性繁殖"式的办法来发展子公司）。这种多国扩张模式于 20 世纪 80 年代初让位于以竞争者为中心的全球化方法，即竞争者驱动阶段（公司为对付激烈的市场竞争而不得不采取全球战略）。第三阶段就是奥米在 1989 年提出的所谓顾客驱动阶段。换言之，企业必须迈向全球化的原因在于顾客的需求与偏好已经全球化了。因此，奥米认为，将价值传递给顾客，而不是首先考虑避开竞争，这才是全球化的真正原因所在。

与此同时，巴特利和古歇尔则提出：简单的全球化概念本身已经过时，应该被跨国化所替代。他们认为，以一种单一的战略为中心已越来越不能适应 20 世纪 80 年代以来迅速变化的全球环境。因此，成功的全球企业既需要全球协调，也需要国别适应力。

总之，全球营销的首要问题在于世界市场定位和全球战略眼光。但是，全球营销并不一定意味着在全球范围内采取完全的营销标准化，市场细分和产品定位在全球营销中仍占有重要地位。

资料来源：http://www.cnexp.net/

有必要指出,在讨论指导企业的国际营销观念时,国际营销中的标准化与本土化是不可回避的两难选择,这个问题一直存在着争论。这里简要介绍一下相关的研究基本成果与观点。

总的来说,在过去几十年关于国际营销标准化与本土化问题的研究中,学术界观点基本可分为三大派系:主张本土化、主张标准化、随机观点。其主要观点见表1.2。

表1.2　各理论流派主要观点

理论流派	主要观点
主张标准化	①市场需求趋于相似;②技术的统一;③顾客需要、偏好高度的相似性
主张本土化	①尽管全球化是一个趋势,但顾客需要,消费环境、购买力、文化传统、法律法规差异仍然很大; ②标准战略是一种新的营销近视,与营销基本哲学相背
随机观点	①标准化与本土化不能简单割裂开,它只不过是企业国际营销战略观念的两种极端值,企业的实际营销战略只是处于二者之间; ②决定标准化与本土化的程度应依企业所面临的具体国际市场环境的情况而定; ③企业选择标准化与本土化的程度应根据企业绩效而定,对于企业来说挑战就在于特定的环境中,选择合适的因素进行标准化或本土化,并决定所要达到的程度

资料来源:http://www.kesum.cn/Article/

思考提示

介于完全全球化与本土化之间的争论仍然见诸营销期刊的文章中,您必须关注双方的观点。您应该有自己的观点,并且能够证明自己的观点。

1.3.2　微观取向的观念

指导企业进行市场营销工作的观念还有微观层面,它涉及企业、顾客和社会三者利益的比重关系。许多情况下这些利益是矛盾的。显然,国际市场营销活动需在全面、充分、有效、及时的哲学指导下进行。

现代市场营销观念在经历了生产观念、产品观念、推销观念、市场营销观念和社会市场营销观念之后,继续随着实践的发展而不断深化、丰富,产生了许多新的观念,这些新的观念相互交融,共同构成了现代营销观念的新特色。

(1)创造需求的营销观念

现代市场营销观念的核心是以消费者为中心,认为市场需求引起供给,每个企业必须依照消费者的需要与愿望组织商品的生产与销售。几十年来,这种观念已被公认,在实际的营销活动中也备受企业家的青睐。然而,随着消费需求的多元性、多变性和求异性特征的出现,需求表现出了模糊不定的"无主流化"趋势,许多企业对市场需求及走向常感捕捉不准,适应需求难度加大。另外,完全强调按消费者购买欲望与需要组织生产,在一定程度上会压抑产品创新,而创新正是经营成功的关键所在。为此,在当代激烈的商战中,一些企业总结现代市场营销实践经验,提出了创造需求的新观念,其核心是指市场营销活动不仅仅限于适应、刺激需求,还在于能否生产出对产品的需要。日本索尼公司董事长盛田昭夫对此进行了表述:"我们的目标是以新产品领导消费大众,而不是问他们需要什么,要创造需要。"索尼公司的认识起码有三方面是新颖的:其一,生产需要比生产产品更重要,创造需求比创造产品更重要;其二,创造需要比适应需要更重要,现代企业不能只满足于适应需要,更应注重"以新产品领导消费大众";其三,"创造需求"是营销手段,也是企业经营的指导思想,它是对近几十年来一直强调"适应需求"的市场营销观念的发展。

(2)关系市场营销观念

关系市场营销观念是较之交易市场营销观念而形成的,是市场竞争激化的结果。传统的交易市场营销观念的实质是卖方提供一种商品或服务以向买方换取货币,实现商品价值,是买卖双方价值的交换,双方是一种纯粹的交易关系,交易结束后不再保持其他关系和往来。在这种交易关系中,企业认为卖出商品赚到钱就是胜利,顾客是否满意并不重要。而事实上,顾客的满意度直接影响到重复购买率,关系到企业的长远利益。由此,从 20 世纪 80 年代起美国理论界开始重视关系市场营销,即为了建立、发展、保持长期的、成功的交易关系进行的所有市场营销活动。它的着眼点是与和企业发生关系的供货方、购买方、侧面组织等所有相关利益者建立良好稳定的伙伴关系,最终建立起一个由这些牢固、可靠的业务关系所组成的"市场营销网",以追求各方面关系利益最大化。这种从追求每笔交易利润最大化转化为追求同各方面关系利益最大化是关系市场营销的特征,也是当今市场营销发展的新趋势。

（3）绿色营销观念

营销故事

汉堡包快餐行业提供了美味可口的食品,但却受到了批评。原因是虽然可口却没有营养。汉堡包脂肪含量太高,餐馆出售的油煎食品和肉馅饼都含有过多的淀粉和脂肪。出售时采用方便包装,因而导致了过多的包装废弃物。在满足消费者需求方面,这些餐馆可能损害了消费者的健康,同时污染了环境,忽略了消费者和社会的长远利益。

资料来源:卡尔·麦克丹尼尔等:《市场营销》,世纪出版集团2009年版

绿色营销观念是在当今社会环境破坏、污染加剧、生态失衡、自然灾害威胁人类生存和发展的背景下提出来的新观念。20 世纪 80 年代以来,伴随着各国消费者环保意识的日益增强,世界范围内掀起了一股绿色浪潮,绿色工程、绿色工厂、绿色商店、绿色商品、绿色消费等新概念应运而生,不少专家认为,我们正走向绿色时代,21 世纪将是绿色世纪。在这股浪潮冲击下,绿色营销观念也就自然而然地相应产生。

绿色营销观念主要强调把消费者需求与企业利益和环保利益三者有机地统一起来,它最突出的特点,就是充分顾及到资源利用与环境保护问题,要求企业从产品设计、生产、销售到使用整个营销过程都要考虑到资源的节约利用和环保利益,做到安全、卫生、无公害等,其目标是实现人类的共同愿望和需要——资源的永续利用与保护和改善生态环境。为此,开发绿色产品的生产与销售,发展绿色产业是绿色营销的基础,也是企业在绿色营销观念下从事营销活动成功的关键。

（4）文化营销观念

文化营销观念是指企业成员共同默认并在行动上付诸实施,从而使企业营销活动形成文化氛围的一种营销观念,它反映的是现代企业营销活动中,经济与文化的不可分割性。企业的营销活动不可避免地包含着文化因素,企业应善于运用文化因素来实现市场制胜。

在企业的整个营销活动过程中,文化渗透于始终。一是商品中蕴含着文化。商品不仅仅是有某种使用价值的物品,同时,它还凝聚着审美价值、知识价值、社会价值等文化价值。"孔府家酒"之所以能誉满海外,备受海外华人游子的青睐,不仅在于其酒味香醇,更在于其满足了海外华人思乡恋祖的文化情怀。日本学

者本村尚三郎曾说过,"企业不能像过去那样,光是生产东西,而要出售生活的智慧和欢乐","现在是通过商品去出售智慧、欢乐和乡土生活方式的时代了"。二是经营中凝聚着文化。日本企业经营的成功得益于其企业内部全体职工共同信奉和遵从的价值观、思维方式和行为准则,即所谓的企业文化。营销活动中尊重人的价值、重视文化建设、重视管理哲学及求新、求变精神,已成为当今企业经营发展的趋势。美国 IBM 公司"尊重个人,顾客至上,追求卓越"三位一体的价值观体系,日本松下公司"造物之前先造人"的理念,瑞士劳力士手表"仁心待人,严格待事"的座右铭,等等,充分说明了企业文化的因素是把企业各类人员凝集在一起的精神支柱,是企业在市场竞争中赢得优势的源泉和保证。

(5)整体营销观念

1992 年美国市场营销学界的权威菲利普·科特勒提出了跨世纪的营销新观念——整体营销,其核心是从长远利益出发,公司的营销活动应囊括构成其内、外部环境的所有重要行为者,它们是:供应商、分销商、最终顾客、职员、财务公司、政府、同盟者、竞争者、传媒和一般大众。前四者构成微观环境,后六者体现宏观环境。公司的营销活动,就是要从这十个方面进行。

1)供应商营销:对于供应商,传统的做法是选择若干数目的供应商并促使它们相互竞争。现在越来越多的公司开始倾向于把供应商看做合作伙伴,设法帮助它们提高供货质量及其及时性。为此,一是要确定严格的资格标准以选择优秀的供应商;二是积极争取那些成绩卓著的供应商,使其成为自己的合作者。

2)分销商营销:由于销售空间有限,分销商的地位变得越来越重要。因此,开展分销商营销,以获取它们主动或被动支持成为制造商营销活动中的一项内容。具体来讲,一是进行"正面营销",即与分销商展开直接交流与合作;二是进行"侧面营销",即公司设法绕开分销商的主观偏好,而以密集广告、质量改进等手段建立并维持巩固的顾客偏好,从而迫使分销商购买该品牌产品。

3)最终顾客营销:这是传统意义上的营销,指公司通过市场调查,确认并服务于某一特定的目标顾客群的活动过程。

4)职员营销:职员是公司形象的代表和服务的真实提供者。职员对公司是否满意,直接影响着他的工作积极性,影响着顾客的满意度,进而影响着公司利润。为此,职员也应成为公司营销活动的一个重要内容。职员营销由于面对内部职工,因而也称"内部营销"。它一方面要求通过培训提高职员的服务水平,增强敏感性及与顾客融洽相处的技巧;另一方面,要求强化与职员的沟通,理解并满足他们的需求,激励他们在工作中发挥最大潜能。

5）财务公司营销：财务公司提供一种关键性的资源——资金，因而财务公司营销至关重要。公司的资金能力取决于它在财务公司及其他金融机构的资信。因此，公司需了解金融机构对它的资信评价，并通过年度报表、业务计划等工具影响其看法，这其中的技巧就构成了财务公司营销。

6）政府营销：所有公司的经济行为都必然受制于一系列由政府颁布的法律。为此，开展政府营销，以促使其制订于己有利的立法、政策等，已成为众多公司营销活动中的内容。

7）同盟者营销：因为市场在全球范围的扩展，寻求同盟者对公司来说日益重要。同盟者一般与公司组成松散的联盟，在设计、生产、营销等领域为公司的发展提供帮助，并建立互惠互利的合作关系。如何识别、赢得并维持同盟者是同盟者营销需要解决的问题，须根据自身实际资源状况和经营目标加以选择，一旦确定，就设法吸引它们参加合作，并在合作过程中不断加以激励，以取得最大的合作效益。

8）竞争者营销：通常的看法，认为竞争者就是与自己争夺市场和赢利的对手。事实上，竞争者可以转变为合作者，只要"管理"得当，这种对竞争者施以管理，以形成最佳竞争格局、取得最大竞争收益的过程就是竞争者营销。

9）传媒营销：大众传媒，如广播、报刊、电视等直接影响公司的大众形象和声誉，公司甚至得受它摆布。为此，传媒营销的目的就在于鼓励传媒作有利的宣传，尽量淡化不利的宣传。这就要求一方面与记者建立良好的关系，另一方面要尽量赢得传媒的信任和好感。

10）大众营销：公司的环境行为者中最后一项是大众，公司逐渐体会到大众看法对其生存与发展有至关重要的影响。为获得大众喜爱，公司必须广泛搜集公众意见，确定他们关注的新焦点，并有针对性地设计一些方案加强与公众的交流，如资助各种社会活动，与大众进行广泛接触、联系等。

1.4 国际市场营销的发展与全球营销趋势

营销故事

有一则家喻户晓的耐克神话：在美国俄勒冈州的比弗顿市，四层楼高的耐克总部里看不见一双鞋,员工们只忙着做两件事:一件事是建立全球营销网络,实施国际营销战略;另一件事是管理它遍布全球的公司。不用一台生产设备,耐克总公司缔造了一个遍及全球的帝国。一双耐克鞋,生产者只能获得几个美分的收益,而凭借其在全球的销售,耐克总公司却能获得几十甚至上百美元的利润。

　　资料来源:清华大学领导力培训项目网,http://www.thldl.org.cn/

思考提示

　　现代企业的经营,实际上是营销战略的国际化实施,全球营销战略是其营销的高级形式。

1.4.1　企业开展国际市场营销的动因

　　第二次世界大战结束以来,世界经济中最显著的变化之一,就是企业经济活动的国际化。进入 20 世纪 80 年代后,这种企业国际化的趋势更为明显,各国企业纷纷把注意力转向海外市场,在广阔的海外市场上寻求新的营销机会和生存环境。

　　国际化是使各企业逐渐意识到国际经济活动对它们前景的影响力,并与其他国家的企业建立和进行交易的过程。企业经营的国际化出于各种各样的动因,有些是前瞻的,有些是被动的,这其中有的是由企业的内部因素引起的,有的是由外部因素推动的。内部动因可能是管理者发现且理解国际市场的价值并决定追逐国际市场的机遇,或者是企业内部发生的事件推动企业走出国门。外部因素主要指海外对产品的需求,其他企业向国外拓展市场,商会活动强化了企业国际营销意识等,出口代理商及政府努力也是推动企业国际化的一个动因。具体来说,一个企业决定走向国际化的原因最常见的有:

　　(1)饱和的国内市场

　　如果某个企业的产品和服务的国内市场已趋于饱和,或竞争激烈,这个时候可以将触角伸向国际市场寻找出路。当然必须明确的是,要想在国际市场上取得成功,就要看该企业的产品或服务是否能吸引当地的顾客。国内市场的成功并不能够保证在国际市场上也成功!

（2）竞争

有两个独立但却相关联的理由能够说明企业为什么决定走向国际化。其一是国际市场中的竞争没有国内市场上的竞争激烈。众所周知，竞争对顾客有利却会让企业付出昂贵的代价。尽管在国外市场运营中存在不断增加的风险因素，企业仍然面临一个潜在的利润，因为在这个市场上其产品和服务竞争的激烈程度相对于国内而言较弱。第二个与竞争有关的因素是企业在国内市场上面对残酷的国际竞争。在一些情况下，在国内与国际竞争者竞争是相当困难的。在这种情况下，企业开始考虑像其国内市场上的国际竞争者一样，走出国门，到国外市场上参与竞争。

（3）超额生产能力

只要企业能够用低于最佳生产能力的水平在国内市场上取得成功，那就说明它拥有超额生产能力。在这种情况下，企业应该考虑开展国际业务，因为在国际市场上，产品和服务可以以边际成本核算，这样就可以在国外市场上拥有潜在的价格优势。但是企业以边际成本生产并不意味着就可以以低价进入国外市场。这里可以用额外利润来弥补。大的价差可能会引起相应的国内市场中的进口回流风险，并且会扰乱当地市场的价格。

（4）产品、技能或技术的比较优势

在分析国际市场机遇的时候，企业会发现相对于国际市场当地的竞争而言，企业有其自身的比较优势。这种优势往往来自于产品、技能或技术，但是总是受制于当地的市场需求和口味，这些都可能成为有利可图的商机。当某个先进国家的企业决定向欠发达国家开拓市场时，比较优势是不得不考虑的因素。

（5）产品生命周期的不同

当一个产品或服务经历一个完整的生命周期时，它的风格、绩效或效率总是在不断地变化。营销商在考虑国际市场时会发现，国外市场正处于产品或产业生命周期的不同阶段，营销商提供的产品需要适应生命周期所处的阶段。

（6）地理多样化

企业在研究其国内营销战略中会发现，市场要么处于饱和状态，要么竞争在日益激烈。要继续扶植和发展这个市场就必须拓展其在产品上或者市场上的运作。企业在考虑国际市场拓展战略时，可以将国际市场看做是另一个国内市场的延伸。很大一部分企业喜欢在国际市场上投放单一的产品或者有限的产品，而不是冒风险研制新产品或者开拓市场的未知领域。

（7）组织因素

有时候企业会发现自己不知不觉中参与了国际业务和营销运营，或者是通过兼并或合并过程,或者是通过旗下子公司不断增加出口行为。不久便会发现企业的一个新发展时期已经到来。这将会产生一个国际营销分支机构,能将各种活动归到一起,使之合理化和协同化。

(8)财务因素

企业决定开发国际市场的财务因素有很多,主要包括到国外市场投资的动机,合作企业的实用性,以及通过国际市场使其利润最大化或者损失最小化。

无论企业参与国际经济活动的原因是什么,都不能忘记一条准则:国际市场上的成功只能提供给那些有出口优势的企业,而不能提供给那些出口仅仅是为了弥补国内市场不足的企业。

应该指出,企业经营国际化过程中除了上述促进性因素外,事实上还存在一些抑制性风险因素,它们分别是:

1)高额外债

世界上有不少国家本可能成为有吸引力的市场,但是它们外债太多,以至于连外债的利息都无法偿还。例如巴西、波兰和保加利亚等国就是如此。

2)政局不稳定

高额债务、通货膨胀和高失业率使一些国家的政局非常不稳定。这样,国外公司就面临着被没收、国有化、限制利润汇回本国等一系列风险。

3)外汇问题

高额外债和政治经济的不稳定使得一个国家的货币价值经常波动和降低。外国公司想得到的具有利润返回价值的硬通货在不少市场上难以获得。结果是外国投资者不愿意大量持有当地货币,这就限制了贸易。

4)外国政府对投资者的苛求和官僚主义

一些政府对外国公司的规定很多,例如规定在合资企业中国内合作者股份应占大部分;要求大量雇用当地人;要求技术转让;对利润返回加以限制。

5)关税和其他贸易障碍

例如:拖延批准进口申请;要求费用昂贵的产品调整;拖延已到达产品的检查和清关。

6)腐败

一些国家的官员只有收贿赂后才肯合作,他们把生意给行贿最多的人,而不是最佳投标者。

7)技术剽窃

在海外开办工厂的公司担心当地管理人员学会生产制造技术后跳槽而去,进行公开和秘密的竞争。这种情况曾发生于机械、电子、化学和制药等许多行业。

8)产品调整和通信方式改变造成的高额成本

从事海外发展的公司应当认真研究每个当地市场,了解那里的经济、法律、政治和文化,并采取相应的措施来调整产品和通信方式以入乡随俗。否则,公司可能铸成大错。公司将承担很高的成本开支,并需耐心地等待利润的实现。

有人可能认为,公司是固守国内还是向海外发展是可以选择的的。我们则认为,处于全球行业中的公司不得不使其业务国际化,几乎是别无选择的选择。

1.4.2　企业营销活动国际化的方式

(1)外向型国际化

企业营销活动的国际化具有内向和外向两重视角。外向的视角体现了对国外市场竞争特点的认识,并且包括以下几种行为模式:

1)出口产品;

2)向外国公司颁发许可证;

3)在国外与外国企业建立合资企业;

4)在国外建立或收购全资企业。

这些外向型的行为与国际扩展阶段性模型的行为很相似。阶段性模型是一种外向型的观点,它反映了逐渐增加国际业务投入这种常见的国际扩展模式。在阶段性模型中,一个企业会从间接或临时出口(也许是客户主动提供了订单)发展到积极的出口和颁发许可证,进而发展到积极出口、颁发许可证以及与国外制造业进行权益型合资,最后到全方位的跨国生产和营销。

当然,这些都是广义的阶段划分。实际上,还有许多细分的阶段。例如,在出口中,企业也许仅仅从履行订单开始。然而不久,它们可能就会面临以下的一些选择:是通过取得货物所有权的出口中间商(分销商),还是委托代理商来出口货物;是直接出口(由企业自己销售,通过外贸部门或者委托一国外的销售企业)还是间接出口(通过经纪人或者代理商)。同样地,如果决定一项投资,就会产生与投资规模相关的问题(包括销售部门、仓库、包装和装配以及全方位的生产),拥有股权的比例问题以及合伙人类型等问题。

直观上,依次按阶段性模型中的顺序来开展经营是可取的,因为它说明随着企业在国际商务中经验的积累和信心的增强,它们将会愿意以某种可预见的方式扩大投资和增加投入。阶段性模型还说明,经过一段时间,这些企业的国际业务将会向着如全资子公司这样的方式演变。不是所有的企业都沿着这种顺序发展,一些企业从某种特定类型阶段起步,并停留在这一阶段;一些企业越过了某些阶段；而另一些企业甚至沿着与阶段性模型顺序相反的方向发展。所以说，虽然阶段性模型给我们提供了一个有用的方法来组织本章的讨论，但它无论如何不能反映或适用于所有企业的国际经营方式。它只是一个描述性的模型，它反映了企业通常的做法，而不是企业必需的或应该的做法。

（2）内向型国际化

国际化从内向视角来看对企业同样有重大的影响，这包含了意识到国际竞争对以国内经营为主的企业竞争能力的冲击。有关的行为模式包括：

1）进口/寻求资源；

2）从国外公司取得许可证；

3）在国内与外国公司建立合资企业；

4）成为一家外国企业的全资子公司。

所有这些模式以及影响是和国际化进程密切相关的，但它们经常被忽视。出于各种原因，可以考虑进口而不从国内购买；考虑国外的许可证或与外商合资经营而不限于在本国经营；在出售整个企业时，考虑外国买主，而不仅仅考虑成为本国企业的子公司。利用全世界的资源和机会，可以帮助企业发现新的机遇，增强它同本地企业的谈判实力，作出以更多信息为依据的决策，并且加强在国内的竞争实力。

对新进入国际商务领域的企业来说，这里存在着一个与管理者国际营销观念相关的定位问题，包括从定位在本国的（民族本位），到定位到许多国家的（多本位），到定位于全球的（全球本位）态度。民族本位的态度带来两大风险。其一为缺乏对存在于国内市场以外的机遇的认识和正确评价。其二为忽视国内市场中外国竞争者的潜在威胁。许多企业遭受损失的原因就是由于它们天真地认为，如果某件产品（或服务）不是本地发明的，那它在本地就没有竞争力。有一些商界人士仍然坚持认为，国际竞争对他们没有影响，因为他们的规模太小了，或者是他们仅仅关注当地的市场，然而外国竞争的影响在整个经济活动中是无处不在的。在国际化进程的每一阶段，教育和学习都是很重要的方面。

知识链接

约翰逊和其助手对瑞典公司的"国际化"进程进行了研究。他们认为，公司通过四个阶段取得进展：

○ 没有规律的出口业务；

○ 通过独立的代表（代理人）出口；

○ 建立一个或若干销售子公司；

○ 在国外建厂。

首要的问题是公司怎样从第一阶段发展到第二阶段。这就要研究公司是怎样作出第一项出口决定的。大多数国家通过独立代理商向心理距离较近的国家出口。随后，公司雇用更多的代理商向其他国家扩展。而后，公司会成立出口部处理其与代理商的关系。再后，公司发现某些出口市场很大，就在这些国家成立销售子公司以取代代理商。这在增加利润的同时也增大了投资和风险。为了管理这些销售子公司，又成立了国际营销部以取代出口部。若一些市场继续稳定发展或者东道国坚持在当地生产，公司就可在当地建厂生产。这意味着投入的资金和利润潜量均有所增加。到此为止，公司已成为跨国企业，应重新考虑组织和管理其国际业务的最佳方法。

资料来源：Philip Kotler. Marketing Management. An Asian Perspective, 1997

1.4.3 国际市场营销的发展阶段

世界经济正势不可挡地朝着全球市场一体化、企业生存数字化、商业竞争国际化的方向发展。企业国际营销的发展同世界经济一体化及本国市场经济的发展也是紧密相连的，其发展演变经历了一个过程，即国内营销—出口营销—多国营销—全球营销。从目前现实看，众多国家仍处于国际营销阶段，少数经济发达国家的跨国公司已进入全球营销阶段。

（1）国内营销（Domestic Marketing）

在第二次世界大战以前，即使是产品具有出口潜力的企业，也会在其成长过程中经历一段"纯国内营销"时期。国内营销是指国内市场为企业唯一的经营范围，企业经营的目光、焦点、导向及经营活动集中在国内消费者、国内供应商、国内竞争者。其公司在国内从事营销活动可能是有意识的、自觉的战略选择，或者是无意识地、不自觉地想躲避国外竞争者的挑战，有时甚至由于对外界环境的无知而造成"出口恐惧症"，对出口销售持消极态度。

（2）出口营销（Exporting Marketing）

出口营销时期一般指第二次世界大战后至 20 世纪 60 年代。但是，此阶段仍以出口产品为主组织国际市场营销活动，对国际市场调研、产品开发的自觉性还不够。这是企业进入国际市场的第一阶段。其目标市场是国外市场，企业在国内生产产品到国外销售,满足国外市场需求。在这一阶段,产品与经验成为发展出口营销的关键。同时,国际营销者还要研究国际目标市场,使产品适应每个国家的特殊要求。

（3）国际市场营销（International Marketing）

这是企业进入国际市场的第二阶段,国际市场营销把国内营销策略和计划扩大到世界范围。在国际营销阶段,企业往往将重点集中于国内市场,实行种族中心主义或本国导向,即公司不自觉地把本国的方法、途径、人员、实践和价值采用于国际市场;此时,国内营销始终是第一位的,产品出口只是国内剩余产品向国外的延伸,大多数的营销计划制订权集中于国内总公司。国外经营所采取的政策与国内相同。随着企业从事国际营销的经验日益丰富,国际营销者日益重视研究国际市场,实行产品从国内发展到国外的战略。

（4）多国营销（Multinational Marketing）

这是企业进入国际市场的第三阶段。在这一阶段,企业的导向是多中心主义。多中心主义是假设世界市场是如此的不同和独特,企业要获得营销的成功,必须对差异化和独特化市场实行适应的战略。这一阶段产品的战略是适应各国市场的战略。

（5）全球营销（Global Marketing）

全球营销一般出现在20世纪80年代以后。这一时期,科技革命使产业结构发生深刻变化。这是企业跨国经营的最高阶段。它以全球为目标市场,将公司的资产、经验及产品集中于全球市场。全球营销是以全球文化的共同性及差异性为前提的,主要侧重于文化的共同性,实行统一的营销战略,同时也注意各国需求的差异性而实行地方化营销策略。全球营销实行以地理为中心导向,其产品战略是扩展、适应及创新的混合体。

必须注意,全球营销并不意味着进入世界上的每个国家。进入世界上多少国家主要取决于公司资源、面临的机会及外部威胁的性质。

跨国公司往往分阶段发展它们的全球事业。在第一阶段,公司会在一个国家运作,而向其他国家销售。第二个阶段则会建立它们的海外分公司,处理在海外的销售业务。到了第三个阶段,它们就在另外一个国家经营完整的生产基地。而第四个阶段的演变主要归因于互联网的诞生,大多涉及高科技公司。对于这些公司而言,办公大楼是虚拟的。它们的最高层领导人和公司的职能部门分布在不同的国家,只要这个国家拥有能让公司保持竞争力的人才、资金、低成本,或者能使它们更接近公司的重要客户。

1.4.4 全球营销趋势

如今,我们生活中的许多领域都在进行全球化的革命(例如管理、政治、通信、技术等)。全球化这一名词被赋予了新的含义,它指社会、商业、知识领域的一种无限的流动性和竞争。全球营销(global marketing)——以全球市场为目标的营销——不再仅仅是一种选择,它已经成为商业领域的一种需要和趋势。

世界营销发展的趋势是一个大的宏观背景,是基于欧美地区已经非常完善的市场特点,以及新媒体、新营销技术发展的基础。各国的经理人员必须确立一种全球化的视角,不仅要捕捉全球营销中的机遇,对其作出反应,而且在国内市场上也要保持竞争力。企业所面临的最激烈的国内竞争往往是来自于外国公司的。再者,全球化的视角能使经理人员了解到顾客遍及世界各地,销售网络分布全球,这使得地理界限和政治壁垒更加模糊,也使得这些因素和商业决策的相关性日益降低。总之,具备全球化视角(global vision)意味着认识到全球营销中的机遇,并对其作出反应;意识到在所有市场上都有来自于外国竞争者的威胁;有效运用分布全球的营销网络。

在过去的 20 年中,全球贸易从每年 2000 亿美元上升至每年 7 万亿美元。以前,有些国家和企业从来不认为它们是全球营销的主要参与者,但如今它们都参与其中,并显示了很高的技巧。

采用全球化视角对公司是极有利的。以吉列公司(Gillette)为例,来源于国际分部的收入大约占其总收入的 2/3。通用汽车的 70% 的利润来自于其美国境外的机构。还有,百事可乐公司分布在海外的快餐业每年能为其带来 32.5 亿美元的收入。

积极推进国际化的中国企业距离全球营销尚有很大的距离。以收购 IBM 个人电脑部门的联想集团为例,联想集团虽然通过收购行动进入了全球市场,但至今大部分利润仍来自中国市场;联想品牌 Lenovo 需要时间过程才能够为全球消费者所接受;联想的研究开发能力与竞争对手相比仍有差距;全球运营的管理能力需要迅速提高。尽管如此,但作为中国唯一通过市场竞争进入全球 500 强的企业,联想集团表现出了卓越的战略思维。

可口可乐公司前 CEO 罗伯特·戈佐塔曾对全球营销作过生动描述:"可口可乐的文化已经从一家在国际上开展业务的美国公司转变为一家总部碰巧在亚特兰大的国际公司。"可口可乐公司已建立了适应全球营销的组织结构,它的全球组织由六个国际事业部组成:五个可口可乐地区事业部与一个食品事业部。美国事业部的赢利只占公司利润总额的 20% 左右。经济全球化已经成为不可逆转的大趋势,因而建立全球意识就成为国际营销经理们的必修课。无论发达国家还是发展中国家,都会面临全球化的冲击,是积极主动应战还是消极被动适应,将决定公司的未来发展。

知识链接

未来趋势

国际业务在不断拓展。顾客也在不断地追寻和体验着跨国公司,发展着国际关系。跨国公司不再受国界的限制。在考虑供需的前提下,各国政府现在都服从于全球一体化所制定的新的全球制度。这个持续过程的影响主要包括:

○ 增加成功的机会,虽然全球市场很残酷;

○ 信息技术和通信将占主导,并且向人们展示商业供给和运输机制的动态;

○ 无论是大公司还是小公司,都开始关注供给的国际化;

○ 顾客的需求变得集中,并且受那些可以转化为更高利益的不断增长的财富驱使;

○ 关系营销和信息过程应列入营销组合中来考虑问题;

○ 企业必须重新思考对待顾客的方式,以迎合不断变化的环境;

○ 为了更好地满足顾客,企业必须将竞争和合作同时进行,而这两者却是对立统一的。

为了迎接挑战,企业必须:

○ 开始考虑进入本行业以外的一些领域,比如,索尼公司进入了银行业,微软进入了视频游戏控制平台市场,EasyJet(欧洲一个低成本航空公司)进入了汽车租赁市场;

○ 摆脱行业规则,比如,索尼最大的产品就是游戏平台;

○ 自始至终都为顾客着想;

○ 使运营国际化;

○ 充分发挥企业家精神,敢于冒险;

○ 合作与竞争同步,比如,由包括英国航空公司在内的五个国际航空公司组成的联盟——"一个世界"的产生;

○ 构建思考和学习机构。

所有的这些都将使您精神百倍,如果没有,则说明您走错了方向。

资料来源:Steve Carter. CIM Coursebook Economy & Management. Publishing House,2005

内容概述

国际市场营销是在国内市场营销基础上发展起来的,从实践看经历了出口营销阶段、跨国国际营销阶段和全球营销阶段。从对国内外市场的态度和价值取向方面来说,西方的企业在逐步走向国际化的过程中,大致有三类经营观念影响着其国际营销活动的开展,即:市场延伸观念、多国市场观念和全球营销观念。现代企业应当树立全球营销的市场观念,这是国际市场营销的基本趋势。

创造性地适应环境是国际市场营销所面临的最重要与最富挑战性的任务,国际营销经理们必须认清在进行决策或评估国际市场潜能过程中那些关键的环境因素以及所使用的价值参照系统。国际营销经理成功的主要障碍之一,就是在决策过程中的自我参照标准(SRC)。

企业从事国际化经营是国际市场营销的基本方向。企业经营的国际化出于各种各样的动因,有些是前瞻的,有些是被动的,这其中有的是由企业的内部因素引起的,有的是由外部因素推动的。内部动因可能是管理者发现且理解国际市场的价值并决定追逐国际市场的机遇,或者是企业内部发生的事件推动企业走出国门。外部因素主要指海外对产品的需求,其他企业向国外拓展市场,商会活动强化了企业国际营销意识等,出口代理商及政府努力也是推动企业国际化的一个动因。

企业营销活动的国际化具有内向和外向两重视角,外向的视角体现了对国外市场竞争特点的认识,反映了逐渐增加国际业务投入这种常见的国际扩展模式,包括出口产品,向外国公司颁发许可证,在国外与外国企业建立合资企业,在国外建立或收购全资企业;内向的视角对企业同样有重大的影响,这包含了意识到国际竞争对以国内经营为主的企业竞争能力的冲击,进而考虑在国内利用国外资源进行生产经营活动。

练习思考

1.某个企业决定走向国际化的原因有哪些？您认为最主要的动因是什么？

2.有人认为,公司是固守国内还是向海外发展是命中注定的,您怎么看？

3.如何理解企业的国际化？举一个您所在地区的公司实例加以说明。

4.您如何评价营销观念在企业经营中的作用？

5.关于国际营销中标准化和本土化的问题,您有什么见解？

6.在信息时代和网络社会及全球化背景下,您认为企业营销活动将会面临什么样的挑战？

案例分析题

麦当劳快餐店的成功之道

(1)麦当劳快餐店成功的主要原因是什么？它的主要经营哲学是什么？它是如何贯穿于营销活动的全过程的？

(2)麦当劳快餐店如何以顾客需求为导向不断发展其营销业务？

(3)麦当劳的产品属于典型的西式食品,在素有饮食王国之称的中国逐渐流行起来,这个现象说明了什么？

(4)麦当劳在海外扩张时所面临的难题是什么？如何解决？

(5)假如你现在是一家传统的中餐馆的营销主管,面对的麦当劳的冲击,你将如何应对？

第2章　国际市场营销环境
——历史与地理

学习目的

　　通过本章的学习,学会从一个国家的过去分析现在的状态。学习了解不同国家的气候、资源的差异性及其对企业的国际营销活动的影响。地理因素既是国际营销中的不可控因素之一,又是选择东道国市场时考虑的首要因素,是世界市场形成的基石。日益膨胀的人口数量影响着人们满足需求的方式与各国经济的增长。

教学要求

知识点	能力要求
全球营销的历史影响	历史视角下的国家变迁
地理环境与全球市场	(1)气候、资源、地形 (2)地理与经济增长 (3)地理与人口的增长 (4)地理与国际营销
环境保护与可持续发展	(1)环境保护运动 (2)环保运动对国际营销的影响

核心概念

　　历史的主观视角(From the subjective perspective to history)
　　地理与市场(Geography and market)

环境保护(environment conservation)

可持续发展(sustainable development)

绿色营销(Green marketing)

营销故事

西门子洗衣机销往德国的产品转速不低于 1000 转/分,而销往西班牙和意大利的产品,转速仅 500 转/分。

地理环境是国际营销研究的起点和基础。地理环境具有客观性、不可控性,它对国际营销有着直接和间接的多方面影响。地理环境又有可识别性强却较难把握的特点。国际营销企业不可能凭自己的力量对地理环境加以改变,而只能积极地去适应。在确定市场营销策略时,必须对特定的地理环境因素与营销的关系深入考察,针对不同的环境条件主动调整营销计划。任何一个民族、群体都是在给定的地理限制范围内去设法满足自身的需求,所以,评价市场应该从地理环境开始。在国际经营过程中,有很多因素是属于营销者自身无法控制的,但这些因素对营销的影响有时是不可忽视的。自然环境就是这样一种因素,包括自然资源、土地面积、地形、地貌和气候条件等。而且很多市场的形成都是基于地理因素,如:东亚市场、北美市场、西欧市场、拉丁美洲市场、欧盟市场等等。

人们常用"向爱斯基摩人推销冰箱"来证明营销策略"人定胜天"般的无所不能,但在实际营销工作中更多的却是"天人合一"——向爱斯基摩人推销防寒服难道不是更好的选择吗?

思考提示

"向爱斯基摩人推销冰箱"与"向爱斯基摩人推销防寒服",哪个更容易成功呢?

2.1 全球营销的历史影响

2.1.1 历史的主观视角

人们往往按照自我参照准则看待历史事件,并常带有偏见,不同文化背景的历史学家尤其如此。历史学家总是力图客观记录历史事件,但能够超越自身文化偏见的学者寥寥无几。人们的视角不仅会影响其历史观,而且也会影响人们对其他事物的看法,如在世界各国销售的世界地图,往往都将本国置于地图的中心。

理解任何国家或地区商务文化的一个关键因素是对其历史的主观视角。墨西哥的独裁将军波菲亚里·迪亚茨曾哀叹道:"可怜的墨西哥,离上帝那么远,离美国却又那么近。"原因就在于墨西哥人将美国视为对其独立构成威胁的力量。而美国人却对墨西哥人的这种情感困惑不解。

2.1.2 历史与中国的鸦片战争

英国东印度公司利用鸦片贸易彻底扭转了英国与中国之间的巨大贸易逆差。同时,英国用炮舰迫使清朝政府签订了《南京条约》,割让香港并赔款 2100 万英镑,开辟厦门、福州、宁波和上海为通商口岸。鸦片战争成为世界列强涉足中国贸易的途径,之后又发生了第二次英法鸦片战争、八国联军侵华、中日甲午战争等等。19 世纪的鸦片战争彻底改变了中国的近代史。

2.1.3 历史与美国的门罗主义

门罗主义是美国对外政策的基石,由美国总统詹姆斯·门罗提出,包括三项基本内容:欧洲停止在新世界实行殖民统治;美国不干预欧洲政治;欧洲国家不得干涉西半球国家事务。西奥多·罗斯福发展了门罗主义,他宣称,美国政府不仅禁止非美洲势力干预拉美事务,而且将保护这一地区,确保拉美国家能履行其国际义务。美国获得巴拿马运河区的历史最能说明罗斯福的本意,即凡对美国有利的就是合理的。综观美国历史,美国认为其全球的外交政策与行为是合理的,但在拉美人、南斯拉夫人、伊朗人等看来,是美国对他们的国家事务横加干涉。尽管外国投资对发展本国经济至关重要,但本国政府却很可能通过没收外国资产将其国有化而深得民心。

2.1.4　历史与日本

美国将军佩里来到日本,打破了日本闭关锁国的状况。日本历史上的一连串事件,如 700 年幕府统治,殖民列强的威胁,脱亚入欧的明治维新,新殖民历史与二战惨败,之后融入国际社会,加之儒家思想传统的绵延不断,都深深体现着当代日本人的价值观与行为规范。传统的忠君思想转化为对国家、公司或团队的忠诚。日本的文化历史为理解日本企业的经营行为提供了线索。

知识链接

巴拿马运河(英语:Panama Canal;西班牙语:Canal de Panama)位于中美洲的巴拿马,横穿巴拿马海峡,连接太平洋和大西洋,是重要的航运要道,被誉为世界七大工程奇迹之一和"世界桥梁"。巴拿马运河由巴拿马共和国拥有和管理,属于水闸式运河。其长度,从一侧的海岸线到另一侧海岸线约为 65 千米,而由大西洋(更确切地讲是加勒比海)的深水处至太平洋的深水处约 82 千米,宽的地方达 304 米,最窄的地方也有 152 米。

通过巴拿马运河的交通流量是世界贸易的晴雨表,世界经济繁荣时交通量就会上升,经济不景气时就会下降。1916 年通过船只 807 艘是最低的,1970 年交通量上升,通过各类船只高达 15,523 艘,当年通过运河的货物超过 1.346 亿公吨。其后,每年通过的船只数虽有所减少,但由于船舶平均吨位加大,载运的货物比以往还多。

穿过巴拿马运河的主要贸易航线来往于以下各地之间:美国本土东海岸与夏威夷及东亚;美国东海岸与南美洲西海岸;欧洲与北美洲西海岸;欧洲与南美洲西海岸;北美洲东海岸与大洋洲;美国东、西海岸;欧洲与澳大利亚。在运河的国际交通中,美国东海岸与东亚之间的贸易居于最主要地位。通过运河的主要商品种类是汽车、石油产品、谷物以及煤和焦炭。

2.2 地理环境与全球市场

2.2.1 世界各国气候、地形与自然资源

气候会对工农业生产格局和人口地理分布产生影响,从而影响一国的经济发展水平和经济特征。另外,其后还会对产品与机器设备的使用、性能、结构、包装、运输及存货成本产生影响,比如,在日本使用的汽车和非洲沙漠、高温国家使用的汽车的性能、结构就不一样。在热带多雨的潮湿国家,有的产品可能需要密封包装等等。

地形会对一国的交通运输,人口的地理分布,人们的生活方式、语言、通讯产生影响,甚至影响一国的政治、经济、文化等状况,从而对市场规模的大小、目标市场细分、分销渠道的建立产生影响。因此,企业必须充分重视地形条件在国际营销中的作用,制定正确的营销策略。

资源是指自然界赋予人类的能源、矿物、水土与森林等各种天然资源。自然资源的分布会对世界的经济状况和产业结构产生影响。自然资源价格的变化会给相关行业和企业带来不同的影响,比如,石油价格的不断上涨使节能型汽车更受大众欢迎,此外,企业可以通过直接投资的方式在自然资源丰富的国家建立工厂,生产相关产品,充分利用价格低廉的好处。

世界各国由于地理分布差异很大,造成各国气候、地形和自然资源的巨大差异。

2.2.2 地理与经济增长

地理环境恶劣的国家常常伴随连绵不断的天灾和内战,造成这些国家或地区的经济停滞不前。由于缺乏灌溉设施和水资源管理,旱灾、洪涝和水土流失不断,常常使这些国家的土地变成沙漠。同时,人口增加、森林毁坏、放牧过度等等都加重了干旱的发生,导致农业收成锐减、营养不养和疾病流行,从而降低了这些国家解决问题的能力。伴随经济发展与增长,地理环境的制约逐渐改善。人们开挖隧道,修筑桥梁,拦湖建坝,以便控制与适应气候、地形和灾害的频繁发生。人类在减小地理障碍和自然灾害方面已取得一定的成功,但随着工业化及经济

增长的进程,环境问题日益突出。环境问题对人类构成了共同威胁,需要各国政府合作予以应对。各国政府、政治组织与企业都开始关注经济增长与环境保护同步发展这一社会责任,其中共同关注的议题之一就是可持续发展问题(sustainable development)。

2.2.3　全球人口发展趋势

全球各国的人口总量、农村人口城市化趋势、人口增长率、年龄结构及人口控制政策等因素都会影响到各类产品的市场需求。人口总量是评估潜在消费市场的重要因素,全球各国的人口分布及构成的变化将对未来的市场需求产生深刻的影响。最新数据显示全球人口已超过 60 亿,到 2050 年将达到 100 亿左右。其中,到 2015 年 83% 的人口将集中在欠发达地区,如果保持现有的人口增长率,到 2050 年这一比例将达到 88%。

表 2.1　世界人口的地区分布及平均寿命

	2005 年	2025 年	2050 年	平均寿命(2005—2010 年)
全世界	6465	7905	9076	67.2
较发达地区	1211	1249	1236	76.5
欠发达地区	5253	6656	7840	65.4
最不发达地区	759	1167	1735	54.6
非洲	906	1344	1937	52.8
亚洲	3905	4728	5217	69
欧洲	728	707	653	74.6
拉丁美洲	561	697	783	73.3
北美洲	331	388	438	78.5
大洋洲	33	41	48	75.2

资料来源:[美]凯特奥拉:《国际市场营销学》(原书 14 版),机械工业出版社 2010 年版,第 52 页

(1)控制人口增长

全球各国都应当采取措施控制人口的爆炸性增长,但生育问题却是一个最具文化敏感性的不可控因素。实现人口控制的先决条件是:计划生育、高收入、低文盲率、妇女受教育、全民医疗保健等以及多子多福观念的改变。但全球各国在改变观念方面却是进展甚微,印度就是一个典型案例。伴随经济增长与生活

条件的改善，印度人未能有效控制人口增长，预计到 2050 年其人口将超过中国。妨碍人口控制的最大障碍是文化态度，即多子多福的思想，计划生育政策是各国政府最常用的控制出生率的方法，但繁荣经济才是降低出生率的根本之策。

（2）农村人口城市化趋势

农村人口向城市迁移主要是为获得更多的教育资源、医疗保健和就业机会。19 世纪初，只有不到 3.5％的全球人口居住在人口数量为两万及以上的城市；而如今，40％以上全球人口生活在城市。这种增长趋势还在加速，特别是新兴经济体国家，如中国、印度等国。据估计，到 2025 年 60％以上的全球人口将生活在城市地区，至少 27 座城市的人口数量超过 1000 万，其中 23 座城市位于欠发达国家或地区。尽管移民的生活水平比以前有所改善，但快速城市化也带来了一些严重问题，例如城郊地区的贫民窟挤满了仅能糊口的非技术工人，并对城市的教育、卫生、供水及其公共服务系统带来了巨大的压力。城市化的无序发展对相关利益方而言是弊大于利。以墨西哥城为例，人口增长不仅带来了烟雾、垃圾和污染，该城市还严重缺水，当地水资源几乎枯竭，只能从几百公里之外引入水源。纵观所有发展中国家，人口无节制增长必然造成卫生状况恶化和水供给匮乏。当前估计有 11 亿人得不到洁净的饮用水，28 亿人得不到卫生服务。

（3）人口减少与老龄化

一方面，发展中国家或地区面临人口的迅速增长，另一方面发达国家或地区的人口却在减少并迅速老龄化。自 20 世纪 60 年代初以来，日本与西欧的人口出生率一直在下降。如果目前的趋势持续到 2015 年，欧洲的人口将减少到 2.87 亿左右。发达国家在人口减少的同时，老龄人口却在快速增长。在工业化革命之前，大于 65 岁的人口占比不足 2％—3％，而如今在发达国家，65 岁以上人口占 14％，估计到 2030 年大约 30 个国家的 65 岁以上人口占比将达到 25％。

（4）劳工短缺与移民

跨国移民的自由流动可以使双方受益，既可解决欠发达国家人口膨胀的问题，也可解决发达国家劳动力短缺的问题。欧洲将是受老龄化影响最深的地区，在职工人与退休人员的比例持续下降。估计到 2050 年，其老龄人口比例将由 1998 年的 20％上升至 35％。在未来 50 年内，欧洲需要 14 亿移民，而日本和美国则需要 6 亿移民。

发展中国家人口激增、快速城市化以及全球老龄化趋势将对全球贸易产生深远影响，如果不能有效适应这些发展趋势，许多国家的经济增长将会放缓，公共及社会服务将进一步恶化，最终导致社会动荡不安。

2.2.4   地理环境对国际营销的影响

（1）影响国际营销产品选择

气候、地形和资源等自然条件体现了一个国家的物质特点，其影响范围很广。资源分布不均对国与国之间的贸易及企业国际营销产生广泛的影响。不同的国家由于其资源种类和数量差异较大，其生产的产品也呈现出很大差异性，特别是与资源高度密切相关的产品。例如，加拿大森林资源丰富，生产的纸张原料好，质量高，价格廉，具有很强的竞争力。

（2）影响产品的适应性

一个国家的地形、地势和气候等地理因素是企业进入该国市场必须考虑的重要因素。地理特征不同的地区对产品的需求、对产品性能的要求都是存在较大差异的。如一个国家的海拔高度、湿度和温度变化可能影响产品和设备的使用和性能的要求，如产品在温带地区使用良好，而在热带地区则有可能变得不能适用，或需要冷藏，或需要加润滑油，才能适当发挥其作用。欧洲大陆的气候差异致使西门子公司对其洗衣机作出更改，由于德国晴朗天气较少，在该地区适销的洗衣机转速不低于 1000 转/min，最大转速几乎达到 1600 转/min。这样，用户不必再费神去拧干衣服。而在意大利和西班牙，由于阳光充足，洗衣机转速达到 500 转/min 就足够了。即使在同一个国家内，各地气候也可能有很大的差异，需要对产品或设备进行重大改造。例如，在加纳，产品必须能在沙漠高温、缺水以及在热带雨林、高湿度的地区使用，才能适应该国整个市场需要。

（3）影响国际营销时机选择

由于地理位置不同，不同国家在同一时期的气候表现出很大的差异性，甚至是相反的气候，特别是南北半球的截然相反的季节变化。因此在开展国际营销活动时，对于时令产品的国际营销要特别注意销售国的气候情况。如在中国很畅销的冬天服装，如果同时在澳大利亚销售，就显得十分怪异。

（4）影响国际营销体系的建立和正常运转

一个国家的地理特征对国际营销体系的建立和正常运转也有很大的影响。一般而言，在山地地区和内陆地区，交通不便，信息也较为闭塞，分销体系的建立和营销工作的开展要比沿海地区困难更大，成本更高。例如，加拿大是个地广人稀、气候寒冷的国家，长途运输和严寒给营销工作带来很大的困难。蒙特利尔等大城市常常会因突降大雪而与外界隔离，那时货物运输常常会被延误 3—4 天，因此当地企业的安全存货水平一般会高于正常水平。此外，车皮不足也会导致运输延误,严寒天气下的长途运输所需的取暖费用也使得公司的运输成本增加较多。

(5)影响企业的经营成本

如果企业在不利的地形、地势及气候条件下营销,为防止这些不利条件的影响而采取各种措施,将提高企业的经营成本。如为适应东道国自然条件而改变产品及设备的性能和特点,必须支出额外的费用。又如在严寒天气下,为保证货车能正常运行,长时间加热轨道车会使公司运输费用增加。再如,为了保证在严冬能正常供应产品及设备而提高库存量,这必然增加仓储费。相反,如果自然条件良好,诸如有力的地形、地势、气候及丰富的矿产资源将有利于本国产品的出口及成本降低,有利于国外营销者选择目标市场及分销渠道。

知识链接

五大洲主要国家的地理环境特点

亚洲国家

①中国　位于亚洲东部、太平洋西岸,是一个海陆兼备的大国。面积960万平方公里,是世界上面积最大的国家之一。地势西高东低,成三级阶梯。地貌类型复杂多样,山地、高原和丘陵约占全国总面积的2/3,平原和盆地约占全国总面积的1/3。矿物资源种类多,分布广,储量大,世界上已知的140多种有用矿产在中国均已找到。目前,中国的煤、铁、铜、铝、钨、锑、钼、锡、铅、锌、汞等主要矿物储量都居世界前列。森林覆盖率为13.92%。气候复杂多样,大部分属温带和亚热带。

②日本　日本是太平洋的一个群岛国家,地形复杂,地震频繁;日本群岛四周临海,气候受海洋调节形成温和及湿润的海洋性季风气候,降水比较丰富;日本矿物资源种类多,但储量少而且分布零散;日本鱼类资源比较丰富;日本大部分原材料依赖进口。

③印度　印度是南亚最大的国家,面积297.47万平方公里。北部是高山地带,中部为印度河,南部为德干高原。典型的热带季风气候,全年分热季、雨季、冷季,西北部为热带沙漠气候。矿藏丰富,主要有煤、铁、锰、云母、铝土、重晶石等。棉花、花生、黄麻、甘蔗、芝麻、蓖麻、高粱的种植面积居世界第一位。

④韩国　韩国位于东亚的朝鲜半岛,面积9.8992万平方公里。森林占总面积的73%,朝鲜半岛属温带季风气候,南部具有海洋性特点。河流短促,水利资

源丰富。自然资源比较贫乏,原料及燃料主要依靠进口。

⑤泰国　泰国位于中南半岛中部,面积为51.4万平方公里。大部分为低缓的山地和高原。泰国属于热带季风气候,全年可以明显分为三季:3—4月为热季,5—10月为雨季,11月—次年2月为凉季;年平均降水量为1300毫米,森林面积占总面积40%以上。国内有丰富的锡矿和宝石,盛产贵重木材柚木。水稻占耕地面积一半以上,是世界最大的大米出口国(占35%),渔业发达。

欧洲国家

①俄罗斯　俄罗斯位于欧亚大陆北部,地形复杂多样,境内地势东高西低,70%的土地是平坦辽阔的平原,境内水资源丰富,流域宽广;处于多种气候带,大多数地区属于温带和亚寒带大陆性气候,冬季漫长严寒,夏季短促凉爽;自然资源种类繁多,储量丰富,自给自足程度高,森林覆盖率高达40%,水利资源极为丰富。

②德国　德国位于欧洲中部,地势北低南高,北部为平原,中部为贫地和丘陵相间的高地,南部为阿尔卑斯山玉山前高原。温带气候,西北部温带海洋性气候,但往东往南逐步向大陆性气候过渡。河网稠密,水资源丰富。矿物资源比较匮乏,但煤和钾盐比较丰富。

③英国　英国是大西洋岛国,位于欧洲西部不列颠群岛上,面积24.4万平方公里。东南部多为平原,北部和西部多为山地和丘陵。典型的温带海洋性气候,冬温夏凉,全年降水均匀,河网稠密,海岸曲折,多优良海湾。煤、铁储量非产丰富,石油、天然气也比较丰富,其他矿物贫乏,森林覆盖率为9%,沿海渔产丰富。

④法国　法国位于欧洲西部,面积55.16万平方公里。地势东南高西北低,中南部有中央平原,西北部是北法平原,平原和丘陵约占总面积的4/5。大部分地区属于海洋性温带气候,南部沿海属于亚热带地中海式气候。铝、铁、钾盐、铀矿比较丰富。森林面积占全国面积的26%。

⑤意大利　意大利位于欧洲南部,面积30.1万平方公里。山地和山前丘陵占全国总面积的80%,平原仅占20%。北部为山区,有许多山口,是中欧通地中海要道。阿尔卑斯山脉南面的波河平原是主要农业区。南部是纵贯亚平宁山脉的亚平宁半岛和西西里岛,多火山和地震。大部分属地中海式气候,北部山地属温带大陆性气候。河湖众多,水力资源丰富。森林面积占全国面积的20%左右。

⑥荷兰　荷兰位于欧洲西部,面积4.1548万平方公里。世界著名"低地之国",40%以上领土低于海平面或与海平面等高,只有20%的面积在海拔50米

以上。温带海洋性气候,冬温夏凉,多阴雨天,草地牧场占总面积的34%。鹿特丹是荷兰第二大城市,世界最大港口,地扼西欧水陆交通要道,莱茵河流域物资的吞吐口,有"欧洲门户"之称。天然气产量居世界第三位。其他自然资源贫乏,80%原料和50%粮食靠进口。

非洲国家

非洲沿海岛屿不多,大多面积很小,岛屿的面积只占全洲面积的2%。大陆北宽南窄,像一个不等边的三角形,海岸平直,少海湾和半岛。全境为一高原型大陆,平均海拔750米。非洲大部分地区位于南北回归线之间,全年高温地区的面积广大,有"热带大陆"之称。境内降水较少,仅刚果盆地和几内亚湾沿岸一带年降水量在1500毫米以上,年平均降水量在500毫米以下的地区占全洲面积的50%。刚果盆地和几内亚湾沿岸一带属热带雨林气候。地中海沿岸一带夏热干燥,冬暖多雨,属亚热带地中海式气候。北非撒哈拉沙漠、南非高原西部雨量极少,属亚热带沙漠气候。其他广大地区夏季多雨,冬季干旱,多属热带草原气候。马达加斯加岛东部属热带雨林气候,西部属热带草原气候。非洲矿物资源丰富,目前已知的石油、铀、金、金刚石、铝土矿、磷酸盐、铌和钴的储量占世界总储量的12%左右。铜主要分布在赞比亚与扎伊尔的沙巴区,金主要分布在南非、加纳、津巴布韦和扎伊尔,金刚石主要分布在扎伊尔、南非、博茨瓦纳、加纳、纳米比亚等地。此外,还有锰、锑、铬、钒、铀、铂、锂、铁、锡、石棉等。森林面积约占全洲面积的21%。

大洋洲国家

①澳大利亚　大洋洲最大的国家,位于南半球东部,处于太平洋和印度洋之间,面积268.23万平方公里。西部为海拔200~500米的高原;中部为海拔200米以下的沉积平原,是世界著名的大自流井盆地;东部为大分水岭,海拔一般为800~1000米。东北岸近海有世界著名的大堡礁。南回归线穿过中部。大部分地区在副热带高气压控制下,形成中、西部的热带沙漠气候,其北部、东部、南部为热带草原气候。东部山地东侧,北为热带雨林气候,南为亚热带季风性湿润气候。大陆南部和西部为地中海式气候。矿产丰富,铝、铀、铁、红金石、锆、独居石的产量和出口居世界前几位,煤的出口量居世界第一位。

②新西兰　大洋洲岛国,位于太平洋南部,由南岛、北岛及附近一些岛屿组成,面积26.8万平方公里。山地和丘陵占总面积的90%,平原狭窄。多火山、湖泊、温泉。河流短小湍急,富水利资源。温带海洋性气候,年降水量在1000毫米以上。森林约占总面积的1/3,草原占总面积的1/2以上。畜牧业较发达,是世界最大羊肉奶制品出口国和第二大羊毛出口国。矿产资源有煤、石油和黄金。

美洲国家

①美国　位于北美洲中部,东临大西洋,西濒太平洋,北邻加拿大,南界墨西哥。面积 936.3 万平方公里,是世界面积最大的国家之一。境内地势东西高,中央低;水利资源比较丰富;自然矿产资源比较丰富,矿产资源自给比较充分,森林面积占全国面积的 30%。气候比较复杂,东北部属于大陆性温带针叶林气候,冬季比较寒冷,夏季温和;中部平原气候变化异常,温差变化大;西部地区内陆高原冬季干燥寒冷,西部太平洋沿岸则属于亚热带地中海式气候,北段属于海洋性温带阔叶林气候。

②加拿大　位于北美洲北部,东邻大西洋,西临太平洋,北濒北冰洋,南临美国。面积 997.06 万平方公里,居世界第二。东部为高原地山区,约占面积的一半;中部是平原;西部为高大的科迪勒拉山地。气候冬季严寒,夏季温凉。平原南部的草原带气候温和,为主要工农业区。多河流、湖泊,水利资源丰富。矿产丰富,镍、石棉、钾盐产量居世界首位。钴、钼、银、铜、金、铂、铀、硫磺、天然气产量亦居世界前列。

③墨西哥　位于美国南部,面积 196.72 万平方公里。领土的 5/6 为高原和山地,全国最高峰 5700 米,南部火山横列,地震频繁。高原北部气候干燥,年降水量在 205～750 毫米之间。中央高原地势较高,气候温和,垂直气候很明显。沿海平原降水丰富,多热带森林。东南部比较干燥,属热带草原。矿产资源丰富,石油、银、硫磺的储量和产量居世界前列。

④巴西　位于南美洲东部。面积 851.19 万平方公里,约占南美洲总面积的一半。地形以高原和平原为主。北部亚马逊平原地势低平,终年高温多雨,为世界最大的热带雨林区;中部起伏平缓的巴西高原,平均海拔 600～900 米,以热带草原气候为主,富铁、锰等有色金属矿产;东部沿海有狭长平原,水热条件好,为重要的农业区。

思考提示

分析一个国家的地理环境,最关键的环境因素是什么呢?同样的产品,卖到寒冷的俄罗斯与卖到亚热带的泰国,需要对产品进行改变吗?

营销故事

为什么美国通用汽车公司的汽车在伊拉克和埃及开不动？

美国通用汽车公司向伊拉克出售 25000 部雪佛兰·马里汽车,但当马里汽车驶入巴格达道路和街道时,汽车的空气滤清器被堵塞,汽车的变速器失灵。通用汽车公司派出 36 位专职工程师、机械师到巴格达去装置附加滤清器,并更换离合器,在此过程中发现伊拉克属高温、尘土气候,因而所采取的临时措施并不能排除掉汽车运输的困难。

同样,销售到埃及的通用汽车公司的公共汽车,因柴油引擎噪音太大,被起绰号为"美国之音"。所有 600 辆公共汽车都必须更换消音器才能在市区使用。而且发现,还不到一年,汽车的性能就变得非常糟糕,使埃及、美国官员都为之焦头烂额。这种状况的出现,既是因为汽车设计不适应埃及气温及多尘土的要求,埃及行驶条件差,同时由缺乏训练又鲁莽的司机驾驶,不注意保养车子,因而使车辆提前报废。

2.3 环境保护与可持续发展

2.3.1 自然环境破坏与环保运动的兴起

人类的经济活动一方面将环境改造得更加适合自身的生存和生活,但另一方面,却又带来了一系列深刻的环境问题,如全球气候变暖、酸雨、地球臭氧层遭到破坏、温室气体数量增加、耕地沙漠化、对重要自然资源的过快掠夺、雨林的消失以及物种灭绝等。类似这样戏剧性的变化正在从根本上影响全球环境。经济增长大多要依靠从森林、土地、海洋和河流中获取原材料才能实现。20 世纪工业产出增长了 150 多倍,其中 4/5 的增长都发生在 1950 年以来的半个世纪。由于人类的非持续经济增长活动,地球的重要资源正在下降到警戒水平,未来的经济活动可能会对生态环境造成新的巨大损失。

热点关注

20 世纪 60 年代以来,人们越来越关心现代的工业活动是否无可挽回地逐渐破坏了自然环境,环保行动日益发展。70 年代初出现了一些监督团体如"西亚利"俱乐部与"地球之友",80 年代在发达国家不断涌现保护生态运动,并成立了拯救大自然协会,而从 90 年代开始,政府、公司、广大居民日益认识到环保不再仅仅是国内问题,而是全球的问题。随着各国实行工业化战略,自然环境恶化,社会对环境逐渐重视,80 年代末和 90 年代初,一系列新的环保法相继公布,至今已成立超过 100 个与环境有关的国际性协议、条约、调查报告和会议;各国也纷纷制定本国在环保方面的国家性立法。

在一些发达国家,消费者已从单纯满足个人和家庭需要,转向在满足个人和家庭需要的同时,也关照环境保护、健康和公平交易等社会责任和道德需要。描述这些消费者的名词也从优先购买绿色产品的"绿色消费者",改变为优先购买有利环境保护、健康和公平交易的"道德消费者"。同时,一些帮助消费者识别环境友好、有利于健康和公平交易的非营利组织相继出现。例如,有机农业运动国际联盟(IFOAM)是专门提供环境认证和公平交易产品认证的第三方组织。针对消费者新的需求变化,跨国公司在经营活动中全面贯彻"绿色"和"道德"理念,比如,2002 年可持续发展世界首脑会议将"人类、地球、繁荣"作为主题后,超过 300 家全球公司,如杜邦、IBM、耐克、壳牌等,均在它们的财务报告中补充了环境保护方面的内容,体现了这些公司整合人、自然、社会与公司发展的思想。跨国公司从战略层面关注环境保护,不同于仅在营销策略层面体现环境保护意识的做法,这是一种将公司使命与全球消费趋势相结合的战略决策,它使公司保护环境的人类健康的理念不受公司决策层变动的影响,也不会因公司的目标市场发生变化而改变。

知识链接

EPA

EPA 是美国环境保护署(The Environmental Protection Agency)的英文缩写。EPA 成立于 1970 年 7 月,其任务是为人类提供更清洁和健康的自然环境,制订战略计划、年度报告和政策方针。EPA 总部设在华盛顿,全国有 18000 名员工,其中一半以上的工程师、科学家和政策分析家受过高等教育和专业的技术培训。而且大部分员工是法律、公共事务、财政、信息管理和计算机等方面的专家。EPA 的行政长官直接由美国总统任命。EPA 在国家的环境科学及相关调查、教育和评估方面具有领导地位。EPA 和其他的联邦机构、州和地方的政府及印第安保护区紧密合作,在已有的环境法规的基础上做进一步发展和强化工作。EPA 负责对各种各样的环境计划进行调查并制订国家标准,并代表各州和各部门颁发相关执照,监控并加强一致性。如果没有达到国家标准,EPA 可签发批准通过采取其他措施帮助州和地方来达到环境标准所要求的水平。同样,EPA 在各地的办事处与其他行业组织和各级政府一起进行各种不同的自愿的防止污染计划和能源的保持工作。

资料来源:MBA 智库

2.3.2 环保运动对国际营销的影响

环保运动或环境保护主义是指由对保护及改善人类赖以生存的环境十分关注的公民和政府所倡导的一种有组织的运动。他们关注自然环境受破坏的状况及对人类生存所造成的后果,如掠夺式的采矿、森林滥伐、工厂烟雾、广告牌和废弃物,受到脏空气、污水和化学品污染的食物对健康的影响以及休闲机会的损失问题。

环境保护主义者并不反对营销活动和人们的消费,只是希望这些活动遵循更多的生态原则,要求企业营销不仅最大限度地提高产品与服务的质量,而且要提高环境的质量。此外,环保主义者希望环境成本应包含在生产者和消费者的决策之中,赞成使用税收和制定条例限制违反环保的行为,并要求企业在防污染的设施上投资,对不能回收的废弃品收税,引导企业和消费者重视环境保护。

环境保护的开展,使得许多国家的消费者开始关注自己赖以生存的环境,关注自己的消费行为是否造成环境污染,自觉使用以可再生资源所制造的产品,使用带有环保标志的绿色产品;另一方面各国政府也采取积极措施,制定各种严格的环保政策,并强制要求企业购买设施和采取措施解决环境问题。因此,在开展国际营销活动时,必须密切关注当地政府和市场消费者对环境保护的程度,否则,再好的产品因不符合消费者的环保意识,也可能导致产品营销活动的失败。一般说来,西方发达国家消费者环保意识非常强,采取营销活动时要特别宣传产品使用了多少可再生资源,而且要强调对环境污染非常小,以迎合消费者的环保观念;更重要的是,进行国际营销时,必须了解和遵循当地有关环保的法令和条规,否则产品可能遭到封存和禁止销售的处罚。企业在进行国际营销时,必须针对特定市场,对产品进行合适的包装、改造,避免引起环境保护问题的争议。在对西方国家开展营销活动时,产品最好能通过 ISO 14000 的环保认证。有国际认可标志的产品可以在全球市场免除与环境相关问题的检查,这样,既可以节省时间,还可以确立企业的环境保护品牌。

营销故事

中国华能集团的"三色宗旨"

2004 年 6 月 28 日,中国华能集团讨论通过了《中国华能集团公司企业文化建设实施方案》,明确提出了中国华能集团公司企业文化核心理念体系的主要内容——把华能建设成一个为中国特色社会主义服务的"红色"公司;一个注重科技、保护环境的"绿色"公司;一个坚持与时俱进、学习创新、面向世界的"蓝色"公司。

"三色公司"具有特定的思想内涵。建设"红色公司",是华能的根本态度和精神境界,是华能为国民经济发展、社会进步和人民生活水平提高而努力的历史使命的集中体现,是华能职责的生动写照;"红色"是华能本色,是立身之本、"三色"之本。"绿色",寓意人类与自然环境协同发展、和谐共进。建设"绿色公司"表明华能崇尚科学、尊重人才、注重科技、保护生态环境和促进社会持续发展的人文观念和科学的发展观。"蓝色"是华能标识的基本色,寓意华能坚持与时俱进、学习创新,面向世界,吸纳世界上一切先进技术和先进文化来壮大华能事业,表现了华能人海纳百川、通达天下的博大胸怀和跻身世界列强的雄心壮志。"绿色"、"蓝色"是华能得以持久发展、跻身于世界大企业之林的必备因素,也是巩固"红色"的必要条件。以"红色"为本,以"绿色"、"蓝色"为源,构成了严密而完整的理念体系。

建设"三色公司"理念蕴涵三个层面的诉求:国家利益至上,把服务国家、造福社会、在国家大局下运作作为根本原则;追求合理利润,尽可能实现利润最大化,回报全体投资者;以人为本,促进员工的全面发展和价值实现。

资料来源:MBA 智库

知识链接

绿色关税

绿色关税（Green Tariff）亦称环保关税（Environmental tariff）或生态关税（eco-tariff），是一种对国际贸易中有污染行为的保护。通过对从进出口货物所征收的关税或税款，作为对货物未能达到关税要求的环境污染控制的补偿，以防止"环境方面的恶性竞争"（"environmental races to the bottom"）及"废物倾倒"（"eco-dumping"）。现时，美国及欧盟均有环保关税，而我国亦有学者提倡通过开征环保关税，"以完善环保税收制度"。绿色关税是绿色壁垒的初期表现形式。它包括：

（1）对产品所征的税，主要针对对环境有潜在不利影响的产品，如对卷烟、一定种类的能源、化学品等征收的税。

（2）对使用环境资源所征的税，如对污水、废气排放所征的税。

（3）对生产过程投入的物质所征的税。在实践中分为两种情况：一是所投入的物质体现在最终产品特性中，如因为香水含有酒精而对其征税；另一种是所投入的物质在生产中被消耗，没有体现在最终产品的物理性能中，如对生产钢材使用的能源进行征税。

绿色关税具有两个特征：

（1）社会与生态的统一性。传统的税收制度侧重于调节人与人、人与国家之间的关系，从税收征纳实体法律制度包括的商品税、所得税、财产税三个方面的法律制度名称中不难看出其体现的是其社会性，对于自然资源，只不过是把其作为人类财产权的对象来对待。而绿色关税则强调把环境保护与社会经济活动全面、有机地结合起来，按照可持续发展原则规范进出口活动，从而保护环境。可见绿色关税以生态化的理念重新调整了进出口秩序，体现了人与自然相和谐的生态性特征。

（2）征收与支出的整体性。传统的税收制度下，税款作为国家的财政收入，在国家财产进行再次分配时，其遵循的是哪里需要则往哪儿划拨的原则。而绿色关税则遵循的是"专款专用"的原则，即可在法律中明文规定该绿色关税收入款项只能用于环境与资源保护方面，以确保环境与资源的保护和可持续发展。因为绿色关税征收的税款中不仅仅包含我们当代人损耗的环境与资源所应缴纳的赔偿，而且还包含着我们损耗了后代人所应当拥有和使用的环境与资源的补偿。

资料来源：MBA 智库

2.3.3　可持续发展战略对国际营销的影响

实现可持续发展实质上是要协调好经济、社会与资源三者的关系。协调好这三者之间的关系,需要通过政府行为、公众行为与企业参与行为。可持续发展战略的事实,从宏观方面,要求政府制定及实施可持续发展战略,要求国际间的合作;从微观方面,要求各企业营销活动有利于环境的良性循环发展,也就是要求企业开展绿色营销。

绿色营销是在绿色消费的驱动下产生的。绿色消费指消费者意识到环境恶化已经影响其生活质量及生活方式,要求企业生产销售对环境冲击最小的产品,以减少对环境的损害的消费。绿色营销是指企业以环保概念为其经营哲学思想,以绿色文化为其价值观念,以消费者的绿色消费为中心和出发点,通过制定及实施绿色营销策略,满足消费者的消费需求,实现企业的经营目标。

就营销过程而言,绿色营销与传统营销相比,二者并无差异。但从研究的焦点来看,绿色营销与传统营销的研究焦点存在差异。传统营销的研究焦点是企业、顾客与竞争,通过协调三者间的关系来获取利润。而绿色营销更加重视企业经营活动同自然环境的关系,即研究自然环境对企业营销活动的影响,以及企业营销活动对自然环境产生何种冲击。

在绿色营销日益发展的今天,国际营销者必须考虑满足消费者需要时所需耗费的资源,并考虑消费行为对人类和生态环境的影响,这就需要采取“可持续营销”策略,即从竞争和生态角度都具有可持续性的营销思想。可持续营销需要实现两个转变。首先,需要正确地引导顾客需求和期望。通过有效沟通,对客户进行教育、宣传,并把他们的需求引导到符合生态要求的产品和服务上来,改变低效的、对环境造成破坏的消费习惯,必要时甚至可以对某些顾客的消费习惯采取价格和非价格的遏制措施。其次,营销者需要向顾客提供“社会生态型”产品。开发出能满足消费者的眼前需求,而又不牺牲子孙后代利益的产品和服务。不仅要寻求不破坏环境的绿色产品,还要开发出能改善环境状况的产品和服务。有些公司如道尔化学工业公司、美国电话电报公司和宝马公司等,都已经在“可持续营销”方面作出了一些努力。

可持续发展理论

可持续发展涉及可持续经济、可持续生态和可持续社会三方面的协调统一，要求人类在发展中讲究经济效率、关注生态和谐和追求社会公平，最终达到人的全面发展。这表明，可持续发展虽然缘起于环境保护问题，但作为一个指导人类走向21世纪的发展理论，它已经超越了单纯的环境保护。它将环境问题与发展问题有机地结合起来，已经成为一个有关社会经济发展的全面性战略。具体地说：

（1）在经济可持续发展方面：可持续发展鼓励经济增长而不是以环境保护为名取消经济增长，因为经济发展是国家实力和社会财富的基础。但可持续发展不仅重视经济增长的数量，更追求经济发展的质量。可持续发展要求改变传统的以"高投入、高消耗、高污染"为特征的生产模式和消费模式，实施清洁生产和文明消费，以提高经济活动中的效益、节约资源和减少废物。从某种角度上，可以说集约型的经济增长方式就是可持续发展在经济方面的体现。

（2）在生态可持续发展方面：可持续发展要求经济建设和社会发展要与自然承载能力相协调。发展的同时必须保护和改善地球生态环境，保证以可持续的方式使用自然资源和环境成本，使人类的发展控制在地球承载能力之内。因此，可持续发展强调了发展是有限制的，没有限制就没有发展的持续。生态可持续发展同样强调环境保护，但不同于以往将环境保护与社会发展对立的做法，可持续发展要求通过转变发展模式，从人类发展的源头、从根本上解决环境问题。

（3）在社会可持续发展方面：可持续发展强调社会公平是环境保护得以实现的机制和目标。可持续发展指出世界各国的发展阶段可以不同，发展的具体目标也各不相同，但发展的本质应包括改善人类生活质量，提高人类健康水平，创造一个保障人们平等、自由、教育、人权和免受暴力的社会环境。这就是说，在人类可持续发展系统中，经济可持续是基础，生态可持续是条件，社会可持续才是目的。21世纪人类应该共同追求的是以人为本位的自然—经济—社会复合系统的持续、稳定、健康发展。

作为一个具有强大综合性和交叉性的研究领域，可持续发展涉及众多的学科，可以有不同重点的展开。例如，生态学家着重从自然方面把握可持续发展，理解可持续发展是不超越环境系统更新能力的人类社会的发展；经济学家着重从经济方面把握可持续发展,理解可持续发展是在保持自然资源质量和其持久供应能力的前提下,使经济增长的净利益增加到最大限度;社会学家从社会角度把握可持续发展,理解可持续发展是在不超出维持生态系统涵容能力的情况下,尽可能地改善人类的生活品质;科技工作者则更多地从技术角度把握可持续发展,把可持续发展理解为是建立极少产生废料和污染物的绿色工艺或技术系统。

资料来源:MBA 智库

内容概述

国际营销对环境的分析首先从历史开始,不了解一个国家的过去就不会理解它的现在。

地理环境主要包括气候、地形和自然资源。世界各国由于地理差异很大,造成各国气候、地形和自然资源的巨大差异,并对国际营销产生影响。主要包括产品的选择、产品的适应性、时机的选择及营销成本等等。

自然环境的恶化引起人们对环保问题的关注,全球环保行动日益发展。环境保护的开展,促使企业开展国际营销活动时,必须密切关注当地政府和市场消费者对环境保护的程度,必须针对特定市场,对产品进行合适的包装、改造,避免引起环境保护问题的争议。

练习思考

1. 气候、地形、温差等地理因素对人们构成哪些方面的影响?
2. 环境保护运动最强调什么宗旨?影响哪些产品的消费?除了提倡拒绝皮草服装的穿着外,你还能举出什么具体的产品吗?
3. 经济的可持续发展受哪些地理因素的影响?
4. 中美之间的差异有历史因素吗?课堂讨论并请学生具体列出。

第3章 国际市场营销环境——文化

学习目的

通过本章的学习,了解文化的要素及分析方法,了解文化差异对国际营销过程产生的影响,学会运用国家文化模型分析不同国家文化的差异,熟悉国际营销的文化适应性规律,了解国际营销中差异化的管理风格和商业惯例,建立正确的企业伦理观和社会责任感,最终形成系统的文化战略思维。

教学要求

知识点	能力要求
文化环境要素	(1)物质文化 (2)社会组织 (3)审美观 (4)语言 (5)价值观
文化分析模型	(1)霍夫斯泰德理论的理解 (2)霍尔理论的理解和应用
跨文化沟通	(1)沟通过程及其文化变量 (2)沟通渠道及网络沟通 (3)跨文化沟通的管理
文化变革	(1)文化一致性策略 (2)无计划变革策略 (3)有计划变革策略
管理风格与商业惯例	国际营销与文化的适应性原则
企业伦理与社会责任	(1)腐败 (2)贿赂
文化环境的综合战略模型	文化的维度与综合分析

核心概念

文化(Culture)

价值观(Values)

个人主义/集体主义(Individualism，IDV)

权力距离指数(Power Distance，PDI)

不确定性回避指数(Uncertainty Avoidance，UAI)

男性化/女性化指数(Masculinity，MAS)

营销故事

　　彼尔勃瑞公司开发其"绿巨人"牌蔬菜的国外市场,就是从推销罐头玉米开始起步的。彼尔勃瑞公司原以为玉米产品在国际市场上不必作任何口味上的改变。但令彼尔勃瑞公司吃惊的是要调整的不是口味而是营销方式。法国人喜欢就着沙拉吃冷玉米;英国人喜欢将玉米做三明治的馅;在日本,人们则习惯食用罐头玉米;韩国人吃甜玉米时喜欢涂上冰激凌。毋庸置疑,如果将在美国适用的国际营销策略应用于其他国家显然是行不通的。

思考提示

　　不同文化背景下的需求是不同的。人们都吃玉米,但在不同的文化中人们都有着自己特定的行为方式。营销者想在国际市场上获得成功,就必须学习了解外国文化和本国文化的种种差异,制定出适合不同国家市场需求的营销战略和策略。

3.1 国际营销的文化环境要素

3.1.1 文化环境的结构

英国人类学家爱德华·B.泰勒(Edward B. Taylor)将文化定义为"一个复合的整体,包括知识、信仰、艺术、道德、法律、风俗以及作为一个社会成员的人所习得的其他一切能力和习惯"。此后,文化的定义层出不穷。

美国人类学家阿尔弗雷德·克洛依伯(Alfred Kroeber)和克莱德·克勒克荷恩(Clyde Kluckhohn)将文化定义进行归类,得出九种基本文化概念,它们分别是哲学的、艺术的、教育的、心理学的、历史的、人类学的、社会学的、生态学的和生物学的。

美国人类学家拉夫尔·林顿(Ralph Linton)于1954年提出的文化的定义更被广泛地接受,即"文化是由学到的行为和行为结果构成的,其构成要素被特定社会的成员所分享和传播"。荷兰管理学家吉尔特·霍夫斯泰德(Geert Hofstede)认为文化是人类思想和行动的指南。

而人类学家爱德华·霍尔(Edward Hall)对文化的见解更适合国际营销者们,"我们的客户一再地撞到无形的墙上……我们心里明白他们撞上的是截然不同的生活和思维方式,以及对家庭、国家、经济制度甚至人本身的不同看法"。霍尔对文化的定义最突出的一点就是指出了文化的差异。他认为文化的差异是无形的,营销者如果忽视文化差异,将会影响到营销策略的成功。

社会之间的差异以及社会所固有的特性,其根源就在于文化。文化的属性是:

①文化是人们行动的基准和规范;
②文化是通过学习获得的,并不是完全天生的;
③文化是某个社会中的成员共享的;
④不同社会的文化是有差异的;
⑤文化是不断演进的。

思考提示

文化不是个体呈现出来的行为特征,而是群体性行为特征。

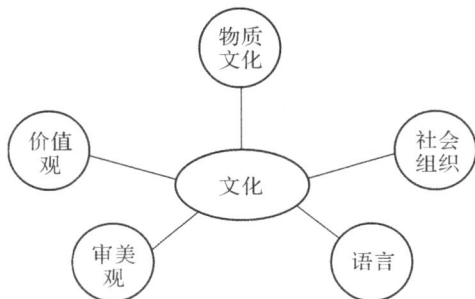

图 3.1　文化环境的构成

文化环境包括物质文化、语言文字、传统习惯、审美观、宗教信仰、价值观和态度、社会组织等文化基本要素。

(1)物质文化

物质文化是指人们所创造的物质产品以及用来生产产品的方式、技术和工艺。物质文化决定人们的生活方式。物质文化对国际营销会产生诸多影响,它不仅影响产品的生产手段和分配方法,还影响产品的需求水平、质量要求、种类和功能需求等。例如人多地少、便利店多,使得日本消费者更喜欢多次少量地购买新鲜的食品,所以体积小的冰箱在日本十分受欢迎。相反,美国的大型超市往往设在郊区,所以美国人习惯周末开车去购买够一周消耗的食品,所以体积大的冰箱在美国更加畅销。

作为国际营销者,要了解东道国的物质文化的基本情况,不但要从总体上有所认识和把握,对一些细节的把握也很重要。

(2)语言

语言文字是文化的核心组成部分,只有通晓一国的语言文字,才能及时准确地获得第一手资料,从而了解市场状况、需求模式与偏好以及有关禁忌等等,最后作出合适的国际营销策略。

语言可分为有声语言和无声语言。有声语言是极其重要的交流方式,目前世界上,把汉语作为母语的人最多,英语位居第二。但是把英语作为官方语言的人口则远远超过汉语。

　　语言文字是营销活动中主要的交流手段，如果国际营销者对东道国的语言不了解，不能很好地同经销商、供货商、政府官员、顾客打交道，就很难取得很好的营销结果。然而，语言之间的差异是很大的。虽然英语是使用最广泛的官方语言，但同一个词在不同国家和地区用法含义都会不同，同样，在不同国家和地区，人们虽然讲同一种语言，但对相同的事物却有不同的称谓。例如 Coca Cola 刚进入中国市场的时候，被译做"古柯"，结果无人问津，因为现今世界上的主要毒品——可卡因就是从"古柯"叶中提取出来的。然而，奇妙的是，"Coca"换一换译法，竟成了既形象又传神、既可口又上口的绝妙好词——"可口可乐"，销量节节攀升。这个名称既保留着原来响亮的发音，又从喝饮料的感受和好处上打攻心战，手段十分高明。因此，在国外市场进行国际市场营销的营销者有必要为自己的品牌制订能为当地消费者所乐于接受的品牌名，同时又和原来品牌的名称相联系。

营销故事

　　日本酒店提示客人说："欢迎占女服务员的便宜。"（"You are invited to take advantage of the chambermaid."）

　　墨西哥阿卡普尔科的酒店的饮水通知上说："本店供应的饮用水是由经理亲自尿出来的。"（"The manager has personally passed all the water served here."）

　　布达佩斯的一家动物园要求游客："不要给动物喂食，如有合适的食品，请给值班的守卫。"（"Not to feed the animals. If you have any suitable food, give it to the guard on duty."）

　　一家曼谷的干洗店说："请脱下你们的裤子得到最佳效果吧。"（"Drop your trousers here for the best results."）

　　哥本哈根的一家航空公司承诺："我们将您的行李四面八方地发送。"（"We take your bags and send them in all directions."）

　　资料来源：Adapted from Sunday Times（1992）22 November

思考提示

　　相同的语句，不同的文化，便有了不同的理解。

无声语言同样是交流的重要手段,例如手势、面部表情等。无声语言在销售谈判和其他商务会议中都是非常重要的。不同的文化环境中,无声语言所表达的含义是大大不同的。比如,在中国有"无声便是默许"的说法,你不说话就意味着你"赞成"了。但日本人的沉默往往表示"不赞成",即使他在点头,仍旧不表示他赞成。人与人之间距离的适宜度也是不同的,中东的商人谈判时喜欢靠得很近以示亲近,但英国人却喜欢与人保持一定的距离以示礼貌。

表 3.1　无声语言的应用

无声语言	营销和商业方面的含义
时间	约会时间的安排。"准时"和最后期限的重要性
空间	办公场所的大小。交谈时,人与人之间的距离
事物	物质拥有的相关性。对最新技术的兴趣
友谊	在压力和紧急情况中,信任的朋友作为社会担保的重要性
协议	基于法律、道德和非正式习惯上的谈判规则

资料来源:Hall and Hall(1987)

国际营销者不仅要了解东道国的语言表达的正确含义,还要了解无声语言表达的真正含义,才能够很好地进行相互交流和沟通,从而制订出合适的营销方案。

营销故事

迪斯尼这个世界上最成功的推销商,最初拒绝采取适应欧洲顾客的饮食服务方式。在 1993 年成立的欧洲迪斯尼饭店,提供的座位不足。美国人可以在任意需要的时间来迪斯尼乐园和迪斯尼世界吃午餐,然而欧洲人则不同,他们都很有规律地在一点钟左右吃午餐,而且他们也不能接受站着排队等上一小时左右。更糟糕的是,欧洲迪斯尼饭店不提供葡萄酒或者啤酒。那是因为美国的迪斯尼餐馆是家庭式餐馆,酒精饮料不适合这种场合。欧洲人的传统习惯和期望在迪斯尼出现了很大的落差。到 1993 年,欧洲的迪斯尼亏损额达到 10 亿美元。负责欧洲市场运作的管理层对之进行了改革。其中一个重要的变化就是改革了菜单:顾客可以在法国的迪斯尼乐园痛饮啤酒或者葡萄酒,仅这一项改变就使迪斯尼扭亏为盈。

资料来源：Richard R. Gesteland. *Cross-cultural Business Behavior*：*Marketing，Negotiating，Sourcing and Managing Across Cultures*. Copenhagen Business School Press，2002

（3）审美观

审美观体现了当地文化对诸如美、品位和设计的理解，它决定了当地人眼中可接受的和有吸引力的事物。不同国家和民族、不同性别、不同阶层、不同宗教信仰的人都有自己独特的审美标准。国际营销者须确保产品的设计、色彩、音乐和品牌名称符合当地的审美观。如果不了解当地的文化，不了解其审美观，就会在进行国际营销时遇到许多问题。以色彩为例，各个国家色彩的审美倾向在不同国家市场也有很大区别，同一种颜色在不同的文化中会有完全不同的意义。

营销故事

有的颜色令人赏心悦目，有的颜色则不然……但它们都有自己的个性。当我们看到一种颜色的时候，脑海中会产生各种联想。有的想法是直觉的反应，有的是受我们所居住的环境的影响。从充满热情和激动的红色到使人愉快的黄色，颜色总是不断地带给我们不同的反应。

作为国际市场营销人员了解这一点尤为重要。我们通过产品颜色设计、包装、广告等向消费者传达关于我们品牌个性的强有力的信息，从而尽力把消费者吸引到我们的品牌上来。然而，颜色的含义受文化环境的影响，因此它的个性也因文化的不同而不同。

最近的研究表明，吉百利品牌给英国和中国台湾消费者感觉是很不相同的。在英国，吉百利被看做是豪华、时尚、高贵、上等、丝般柔滑的女士形象。而在我国台湾人眼中，则成了一个很差的品牌，质量低，如同一个年迈的热心的老太太。

在这个研究中，两个地区参加调查者还被问及他们对紫色的感觉——吉百利现在将紫色作为其商标的颜色。

结果再一次地大相径庭。英国人把紫色同豪华、时尚、成熟、青春和女性联系在一起，而我国台湾人却认为紫色是一种让人感觉温暖的、老老的、安静的、严肃的，甚至有一点悲伤的但不失尊贵的颜色。在这两个不同的区域，因为紫色带给他们的感觉、情感和特点如此不同，所以赋予吉百利品牌截然不同的含义。

　　因此,营销人员需要慎重考虑色彩的搭配,当把产品投入到国外市场的时候。就像母亲对儿子找对象的忠告:"看上去好不算什么,性格才是最重要的!"

　　资料来源:Isobel Doole & Robin Lowe. *International Marketing Strategy*. Thomson Learning,3ʳᵈ edition,2001. Cited from Anthony Grimes (1999),Sheffield Hallam University

国际营销者不能凭自己的直觉和喜好去设计产品的式样、包装、色彩和音乐。倘若产品风格不符合消费者的审美观,很可能会导致营销活动徒劳无功。

　　(4)价值观

　　价值观是人们对事物的评判标准。不同文化环境中的消费者的价值观和态度都是各有千秋的,对时间、成就、财富、风险等事物的看法不尽相同(表 3.2),因而消费者的价值观和态度在一定程度会对产品的营销活动产生很大的影响。美国的消费者在购买商品的时候,更多地强调自我意识,不易被周围群体所影响。相反,东南亚一带的消费者在购买商品的时候往往会顾及家庭、同事、朋友的想法。就时间价值观而言,英国人十分守时,而东南亚一些国家的人就不是很有时间观念,而且举行重要的会议时,重量级人物一般都会姗姗来迟。

表 3.2　文化价值观与消费者行为

价值观	总体特征	消费者行为特征
成就与成功	努力工作是好的;成功来自努力工作	作为购买商品的正当理由("这是你应得的")
效率与实用性	欣赏可以解决问题的事物(比如省时省力)	促进购买功能完善又节约时间的商品
进步	人们可以不断进步;明天一定比今天更美好	促进购买能满足尚未满足的需要的产品;愿意接受"新的"或改良的"的产品
物质享受	"美好生活"	鼓励接受能使生活变得更舒适和享受的产品和奢侈品
个人主义	做好自己(比如自立、自利、自尊等)	促进接受能体现"个性"的定制的或独一无二的产品
外部的一致性	行为的一致性,希望被接受、认同	促使人们对同龄人所使用或拥有的产品感兴趣
年轻性	保持心理年轻和外表年轻	促使人们接受带来永葆青春幻想的产品

　　资料来源:Schiffman,L. G. & Kanuk,L. L. (2000) *Consumer Behavior*,Prentice Hall

（5）社会组织

社会组织是指人们相互发生联系的各种组织形式，其中家庭亲属关系是社会组织最基本的组成部分。不同文化对男女社会地位、家庭、社会阶层、消费者行为等问题存在着不同的解释。

每个国家的群体总会被分成若干社会阶层。社会阶层通常是根据人们的经济收入来划分的，一般处于同一社会阶层的人具有相似的购买力和消费态度，他们对产品、服务、品牌、款式等有着较类似的想法，因此社会阶层无疑是市场细分的重要依据之一，同时对产品设计、销售渠道、促销手段的选择有现实的指导意义。所以国际营销者应参考东道国的社会阶层状况，以制定合适的营销策略来满足目标客户的需求。

3.1.2　文化环境对国际市场营销的影响

在国际市场营销中，每个国家或地域都有着和母国市场不同的文化，它对国际市场营销的影响是全面的。从各方面而言，社会文化因素都在影响着消费和购买行为，而且这些因素因地而异。比如，为品牌选择一个合适的品牌名称，到了欧美就要取一个英文的品牌名称，这些名称不仅要和原来的品牌名称有关联性，而且还不得触犯当地的禁忌，才能为当地人所接受。

促销和广告宣传也常常因为文化的差异引起沟通障碍。广告用语的理解往往要配合相应的文化背景。比如中国有很深厚的文化渊源，在国内用一句很有诗意的广告语可以为大家所接受，但这样的广告语一经翻译到了国外就可能变得毫无意义。

由于文化的不同，人们的沟通方式不同。例如美国文化认为"人应该是开放地、率直地与人相处，沟通应该直言不讳，且应该很快了解别人的观点"。而中国文化认为"为了保持和谐以及避免麻烦，间接和不明确的语言经常是必需的"。这是很大的差异，不同的文化环境中的国际市场营销策略也会有很大区别。

文化同消费习惯紧密联系。进入中国市场的外国品牌中很少有白酒，因为白酒富含着悠久的历史和丰富的文化内涵，所以在这样的产品市场里，国外的品牌就很难有所作为。因此，在进行国际市场营销时，就必须研究产品的文化含量的大小，特别是受文化影响程度的高低。

文化环境对国际市场营销的影响：

1）文化差异决定着企业对国际目标市场的选择。

2）文化差异影响着企业国际市场营销的效率和效益。

3)文化差异很大程度上影响着国际市场营销的管理。

可见,文化对国际营销起着重要的影响。因为文化在根本上影响着人们的价值观和社会行为。当我们进入国外市场,接触到国外消费者时,往往会受到很大的文化冲击。营销者要想在国际市场上获得成功,就必须学习了解外国文化和本国文化之间的种种差异。为此,我们可以从研究文化的基本要素入手。

知识链接

世界各地的人们对他们的文化充满着深厚的感情,就如同我们对自己的文化有着深厚的感情一样。每个国家都认为自己的文化是最好的。国外文化的特点都会使别人觉得可笑,美国文化中也有些特点使人觉得好笑。例如,中国人跟美国人讲关于狗的笑话,美国人会感到很不可思议:中国人觉得将狗当做美味比当做宠物更好。(事实上,随着中国变得越来越富裕,越来越多的中国人把狗作为宠物,在过去的 5 年中,宠物食品的销量增长了 70%。)我们对法国人将他们的狗带入最好的饭店并且与他们在一张餐桌上共同进餐感到不可思议。

资料来源:Lennie Copeland and Lewis Griggs, *Going International* (New York: Plume, 1997), p. 7; Cindy Sui, "In China, Not Every Dog Has His Day," *Washington Post*, May 5, 2000, p. A18; Euro monitor, 2003.

思考提示

文化只有差异,没有对错,没有优劣。我们绝对不能对文化的好坏、优劣进行价值判断。

3.2　国际营销文化环境的分析

文化可分为世界文化、国家文化、地域文化、企业文化等等。国际市场营销对文化环境的分析一般基于国家层面的研究,主要研究不同国家之间文化的差异,并根据这种差异制定相应的营销策略。

3.2.1 霍夫斯泰德国家文化分析模型

吉尔特·霍夫斯泰德（Geert Hofstede）在用 20 种语言，从态度和价值观方面，收集了 40 个国家，包括从工人到博士和高层管理人员在内的，共 116000 个问卷调查数据的基础上发现：国家之间的文化差异主要体现在四个方面：个人主义/集体主义（Individualism，IDV）；权力距离指数（Power Distance，PDI）；不确定性回避指数（Uncertainty Avoidance，UAI）；男性化/女性化指数（Masculinity，MAS）。他的分类法被广泛地应用于国际营销领域。

（1）个人主义/集体主义（Individualism，IDV）

IDV 表明自我利益的行为取向。个人主义（IDV 较高）的社会，个人之间的关系涣散，以"自我"或小家庭为中心，强调个人成就，照顾自己利益。集体主义（IDV 较高）的社会则是以"我们"为中心，一般强调个人服从集体，集体保护个人。

（2）权力距离指数（Power Distance，PDI）

PDI 反映人们对社会不平等，即在某一社会制度中上下级之间的权力不平等状况的容忍度。在权力距离指数比较高的国家往往等级森严，人们认同上下级之间的差距，把社会角色、操控能力及家庭出身看做势力和地位的来源。在权力距离指数比较低的国家，人人都比较平等，反映了更为平等的观点。

（3）不确定性回避指数（Uncertainty Avoidance，UAI）

UAI 反映了社会成员对模棱两可或不确定性的容忍程度。UAI 比较高的文化往往教条式地遵守规则和行为规范以减少不确定性。而不确定回避指数比较低的国家则表现为较低的焦虑紧张程度，人们容易接受新的事物和挑战并乐于冒险。

（4）男性化/女性化指数（Masculinity，MAS）

MAS 指数表现出社会对男性和女性角色的认可度。MAS 指数较高的国家表现出男性特质的价值观，强调追逐金钱、有形成就和社会地位，崇尚有所成就的人士。MAS 指数较低的国家则无论男女都表现出女性特质的价值观，并非一味追求金钱和地位，重视人际关系。这样的社会同情弱者，反对个人英雄主义。商业关系在女性化的社会中更具有人情味。

知识链接

吉尔特・霍夫斯泰德(Geert Hofstede)简介

荷兰文化协会研究所所长吉尔特・霍夫斯泰德(Geert Hofstede),在用 20 种语言,从态度和价值观方面,收集了 40 个国家,包括从工人到博士和高层管理人员在内的,共 116000 个问卷调查数据的基础上,撰写了著名的《文化的结局》一书。根据研究成果,霍氏认为:文化是在一个环境中的人们共同的心理程序,不是一种个体特征,而是具有相同的教育和生活经验的许多人所共有的心理程序。不同的群体、区域或国家的这种程序互有差异。这种文化差异可分为四个维度:权力距离(power distance),不确定性避免(uncertainty avoidance index),个人主义与集体主义(individualism versus collectivism)以及男性度与女性度(masculine versus feminality)。所谓"文化",是在同一个环境中的人民所具有的"共同的心理程序"。因此,文化不是一种个体特征,而是具有相同社会经验、受过相同教育的许多人所共有的心理程序。不同的群体,不同的国家或地区的人们,这种共有的心理程序之所以会有差异,是因为他们向来受着不同的教育、有着不同的社会和工作,从而也就有不同的思维方式。吉尔特・霍夫斯泰德教授,是社会人文学博士,曾主管过 IBM 欧洲分公司的人事调查工作,是荷兰马城(Maastricht)大学国际管理系名誉教授,在欧洲多所大学任教,并担任香港大学荣誉教授,从事组织机构人类学和国际管理(Organizational Anthropology and Internataional Management)。1993 年退休以后,他依然是香港、夏威夷、澳大利亚一些大学的客座教授。他还担任 Tilburg 大学经济学研究中心的校外教授。现时还兼任世界银行、亚洲生产力组织和欧盟的顾问。他 1984 年发表的专著《文化的影响力》、1991 年发表的专著《文化与主题:思想的远见》,被译成多种语言版本。他是社会科学刊物索引前一百位最常被引用的作者。中国科学出版社曾于 1996 年翻译出版过吉尔特・霍夫斯泰德教授的代表作《跨越合作的障碍——多元文化与管理》,被中国文化界称为"具有启示性的专著"。随着他的学术专著《Culture's Consequences》(文化的重要地位)在美国发表,他成为不同文化比较研究的创始人。他的理论在世界范围内得到应用。他的一本很有名的著作《文化与主题:思想的远见》(1991年初版,2005年新版,与Gert Jan Hof-stede合著),至今为止被翻译成17种语言。自1980年起,吉尔特·霍夫斯泰德就成为Social Science Citation Index中最常被引用的荷兰作者。他还是美国管理学院院士,荷兰Nyenrode、希腊雅典、保加利亚索菲亚以及瑞典Gothenburg等大学的名誉博士。

3.2.2 爱德华·霍尔的文化语境分析模型

爱德华·霍尔(Edward T. Hall)认为不同文化使用的交流方式有很大的差异,他把文化分为高语境文化和低语境文化。

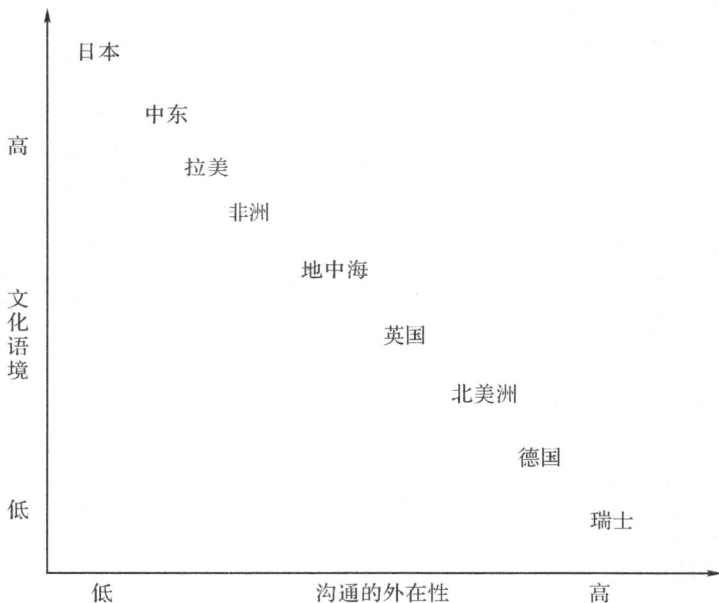

图3.2 语境及其对沟通的影响

资料来源:Usunier(2000)

(1)高语境文化

在高语境文化中,语言的信息大部分很隐晦,需要靠各项相关因素来理解,如说话人的文化背景、社会地位、价值观等。在高语境文化的社会,银行贷款与其说是看财务报表,不如说是看借合款人是谁。高语境文化的社会与法律文件打交道的机会比较少,一个人说的话就是其信誉的保证。日本、阿拉伯和拉美一些国家都是高语境文化的国家。在日本,人们是根据对方的年龄、性别、社会地位而进行微妙和复杂的交流的。

（2）低语境文化

在低语境文化的社会里,语言交流的基础是口头或书面的文字,信息的表达比较直接明确,人们可以充分而正确地从中理解所传达的信息。例如,去银行贷款,银行更多地根据借款人的财务报表和陈述而很少参考其背景或价值。美国、瑞士和德国都是典型的低语境文化的国家,它们的交流内容都是十分明确的。

知识链接

爱德华·霍尔简介

爱德华·霍尔(Edward Twitchell Hall Jr.,1914—2009),美国人类学家,被称为系统地研究跨文化传播活动的第一人。曾任教于丹佛大学、科罗拉多大学、佛蒙特大学本宁顿学院、哈佛商学院、伊利诺理工、西北大学等美国著名院校。1933 至 1937 年,霍尔和亚利桑那州西北印第安保留地的纳瓦霍族人和印第安人一起生活和工作,他的自传体著作《三十年代的美国西部》(West of the Thirties)描写了那段时光。他通过研究北美印第安人的历史,创立了一种独特的文化交流模式,用来强调非语言信号的重要性,这种模式对于研究不同文化人群之间的互动、探寻他们不能互相理解的原因有重要意义。1942 年他获得了哥伦比亚大学的博士学位,之后陆续在欧洲、中东和亚洲进行实地考察。在 20 世纪 50 年代,霍尔在美国国务院外交讲习所(Foreign Service Institute)举办培训项目,以帮助负责处理海外事务的政府工作人员顺利应对文化差异。在此期间,霍尔确立了"高语境文化"与"低语境文化"的概念,并出版了几本著名的关于跨文化问题的实用书籍。他被认为是"跨文化传播"学术研究领域的奠基人。霍尔在他的《隐藏的维度》(The Hidden Dimension)一书中首创了空间关系学和私人空间的概念,他认为虽然空间距离是不能听出来的,但是空间的使用和语言一样能传达信息。在《无声的语言》(The Silent Language)中,霍尔创造了"历时性文化"的概念,用以描述同时参与多个活动。与之对应的是"共时性文化",用来描述有序地参与各种活动的个人或群体。在书中,他把正规清晰的语言交流和非正规形式的交流进行对

比,认为"注意观察对方的脸或其他肢体动作语言,有时会比说话得到更多的信息"。1976年,霍尔发表了他的第三部著作《超越文化》(Beyond Culture)。在书中,他详细阐明了"发展转移"的概念,即人类社会的进步取决于人们创造了多少(类似于生物学中的"发展")。霍尔认为文化决定了人们对时间和空间的理解,而不同的理解会导致人际间交流的困难。

资料来源:http://baike.baidu.com/view/3425156.htm

3.3 国际营销的跨文化沟通

由于不同文化之间传递信息很困难,跨文化沟通在国际营销中的作用就显得非常重要,特别是涉及人际关系的处理时,如商务谈判、团队协调等。文化与沟通如此复杂地交织在一起,在跨文化的情境之下,国际营销沟通中的误解或错误难免经常发生,有时令人啼笑皆非。国际营销人员只有深入理解这种复杂的关系,才能驾驭跨文化沟通的国际营销。本节应用沟通过程模型,考察国际营销跨文化沟通中的噪声、信任、文化变量、沟通障碍及跨文化沟通的管理等论题。

3.3.1 沟通过程与文化环境变量

沟通(communication)是指信息传递的过程。营销者通过沟通实现营销活动的信息发布、商务谈判、过程协调、团队激励、规划研讨等。信息在传递过程中由于噪声的存在,往往会被扭曲或错误解码。噪声产生的原因在于信息发送者与信息接受者处于不同的社会生活空间,并具有差异性的价值观、关系、经验等文化背景基础。这种背景影响着信息的编码和解码,人们通常会根据个人的价值观或行为规范中的认知,对所沟通的信息内容进行过滤或选择性解读。沟通过程中,双方的文化差异性越大,错误解读的可能性就越高。

对文化噪声(cultural noise)的了解使我们能够通过减少噪声的影响从而改善沟通的过程。下面主要讨论影响跨文化沟通的文化要素。有效沟通的程度取决于沟通双方之间的文化差异程度,但这种文化间的跨度能够通过对文化要素的了解以及适度的调整而消除。

(1)信任关系

国际营销过程中有效的沟通取决于基于信任的相互关系。但是,信任的含

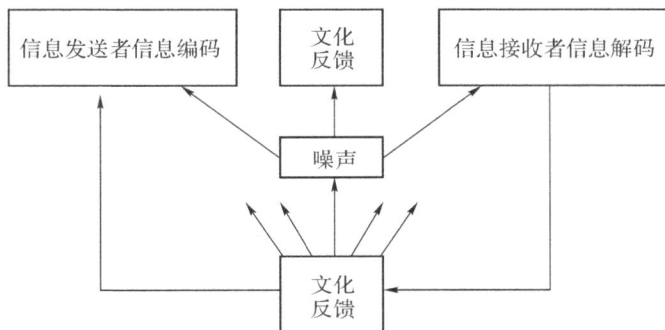

图 3.3　沟通的过程

义与建立信任的过程及其沟通方式在各种文化之间差别迥异。例如,中国或日本文化倾向于建立具有信任基础的长期商业合作关系,而英美文化则乐于建立正式法律合同基础的短期商业合作关系。当沟通各方存在信任关系时,沟通便包含了理解的内涵。这种理解对于营销活动非常有益,它有利于克服文化差异,并使营销者在面对文化冲突时能够作出有效调整,这种关系调整比正式的契约性调整所带来的冲击要小得多。因此,信任能够形成开放式的沟通,以及信息与思想的交流。信任关系在不同文化背景下存在差异,根据世界价值研究组织(World Value Study Group)对信任的价值偏好的研究显示,如北欧国家普遍认为大多数人值得信任,而拉脱维亚等国则认为大多数人不值得信任。

(2)文化环境变量

文化环境变量对沟通过程的影响也是很重要的,这种影响主要作用于人们的认知行为。这些文化变量包括:态度;社会组织;思维方式;管理者角色;语言(口语或书面用语);非语言沟通方式(包括肢体行为、空间位置、辅助性语言、客体语言等);时间。这些变量之间存在着相互依赖及不可分割的关系。例如,民族中心主义(ethnocentric)的态度是跨文化沟通中产生噪声的重要来源,模式化见解(stereotyping)是跨文化沟通中引起误解的重要原因,而人们的感知受到所属社会组织的影响,并且不同文化背景的人们进行逻辑推理的过程是不一样的,语言或非语言沟通中的微小差异也会引发问题,人们对待时间的态度及使用时间的方式是沟通中的另一个重要变量。此外,在沟通过程中产生噪声的另一个重要因素是语境,语境包括了诸多文化变量,并能够影响沟通内容及其解释。低语境文化背景下,个人关系与商务活动是分离的,沟通方式很直接。高语境文化背景下,如果缺乏足够的信任关系,沟通将会很难达成协议,或甚至引发冲突。

3.3.2 沟通渠道与文化差异性

跨文化沟通不仅受到与信息发送者和接收者相关的变量影响,而且沟通渠道与信息背景方面的变量也需要考虑在内,这些变量涉及信息传递速度、信息传递方式及信息传递的媒介。

（1）信息系统

国际营销过程中的沟通方式因地点、渠道、速度、媒介等因素的变化而变化,营销组织结构、员工政策、领导方式都影响营销信息系统的构建。作为国际营销者,必须了解组织内外部信息的发生方式和传递速度。例如,美国企业大量的信息从底层员工流向经理人员,而日本企业则是群体参与决策。语境也影响着信息的流动,在高语境文化(如日本)中,由于存在人与组织间的非正式及内在的紧密联系,信息将快速和自由地传递,传递方式通常是非正式的;在低语境文化(如德国)中,信息被管理和控制并不能自由传递,角色划分与办公室布局阻塞了信息传递的渠道,信息传递通常更加正式。

国际营销者获取非正式信息非常重要,如日本企业的重要信息交流方式是在下班后一起喝酒的非正式沟通中进行的,这种沟通方式建立在长期关系基础之上,并对陌生人封锁信息。而美国人希望更加开放和自由地讨论问题,并将内心的反应通过语言或肢体动作表达出来。当日美进行跨文化沟通并将自身的规范强加于对方时,冲突便会产生。美国文化所提倡的外在化沟通作用于日本人时,便形成了对他人隐私的侵犯;而日本内向性的沟通文化给美国人的印象则是一些消极反应,并且过于模式化、晦涩难懂、浪费时间等等。

表 3.3　日本人与美国人沟通的差异

日本人性化的沟通方式	美国对抗性的沟通方式
1.间接的词汇表达和非言语沟通	1.直接的词汇表达和非言语沟通
2.关系导向型沟通	2.任务导向型沟通
3.反对对抗型的沟通	3.采用对抗型的沟通
4.策略性地使用模糊辞令	4.开门见山地沟通
5.反馈存在时滞	5.反馈快速形成
6.有耐心,长期地谈判	6.无耐心,短期地谈判
7.少言寡语	7.侃侃而谈
8.不信任有言语技巧的沟通者	8.提倡雄辩的口才

续表

日本人性化的沟通方式	美国对抗性的沟通方式
9. 群体导向	9. 个人导向
10. 谨慎,试探性	10. 坚定而自信
11. 补充性沟通	11. 公开化、带有批评性的沟通
12. 温和、用心的沟通逻辑	12. 强硬、仔细分析的沟通逻辑
13. 同情心、感伤的复杂情绪	13. 注重逻辑推理
14. 对复杂关系策略与细节进行解码与表达	14. 对复杂的理念与认知进行解码与表达
15. 避免在公开场合作出决策	15. 通常在公开场合作出决策
16. 在私人场合作出决策,躲避公众视野	16. 通常在公开的谈判桌前作出决策
17. 决策的形成基于群体意见	17. 决策的形成基于多数原则,公开化
18. 通过中间人进行决策制定	18. 谈判者面对面地讨论形成决策
19. 通过言语与非言语沟通,表现出克制与迟疑	19. 公开使用最高级别的修辞,以及非言语的表述
20. 使用修饰、暂定、恭谦的词汇进行沟通	20. 很少使用修饰,以自我为中心
21. 以接收者/听众为中心	21. 以发送者为中心
22. 推断用意,从辞令中挖掘信息,非言语沟通	22. 强调表面含义与外延含义
23. 交流中谨慎并有所保留	23. 交流中开放并自信
24. 不欣赏纯商务的交流	24. 喜欢"就事论事"和"吹毛求疵"
25. 商务与社交沟通相结合	25. 严格地区分商务与社交沟通
26. 在谈判中通过各种暗示达到目的	26. 在谈判中直接表达自己的偏好
27. 进行推心置腹的交流	27. 遵从直接、严谨的逻辑推理;尊重知识而非感情

　　信息传递速度是另一个容易引起误解或冲突的关键变量。美国人喜欢发送与获取信息迅速且清晰,以直接方式进行谈判与磋商以达成共识,他们通常使用快捷的信息渠道,如电子邮件、传真等。而法国人通常使用较慢传递速度的信息渠道,他们经常使用书面沟通进行试探,并以缓慢的书信方式交换意见和建议,法国人对书面沟通存有偏好。

（2）信息技术：全球化与本土化

使用互联网作为跨文化沟通媒介，可以使各种规模的企业迅速进入全球市场，即使这些公司迈向全球化。但是，出现在全球市场并不意味着其营销活动实现了全球化。进入全球市场之后必须调整其电子商务方式，以适应除语言翻译与内容管理之外的其他文化问题。例如，在某些国家即使询问他人的名字或邮件地址都可能会被拒绝，因为这牵涉了他人的隐私。网络沟通不同于个人面对面的跨文化沟通，网络沟通不仅依赖于电信基础设施，还要在语言、文化、法律、商业惯例等方面进行本土化。例如从网络使用增长率来看，非英语地区以年均70%的速度增长，长期来看这将使英语网站成为少数群体。

全球网络在线战略必须是多区域性与多元文化的，网络战略必须调整以适应地区文化特色，由此建立客户关系和客户忠诚度。网络沟通需要具备比面对面沟通更多的文化敏感性，否则将无法得到信息反馈甚至维持联系。无论如何，在网络媒体上沟通的是具有差异性文化背景的具体的人。

3.3.3　跨文化沟通的管理

有效文化沟通包括如下步骤：培养文化敏感性、谨慎编码、选择有效媒介、谨慎解码以及跟踪管理。

（1）培养文化敏感性

国际营销者需要清楚自身的文化背景及文化变量对沟通过程的影响，并预测信息接收者可能得到信息含义的解码方式及其文化背景移情内化的状况。文化敏感性是了解他人、语境及其对语境反应的关键因素。一家美国的非营利组织为培养文化敏感性提出如下建议：

查看地图：熟悉当地的地理环境，避免一些冒犯性的错误。

注重着装：随意着装意味着不尊重他人。

闲谈话题：有时谈论财富、权利、身份等话题会引起矛盾。

少用俚语：不经意使用亵渎语言都是不能接受的。

放缓语速：美国人习惯快速说话、吃饭、行动及生活，而许多其他国家不是这样。

善于倾听：使他人感到你正在习惯他们的生活方式。

降低音量：大声说话通常被认为是一种浮夸的表现。

宗教禁忌：在许多国家，宗教话题并不适合在公开场合讨论。

政治禁忌：请注意这个问题，如果有人攻击美国的政客，你是同意还是不同意呢？

（2）谨慎编码

在跨文化沟通中，必须考虑信息接收者的文化参照系，如他们熟悉的语言、图像、体态等。信息发送者在语言翻译过程中应避免使用俚语或方言。字面直译只能部分解决语言差异问题，因为即使同在英语国家，一个词汇也可能有不同的含义或用法。避免误解的方法是在讲话时保持清晰和缓慢，并避免长句与口语化表达。对一个事物尽可能多角度、多媒介地进行解释。尽管英语是国际商务领域的通用语言，但国际营销者如果能讲目标国的语言，将会很好地改善商务会谈的氛围。在编码过程中，信息发送者需保持语言与非语言的一致性，尽量提供书面材料或其他可视化资料，如图表、图片、视频等。

（3）选择有效媒介

信息媒介的选择依赖于信息的性质、重要程度与内容，接收者的预期，需要的时间，以及互动方式等因素。常用的信息媒介包括：电子邮件、信件、备忘录、报告、会议纪要、电话、电话会议、网络聊天以及面对面的沟通。国际营销者最关键的是要发现信息传递的方式和信息接收者的语境背景以及传递速度等因素。对于跨文化沟通而言，采用面对面沟通方式是建立关系或重要商务谈判的最好选择。同时，面对面沟通使国际营销者能够迅速对信息接收者的反应作出反馈和调整。虽然国际营销活动的地理距离限制了面对面沟通的机会，但仍可通过电话或视频会议的方式建立信任关系。全球互联网正在通过快速的信息传播和信息扩散能力改变着跨文化沟通的面貌。例如，跨国公司经常利用视频会议系统对目标国营销团队进行技术支持。

（4）谨慎解码

信息解码过程是指将收到的信号转换为可读的信息。造成解码错误的主要原因包括：信息接收者错误翻译信息内容，信息接收者在解码时出现错误，信息发送者错误翻译了反馈信息，等等。避免沟通误解的最好方式是提升国际营销者的观察和倾听能力。好的倾听方式是投射式倾听方式或换位式倾听方式，即倾听时需要感知蕴含在语言或非语言表达背后的情感，并理解说话者的立场。

（5）跟踪管理

国际营销者需要保持沟通渠道的畅通，并维护信任关系，同时对沟通内容进行跟踪管理，特别是合同。但合同也是一种基于文化的产物，对合同的形成与履行，在不同文化背景下有着不同的理解。信任与合作均建立在此基础之上。对跨文化沟通进行管理更多的是依靠国际营销者个人的能力和行为方式。个人能力决定着跨文化沟通的效果，我们可将这些个性化因素与跨文化沟通的绩效联系起来。Kim 将这些研究发现的个性特征分为两类：其一，开放性，如思想开放、对歧义的容忍及外向性等特质;其二,坚韧性,如对内心的控制、坚持不懈、对模糊概念的宽容及足智多谋等特质。这些个性特质与文化识别能力一起构成了国际营销者对环境变化的适应能力。同时,他们的环境适应能力可以通过对东道国信息的收集、语言与非语言沟通方式的了解以及行为规范的学习而获得提升。Kim 提出,影响国际营销者与东道国顺利沟通的最主要变量是他们的适应性倾向,以及东道国环境中的接收能力与确定性能力。这些因素影响个人与社会的沟通过程,最终形成一种适应性结果。

3.4　国际营销的文化变革

任何文化都不是一成不变的。科技和经济的飞速发展,尤其是通讯技术的发展、互联网的普及,极大地加快了文化变革的步伐。国际营销受文化因素的影响,但是也会促进文化观念的改变。

3.4.1　文化的借鉴

文化的借鉴是指人们在面临特定问题的时候,会吸取其他文化中更好的或更有效的东西来帮助解决问题。一种文化往往是借鉴多种不同文化的结果。

现在的中国,随处可见人们身穿意大利设计、中国制造的服装,听着 iPod 的 MP3,吃着洋快餐,看着流行的魔幻小说,而小说上的印刷符号是古代闪米特人发明的,用德国人发明的印刷技术印刷在中国人发明的纸张上。或许家里还用 IKEA 的家具、日本的音响和美国的电脑,地上还铺着摩洛哥的地毯,出门开着德国产的汽车。的确,这是一个百分之一百的中国人,他所借鉴的每一个文化要素都被用来满足他的需求,融入中国人特有的习俗和文化中。不论被借鉴的文化来自何方,以何种方式被借鉴,一旦某种行为模式被社会接受,它就会成为标准的行为方式,并作为该社会的文化遗产的一部分而世代相传。社会文化遗产不断地得以传承,文化就不断地丰富和被充实,但这种借鉴了其他文化的文化仍然保留着自己的独特性。因此对于国际市场营销人员而言,了解东道国这种相似又不相同的文化是有十分重要的意义的。

3.4.2　文化的变革

经济和科技的发展加快了文化变革的步伐,文化的变革给企业带来了营销的机会。

中国人的价值观和生活方式随着开放发生了很大的变化。一贯节俭、积累存款的中国人，逐渐学会享受生活，学会花明天的钱圆今天的梦，如按揭买房、贷款买车，出现了"月光族"群体和"百万负翁"。

但是文化的变革总会遇到阻力、怀疑和抵制。一般来说，人们接受新的文化观念会经历一个蜕变的过程。但当新的文化能给人们带来需求的满足时，人们就会逐渐接受，文化变革随之产生，这就是所谓的"被动地文化变革"。但是也有对文化进行有计划的主动变革的时候，只要确定与创新相抵触的文化因素，然后促使这些因素由排斥变革转变为促进变革。当国际营销计划必须依赖文化变革才能成功时，可以选择主动变革也可以选择被动变革。

所以从文化的角度看，国际营销决策应该对文化的差异、文化阻力的大小或反对程度作出评估，尽可能地同当地文化保持一致，因地制宜。

3.4.3　文化变革策略

在制定国际营销策略时，如何考虑文化差异的问题，如何应对文化的变化问题，往往令很多营销人员感到巨大的挑战。通过研究，我们发现，在国际营销中，处理营销与文化的关系，有三种策略可以采取：

（1）文化一致性策略

即对营销的产品、渠道、促销、价格等各方面，尽量与东道国的文化保持一致，不发生冲突。这种策略的目的是尽快让东道国的消费者接受所推广的产品，以最快的速度实现市场的渗透，减少政治与文化的风险，从而减少营销的时间成本和文化代价。当然这需要营销人员充分地理解并接受的东道国的文化观念，做到因地制宜地实施营销策略。

（2）无计划变革策略

当所营销的产品与东道国的文化相差甚远，而又无力改变其文化观念时，只能采取无计划地变革，也就是说，在营销的过程中，让消费者自己去改变和调整观念，或许这是一个长期的过程，但是由于改变的成本过高，程度过难，企业无力承担，也只能慢慢等待。如：当年的可口可乐来到中国时，深知这种软饮料不符合中国人的产品观念与认知，但是他们并没有因此改变可口可乐的颜色，而是坚持等待着中国消费者逐步地接受它。

（3）有计划变革策略

有计划的变革策略是一种积极主动的态度与做法，在对东道国市场的文化进行深入研究的基础上,在国际营销的策略中明确制定出对东道国文化的改变策略,在推出产品前,先推行文化的变革策略与活动,并在产品的宣传与促销方面积极地实施。

3.5 国际营销的管理风格与商业惯例

文化深刻地影响着管理风格和商业惯例。文化不仅为日常商业行为建立标准,而且形成了价值观和激励的基础,国际营销者毫无疑问地成为文化传统的俘虏。美国人将个人财富和企业利润看成衡量成就的最重要标准,而日本人衡量个人和企业成功的标准更强调和谐、个人服从集体以及保持高就业率等社会能力。缺乏对东道国商业管理的了解,会给建立成功的商业关系带来巨大障碍。为在国际营销活动中取得成功,深入了解东道国的管理风格和商业惯例,并愿意适应这些方面的差异是很关键的。

3.5.1 国际营销的适应性原则

适应是国际营销的关键概念。在国际营销活动中乐于采取适应的措施是非常重要的态度。对于文化差异,国际营销者不仅要能忍受,而且还要认同。要毫无保留地容忍"不同但却平等"的观念。这种宽容使我们对文化差异的适应变得相对容易一些。

凯特奥拉认为,国际营销者应当遵守以下十个基本的适应性指导原则:1)宽容;2)灵活性;3)谦逊;4)公平和公正;5)能适应不同的工作节奏;6)好奇心和兴趣;7)对他国的了解;8)喜欢他人;9)能赢得别人的尊重;10)能入乡随俗。适应的关键是先明了自身文化,既要保持自己的观点,又要能够理解并乐意适应文化差异。例如,在中国提出达成共识的观点很重要;在德国,认为直呼其名是不礼貌的,他们通常用 Herr(先生)、Frau(女士)、Fraulein(小姐)加姓来称呼对方;在巴西,如果巴西人在交谈中轻轻碰一碰你,这是表示友好和良好祝愿的方式。人们必须彼此宽容并乐意相互适应。

思考提示

所有的商业惯例都必须遵循吗?

文化可分为三类:强制性的;选择性的;排他性的。有些商业惯例具有强制性,要么遵守要么避开。例如在许多国家,关系建立具有强制性,如果不能建立起个人关系,企业就难以赢得信任,也就丧失了建立和保持有效商务关系的文化前提。建立友谊的重要性怎么强调都不过分。但是文化意识的复杂性在于,有时同一行为在一些国家应避免使用,而在另一些国家却必须照办。例如,日本人认为长时间盯住别人是不礼貌的,但对阿拉伯人而言,眼神交流非常重要,否则将被认为是躲躲闪闪,没有诚意。

文化的选择性是指遵守某些文化习俗或商业惯例并非特别重要,可以遵守,也可以不参与。大多数习俗都属于这一类别。但象征性地学习对方的习俗有利于建立友好关系。例如,印度人不期待你按照他们的习俗饮食,不吃牛肉或猪肉,但对印度宗教和饮食习俗的尊重将被认为是友好的态度。有时,某种文化背景下的选择性文化到了另一种文化背景之下,却成为强制性文化。例如,你的阿拉伯生意伙伴为你冲上的一杯咖啡,你应当接受它,即使是礼节性地抿一口,也是对他们表示友好和信任。

文化的排他性是指当地所特有的一些习俗和行为方式,外人是不可介入的。国际营销者应能敏锐洞悉,什么文化习俗应当遵守,什么时候可以灵活选择,什么情况应当避免,并能见机行事。要求必须遵守和避免的情形不多,但忽视它们就有可能冒犯他人。

3.5.2　全球差异化的管理风格

在国际营销过程中,营销者会遇到不同的组织结构、管理理念和行为规范,所以管理风格也是千差万别。国际营销者无论做了多么充分的准备,都会经历一定程度的文化冲击。企业规模、股权归属、社会责任和文化价值观共同作用并影响着企业的权力结构。国际营销者常常遇到不同的决策模式:最高管理层决策;分散决策;委员会/集体决策。

当股东拥有绝对控制权或小企业便于进行集中决策时,通常由高层管理者决策。例如,许多欧洲企业由少数高层经理严格控制并掌握控制权。分散决策允许不同层次的经理人员在其职责范围内拥有决策权。例如,不少美国大型企业参与国际营销决策的是中层经理。集体决策是通过集体协商作出的,委员会的决策可以是高度集中的,如日本企业最高管理阶层的委员会决策,也可以是分散的。在集中决策和分散决策的企业中,首要任务是确定拥有决策权的个人,而对委员会/集体决策的企业,则必须让委员会的每一个成员都相信所要讨论的建议。国际营销者对于不同情况应采取不同的营销策略。

管理者所受的教育和文化背景支配其志向和目标。文化背景的影响可决定管理者对创新、新产品及与外国人做生意的态度。个人志向和目标通常体现在企业的经营目标和经营实践中。因此,国际营销者必须关注对方企业管理者的目标和志向。同时,社会认可是许多亚洲企业员工工作的首要目标,而追求权力在一些南美洲国家则成为了最重要的动机。许多学者提出,美国文化是建立在下述观念之上:"主宰命运"的观点;独立的企业作为社会行为的工具;基于绩效的人员选拔和激励;基于客观分析的决策;广泛分享决策权;精益求精;竞争产生效率;等等。

3.5.3　全球差异化的商业惯例

适应东道国的商业惯例并不意味着要抛弃自己原来的经营方式,而是要对东道国的习俗加深了解,在保持本国特点的同时,尽可能缩小那些可能引起误会的差异。

(1)印度

在印度这个巨大的市场中取得成功有三个关键因素:一是耐心。在印度这样一个国度里,时间并不被看重。另一个关键要素就是找合适的当地合作伙伴。第三点就是掌握当地商业风俗和惯例。在印度,只有和对方先交朋友才能做成生意。一旦你和你的当地合作伙伴建立了良好的关系,就可以开始谈判,但务必要为强硬的、长时间的讨价还价做好准备,因为印度商人通常都是杀价高手。

(2)日本

日本人时间概念极强,为了维持表面的和谐和面子,日本人依赖于行为习惯规范。

语言交流上日本谈判者经常使用间接的、含糊的和不坦率的语言,他们故意使要表达的意思模棱两可,为了避免惹怒对方。例如,很多日本人认为,直接回答"不"是无礼的,所以日本谈判者或许会这样回答,"我们会尽力而为"或者"那确实很困难"。

(3)阿拉伯

同阿拉伯人做生意一开始就涉及业务是非常不礼貌的。建立牢固的个人关系是谈生意过程中的一个重要的关键,并且通过当地的中介来做生意已经成为惯例。

阿拉伯人热衷于讨价还价,所以要为整个漫长的谈判过程留出议价空间。

(4)德国

德国人对待生意很严肃,他们希望他们的合作伙伴也能做到这一点。为了打入德国市场,你一定要在各方面都干得十分出色。最重要的是,你一定要达到并保持高质量标准。

(5)美国

美国人做交易,往往以获取经济利益作为最终目标,所以他们更多考虑的是做生意所能带来的实际利益,而不是生意人之间的私人交情。美国人谈生意就是谈生意。美国人注重实际利益还表现在他们非常重视合同的法律性,合同履约率较高。

3.5.4　国际营销的企业伦理与社会责任

国际营销中的道德没有一个统一的标准。对错与否或者是否适当之类的道德问题让许多国际市场营销者深感困惑。如何界定贿赂、佣金、收买等一些行为,各国的法律不同,价值观判断也不一样,在一个国家被普遍认可而接受的事情,在另外一个国家可能完全不可以被接受。比如在中国和东南亚一些国家,请商业合作者吃饭或者赠送一些礼品是完全合乎礼节的,但在美国,如果礼物贵重就会遭到别人的反感。

(1)腐败

腐败的含义在全球各地具有很大差异。在印度,很多人将世风日下归咎于"泛滥的消费主义",当然这种消费导向使美国经济进入新世纪后发展正常,也使中国经济高速发展。在非洲,人们将西方的《知识产权法》视为使几百万艾滋病患者无法获救的罪魁祸首。在 2008 年的全球金融危机之后,美国人走上街头大声谴责过去令他们引以为傲的华尔街金融巨头。

(2)贿赂

贿赂包括各种活动:行贿与索贿;收买和打点;代理费;等等。美国的《反对外行贿法》严禁美国企业在他国公开行贿,或让中间人用其中介费行贿。由于各国法律不同,对贿赂问题的界定是一个复杂问题,在一个国家被认为是违法的行为,在另一个国家人们可能视而不见。目前,对贿赂问题没有一个绝对有效的解决方法。虽然在道德上人们能够容易地分清贿赂或其他形式的酬金,但如果拒付酬金会部分或完全影响企业收益时,国际营销者就很难下决心拒付酬金。在复杂的国际营销活动中,人们很难解决伦理和利润这一两难问题。

仅仅认为通过法律和惩罚就能制止腐败是一种幼稚想法,只有全球各国政府立场坚定,并且买卖双方更多地作出合乎企业伦理和具有社会责任感的决策,才能有效缓解和改变现状。

（3）企业伦理与社会责任

合乎伦理和社会责任应当成为国际营销者的行为规范。虽然国际营销者经常面临进退两难的情境,他们要做到承担社会责任并合乎伦理地从事国际营销活动不是件容易的事。通常国际营销者会在以下方面遇到困难:雇佣政策;消费者保护;环境保护;政治捐款等。有三个基本道德原则可帮助营销者辨别对错:

1）功利原则:该行为能使所有利益相关者的利益最大化吗？

2）权利原则:该行为尊重相关人员的个人权利吗？

3）公正原则:该行为是否对所有参与者都是公平或公正的？

美国在反国际贿赂中处于领先地位,而欧洲企业和机构则致力于推动"企业社会责任"的建立。我们希望未来全球能够在衡量和监控企业社会责任方面付出更多的努力。

3.5.5 文化对企业战略的影响

莱斯特·斯罗就文化如何影响管理者对商业战略的思考作了明确的表述。他将英美的"个体主义"资本主义与日德的"集体主义"资本主义区分开来。日德商业体系的特征是政府、管理层与员工之间的合作,如在德国,员工代表参加监事会,在日本,管理层对员工福利负责。英美商业体系的特征是员工、管理层与政府间的敌对关系更为普遍,这在美国尤为突出,破坏性的罢工和大规模的解雇导致美国企业绩效的剧烈波动。在经济繁荣期,一种竞争导向的个人主义方式能够起到很好的推动效果,而在衰退期这种竞争文化就是很可怕的事情。

思考提示

对文化的综合分析会形成怎样的结果呢？

凯特奥拉提出了一个综合霍尔和霍夫斯泰德的综合文化研究模型,将文化维度分为信息导向和关系导向两种类型。这一综合模型为我们提供了一个思考文化差异的逻辑方式。例如,由于美国文化是低语境、个人主义、低权力距离、语言明显与英语接近、贿赂不普遍、单一时间利用方式、语言直接、关注前景且通过竞争达到效率,因此将美国归类为信息导向的文化。日本文化是高语境、集体主义、高权力距离、语言与英语相差很远、贿赂较普遍、多种时间利用方式、语言不直接、关注背景且通过降低交易成本来达到效率,因此将日本归类于关系导向文化。美国和日本都是多人口和高收入的国家,并且两种文化类型都达到了效率,尽管实现途径不同,美国商业系统依靠竞争,而日本商业系统则依靠降低交易成本。这一文化差异综合模型对国际营销者最有用的方面是我们可以利用其对不熟悉的文化进行预测。

表 3.4　文化维度的综合表述

信息导向	关系导向
低语境	高语境
个人主义	集体主义
低权力主义	高权力主义
贿赂不普遍	贿赂较普遍
与英语的语言距离小	与英语的语言距离小
语言直接	语言不直接
单一时间利用方式	多种时间利用方式
互联网	面对面
前景	背景
竞争	减少交易成本

内容概述

　　社会所固有的特征的根源就是文化。文化对国际市场营销起着很重要的影响。文化的基本要素包括物质文化、语言文字、审美观、价值观和态度、社会组织等。为了更好地掌握社会文化环境对国际市场营销活动的影响,我们可以使用文化分析模型解读不同国家的文化差异。文化是变化的,新产品的推广、广告宣传等外界的刺激,都能引起文化的变化,所以国际营销与文化的变革之间是一种互动的关系。在进行跨文化的沟通时最能显示文化的差异,不同文化背景下的编码与解码影响着有效的交流,而且影响着商业伙伴的公司文化与管理风格的理解。国际营销中的道德与伦理标准的莫衷一是,造成处理具体问题的困惑。

练习思考

1. 文化的构成包括哪些要素？

2. 文化的分析模型有哪些？对于人类文化方面的书籍,你阅读过吗？

3. 物质文化对营销的影响是什么？

4. 国际营销如何应对文化的变革？

5. 文化的差异给沟通带来的最大的障碍是什么？

6. 经济的全球化会带来文化的全球化吗？

第 4 章　国际市场营销环境——政治

学习目的

　　通过本章的学习,了解国际政治环境中包含的主要因素,认识全球一体化营销中的主要政治风险,掌握政治风险的评估方法,理解政治风险管理的途径。

教学要求

知识点	能力要求
政治环境的构成因素	(1)国家主权 (2)政治体制 (3)国家治理能力 (4)政治的稳定性 (5)民族主义 (6)贸易争端
各种政治风险的特点	(1)没收、征用与国有化 (2)政府的各种管制措施
政治风险的评估	(1)BERI 指标 (2)WPRF 指标 (3)冷热国对比分析法 (4)等级评分法 (5)降低政治脆弱性 (6)利用国际协定
政治风险的管理	风险的规避方法

核心概念

政治环境（political environment）

外汇管制（exchange control）

国有化（nationalization）

本土化（localization）

政治风险（political risks）

冷热对比法（hot and cold compresses）

等级评分法（grading method）

BERI

WPRF

　　公司无论大小都必须考虑东道国政治环境的影响。东道国政府与母国政府都是构成国际营销体系的利益相关者。政府政策的焦点是如何结合本国资源状况及政治特点，最大限度地促进本国利益。政府可根据自己的意愿，通过鼓励、支持或禁止、限制等方式，来控制公司的国际营销活动。国际法赋予国家这样的主权，即政府可以允许或禁止公司或个人在其境内从事商务活动。政治环境是国际营销者必须关注的重要问题。

4.1　政治环境的构成要素

　　一个国家的政治环境主要由国家主权、政治制度、国家治理能力、政策稳定性以及民族主义态度等要素构成。其中，国家主权是首要因素。

4.1.1　国家主权

　　在国际法中，主权国家是独立的，不受任何外来势力控制。主权国家与其他国家享有完全平等的法律地位；主权国家管辖自己的领土，选择自己的政治、经济与社会制度；主权国家有权与其他国家签订条约。主权（sovereignty）包括两方面的内容，其一是指在对外关系中行使的权力；其二是指对其国民行使的至高

无上的权力。主权国家规定国民的权利与义务,确定其地理疆界,控制贸易以及人员与货物的跨境流动。即便在境外,国民也应遵守本国的法律。

为与其他各国友好相处,全球各国也会在主权的某些具体方面作出让步。例如,自愿加入 WTO 的国家,为了共同互利的目标,与其他成员国一起自愿放弃本国的一些权利。外国投资有时也会被看做是对国家主权的威胁,中国海洋石油公司竞购优尼科公司(Unocal)一案受到美国国会反对就是基于这一理由。墨西哥宪法禁止私人拥有公共事业部门,因为墨西哥政府将这种企图视做对其主权的践踏。

4.1.2　政治体制

政治体制是国际营销政治环境构成的基础因素。不同国家的政治制度与其经济基础相适应。一般而言,在同质的社会制度之间进行国际营销的政治成本往往会更低。政治体制对东道国市场营销环境的重要性,不仅在于它构成了政治环境的基础,而且还因为它与经济制度密不可分。政治体制的健全程度以及演变趋势,往往会直接表现在政府对经济活动的管理方式以及干预和控制的程度上,从而对国际营销活动产生重要影响。

全球多数国家的政体一般可分为两类:民主政体和专制政体。国际营销人员要注意了解现政体的构成及其对外商的主要政策。例如,目前的商务政策是鼓励自由竞争还是鼓励国家垄断? 在一党制国家,国际营销人员应关注政党主张,特别要注意他们对外商和外国政府的态度。在多党制国家,则需要关注不同党派的对外政策。例如,英国工党主张通过限制进口来处理国际收支平衡;而保守党则主张自由化贸易政策。总之,一个企业要想了解外国政府的政治环境,就必须尽可能考虑其政府政策的现状与发展趋势。

热点关注

商务部国际贸易经济合作研究院研究员梅新育在接受媒体采访时说,2012年是全球政治超级特殊的年份。从政治方面看,有 59 个国家和地区在今年面临领导权变更,发展中国家的选举争议不断,选举常常成为撕裂社会的工具。

资料来源:东方财富网,http://www.eastmoney.com/

4.1.3　国家治理能力

国家治理能力在考察政治环境时也同样重要。国家治理能力体现在下述方面：

1）政府是否重视发展教育事业；

2）政府能否有效而长期地维持治安环境及对法制建设的重视程度；

3）政府对人才是否重视；

4）政府的社会福利和社会保障工作是否做得有效；

5）政府环境保护和资源利用是否协调；

6）政府在公众中形象是否良好；

7）是否能保持良好的国际形象；

8）是否有能力处理突发政治社会事件和自然灾害。

国际营销者在进行政治环境评估时，应综合考察东道国治理水平。一般说来，国家治理能力越强，就越有可能维持良好的国内秩序。同时，对外国产品的吸收和消费能力就越无障碍，从而吸引外国产品的进入。

4.1.4　政治稳定性与政策连续性

政治稳定就能保证政府政策的连续性。政策的连续性或可持续性是衡量东道国政治环境的重要因素之一。因为只有政治稳定，政策可持续，营销战略的制定才有据可依。

判断一国政局稳定要考察的因素如下：

1）政党更迭与政治冲突；

2）国内各派力量是否均衡；

3）国内民族与宗教是否冲突；

4）司法是否公正；

5）军队、警察等强力部门是否影响政局。

4.1.5　民族主义态度

民族主义是评价政治环境的又一重要因素，全球各国或多或少都存在着经济与文化民族主义。民族主义（nationalism）是一种强烈的民族自豪感与团结心。这种自豪感往往带有排斥外国企业或产品的偏见，同时也会支持对外国企业进行干预和控制。经济民族主义的中心目标是维护本国经济的独立性，换言

之,民族利益和安全比国际利益和安全更重要。民族主义态度的表现形式多种多样,诸如"自买国货"、限制进口产品、限制性关税及其他贸易壁垒。尽管征收或没收等强制经济民族主义的影响已经衰落,但各种隐性的民族主义态度仍大行其道,例如许多发达国家利用提高安全或质量标准的方式保护本国产业。

营销故事

韩国经济的快速增长使得韩国许多品牌国际化的速度加快,诸如三星电子、现代汽车已成为国际知名品牌。虽然韩国的进口贸易额逐年增大,但是在韩国从日常起居用品到工厂生产办公用品大多数是韩国制造。韩国人有非常强烈的民族自尊心和民族自豪感。这两者都是韩国人使用韩国货的动力源泉。

据韩国发行量最大的报纸《朝鲜日报》的一份问卷调查,85%的韩国人驾驶本国生产的汽车;94%的韩国人使用韩国品牌的手机;81%的韩国人使用韩国品牌的家用电器。这样高的比例在世界各国是很难看到的。

资料来源:《朝鲜日报》2005 年 5 月 6 日

4.1.6　贸易争端

小范围的贸易争端很有可能发展成为大范围的国际市场摩擦。当前摩擦热点有:中美贸易逆差;人民币估值争议;欧盟航空碳排放税;美国针对光伏产品征收反倾销税;等等。

4.2　全球营销的政治风险

营销故事

在政局动荡国家开展运营的企业面临着各种风险损失,例如营业中断、财产被盗或损毁、采购和供应合同受到威胁、支付延误以及员工紧急疏散等。这些损失的代价往往都是比较大的。以 2011 年的利比亚战争为例。有数据显示，战事发生时，中国有 75 家企业在利比亚投资，共涉及 50 多个项目的工程承包，总金额约 188 亿美元。据专家估计，由于人员撤离、固定资产遭到破坏，中国在利投资受到严重冲击。

资料来源：中国国际电子商务网，http://www.ec.com.cn/

政治风险是指由于国家政治环境的变化以及由此而引起的经济政策、法规制度的改变而使企业受到影响，甚至遭受经济损失的可能性。国际营销中经常遇到的几类政治风险，包括没收、征用和本土化；外汇管制、贸易壁垒、价格控制、雇工干扰、税收管制等；也包括社会活动组织、恐怖主义等。

4.2.1 没收、征用和本土化

最严重的政治风险是没收（confiscation），即无偿占有公司财产，是指一个主权国家依据本国法律对原属于外国投资者所有的财产采取无偿占有的措施，使其转移到本国政府手中的强制性行为。没收是跨国公司国际经营面临的主要风险之一。

征用（expropriation）是指政府对其所占有的投资给予一定程度的补偿，被征用的投资通常收归国有。自 20 世纪中叶以来，拉美及中东国家纷纷对跨国公司的海外子公司实行国有化。国有化风险直接关系到跨国公司海外经营的安全性。

本土化（domestication）是指东道国政府通过制定一系列政府法令，逐渐将外国公司置于东道国控制之下。东道国采用的主要方法包括：缩小外国股东的股权比例；使用本国人员担任企业的高级管理职务，以控制决策权；规定中间产品或者零部件必须由本国企业生产；要求较高比例的出口；等等。

没收与收归国有不可能促进本国经济的发展，反而使收归国有的企业效率低下，导致在国际市场上缺乏竞争力。当今，没收与征用的风险已经减小，政府常常以要求本土化作为市场进入的先决条件。

营销故事

2012 年 1 月 28 日，中国水电集团公司在苏丹南科尔多凡州的一个公路项目工地遭到反政府武装"苏丹人民解放运动"袭击,其中29名中国工人被反政府武装劫持,1人失踪,这名失踪的员工后被发现不幸身亡。三天之后,1月31日,25名中国工人在埃及北西奈省阿里什被当地一伙贝都因人扣留,绑架者以此要求政府释放被逮捕的部族成员。而后,经过中国政府、国际组织等相关各方的努力,2月7日,被苏丹反政府武装劫持的29名中国工人终于成功获救,结束了长达11天的被绑架经历。另外,在埃及遭扣的25名中国工人也得到释放。

资料来源:中国国际电子商务网,http://www.ec.com.cn/

4.2.2　经济管制风险

(1)外汇管制

国际市场营销中最常遇到的一类政治风险就是外汇管制。它是指一国政府为了达到维持本国货币的汇价和平衡国际收支的目的,以法令形式对国际结算和外汇交易实行限制的一种制度,外汇管制下会限制国外产品的进入。国家的有关机关就可以通过汇价的确定、外汇的集中使用和控制供应进口商的外汇数量来控制商品的进口数量、种类和国别,从而达到限制进口的目的。这对企业的国际市场营销活动会产生巨大的影响。

(2)贸易壁垒

贸易壁垒总体上分为关税壁垒和非关税壁垒。关税壁垒指在关税设定、计税方式及关税管理等方面阻碍进口的措施。非关税壁垒即除关税以外的限制贸易的措施,故又称为非关税措施,形式多样,且更为隐蔽。非关税壁垒形式多样,例如政府补贴、进口配额等。贸易壁垒属于东道国的经济贸易政策,是国际市场营销需要重点考虑的政治风险。

(3)价格控制

价格控制是指东道国政府对某些商品和服务的价格涨幅进行控制,通常对公用事业的产品和服务,政府会进行价格控制,设立价格上限和下限,价格管制直接干预了企业的定价策略。

(4)雇工干扰

东道国相关劳工组织或者政府都有对劳动用工的制度和相关法令。对于国际企业来说,如果不能在需要的时候及时雇用和解聘员工,都会给企业的生产经营带来风险。

知识链接

　　商务部在 2004 年 11 月组织编写了《外派经贸人员对外安全工作须知》，提供给中国驻外经商机构的人员、对外援助企业人员及境外中资企业、对外承包工程、对外劳务合作项目人员，目的是增强有关人员的安全防范意识和自防自救能力。外交部也从去年开始编制《中国企业海外安全风险防范指南》，为企业提供赴海外投资的安全指导。

　　为指导"走出去"企业提高境外安全风险防控能力，商务部还发布了《境外中资企业机构和人员安全管理指南》（简称《安全管理指南》），要求企业针对海外经营的地区分布、所在行业、业务类型的不同特点，参照《安全管理指南》建立并完善本企业的境外安全管理体系和相关管理制度。《安全管理指南》是我国首个针对"走出去"企业境外安全风险管理工作的指导性文件，借鉴吸收了国际先进管理理论和一些企业在境外安全风险管理方面的成功经验和做法，具有较强的操作性。

　　资料来源：中国国际电子商务网，http://www.ec.com.cn/

　　（5）税收管制

　　税收管制是指企业跨国经营中，因为东道国税收政策而导致企业利益受损的可能性。这种可能性表现在两个方面：一是因主客观原因导致企业对税收政策的理解和执行发生偏差，遭受税务等部门的查处而增加税收滞纳金、罚款、罚金等额外支出的可能性；二是企业因多缴税款或未用足税收优惠政策等而减少应得经济利益的可能性。企业国际经营应该熟悉东道国的税收制度及程序，尽量避免税收风险的产生。

知识链接

何谓"蚕食式征用"？

　　"蚕食式征用"（creeping expropriation，又称"间接征用"）本意指东道国政府和外国投资者在投资合同中事先约定，外国投资者在一定年限内，按一定比例分期将其股份逐步转让给东道国政府或国民，使东道国方所持股份达到 51% 以上，甚至 100%。后来其内涵逐步丰富、发展，按经合组织开发援助委员会投资保证专门委员会《关于保护外国人财产的条约》第三条的注释,蚕食式征用具体指不适当的独断性征税、限制汇款、禁止解雇、拒绝批准进出口原材料,等等。美国众议院有关材料则将蚕食式征用定性为对外国投资者的歧视性待遇、外资政策的改变、强制国有化、借贷限制、雇用外国人的限制、强制出口、价格统制,等等。总结蚕食式征用各类具体行为,可以将其定义为东道国中央、地方政府并未公开宣布直接征用企业的有形财产,而是以种种措施阻碍外国投资者有效控制、使用和处置本企业的财产,使得外国投资者作为股东的权利受到很大程度的限制,或实际上被取消,从而构成事实上的征用行为。我国企业、海外华商面临的蚕食式征用风险主要有三种情况,即作为贸易保护主义工具的蚕食式征用、与腐败动机结合的蚕食式征用,以及东道国政策法规变动导致的蚕食式征用。

资料来源:百度百科,http://zhidao.baidu.com/question/16615699.html

4.2.3　社会活动团体

社会活动团体的影响力也会对国际营销活动产生干扰,它们为寻求社会变化,有的采取和平手段,有的诉诸暴力或恐怖活动。例如,社会活动团体最著名的活动之一是反对雀巢公司在发展中国家销售婴儿奶粉的活动,全球范围的抵制活动给雀巢公司的营销活动带来了巨大障碍。其他如绿色和平组织和消费者国际等社会组织在提醒人们关注转基因食品的安全性方面取得了成功。全球化已成为许多社会活动组织关注的焦点,在 WTO 会议期间经常发生示威游行。它们很可能左右公众的意见,是一支不容忽视的政治力量。

营销故事

欧盟对日本 HDTV 技术的壁垒

日本从 1990 年开始研制高清晰度电视(HDTV)技术,采用 1125 行、每秒 60 帧的 MUSE 制式,于 1990 年 11 月正式播放。由于信息量(图像为模拟、伴音为数字)激增,必须在比现在 TV 宽得多的频带中传送,因此不得不通过卫星播送,且和现有的电视机和电视节目不兼容。欧盟于 1986 年开始研制 HDTV,采用 1250 行、每秒 50 帧的 HD-MAC 体制。欧盟的 HDTV 也要通过卫星播送,但它还附加了一个转换器,因而普通电视机也能接收 HDTV 节目。为了排斥日本成熟的 HDTV 技术,欧盟规定:①欧洲卫星不得转播非 MAC 制式的电视节目;②大屏幕电视机必须配装 HDTV 转换器。美国从 1998 年开始研制 HDTV 技术。研制一开始就充分应用数字压缩技术，较好地解决了利用现有的 TV 设施传送和播送问题。为此美国联邦通信委员会（ECC）规定：①美国的 HDTV 应当既能用卫星，又能利用现有的地方广播电视设施播送；②美国的 HDTV 必须与现有的普通电视机和电视节目兼容。这两条"合理"的规定，一举把日本和欧盟的 HDTV 技术排斥在美国市场外。

资料来源：孔庆峰：《技术性贸易壁垒：理论、规则和案例——中国现代大通关实务丛书》，中国海关出版社 2004 年版

营销故事

委内瑞拉加快石油国有化

据《华尔街日报》报道，委内瑞拉国会正考虑对外国公司在奥利诺科河盆地的石油开采业务大幅上调税率和特许权使用费，并加快委内瑞拉石油国有化的进程。奥利诺科河盆地蕴藏着丰富的石油资源，美国的埃克森美孚、康菲石油公司和法国的道达尔公司等石油巨头在那里均有投资，日产原油 60 万桶。委内瑞拉总统查韦斯一直指责外国石油公司以一个国家的贫穷为代价，从油价上涨中牟取暴利。2006 年 1 月，委内瑞拉税务机构宣称，包括美国雪佛龙、BP 石油、英荷壳牌在内的 32 家石油公司存在偷税漏税情况，少交税款总额达 30 亿美元。同时，委内瑞拉政府还要求外国和本国私人石油公司与委内瑞拉石油公司签署了向建立合资公司过渡的临时协议，使政府对石油产权进行全面控制。在将来的合资公司中，委内瑞拉石油公司将占有 60%—70% 的股权。根据新计划，奥利诺科地区的石油特许权使用费率将从目前的 16.7% 上调至 30%，所得税率将从 34% 上调至 50%。石油公司对此反应颇为谨慎。康菲石油发言人拒绝置评。埃克森美孚发言人表示，对他们来说，遇到难题而不得不同当地政府协商解决的情况并不罕见，他们会以长远眼光来看待。委内瑞拉是全球第五大石油出口国，也是石油输出国组织欧佩克成员中唯一的拉美国家。委内瑞拉目前生产的石油约有一半出口到美国，是美国第三大原油供应国。

资料来源：http://www.chinaccm.com/15/1505/150502/news/20060429/125421.asp

知识链接

2011 年中国海外直接投资国家(地区)风险排行榜

风险 等级	全球 排名	国家/地区	所属洲	政治稳定、无恐怖 暴力活动排名	政府效 率排名	监管质 量排名
1	1	瑞典(Sweden)	欧洲	15	4	8
1	2	新加坡(Singapore)	亚洲	13	1	4
1	3	瑞士(Switzerland)	欧洲	10	5	13
1	4	丹麦(Denmark)	欧洲	20	3	1
1	5	芬兰(Finland)	欧洲	5	2	3
1	6	中国香港(Hongkong)	亚洲	31	12	2
1	7	卡塔尔(Qatar)	亚洲	17	37	50
1	8	卢森堡(Luxembourg)	欧洲	3	14	10
1	9	中国台湾(Taiwan)	亚洲	41	27	28
1	10	荷兰(Netherlands)	欧洲	27	13	5
1	11	德国(Germany)	欧洲	39	18	14
1	12	日本(Japan)	亚洲	33	23	32
1	13	挪威(Norway)	欧洲	6	10	17
1	13	加拿大(Canada)	北美洲	26	8	9
1	15	奥地利(Austria)	欧洲	14	6	15
1	16	澳大利亚(Australia)	大洋洲	38	9	11
1	17	新西兰(New Zealand)	大洋洲	11	7	6
1	18	韩国(Republic of Korea)	亚洲	80	28	36
1	19	英国(United Kingdom)	欧洲	66	17	7
1	20	比利时(Belgium)	欧洲	40	15	24

资料来源:http://www.forbeschina.com/

思考提示

哪一种政治风险对国际营销活动的影响最大?

4.3 政治风险评估与管理

导致国际营销政治风险的因素很多,政治、经济与文化的差异是其根本原因。对于国际营销者而言,并没有通用的准则帮助其判断公司或产品是否会受到政治性关注。这种关注既可能带来正面影响,也可能带来负面影响。例如,为鼓励对优先产业的投资,政府会给予免除税收、配额、外汇管制、关税等支持政策;同时为节约能源,政府又可能对大排量汽车征收高额关税和消费税。

尽管不存在判定某一产品政治风险的具体原则,但一些普遍性原则仍有助于判断产品的政治敏感度。如果某一产品会影响或被认为会影响环境、汇率、国家与经济安全及国民利益,或者由于文化差异而导致非议,将比较容易受政治因素的影响。例如,食品、药品及其他健康产品,能源、信息、武器等战略性产品,电影、电视、广播等文化产品都具有一定程度的政治敏感度。

许多公司应用系统或定量方法对政治风险性进行分析和预测,以帮助管理层确定与评价政治事件对国际营销决策的影响。风险评估可用以帮助公司选择国际营销投资时所承受的风险级别及准备承担风险的大小。政治风险的评估方法主要有如下几类:BERI 指标、WPRF 指标、冷热对比分析法、等级评分法等等。

4.3.1 BERI 指标

BERI 指标是美国商业环境风险评估机构(Business Environment Risk Intelligence S. A. ,简称 BERI)在 1960 年发展出的用以评估各国投资环境风险的指标。它以三种指标来衡量各国投资环境风险(其中 PRI 指标评估一国的政治风险),每部分占 1/3,加总后归类分级,并对未来一至五年作预测评估。第一类为营运风险指标(Operation Risk Index,ORI)——主要衡量各国企业的经营环境。第二类为政治风险指标（Political Risk Index，PRI）——主要衡量社会环境因素。第三类为其他因素（Remittance and Repatriation Factor，R Factor）——主要用来衡量一国兑换外币的偿付能力。

4.3.2　WPRF 指标

WPRF（World Political Risk Forecast）指标是 Frost & Sullivan Ltd. 所开发的指标，定期提供 60 个国家数量化及描述性的数据。该套指标假设一国中存在不同的利益团体，对政治有不同方向及程度的影响，故欲预测一国的政治风险，必须先找出利益团体的影响能力及影响方向，综合后再进一步估计该国的政治风险。

4.3.3　冷热国对比分析法

冷热国对比分析作为一种经营环境的评估方法包含七个重要因素：政治稳定性、市场机会、经济发展状况、文化单元化、法令障碍、自然环境障碍和文化差异。如果评估后结论为优，则为热国；结论为劣，则为冷国。政治稳定性分析模型经常采用政治制度稳定指数（PSSI）。该模型是用以衡量政治风险的定量模型。主要分析宏观政治因素，其核心变量是政治制度稳定指数，适用于对东道国政治风险的初步考察。

4.3.4　等级评分法

多因素等级评分最早用来衡量国际环境，现在该方法已经被灵活地运用到企业的国际营销中去，其基本的做法是把影响企业国际营销环境的重要因素列举出来并赋予一定权重，逐级确定分数，以比较经营环境的优劣。

4.3.5　降低政治脆弱性

虽然企业不能直接控制或改变东道国的政治风险，但可采取措施降低某一国际营销项目对政治风险的敏感度。外国投资者常被指控掠夺东道国的财富，这并非空穴来风。为使东道国政府与国民认识到外国公司对其经济与社会发展所作出的贡献，国际营销者应当做到以下几点：

1）增加出口，或通过进口替代减少进口，以改善东道国的国际收支状况；

2）尽可能多利用本土化资源；

3）向东道国转让资本、技术或技能；

4）多创造就业机会；

5）多向东道国纳税。

在对东道国作出经济贡献之外，外国公司的慈善行为也有助于建立其在东道国公众心目中的正面形象。例如，作为推动墨西哥政府开展上网服务项目的组成部分，微软公司在技术和培训方面提供了 1 亿美元的资助；中国石油公司在苏丹投入大笔资金为当地民众建设各种基础设施。但是，外国公司常常成为东道国政治党派利益的牺牲品，这些党派强调外国公司的负面形象以为自己执政的失败寻找替罪羊。无论环境如何恶劣，外国公司都应当通过实际行动来参与提高东道国居民生活水平的活动。国际营销者必须关注东道国的社会经济目标，努力做遵纪守法的好公民，并利用下述相关策略最小化政治风险与政治脆弱性。

（1）建立合资企业

与东道国或第三国的企业合资是减少政治风险的一种典型做法，与本土企业合资有助于降低对外国公司的敌对情绪，而与第三国企业的合资则分摊了风险并增加了谈判的筹码。

（2）有计划地本土化

如果东道国政府打算对外国投资实行本土化，外国公司最有效的解决方法就是有计划地实施本土化。这可避免由当地政府来对投资项目实施本土化。有计划本土化不仅有利于外国公司，而且使东道国也能够逐步参与公司管理的各个环节。

（3）有偿转让技术

外国公司有偿转让技术可消除东道国的敌意并建立负责任的正面形象。如果公司所拥有的技术水平很高并具有独特性，就更能赢得东道国政府的尊敬。

（4）政治谈判

外国公司应积极参与政治游说及其他政治谈判活动。面对欧美日益高涨的批评，中国政府已同意对纺织品出口实行配额并适当浮动人民币币值。但企业社会责任所掩盖的真正动机是拿它作为跟外国公众与政府谈判的筹码。

（5）商业保险

许多政治风险可通过商业保险方式来减少损失。中国出口信用保险公司为支持中国企业进行海外投资于 2003 年推出了海外投资保险，承保的风险范围主要包括四个方面，即征收、汇兑限制、战争以及政府违约。

（6）利用国际协定

国际协定在协调成员国之间的权利和义务方面具有重要的作用。例如，我国目前已与 106 个国家签订了投资保护协议，其中半数以上已经生效，以此来保护中国企业的对外经营。

营销故事

"环球旅游"投保政治风险

"环球旅游"的保险主要包括五大特殊风险,其中包括了政治风险,具体如下:

(1)根据行程安排,每个目的地都有特定的风险,如"嘉年华"的设备故障、亚马孙河探险时的野生动物或昆虫叮咬、印加古国的食品卫生和登革热。

(2)疾病发生概率更高,如旅途劳顿和时差容易引起感冒发烧,饮食的差异容易诱发肠胃病。

(3)国家和地区的风险,尤以暴乱、政局波动等政治风险为主。

(4)参加某些高风险运动。

(5)游客本人失误或其他外因导致的各种物件遗失。

资料来源:中国金融网,http://insurance.zgjrw.com/News/2012217/Insurance/164465481400.shtml

营销故事

9·11 事件的启示

倘若政治动乱发生在万里之外,那还能对企业界造成直接影响么?2001 年 9 月 11 日的恐怖主义袭击给了我们一个确凿的答案。纽约首当其冲,然后是巴厘岛、伊斯坦布尔、沙姆沙伊赫,各处的商业设施都成了直接攻击的对象。在马德里和伦敦,恐怖分子袭击了对商业系统运作至关重要的城市交通运输基础设施。结果,这些事件对保险条款产生了重大影响。保险公司为了挽回损失并应付将来可能的支出成本而大幅度提高保险费,也就不足为奇了。单在纽约,大客户的保费在恐怖袭击的第二年就平均上涨了73%。

保险市场上的情况让我们看到,对恐怖活动风险的管理,已经成为企业界的一个巨大挑战。在保险费用和责任成本急剧飙升的形势下,精明的企业策略无疑是要在降低潜在风险上下工夫,而不是花钱去亡羊补牢。

资料来源:FT 中文网,http://www.ftchinese.com/

内容概述

政治环境是国际营销中最难分析的因素,每个国家的政治体制、治理能力与稳定性不同,故而面临的政治风险也不同。目前对政治风险的化解,全球首选合资企业的方式,它可以很好地规避没收、征用、国有化和外汇、价格等各种管制。

现在一些研究机构每年公布一些国家的政治风险的排行榜,并尝试使用量化的方法对政治风险进行评估,对政治环境的分析有一定的帮助。

练习思考

1. 国际政治环境中包含的主要因素有哪些?

2. 没收与征用的区别是什么?

3. 政治风险与产品相关吗? 什么样的产品政治风险高?

4. 为什么合资企业成为政治风险的最佳规避方式? 它的特点你了解吗?

第 5 章　国际市场营销环境——法律

学习目的

　　通过本章的学习,了解国际市场营销环境中的国际法律环境的构成,了解不同法律体系的差异及其对国际营销产生的影响,学会运用国际市场营销过程中产生的国际争端的解决方式,熟悉国际上对知识产权、工业产权保护的主要公约。

教学要求

知识点	能力要求
国际法律环境	国际法律环境构成的掌握
法律体系	对大陆法系和英美法系两大法系的差异的理解
国际争端解决方式	对四种国际争端解决方式的理解和应用
知识产权	重要的保护知识产权国际条约的了解,知识产权、工业产权与国际贸易关系的理解

核心概念

法律(law)
国际法(international law)
大陆法系(Civil Law System)
英美法系(Common-Law System)
协商(consult)

调解（mediation）

仲裁（arbitration）

诉讼（lawsuit）

知识产权（intellectual property）

专利权（patent right）

版权（copyright）

商标权（trademark right）

5.1 国际法律环境的构成

5.1.1 母国法律

各国出于自身政治或经济利益考虑，会对本国企业开展国际市场营销活动，制定出明确的法律加以规范。如《涉外合作法》、《商标法》等，即使是境外从事商务活动，也必须恪守母国的法律，这是进行涉外商务活动时面对的第一道法律防线。

5.1.2 国际法

国际法（international law）是国家间交往中形成的双边或多边的、有约束力的原则、条约、协定、规则和制度的总和。

在国际营销过程中，国际法起着重要的作用，虽然并没有一个国际性的强制机构的存在，但是多国共同遵循的一些条约、协定、惯例对国际商业的运行还是有着深远的影响，并且成为处理国际争端时的法律依据。

知识链接

贸易摩擦将严重影响 2012 年我国钢材出口

2012 年以来，我国钢材产品遭遇越来越多的贸易制裁。仅仅两个多月，我国钢材产品遭受来自墨西哥、欧盟和巴西三个国家和地区的贸易救济调查，调查产品涉及无缝钢管、有机涂层板和不锈钢圆形焊管;而调查方式更是趋于多样化,涉及反倾销、反补贴和反规避三种。

欧盟在对哈萨克斯坦硅锰反倾销案中取消对其一家企业的反倾销措施

2012 年 4 月 5 日,欧盟发布公告称,欧盟法院(The General Court of the European Union)于 2011 年 11 月 30 日裁决取消对哈萨克斯坦公司——Transnational Company 'Kazchrome' AO 的硅锰的反倾销措施,因此决定取消对该公司的反倾销措施。

2006 年 9 月,欧盟对原产于哈萨克斯坦的硅锰进行反倾销立案调查;2007 年 12 月,欧盟对此案作出肯定性终裁。

澳大利亚取消对泰国生石灰的反倾销调查

2012 年 4 月 3 日,澳大利亚对原产于泰国的生石灰作出反倾销终裁:自泰国进口的涉案产品存在倾销,但对国内产业造成的损害为微量,因此决定取消对泰国生石灰的反倾销调查。涉案产品海关编码为 2522.10.00。

2011 年 10 月,澳大利亚对原产于泰国的生石灰进行反倾销立案调查。

资料来源:中国贸易救济信息网,http://www.cacs.gov.cn/cacs/maoyijiuji/wto.aspx

反倾销(Anti-Dumping)是指针对外国商品在本国市场上的倾销行为所采取的抵制措施。一般是对倾销的外国商品除征收一般进口税外,再增收附加税,使其不能廉价出售,此种附加税称为"反倾销税"。

世贸组织的《反倾销协议》规定,成员国要实施反倾销措施,必须遵守三个条件:首先,确定存在倾销的事实;第二,确定对国内产业造成了实质损害或有实质损害的威胁,或对建立国内相关产业造成实质阻碍;第三,确定倾销和损害之间存在因果关系。

按照倾销的定义,若产品的出口价格低于正常价格,就会被认为存在倾销。出口价格低于正常价格的差额被称为倾销幅度。所以,确定倾销必须经过三个步骤:确定出口价格;确定正常价格;对出口价格和正常价格进行比较。

反倾销是 WTO 赋予其成员国的,在本国相关产业遭受倾销行为侵害时,可以采用的合法的贸易保护措施。

目前全球 35% 的反倾销调查和 71% 的反补贴调查针对中国出口产品。截至 2010 年,中国已连续 16 年成为遭受反倾销调查最多的经济体。仅自 2008 年 11 月以来,中国就遭受超过 100 项的贸易保护主义壁垒,占同期世界各国各地区采取的贸易保护主义措施的三分之一强,名列世界第一。商务部外贸司的数据显示,世界上每7起反倾销案件中就有1起涉及我国。

作为外贸大省,浙江是近年来我国遭受反倾销的"重灾区"。自我国加入世贸以来,截至2010年,浙江省共遭遇来自欧美、印度和土耳其等近30个国家和地区发起的"两反两保"等国际贸易摩擦案件492起,直接涉案金额115.07亿美元。其中,全国近70%的反倾销案件涉及浙江,涉案金额占全国近30%。

资料来源:浙江省商务厅网,http://zhejiang.mofcom.gov.cn

思考提示

中国是世界上遭受反倾销调查最多的国家,而涉华反倾销案件中,又有70%涉及浙江。针对这样的事实,请谈谈你的看法。

5.1.3 区域经济法律

二战结束后,贸易保护主义在全球盛行,世界许多地方建立了区域性经济合作组织。这些区域性经济组织制定了一些共同遵守的规定,排除了成员国之间的贸易壁垒,一致对外,对其他国家在这一区域进行国际市场营销活动设置了障碍。这些区域性经济组织制定的法律、法令、条例、规则等对企业的国际营销有重要影响。

5.1.4 目标市场国法律

影响国际市场营销活动最经常、最直接的因素是目标市场国即东道国有关国外企业在该国活动的法律规定,它涉及范围广泛,包括企业产品、商标、定价、促销、分销等等所有的商业环节。而即使是涉及对象相同的法律,因所在国家不同,具体条款内容也不相同。比如,对于促销,奥地利的折扣法就禁止对顾客采取现金折扣等优惠做法。目标市场国法律的广泛和多样性,大大增加了国际市场营销的难度。

5.2　法律体系差异

　　法系是在对各国法律制度的现状和历史渊源进行比较研究的过程中形成的概念,是某些国家和地区的法的总称。当代世界主要法系有大陆法系、英美法系、社会主义法系,其他的法系还有伊斯兰法系、印度法系、中华法系等等。其中,对当代世界法律影响最大的是大陆法系和英美法系。

5.2.1　大陆法系

　　大陆法系,又称民法法系、罗马法系、法典法系,是以罗马法为基础而发展起来的法律的总称。大陆法系最先产生于欧洲大陆,以罗马法为历史渊源,以民法为典型,以法典化的成文法为主要形式。

　　大陆法系包括法国法系和德国法系两个支系。除了法、德之外,属于大陆法系的国家和地区还有意大利、西班牙等欧洲大陆国家,以及曾是法国、西班牙、荷兰、葡萄牙殖民地的国家和地区,比如阿尔及利亚、埃塞俄比亚等,还有中美洲的一些国家。

5.2.2　英美法系

　　英美法系,又称普通法法系、英国法系,是以英国自中世纪以来的法律,特别是以普通法为基础而发展起来的法律的总称。

　　英美法系包括英国法系和美国法系。除英国(不包括苏格兰)、美国外,英美法系的范围,主要为曾是英国殖民地、附属国的国家和地区,如印度、巴基斯坦、新加坡、缅甸、加拿大、澳大利亚、新西兰、马来西亚等。中国香港地区也属于英美法系。

5.2.3　两大法系的差异

　　(1)法的渊源不同

　　在大陆法系国家,正式的法的渊源只有制定法,即宪法、法律、行政法规等成文法。法院的判例没有正式的法律效力。在英美法系国家,制定法和判例法都是正式的法的渊源,"遵循先例"是英美法系的一个重要原则。

（2）法的分类不同

大陆法系国家法的基本分类是公法和私法，私法主要指民法和商法，公法主要指宪法、行政法、刑法、诉讼程序法等。英美法系国家，法的基本分类是普通法和衡平法。普通法是在普通法院判决基础上形成的全国适用的法律，衡平法是由大法官法院的申诉案件的判例形成的。

（3）制定法的形式不同

大陆法系国家沿袭古代罗马法的传统，一般采用法典的形式。而英美法系国家，制定法往往是采用单行法律、法规的形式。

（4）诉讼程序和判决程式不同

大陆法系国家一般采用审理方式，在诉讼中法官居于主导地位。法官审理案件，除案件事实之外，首先考虑成文法如何规定，随后按照规定来判决案件。而英美法系国家审理案件采用对抗制，法国在整个案件的审理过程中充当消极的、中立的裁判者的角色。法官首先要考虑的是以前发生过的类似案例，将本案的事实和以前发生过的案例的事实进行比较，然后从以前的类似案例中概括出适用于本案的法律规则。

（5）具体的法律术语、概念上有许多差别

例如，普通法系国家对工业产权的认定原则是"使用在先"；而大陆法系国家认定原则是"注册在先"。又如对"不可抗力"的理解，普通法系国家认为"不可抗力"是洪水、雷击、地震和其他类似的自然灾害。而大陆法系国家认定的"不可抗力"除了前述纯粹的自然灾害之外，还包括"对履约的不可避免的干扰，无论这种干扰是因为自然力量还是由不可预见的人类行为引起的"，比如罢工、暴动等。但是在普通法系国家，罢工、暴动被认为是可预知并且可以通过采取适当措施予以制止的，所以不视为"不可抗力"因素，由此引发的违约行为，要追究法律责任和赔偿对方损失。

5.3　国际争端的解决

随着国际营销活动越来越多地进行，随之引发的各种纠纷、争端也不断产生，如何采用适宜的途径解决这些争端，以保证国际营销活动的顺利进行是我们需要解决的问题。通常各国采用的争端解决方式主要有协商、调解、仲裁和司法诉讼。

5.3.1　协　商

协商是争议当事人在自愿互谅的基础上,按照有关法律和合同规定,直接进行磋商,自行达成协议,从而解决争议的一种方式。双方当事人遇到纠纷,一般都愿意首先进行协商,以和平解决争端,这是因为:首先,协商始终是在自愿的基础上进行的,因此,当事人一旦达成协议,一般都能做到自愿遵守。其次,协商一般是在友好气氛中进行的,不仅能使争议得到解决,而且有利于当事人合作关系的维系和发展。第三,协商一般有利于节省时间和费用。第四,协商不必遵守严格的法律程序,可灵活地解决问题。第五,协商中没有第三方参与,有利于保护商业秘密。当然,由于协商没有任何外在因素的强制和约束,有可能会使得争议拖延很久而无法达成一致,从而不得不寻求其他解决方式。

5.3.2　调　解

调解是指由中立的调解人从中进行调解,促进纠纷双方当事人解除争议达成和解的一种争端解决方式。调解人可以是仲裁机关、法院,也可以是双方信赖的、能主持公道并有能力进行调解的机构或个人。

调解的主要优点在于:第一,形式灵活方便,能较快解决争端。第二,调解是在各方当事人自愿的基础上进行的,任何一方都无权强迫他方接受调解,因此有利于保持和发展当事人的友好关系和信任感,免除当事人因仲裁和诉讼而带来的麻烦和费用。第三,调解人的介入和调解人的专业性增大了解决争议的可能性。第四,如果调解成功,调解书对当事人具有法律约束力。调解也有一定的缺点,由于调解是以当事人自愿为前提的,调解人也只是具有促使当事人达成协议的职责,不具备促使调解结果执行的法律权力,即调解的结果不具有法律效力。所以,如果一方当事人因某种理由在调停过程中,在调解书生效前,不予以配合,调解即以失败而告终。

5.3.3　仲　裁

仲裁是指贸易争端发生之后,争端各方当事人自愿将争端提交双方同意的第三者审理,由其作出裁决的一种争端解决方式。这里的"双方所同意的第三者"一般是仲裁机构,如国际商会仲裁法庭、泛美商业仲裁委员会、伦敦仲裁法

庭、中国国际贸易委员会的对外经贸委员会等。

仲裁机构是指受理案件并作出裁决的机构。在国际贸易仲裁中，依仲裁机构性质不同而有临时机构仲裁和常设机构仲裁之别。临时机构是指由纠纷双方临时指定的人员组成的仲裁机构，这种临时机构的任务是一次性的，即受理裁决完该纠纷后，该机构即告解散。常设机构是长期存在、拥有固定地址的组织机构，它制定了仲裁程序规则，与临时机构相比，具备诸多优势，使之成为国际贸易争端的最常见的解决方式。

仲裁与上述两种方式及下文的诉讼相比，具有如下几项特征：

（1）与协商和调解相比，仲裁具有一定的强制性

仲裁一经开始，当事人中任何一方都无权单方面终止程序，即使有某一方当事人不参加或拒绝参加仲裁程序，仲裁人仍有权作缺席审理和裁决。

（2）与诉讼相比，仲裁具有很强的自愿性

只有当事人之间在贸易纠纷发生之前或之后达成仲裁协议，相关仲裁机构才有权进行审理和裁决。否则，任何一方无权强迫另一方接受仲裁，仲裁机构也无权管辖。此外，对仲裁地点、仲裁机构、仲裁员、仲裁规则的选择，也由当事人自愿商定。

（3）仲裁还具有中立性、专业性、保密性、终局性等优点

在国际商事仲裁中，仲裁人和仲裁机构由当事人一起商议选定，是居中评判是非。尤其是现在国际上的许多仲裁机构本身不隶属于任何国家，仲裁案件不受任何一方当事人所属国司法制度和公共政策的影响。国际商事争端有时会涉及一些专业性、技术性很强的问题，需要具备专门知识的人来解决，而国际商事仲裁的专业性就体现在，当事人可以自主选择有关的专家充当仲裁员，有利于仲裁案件准确和迅速地解决。国际仲裁案件的审理是不公开的，有利于当事人商业秘密和争议分歧的保密。仲裁裁决是一审终局的，有利于迅速解决争议，为当事人节约时间、费用。同时仲裁结果受到国家法律强制力的保障执行。

和其他争端解决方式一样，仲裁也不尽完美，比如，与诉讼相比，仲裁程序缺乏强制性、严密性和统一性。仲裁是以当事人的自愿和协议为基础的，那么，对于应该承担全部或部分责任却没有参加仲裁的第三方来说，仲裁人无权强迫其加入仲裁程序，从而影响争议的有效解决。

5.3.4　诉　讼

诉讼是指国际贸易纠纷发生后,任何一方当事人向有管辖权的法院起诉,通过司法途径解决争端的一种方式。

虽然司法诉讼的争端解决方式有国家强制力为后盾,具有强制性、程序严密性、判决易执行等优点,但是,在国际贸易实践中,全球营销人员一般都不愿意通过诉讼的方式来解决贸易争端。

首先,国际诉讼官司在管辖权法院的选择上当事人会产生很大分歧,对外国法院的公正性存在不信任是每个当事人都会有的问题;此外,打国际诉讼官司,通常诉讼费用很高,诉讼时间较长,对于贸易成本和贸易活动的延续都会产生影响;同时,在诉讼过程中商业秘密的保护也是一个不易解决的问题。

因此,在国际贸易争端发生后,国际营销人员应该根据争议事件的实际情况和不同争端解决途径的优缺点来选择合适的有效解决方式。通常,只有在协商、调解、仲裁等方式经实践无效之后,才会采取诉讼这一司法解决途径。

5.4　知识产权的保护

随着当今世界经济、科技一体化和世界贸易自由化进程的加快,贸易问题与知识产权保护问题之间的关系日益密切。在国际贸易活动中,对生产制造者和销售者的知识产权保护方面的立法,即相关的知识产权或工业产权法,日益得到重视。知识产权法的目的是保护专利和商标的所有者对其创造性劳动成果享有的权益。

5.4.1　知识产权保护的主要形式

（1）专利权（patent right）

专利权,简称"专利",是发明创造人或其权利受让人对特定的发明创造在一定期限内依法享有的独占实施权,是知识产权的一种。

知识链接

2010年美国337调查涉华案件数量达历史新高

2010年1月1日至12月31日,美国国际贸易委员会共发起58起337调查,其中有19起调查被诉方涉及中国企业,占调查总数的1/3。337调查总数及涉华案件总数均达历史新高。这19起案件的特点是:均为专利侵权诉讼;涉案产品绝大部分为机电产品,特别是电子信息技术产品,如动态随机存储器、显示设备、半导体集成电路芯片、喷墨墨盒等;大部分案件涉及国外在华投资企业。

什么是337调查?

根据美国《1930年关税法》,美国国际贸易委员会可以对进口贸易中的不公平行为发起调查并采取制裁措施。由于其所依据的是《1930年关税法》第337节的规定,因此,此类调查一般称为"337调查"。

337调查的对象为进口产品侵犯美国知识产权的行为以及进口贸易中的其他不公平竞争。实践中,涉及侵犯美国知识产权的337调查大部分都是针对专利或商标侵权行为,少数调查还涉及版权、工业设计以及集成电路布图设计侵权行为等。其他形式的不公平竞争包括侵犯商业秘密、假冒经营、虚假广告、违反反垄断法等。

资料来源:中华人民共和国商务部公平贸易局网站,http://gpj. mofcom. gov. cn/subject/mymcyd/index. shtml

思考提示

查阅相关资料,了解337调查和美国法院知识产权诉讼的区别以及337调查和反倾销调查的区别。

(2)版权(copyright)

版权即著作权,是指文学、艺术、科学作品的作者对其作品享有的权利(包括财产权、人身权)。版权是知识产权的一种类型,主要包括对自然科学、社会科学以及文学、音乐、戏剧、绘画、雕塑、摄影和电影摄影等领域的作品享有的权利。

知识链接

中华人民共和国著作权法(修改草案)引发的争议

国家版权局 2012 年 3 月 31 日发出通知,就《中华人民共和国著作权法》(修改草案)(以下简称《草案》)公开征求意见。其中,该《草案》的第 46 条和第 48 条引发了广泛的争议。内地众多著名音乐人纷纷表达了对该《草案》的不满,认为其助长了对音乐作品的侵权行为,侵害了内地音乐人的合法权益。

《草案》中争议最大的第 46 条和第 48 条规定的具体内容如下:

第四十六条　录音制品首次出版 3 个月后,其他录音制作者可以依照本法第四十八条规定的条件,不经著作权人许可,使用其音乐作品制作录音制品。

第四十八条　根据本法第四十四条、第四十五条、第四十六条和第四十七条的规定,不经著作权人许可使用其已发表的作品,必须符合下列条件:

(一)在使用前向国务院著作权行政管理部门申请备案;

(二)在使用时指明作者姓名、作品名称和作品出处;

(三)在使用后一个月内按照国务院著作权行政管理部门制定的标准向著作权集体管理组织支付使用费,同时报送使用作品的作品名称、作者姓名和作品出处等相关信息。

使用者申请法定许可备案的,国务院著作权行政管理部门应在其官方网站公告备案信息。

著作权集体管理组织应当将第一款所述使用费及时转付给相关权利人,并建立作品使用情况查询系统供权利人免费查询作品使用情况和使用费支付情况。

对此,国家版权局在其官方网站上,以引用权威专家的解读的形式,对上述争议作了回应:

"中国音著协有关负责人在接受记者采访时表示,第 46 条应与第 48 条相结合来看,第 48 条中明确指出:使用者须向版权部门申请备案,并指明作者姓名、作品名称和作品出处,还要在使用后一个月内支付使用费,这一做法目的是鼓励传播。草案中加入了音乐人一直呼吁的关于表演者和录音制作者获酬权的规定,使我国著作权法与相关国际条约保持一致,这是一个巨大的进步。"

"中国文著协总干事在接受采访时表示,草案有'三大突破':法定赔偿额提高到 100 万元、引入延伸集体管理,以及对作者身份不明的'孤儿作品'进行主动管理。该草案进一步完善了'法定许可'制度,而且版权行政执法、作品登记终于有了法律依据。"

资料来源:根据中华人民共和国国家版权局官方网站(http://www.ncac.gov.cn)相关内容,以及相关事件的网络资料整理而成

思考提示

对于知识产权保护的法律你了解多少?为什么要用法律的形式保护知识产权?

(3)商标权(trademark right)

商标权是商标专用权的简称,是指商标主管机关依法授予商标所有人对其注册商标受国家法律保护的专有权。商标注册人依法支配其注册商标并禁止他人侵害的权利,包括商标注册人对其注册商标的排他使用权、收益权、处分权、续展权和禁止他人侵害的权利。商标是用以区别商品和服务不同来源的商业性标志,由文字、图形、字母、数字、三维标志、颜色组合或者上述要素的组合构成。

营销故事

iPad 商标侵权案

"iPad 商标侵权案"指的是深圳唯冠科技有限公司起诉美国苹果公司侵犯其"iPad"商标权案件。该案件经过三次开庭,最终判定苹果侵权。2012 年 2 月,唯冠要求在上海地区禁售 iPad 的听证会结束,苹果提请驳回禁售令。

早在 2000 年,苹果尚未推出 iPad 平板电脑之时,唯冠旗下的唯冠台北公司就已经在多个国家与地区分别注册了 iPad 商标。2001 年,唯冠国际旗下的深圳唯冠科技有限公司又在中国大陆注册了 iPad 商标的两种类别。

2009 年 12 月 23 日,唯冠国际 CEO 和主席杨荣山授权麦世宏签署了相关协议,将 10 个商标的全部权益转让给英国 IP 申请发展有限公司,其中包括中国内地的商标转让协议。协议签署之后,英国 IP 公司向唯冠台北公司支付了 3.5 万英镑购买所有的 iPad 商标,然后英国 IP 公司以 10 万英镑

的价格,将 iPad 商标所有权转让给了美国苹果公司。

这个案件里面的关键点在于:iPad 商标在中国的商标权是属于深圳唯冠科技有限公司的,苹果当初曾经买了台湾唯冠科技的 iPad 商标,但是在大陆的商标是深圳唯冠科技的,签署转让合同的时候苹果并没注意到这一点。

资料来源:根据网络相关信息整理而成

思考提示

在商标转让协议以及商标侵权案件中,对商标权人主体的认定。

5.4.2　国际上主要的保护知识产权的国际公约

(1)《与贸易有关的知识产权协议》

《与贸易有关的知识产权协议》(Trade-Related Aspects of Inteellectual Property Rights,简称 TRIPS 协议)于 1993 年 12 月乌拉圭回合闭幕时达成,并于 1995 年 1 月 1 日生效。凡加入 WTO 的国家必须签署该协议,这是一个设定知识产权保护的最低标准的国际协议。

其主要条款有:一般规定和基本原则,关于知识产权的效力、范围及使用标准,知识产权的执法,知识产权的获得、维护及相关程序,争端的防止和解决,过渡安排,机构安排,最后条款等。协定的主要内容是:提出和重申了保护知识产权的基本原则,确立了知识产权协定与其他知识产权国际公约的基本关系。

TRIPS 协议的目的是减少国际贸易中的不公平和障碍,使知识产权得到充分有效的保护,确保知识产权的措施及程序的实施对合理贸易不造成任何障碍;建立解决国际贸易中冒牌商品问题的原则和规则;通过多边协定达成强有力的约定,以解决与贸易有关的知识产权问题的争议;在世界贸易组织和世界知识产权组织,以及其他国际组织之间,建立一种相互支持的关系。

TRIPS 协议对知识产权保护的范围涉及版权、商标、产地标志、工业设计、专利、集成电路的布图设计、商业秘密的保护以及对反竞争行为的控制等。

(2)《保护工业产权巴黎公约》

《保护工业产权巴黎公约》是以保护工业产权为目的的一个国际公约,1883 年 3 月 20 日在巴黎正式签订,于 1884 年 7 月 7 日正式生效。该公约主要有以下内容：

1）成员国之间实行国民待遇原则。任何该联盟成员的国民，在联盟其他成员国内享有该国法律现在或将来给予该国国民的同样待遇，不论他们在该国有无永久性住所或营业所。巴黎公约对非成员国的国民也规定，只要他们在一个成员国的领土内有永久性住所或有真实正当的工商营业所，也享有成员国国民同样的待遇。

2）优先权原则。公约规定了对发明、实用新型和外观设计的优先权原则：凡在一个成员国提出申请，申请人在其他成员国享有自提出申请之日起 6 个月或 12 个月的优先权，即当他向其他成员国就同一发明提出申请时，其后来的申请日期可视同首次申请的日期。根据该公约规定，发明和实用新型的优先权期限为 12 个月，外观设计和商标专利的优先权期限为 6 个月。

3）专利权独立原则。成员国的国民向各成员国申请的专利权与他在其他成员国或非成员国就同一发明所取得的权利是相互独立、各不相干的。换言之，一个国家对某一发明批准的专利权，其他成员国不一定对同一发明也批准为专利。任何成员国也不必因为同一发明的专利申请或专利已在任何其他国家被驳回或宣布无效，而驳回其专利申请或宣布专利无效。总之，不同国家就同一发明所给予的专利权，在条件、期限、无效及撤销方面都是互不牵连的。

4）关于强制许可和撤销专利权的规定。如果专利的所有人对专利发明从申请日起 4 年，或从核准专利日起 3 年，不实施或不充分实施，任何人都可以向有关当局提出申请，要求发给强制许可证。这种强制许可证不是独立的，也不是专有的，不得转让。如若转让，必须与使用该许可证的企业或牌号一起转让。如果专利发明在核准第一次强制许可证两年届满仍未实施，或没有充分实施，则依法吊销或撤销该项发明的专利权。

5）关于临时性的保护措施。所有成员国对于在一个成员国领土之内举办的官方的、或经官方许可的国际展览会展出的产品中可以取得专利的发明和商标等，按本国的法律给予临时性保护，使之在一定期限内不致因公开展出失去新颖性而不能取得专利权。

除此之外，涉及知识产权保护的国际公约还有：以商标和服务标志为保护对象的《商标国际注册的马德里协定》、《商标注册条约》等。保护文学和艺术作品版权的《世界版权公约》和《保护文学艺术作品伯尔尼公约》。保护著作权的《尼泊尔公约》。

内容概述

　　本章通过对国际市场营销法律环境构成的简单介绍和对两大法系的差别的分析,揭示了复杂的国际法律环境对国际市场营销的影响,对国际市场营销人员的素质的要求,同时逐一分析了应对国际贸易争端的四种主要途径,以及涉及国际知识产权保护的重要国际公约,以增强国际营销人员处理国际贸易争端和知识产权问题的法律意识。

练习思考

　　1.国际市场营销的法律环境构成包括哪几个部分?

　　2.大陆法系和英美法系有哪些区别?

　　3.解决国际商务争端的途径有哪些? 有没有优劣之分?

　　4.简述《保护工业产权巴黎公约》的内容。

　　5.为什么要强调知识产权的保护? 你对此有何看法?

第6章 国际市场营销环境
——国际区域市场

学习目的

通过本章的学习,了解国际组织的分类、成因及在区域市场形成中所起的作用。掌握欧盟、欧美等主要的国际区域市场的特点。

教学要求

知识点	能力要求
国际区域市场	(1)国际区域市场形成的原因与模式 (2)国际组织 (3)WTO
欧盟区域市场	(1)欧盟的形成 (2)欧盟市场的特点
北美区域市场	(1)北美市场的形成 (2)北美市场的特点
东盟区域市场	(1)东盟的一体化发展 (2)东盟市场的特点

核心概念

自由贸易区(Free Trade Areas)
完全海关联盟(Customs Unions)
共同市场(Common Markets)

货币联盟（Monetary Unions）

欧洲共同体（The European Communities）

北美自由贸易区（North America Free Trade Area）

亚洲太平洋经济合作组织（Asia Pacific Economic Cooperation）

东南亚国家联盟（Association of South East Asian Nation）

拉丁美洲自由贸易协会（Association Latinoamericana de Libre Comercio—ALALC）

国际区域市场是区域经济一体化和区域经济组织建立的结果，是区域市场内成员相互协调谋求该区域经济力最大化的产物。区域经济组织则是区域经济一体化过程中的产物和协调机构。有的学者认为区域经济一体化可以通过地区一体化组织的扩大和各地区一体化组织的"联合"两条途径来推动经济全球化。当代的各种国际组织，按其组织的地域特点来看，可分为全球性的与区域性的两类。全球性国际组织对一切国家开放，如联合国、世界贸易组织、国际货币基金组织等。区域性国际组织则是指由某一地区国家参加，并且其职权也是以该地区为限的组织，如欧盟、非洲统一组织、美洲国家组织、东南亚国家联盟等。按其职能考察，分为一般性的与专门性的两大类。一般性的国际组织有较广泛的权限，从事政治、经济、社会等各方面的活动，如联合国、非洲统一组织、欧洲经济共同体等。专门性的国际组织则只具有较专门的权限，仅就某一特定业务进行活动，如万国邮政联盟、国际海事组织、世界气象组织等。

表 6.1　国际组织的分类

分类标准	具体类型	具体特点
按成员的性质分类	政府间组织	以主权国家或地区的政府为成员
	非政府间组织	以民间团体或公民为成员
按地理范围分类	全球性组织	对全世界国家开放
	区域性组织	对特定地域、特定利益、特定背景的成员开放
按职能范围分类	一般性组织	职能范围广泛
	专门性组织	主要进行专业技术性活动

20 世纪 90 年代以来，随着跨国公司和国际贸易的发展，全球经济一体化程度进一步提高，各国经济发展相互影响程度日益加深。伴随着全球经济一体化进程的发展，区域经济集团和区域经济组织的作用也不断加强。从全球的角度

分析,欧盟、北美自由贸易区和亚太经济合作组织是当前全球区域经济组织规模最大、对全球经济影响最深的区域经济组织。从发展的角度看,这三个组织在全球化和世界经济发展过程中的影响和作用仍将不断加强,对于国际营销的制定和实施的影响进一步加深。

在新营销时代的今天,营销的整合布局除考虑产品外,还应考虑销售区域、价格、品牌、渠道、传播等。如红塔集团,不同区域市场用不同的产品、不同的价位、不同的品牌特性去覆盖。公司在制定营销策略时,必须考虑到战略执行时当地市场的特点。当前,在世界经济活动中,各区域性经济组织的经济实力及发展特点都存在一定的差异。营销者想在国际市场上获得成功,就必须了解各个国际区域市场的特点和差异,才能制定出适合各个市场的不同营销战略和策略。

知识链接

世界贸易组织(WTO)

世界贸易组织(World Trade Organization,英文缩写为 WTO)成立于 1994 年 4 月 15 日,其前身是关税和贸易总协定(GATT)。其总部在瑞士日内瓦。WTO 是世界上最大的多边贸易组织,目前已经拥有 153 个成员,成员的贸易量占世界贸易的 95% 以上。WTO 与世界银行、国际货币基金组织被并称为当今世界经济体制的"三大支柱"。

WTO 的职能是制订和规范国际多边贸易规则;组织多边贸易谈判;解决成员之间的贸易争端。

WTO 的宗旨是提高生活水平,保证充分就业,大幅度和稳定地增加实际收入和有效需求,扩大货物和服务的生产与贸易,按照可持续发展的目的,最优运用世界资源,保护环境,并以不同经济发展水平下各自需要的方式,加强采取各种相应的措施;积极努力,确保发展中国家,尤其是最不发达国家在国际贸易增长中获得与其经济发展需要相称的份额。

WTO 的具体目标是建立一个完整的、更具活力和永久性的多边贸易体制,以巩固原来的关贸总协定为贸易自由化所作的努力和乌拉圭回合多边贸易谈判的所有成果。为实现这些目标,各成员应通过互惠互利的安排,切实降低关税和其他贸易壁垒,在国际贸易中消除歧视性待遇。

WTO 是具有法人地位的国际组织,与其前身关贸总协定相比,WTO 在调解成员间争端方面具有更高的权威性和有效性。

WTO 实行的原则是:1)最惠国待遇原则。最惠国待遇,又称为"无歧视待遇"。它通常指的是缔约双方在通商、航海、关税、公民法律地位等方面相互给予的不低于现时或将来给予任何第三国或地区的优惠、特权或豁免待遇。2)国民待遇原则。国民待遇是最惠国待遇的有益补充。在实现所有世贸组织成员平等待遇基础上,世贸组织成员的商品或服务进入另一成员领土后,也应该享受与该成员的商品或服务相同的待遇。这正是世界组织非歧视贸易原则的另一体现——国民待遇原则,严格讲应是外国商品或服务与进口国国内商品或服务处于平等待遇的原则。3)互惠原则。互惠互利是建立 WTO 共同行为规范、准则过程中的基本要求,这种互惠原则主要通过以下几种形式体现:①通过举行多边贸易谈判进行关税或非关税措施的削减,对等地向其他成员开放本国或地区市场,以获得本国或地区产品或服务进入其他成员市场的机会。②在现实中,一国或地区加入 WTO 后,其对外经贸体制在符合《1994 年关贸总协定》、《服务贸易总协定》及《知识产权协定》规定的同时,还要开放本国或地区的商品和服务市场。③互惠贸易是多边贸易谈判及一成员贸易自由化过程中与其他成员实现经贸合作的主要工具。

世界贸易组织促进世界范围的贸易自由化和经济全球化通过关税与贸易协定使全世界的关税水平大幅度下降,极大地促进了世界范围的贸易自由化。此外,WTO 还在农业、纺织品贸易、安全保障措施、反倾销与反补贴、投资、服务贸易、知识产权以及运作机制等方面都作出有利于贸易发展的规定,这些协定和协议都将改善世贸自由化和全球经济一体化,使世界性的分工向广化与深化发展,为国际贸易的发展奠定稳定的基础,使对外贸易在各国或地区经济发展中的作用更为重要。

世界贸易组织使传统的贸易政策措施得到改观。世界贸易制度将进入协商管理贸易时代,各国或地区的贸易政策将建立在"双赢"的基础上,"贸易保护"和"贸易制裁"的作用与含义都发生了很大的变化。

世界贸易组织使世界市场的竞争方式与竞争手段改变。在世贸组织的推动下,世界市场的竞争由单一式的竞争转变为综合式的竞争,由粗放式的竞争转变为集约式的竞争;并且企业也由金字塔式的组织机构转变为矩阵式的组织机构,及规模经济转变为规范经济。

6.1 国际区域市场的成因及模式

6.1.1 国际区域市场的定义与成因

国际区域市场,又称为多国集团市场,是由若干个国家或地区,出于一定的目的,通过协议的形式,结成一定紧密程度的、以一定形式存在的国际区域经济联合体而形成的国际市场。

国际区域市场于第二次世界大战结束后日益流行,目前已经成为当今世界市场发展的一大趋势。可以毫不夸张地说,世界市场一体化与区域化两大趋势并存是当今世界经济的一大特点。

国际区域市场的形成与发展,是由以下因素影响和决定的:

(1)贸易保护主义盛行

当今世界,社会经济高速发展,科技水平突飞猛进,经济全球化成为一个必然的趋势。但是,由于世界各国都有着自身的利益,都希望其他国家向其开放市场,而自己的市场尽可能不向其他国家开放,贸易保护主义盛行。这一对矛盾运动的结果,使一些国家组成不同程度的联合体,形成介于全球市场和国别市场之间的国际区域市场。

(2)国家之间的共同利益

从已经形成的区域市场看,至少可以产生几个方面的效应:一是经济互补。成员国之间一般均存在着一定程度的互补性,联合在一起可以取长补短,有利于促进本国经济发展,形成双赢效应;二是区域市场内互相开放,市场规模扩大,具有一定的经济规模,有利于形成规模效应;三是成员国之间通过签订条约的形式,形成利益共同体,有利于保护各自的利益,增强竞争力。除了经济动因外,政治因素也是一个重要原因。一些区域市场成立之初带有较强的政治动因,比如欧洲共同体在成立之初带有抗御苏联的因素,而东南亚国家联盟的成立也有很强的政治因素。不过,经济因素日益成为主要的因素。

(3)文化上的近似或联系与地缘关系

社会文化上的联系与亲和是经济联系的润滑剂与纽带,而地理位置上的条件,则有利于经济交往中物质、能量和信息的沟通,并形成效率和成本优势。所以某种相近的文化背景、文化模式,或在文化上比较容易融合和交流,以及地理上相邻或相近,是不同国家或地区能联合并能正常运行的重要条件。

（4）各国政府的强大推动力

从国际市场区域化的进程看,主要启动者是政府。市场的主体是企业,市场活动的主要承担者也是企业,但是,国际市场区域化的推动者和实现者主要是政府。多国集团是由不同国家或地区之间通过协议成立的国家集团,其决策者只能是政府。但这并不否定企业在国际市场区域化中所起的作用,特别是跨国公司在促进国际市场区域化中具有很大的影响力。

6.1.2　国际区域市场的模式

目前国际区域市场的基本模式从理论上概括主要分为五种类型:地区性合作集团(即区域合作开发组织)、自由贸易区(Free Trade Areas)、完全海关联盟(Customs Unions)、共同市场(Common Markets)、货币联盟(Monetary Unions)。

表 6.2　国际区域市场的基本模式及其特征

统一的经济政策	相互给予的贸易优惠	成员国之间的自由贸易	共同的对外关税	生产要素的自由流动	货币的统一
地区性合作集团	☆				
自由贸易区	☆	☆			
关税同盟	☆	☆	☆		
共同市场	☆	☆	☆	☆	
货币联盟	☆	☆	☆	☆	☆
完全经济一体化	☆	☆	☆	☆	☆

资料来源:张素芳:《国际贸易理论与实务》,对外经济贸易大学出版社 2005 年版

6.1.3　国际区域市场的发展特点

（1）国际区域市场化有加速的趋势

近几十年来,国际区域市场的发展速度迅速。从 20 世纪 50 年代的欧共体和欧洲自由贸易联盟等,60 年代的东南亚国家联盟、安第斯集团等,70 年代的西非国家经济共同体等,80 年代的北美自由贸易区、亚太经合组织等,到 90 年代的三国集团、南方共同市场、东南非共同市场等,区域市场的数量不断增加。至今,世界上绝大多

数国家或地区均加入某一或某几个国际区域市场。

（2）国际区域市场有扩大的趋势

大多数国际区域市场的成员国不断增加，规模不断扩大。比如，由美国、加拿大和墨西哥组成的北美自由贸易区是在美、加自由贸易区基础上扩大组成的。其他如欧盟、亚太经合组织、东南亚国家联盟等区域市场的成员国均逐步增加。

（3）国际区域市场有一定程度的交叉性

不少区域市场相互交叉，你中有我，我中有你，一个国家或地区往往既是某一个区域市场的成员，同时又是另一个区域市场的成员，比如，墨西哥既是北美自由贸易区的成员，又是哥伦比亚、墨西哥和委内瑞拉等组成的三个集团的成员。

（4）国际区域市场有高度化的趋势

所谓高度化是指国际区域市场的模式由低层次到高层次的演进，即从地区性合作集团梯次向自由贸易区、完全海关联盟、共同市场、货币联盟提升。比如东盟，成立之初属于地区性合作集团，现正在向自由贸易区过渡；又如欧盟已从共同市场向货币联盟过渡等。

（5）经济因素日益成为主要的因素

在政治、经济、文化和地理等因素中，经济因素越来越成为不同国家或地区结成区域集团的主要因素。

知识链接

ISO 的作用

1994 年国际标准化组织（ISO）公布了"ISO 14000"环境管理条款，为环境保护及其监测与评估提供了一套系统化的标准与程序。1995 年春季壳牌石油公司宣布炸沉石油存储平台计划并得到了政府的批准。就此事件绿色和平组织认为，装有有毒和辐射性物质的石油存储平台沉入海底将会对相对脆弱的海洋环境形成危害。因此 1995 年 5 月，绿色和平组织组织了一次大规模反对壳牌石油公司此项计划的运动。根据《伦敦时报》报道，绿色和平组织还领导了抵制壳牌产品的运动，该运动导致壳牌产品在整个欧洲的销售量下降 30%。最终，壳牌石油公司撤销了原计划，宣布将存储平台拖到陆地上进行拆除粉碎处理。尽管政府没有要求这样做，但是壳牌石油公司还是这样做了。1998 年壳牌公司公开宣布其贸易活动的新态度，即承担公司活动的社会责任。另外一个典型的例子是非政府组织通过直接向零售企业施加压力阻止它们购买和销售热带古木来遏制对热带森林的砍伐。自 20 世纪 90 年代早期开始,许多非政府组织试图创造一种体系,在这种体系中,公司本着可持续的原则进行木材的砍伐和购买。这就涉及建立机构来证实木材的来源,确认其生产过程是否符合可持续发展的原则。一批在这方面拥有权威的机构产生,其中许多机构由非政府组织创立。总部设在墨西哥瓦哈卡(Oaxaca)的由非政府组织创立的森林管理委员会(Forest Stewardship Council),就在致力于建立全球共同的认证方法。1997 年,热带雨林行动网络(Rainforest Action Network)、绿色和平组织和其他非政府组织就发动了一场说服美国最大的古木产品零售商(Home Depot)和其他家具生产公司销售经过认证的木材的运动。针对人权和劳动权利问题,各种国际组织,如联合国、国际劳工组织(ILO)、国际自由工会联盟(ICFTU)、经济合作与发展组织(OECD),都作为行动主体积极参与到人权与劳权保护的运动中来。1976 年 6 月 21 日,经济合作与发展组织(OECD)通过了《关于国际投资和跨国公司的宣言》,规定了跨国公司国际经营中应当遵守的有关雇佣与劳资关系(industrial relationship)的事项。20 世纪 70 年代,欧美国家的消费者运动对使用强制劳动力和童工以及生产条件恶劣的跨国公司进行"杯葛购买行动"(boycott)。消费者运动给跨国公司带来直接的市场压力,从而促使公司改善工作条件,保障劳工基本人权。

　　资料来源:张国华:《管理体系认证方兴未艾——形形色色的管理体系标准》,《世界标准化与质量管理》2000 年第 1 期

6.2　国际区域市场——欧盟市场

6.2.1　欧盟的形成与发展

　　欧洲联盟(简称欧盟,European Union——EU)是由欧洲共同体(European communities)发展而来的,是一个集政治实体和经济实体于一身,在世界上具有重要影响的区域一体化组织。

　　欧盟的崛起是一个渐进的过程。欧洲一体化的构想早在 18 世纪就出现了萌芽。进入 20 世纪,战后的痛定思痛使"和平与发展"成为欧洲人民共同的企望。1950 年 5 月 9 日,当时的法国外长

罗贝尔·舒曼提出建立欧洲煤钢联盟 (ECSC)，这个倡议得到了法、德、意、荷、比、卢 6 国的响应。1951 年 4 月 18 日，法国、联邦德国、意大利、荷兰、比利时和卢森堡在巴黎签订了建立欧洲煤钢共同体条约（又称《巴黎条约》）。1952 年 7 月 25 日，欧洲煤钢共同体正式成立。1957 年 3 月 25 日，这六个国家在罗马签订了建立欧洲经济共同体条约和欧洲原子能共同体条

图 6.1　欧盟的标志

约，统称《罗马条约》。《布鲁塞尔条约》于 1967 年 7 月 1 日生效，欧洲共同体正式成立。1973 年后，英国、丹麦、爱尔兰、希腊、西班牙和葡萄牙先后加入欧共体，成员国扩大到 12 个。1993 年 11 月 1 日《马斯特里赫特条约》正式生效，欧

图 6.2　欧盟示意图

共体更名为欧盟。根据该条约的规定，欧盟成员国间边界被打开，取消关税，放开人员、商品、劳务、资本的流动，统一了外贸政策和农业政策，创立了欧洲货币体系，并建立了统一预算和政治合作制度，逐步发展成为欧洲国家经济、政治利益的代言人。这标志着欧共体从经济实体向经济政治实体过渡。1995 年，奥地利、瑞典和芬兰加入，使欧盟成员国扩大到 15 个。1998 年建立欧洲中央银行。

1999 年开始采用统一货币——欧元。

2004 年 5 月 1 日,塞浦路斯、匈牙利、捷克、爱沙尼亚、拉脱维亚、立陶宛、马耳他、波兰、斯洛伐克和斯洛文尼亚 10 个国家正式成为欧盟的成员国。此次扩大后的欧盟成员国从 15 个增加到 25 个。

6.2.2　欧盟市场的特点

(1)市场规模大

欧盟成立后,欧盟的经济总量从 1993 年的约 6.7 万多亿美元增长到 2002 年的近 10 万多亿美元。随着欧盟成员国的不断扩大以及涵盖范围的不断延伸,欧盟的市场规模不断扩大。

(2)对外贸易限制措施多

欧盟对成员国以外的贸易采取了较多的限制,这些措施包括:

①数量限制。欧盟成员国可自由从国营贸易国家进口原料和非敏感性产品,对敏感性产品则实行数量限制。

②保护措施。对属于可自由进口的产品,如果进口数量增长过快,欧盟成员国可采取措施,要求出口国自我限制或自行设定关税配额。

③关税壁垒。欧盟各成员国对外实行具有歧视性的共同关税和进口差价关税。

④原产国规定。欧盟有关贸易条例中,对原产国的标准、涉及的有关产品作了相当明确而严格的规定。

⑤反倾销关税。有关条例规定,由欧盟区域内的个人、企业、行业起诉,经欧委会确定,即被征反倾销关税。

(3)对内一体化程度高

欧洲市场对外严格限制,对内的一体化程度却相当高。

1999 年 1 月 1 日,欧元在第一批成员国中正式流通,使欧盟市场内部实现了商品、服务、劳动力、技术和资本的自由流动。

(4)农产品市场保护严重

欧盟为了保护本地的农产品市场,制定了许多旨在保护本地农产品市场的价格措施。这些价格措施包括:①目标价格;②干预价格;③门槛价格;④进口差价关税。

表 6.3　欧洲联盟成员国

国　家	加入时间	国家	加入时间	国　家	加入时间	国　家	加入时间
法国	1950	意大利	1950	荷兰	1950	比利时	1950
卢森堡	1950	联邦德国	1950	爱尔兰	1973	丹麦	1973
英国	1973	希腊	1981	葡萄牙	1986	西班牙	1986
奥地利	1995	芬兰	1995	瑞典	1995	波兰	2004
拉脱维亚	2004	立陶宛	2004	爱沙尼亚	2004	匈牙利	2004
捷克	2004	斯洛伐克	2004	斯洛文尼亚	2004	马耳他	2004
塞浦路斯	2004	保加利亚	2007	罗马尼亚	2007		

6.2.3　欧盟市场对世界市场格局的影响

欧盟市场改变了战后美国垄断世界市场的格局，并在很大程度上影响着世界市场的未来发展方向。

欧盟的实质性启动，从世界格局来说，已形成欧盟、美国和日本三足鼎立的局势；从世界政治格局来看，欧盟同美国、日本、俄罗斯和中国共同形成有影响的五级格局。不论是经济还是政治方面，欧盟都已是确定的强大一极。

欧盟是欧洲对抗美国和苏联的过程中逐渐发展起来的一个超国家的组织，既有国际组织的属性，又有某些邦联的特征。欧盟一体化进程是以关税同盟为起点，进而发展为统一大市场、经济货币联盟，并正向政治联盟发展。

欧盟作为一个超国家的经济组织，对外实行一致的经济政策促进欧洲贸易及其他经济方面的合作。《罗马条约》申明，各成员国"决心在欧洲各国人民之间建立愈益密切的联合基础"，"消除分裂欧洲的壁垒"，"保证它们国家的经济和社会的进步"，"不断改善人民的生活和就业条件"，"执行共同贸易政策"，"为逐步废止国际交流的限制作出贡献"。在经济方面，通过建立共同市场，逐步协调各成员国的经济政策，在共同体范围内推动经济的协调、持续、平衡和稳定发展，加快人民生活水平的提高，并在成员国之间建立更加密切的关系。随着欧洲一体化在以后五十年的深入发展，欧盟逐步建立和完善了一系列共同政策，其中主要的有关税同盟、共同农业政策、共同渔业政策、共同地区政策、共同社会政策、共同外交和安全政策、保护消费者政策以及共同外贸政策等。

营销故事

欧盟对贸易摩擦的处理

随着中欧贸易额的日益上升,欧盟对贸易摩擦的处理有日益强硬的趋势。8 月 30 日,欧盟贸易委员会公布了一项"最终"提议,对出口到欧盟的中国和越南产皮鞋分别征收 16.5％和 10％的长期反倾销税,以取代即将到期的临时反倾销措施。一旦此提案最终通过,一个 5 年期的反倾销关税的征收将不可避免,涉及中国 1200 多家制鞋企业及上百万人就业。

2006 年 2 月 23 日,曼德尔森宣布,从 4 月 6 日开始向欧盟进口的中国和越南产皮鞋征收为期半年的临时性反倾销税,税率分别为 19.4％和 16.8％。按照欧盟规则,欧盟委员会只有拍板临时性反倾销措施的权力,要实施 5 年内不能更改的正式反倾销措施,需要半数以上欧盟成员国批准。随着 10 月 6 日大限的临近,曼德尔森的班子在 7 月初提出一个方案。这个"第一版"方案明显承接去年中欧解决纺织品纠纷的设限思路,提出每年允许从中国进口 1.4 亿双皮鞋,超过部分征收 19.4％的惩罚性关税。但在随后的一个欧盟成员国代表会议上,以意大利为代表的"南派"和以瑞典为代表的"北派"均对这一提议不满意:"北派"反对设限,"南派"却担心欧盟无法承受 1.4 亿双中国产皮鞋的冲击。

一直在"南派"与"北派"之间走钢丝的曼德尔森,于是又提出"第二版方案":对中、越产皮鞋不设限,但分别征收 16.5％和 10％的长期反倾销税。但在 8 月 3 日欧盟 25 个成员国代表的摸底投票中,瑞典再次打头阵,带领 14 国否决了这一提议。当各方期待"第三版方案"会更平衡时,曼德尔森出乎意料地抛出一个与第二版几乎雷同的方案,唯一不同的是将儿童鞋纳入反倾销措施之中。曼德尔森的班子解释说,因为"一些进口商玩猫腻,以儿童鞋的名义进口女鞋逃税"。

欧盟委员会在 8 月 30 日的公报中称,这个方案"充分考虑了欧盟各方的不同利益",是根据欧盟法律展开充分调查得出的方案。这个解释实际上很委婉地点出了欧盟内部在鞋贸易上的"南、北之争"。南派是指欧洲南部的西班牙、葡萄牙、意大利、法国等国,制鞋业在这些国家的经济中占有重要地位,但大都以作坊式生产为主,很多企业雇工不超过 10 人,无论从规模效益还是人力成本方面,都无法与中、越企业竞争。中、越加入 WTO 后,对欧洲这些制鞋企业构成巨大压力，所以这些国家政府和企业很早就呼吁对中国鞋动手，在布鲁塞尔的游说从未停止过。欧盟委员会也宣称，2001年来，欧洲鞋产量萎缩了30%，制鞋行业失去4万个工作岗位。因此，曼氏的这个方案实际是在帮南派说话的。北派是指北欧三国与英国、荷兰等，他们要么早已把制鞋业转移到亚洲，要么主营鞋贸易。因此，对中国鞋加税实际上是转嫁给本国企业和老百姓，因此这些国家先后否决曼氏的第一、第二版方案。另外还有一个中间派，包括德国和一些东欧的新成员国。由于本国制鞋企业很少，而且亚洲鞋的确物美价廉，这些国家正面临进口商和消费者越来越大的压力。而且此次反倾销措施并不包括运动鞋，因此与阿迪达斯、彪马的"东家"——德国牵涉不大。中间派是南、北两派和欧盟委员拼命拉拢的对象。北派就是因为成功拉拢了德国和东欧一些国家，才在8月3日的投票中否决了第二版方案。相反，未来的一个月，欧盟委员会和南派也将拼命游说这些国家加入自己的阵营。

曼德尔森的发言人Peter Power声称，第一、第二版方案的被否决只是"摸底、咨询性质"，不具法律效力，第三版方案才是"最终方案"。而且"在8月3日的投票中，反对票仅比支持票多一两张，未来部长们的投票结果不一定相同"。但Power也坦言："不能保证这个提议一定通过。"其实，曼德尔森也为方案的最终通过做了两手准备：一是将反倾销税率从临时性反倾销税率的19.4%降低到16.5%，多少有些迎合北派的意思。二是宣布停止对中国产劳保鞋的反倾销调查（欧洲不产这种鞋），以化解"北派"的怨气；而且运动鞋不被涵盖，避免引起德国、英国等的反对。此外，还对可能否决的成员国施压，要求投否决票的成员国届时充分说明理由。欧盟委员会甚至以备忘录的形式指出，1998年棉布反倾销案时，欧洲最高法院就曾判定欧盟成员国部长会议"没有充足的理由否决欧盟委员会的提议"。此举无疑是敲山震虎，宣示决心。但欧洲鞋进口商与零售商协会（FAIR）主席Paul Verrips说，现在谁也不能保证这个提议被通过或被否决，FAIR及其旗下的企业如Clarks等均在做成员国的工作。Verrips说，按照欧盟的规则，事态的发展只有两个可能：提议被通过，反倾销税开始征收；二是提议被否决，此轮反倾销案就到此为止。若欧盟委员会要重启新一轮反倾销措施，需先由企业提出"控诉"，欧盟委员会再花十几个月的时间进行调查，再提出意见。

资料来源：向长河：《财经时报》，2006年9月2日

营销故事

微软祸不单行，欧盟对微软一查到底

在美国对微软作出正式裁决，微软处在"水深火热"的关头，欧盟 15 个成员国成立的微软诉讼调查委员会发表正式声明，将继续对微软进行调查，收集微软在欧盟国家采取非正常竞争手段，使欧盟国家造成经济损失的证据。

欧盟发言人还强调说，不管美国政府对微软的裁决如何，欧盟的调查和诉讼将是独立于美国政府以外的调查诉讼行为。欧盟近期的调查涉及微软发行的 windows 2000 是否违反了欧盟内部竞争法令条款。欧盟竞争委员会委员 Mario Mont 声称，windows 2000 的发行使微软得以在服务器软件和电子商务软件领域取得了垄断地位，许多小型电脑公司和最终用户都在抱怨微软将自己的服务器软件以及其他软件与操作系统捆绑销售，如果事实成立，欧盟将迫使微软修改 windows 2000。

按照欧盟的法令条文，如果微软拒绝采纳欧盟的建议，那么微软将面临占其销售收入 10％的罚款。欧盟的调查将持续数月时间，但并不表示微软在欧盟内部的诉讼就此了结。欧盟发言人声称，欧盟还将对微软进行其他诉讼调查。自 1998 年开始，欧盟与微软之间的较量已经有多个回合，在这场较量中，微软不得不改变与欧盟内部互联网服务提供商之间的交易方式。

资料来源：Chinabyte，2004 年 4 月 5 日

6.3　国际区域市场——北美市场

北美市场是世界又一大区域市场，其一体化程度虽不及欧盟深，但就市场规模的经济实力而言，北美市场要胜过欧洲市场。

6.3.1　北美自由贸易区的形成

北美自由贸易区（North America Free Trade Area，简称 NAFTA），由美国、加拿大、墨西哥三国组成，人口 4.2 亿，总面积 2100 万平方公里。

1988年1月2日由美国总统和加拿大总理分别签署了《美加自由贸易协定》。该协定在分别获得美国和加拿大议会批准以后，于1989年1月1日正式生效执行。

1992年8月12日，美国、加拿大、墨西哥三国经过多轮谈判，最终就成立北美自由贸易区达成《北美自由贸易协定》。1994年1月1日，该协定正式生效执行。

《北美自由贸易协定》是北美自由贸易区建立的蓝本，其宗旨是：取消贸易壁垒，创造公平竞争的条件，增加投资机会，保护知识产权，建立执行协定和解决争端的有效机制，促进三边和多边合作。其主要内容包括：消除关税和削减非关税壁垒、实行原产地原则、创造更多的公平竞争环境、增加投资机会、为知识产权提供适当和有效的保护、为共同解决争端和实施协定提供有效的程序，以及开放服务贸易等。由北美自由贸易协议和劳工（NAALC）、环境（NAAEC）两个附属协议构成。

①市场准入

《北美自由贸易协定》规定15年内建成北美自由贸易区，在15年之内，分3个阶段取消美、加、墨三国之间北美产品的关税及其他贸易壁垒，实现商品和劳务的自由流通；到1998年，美、加之间所有的贸易关税都取消了。

②原产地规则

《北美自由贸易协定》规定，只对"北美"产品降低或取消关税。所谓"北美"产品，它包括三个方面的内容：一是产品加工、制作的原料全部来源于美国、加拿大或墨西哥；二是用于制造产品的原料来源于三国之外，但经过加工改变了关税分类；三是从三国之外进口的产品不仅改变了关税分类，而且满足于区域成分标准。比起《美加自由贸易协定》来，它实行了更加严格的原产地规则。比如，在汽车生产方面，它要求含62.5％以上北美部件的车辆才有资格享受免税待遇，而《美加自由贸易协定》相应的要求比例是50％。

③放宽投资限制

《北美自由贸易协定》规定，墨西哥必须放松对外国投资的限制，在大多数领域给予美、加大公司以本国公司的待遇，并在7年之内取消对美、加银行和保险业的限制，在10年之内取消对美、加证券公司的投资限制。在此规定下，美国和加拿大可以在墨西哥收购银行和建立分支机构，但对其投资比例有明确的限制。

④政府采购

《北美自由贸易协定》的谈判重点就是为了打开墨西哥的政府采购市场。它规定，美国和加拿大可以直接进入墨西哥政府采购市场。

⑤知识产权

《北美自由贸易协定》对知识产权中的著作权、专利、商标、贸易机密和半导体芯片都作出了明确规定。但在制药和出版、电影等文化产业方面,美、加之间未取得一致意见。

⑥农业

《北美自由贸易协定》对农业采取了分别谈判的方式,产生了墨西哥与加拿大农业协定、墨西哥与美国农业协定、美国与加拿大农业协定。

⑦争端解决

《北美自由贸易协定》规定,三边自由贸易协会为协定的执行、仲裁机构。

6.3.2　北美市场的主要特点

（1）市场容量大

北美自由贸易区是一个容纳了多民族、多肤色和多样化需求的庞大市场。目前,整个北美自由贸易区人口 4.2 亿多,美国和加拿大的人均 GNP 均居世界前列。

（2）区域性合作加强

北美自由贸易区自成立以来,以美国为龙头,区域性合作逐步加强。这一点,在墨西哥金融危机期间表现尤其明显。

（3）区域内贸易迅速加强

（4）区内贸易促进了三国经济的发展和市场结构的调整

从美国来讲,当北美自由贸易区完全生效后,据估计,美国经济可以通过扩大出口,每年获得 0.5% 的额外增长。同时,美国大举向墨西哥投资,利用当地廉价的劳动力,不仅提高了其产品的国际竞争力,而且有利于美国产业结构的升级和市场结构的调整。

北美自由贸易区不同于欧盟,欧盟带有明显的封闭性和排他性,趋向于区内经济互补。而北美自由贸易区有较高的开放程度,与外部的贸易额占其贸易总额的 60%。

营销故事

加拿大与韩国:瓶装水措施案

自 1992 年起,韩国的瓶装水市场迅速扩大,1992 年至 1994 年其国内瓶装水销量翻了 3 倍,1995 年韩国成为世界第 5 大瓶装水市场。为了规范国内瓶装水市场,1995 年,韩国公布了一项有关瓶装水的法令《瓶装水标准、规格和标签要求的公告》(No. 1995—43)。该公告第 3 条规定,采用物理方法,诸如冷凝、过滤、充气、紫外线消毒等处理的瓶装水允许销售;而经任何化学方法处理的瓶装水禁止销售。第 8 条规定,瓶装水保质期为自生产日期起 6 个月。

公告发布后,加拿大认为这两条规定违反了 WTO 有关原则,影响了加拿大瓶装水贸易。1995 年 11 月 8 日,加拿大 WTO 常驻使团依据《关贸总协定》(GATT)第 22 条[3]、《实施动植物卫生检疫措施协议》(SPS 协议)第 11 条[6]和《技术性贸易壁垒协议》(TBT 协议)第 14 条[8]的有关规定,要求就韩国有关瓶装水的法律法规与韩国政府进行磋商,并依《争端解决规则和程序谅解备忘录》(DSU)第 4 条第 4 款[9],将该请求散发给 WTO 各成员。

加拿大认为韩国现行的有关瓶装水的法律法规,如《饮用水管理法》、《瓶装水标准、规格和标签要求的公告》以及有关法规,与 SPS 协议第 2 条[4]和第五条[5]、TBT 协议第 2 条[7]以及 GATT 第 3 条[1]和第 11 条[2]相违背,韩国这些法律法规的实施影响了加拿大在上述协议下所享有的直接和间接的利益。

美国和欧盟认为韩国有关瓶装水的法规也对它们的贸易产生了同样影响,并依据 DSU 第四条第 11 款[10],分别于 11 月 23 日和 11 月 30 日提出加入磋商的要求。

协议情况:

此后,双方就瓶装水问题进行磋商,并于 1996 年 4 月 1 日达成谅解。磋商结果包括两点:

(1)化学方法处理瓶装水问题

于 1997 年 1 月 1 日但不迟于 1997 年 4 月 1 日允许经臭氧处理的瓶装水进口、销售和分销。为此,韩国政府采取下列措施:向 1996 年 6 月召开的国民大会例会提交《饮用水管理法》的修正案;承诺在上述议案通过后,立刻执行任何修改后的法规;在建立有关臭氧处理法规方面不会对贸易产生不必要的障碍;尽早向加拿大提供修正案草案及其实施条例副本。

(2)瓶装水储存期

韩国政府承诺将尽最大可能确保延长保质期批准程序的透明度。在正常情况下,从接到申请书及按照韩国有关法规要求的技术材料之日起,这一程序将持续一个月。韩国政府承诺,应加拿大政府的请求,将提供有关法规和其他必需材料的副本,以帮助理解这一程序。加拿大表示愿意将这一方法作为临时解决方案,并继续鼓励韩国采纳由制造商决定瓶装水储藏期的方法。

案例评析:

(1)该案例是一个既涉及 TBT 协议,又涉及 SPS 协议的争端案例。该案例并不复杂,因而能在双方磋商阶段就达成谅解,而没有进入斡旋、调停和成立专家组立案分析阶段。

(2)本案例的主要争论点包括以下两点:第一,禁止所有经化学方法处理的瓶装水进口过于武断,并缺乏科学依据,因此,违反了 SPS 协议的第二条和第五条以及 TBT 协议的第十四条第 2 款。第二,强行规定瓶装水的储藏期为 6 个月也缺乏足够的科学依据,因为储藏期的长短与生产商的生产、运输和储藏条件等有关,因此,也违反了 SPS 协议的第二条和第五条以及 TBT 协议的第十四条第 2 款。

(3)从加拿大要求就瓶装水问题与韩国进行磋商,到双方达成谅解,圆满解决问题,一共用了 4 个月的时间。这么迅速地解决纠纷说明 WTO 争端解决机制各个程序环环相扣,每一程序时限明确,防止了延迟拖沓,保障了贸易争端的及时解决。

资料来源:http://www.dgtbt.cn/new/shownew.jsp? news_id=231

6.4　国际区域市场——东盟市场

6.4.1　东盟市场概况

东南亚国家联盟(Association of Southeast Asian Nations——ASEAN,简称东盟)的前身是由马来西亚、菲律宾和泰国 3 国于 1961 年在曼谷成立的东南亚联盟。1967 年 8 月 7 日至 8 日,印度尼西亚、泰国、新加坡、菲律宾 4 国外长和马来西亚副总理在曼谷举行会议,发表了《东南亚国家联盟成立宣言》,即《曼谷宣言》,正式宣告东南亚国家联盟成立。目前成员国包括菲律宾、马来西亚、泰国、新加坡、文莱、印度尼西亚、越南、缅甸、老挝和柬埔寨等 10 国,所有成员国都承诺于 2010 年之前消除绝大部分的关税。

东盟的主要机构有：部长会议、与对话国部长会议、常务委员会、秘书处和特别委员会机构，其总部设在印尼首都雅加达。

东盟重点在海关领域和消除贸易壁垒方面加大力度，促使各国简化和统一海关程序，特别是统一关税术语和执行 WTO 评估协定（WVA）。为了使与产品相关的标准和法规不再成为贸易的技术壁垒，东盟还要制定一个规范产品的相互承认协定（MRAS）。东盟各成员国都同意将各自的国家标准与国际标准接轨，并采用国际公认的标准，如国际标准组织（ISO）、国际电子技术委员会（IEC）和国际通讯联盟（ITU）标准等。

图 6.3　东盟的标志

6.4.2　东盟的一体化进程

(1)《曼谷宣言》阶段

从 1967 年 8 月 8 日东盟 5 国发表《曼谷宣言》宣告东盟成立至 20 世纪 80 年代，这是东盟 6 国经济迅速发展的阶段。东盟成立之初，正处于美、苏冷战时期。东盟正急于摆脱殖民束缚，获得经济独立，因而充分利用了美、日在资金、技术、市场及市场管理方面提供的优惠条件，推进区域内的类似特惠关税制方面的经济合作，取得了 20 多年的经济高速增长。

(2)《新加坡宣言》阶段

1992 年 1 月，在新加坡举行的第四次东盟首脑会议上，东盟 6 国签署了《新加坡宣言》、《经济合作框架协定》和《共同有效优惠关税协定》，提出了在 15 年内（即到 2008 年），通过优惠关税计划（CEPT），建立自由贸易区的建议，并在 15 年内将工业品的关税减至 0%—5%。《新加坡宣言》的签订，使东盟的一体化进程向前迈出了实质性的一步。

(3)《曼谷声明》阶段

为加快吸引外国投资，同时为使东盟自由贸易在 WTO 和亚太经合组织内变得更为有效，1995 年 12 月，第五次东盟首脑会议在曼谷召开，发表了《曼谷声明》，并提出了加速实施东盟自由贸易区的计划安排。

6.4.3 东盟市场的特点

（1）区域内经济发展水平和市场体制方面的差距较大

从经济发展水平看，东盟 10 国相互间的差距很大，其中最高层次的文莱和新加坡的人均国民生产总值是最低层次的缅甸、老挝、越南和柬埔寨的 70 倍；从市场体制方面的差距看，原东盟 6 国已是一系列国际财政、信用组织的成员，运行规则基本上与国际一致，而缅甸、老挝、越南、柬埔寨市场经济体制改革刚刚起步，因此东盟 10 国目前还难以按统一规则运行。

（2）在区域合作方面具有亚洲特色

正因为东盟 10 国在经济发展水平和市场体制方面差距较大，所以东盟在区域合作方面不同于欧盟严格的制度化和一体化，而是采取协商一致的原则，在成员国之间充分酝酿，广泛讨论，多方协调以达成共识。

（3）区域内贸易水平较低，但发展较快

据统计，目前东盟区域内的贸易只占东盟各国对外贸易总额的约 18%—20%，其余 80% 以上的对外贸易是同区域外的国家和地区进行的，显示东盟各成员之间的经济联系还不够密切。但从其发展历史看，这种相互联系的趋势正在不断加强。

知识链接

亚太经合组织

1989 年 11 月 6 日在澳大利亚首都堪培拉举行了澳大利亚、美国、加拿大、日本、韩国、新西兰和东盟六国（马来西亚、泰国、新加坡、菲律宾、印度尼西亚、文莱）的外交、经济部长会议。亚太经济合作组织正式成立。APEC 现有成员 21 个，分别是中国、澳大利亚、文莱、加拿大、智利、中国香港、印尼、日本、韩国、墨西哥、马来西亚、新西兰、巴布亚新几内亚、秘鲁、菲律宾、俄罗斯、新加坡、中国台北、泰国、美国和越南。

亚太经合组织的标志

APEC 的宗旨和目标为"相互依存，共同利益，坚持开放的多边贸易体制和减少区域贸易壁垒"。APEC 坚持成员间的相互尊重与平等、协商一致和自愿的

原则，坚持"开放的地区主义"的原则。APEC 成立以来在贸易和投资自由化、贸易和投资便利化与经济技术合作三个方面都取得了很大成就。

亚太经合组织的战略合作伙伴

　　APEC 作为一个区域性的国际经济组织，地跨亚洲、大洋洲、北美洲和南美洲四大洲，如此地理跨度，是任何一个其他地区性国际经济组织都无法比拟的。成员具有极广泛的多样性，但这种多样性使得试图通过谈判来取得一致变得极为困难。

　　随着经济实力影响的不断加强，东盟在地区事务中发挥着越来越重要的作用。成立 30 多年来，东盟已日益成为东南亚地区以经济合作为基础的政治、经济、安全一体化合作组织，并建立起一系列合作机制，促进了本地区经济发展。

　　东盟制定实施的一系列贸易自由化措施有利于其面对经济全球化和区域经济一体化的挑战，吸引了更多的外来投资，发展了民族经济，增强各成员国产品在国际市场的竞争力，同时区域内消费者能更方便地获得更廉价的商品，推动了区域内贸易的发展，从而促进地区经济的整体发展。

知识链接

中国与东盟友好合作大事记

1.1995 年 4 月，中国与东盟高级官员（副外长级）首次磋商会在杭州举行。

2.1996 年 7 月，第 29 届东盟常设委员会第六次会议将中国由过去的东盟磋商伙伴国升格为东盟全面对话伙伴国。

东盟十国的地理位置

3.1997 年 12 月,中国参加首次东盟—中、日、韩(10＋3)领导人非正式会议。会议就 21 世纪东亚地区的前景、发展和合作问题坦诚、深入地交换了意见,取得了广泛共识。江泽民主席在会上发表了题为《携手合作,共创未来》的重要讲话。在首次东盟—中国(10＋1)领导人非正式会议上,江泽民主席发表了题为《建立面向 21 世纪的睦邻互信伙伴关系》的讲话。随后两年,中国分别出席了第 2 次和第 3 次 10＋3、10＋1 领导人非正式会议。

4.2000 年 11 月 25 日,第 4 次 10＋1 领导人会议在新加坡举行,中国国务院总理朱镕基在会上积极评价中国与东盟双边关系,并就今后一段时间双方在政治领域、人力资源开发、加强湄公河流域基础设施建设、高新技术领域、农业、贸易与投资等方面的合作提出了具体建议。

5.2001 年 11 月,在文莱举行的第 5 次 10＋1 领导人会议上,双方一致同意在 10 年内建立中国—东盟自由贸易区。

6.2002 年 11 月 4 日,中国和东盟领导人在柬埔寨首都金边签署了《中国与东盟全面经济合作框架协议》。这不仅标志着中国—东盟建立自由贸易区的进程正式启动,也标志着中国与东盟的经贸合作进入了崭新的历史阶段。

7.2003 年 4 月 29 日,中国—东盟领导人关于非典型肺炎特别会议在曼谷举行。会议讨论了加强地区合作,采取切实措施防治"非典"的问题。中国国务院总理温家宝出席会议。同日,东盟与中日韩高官会在柬埔寨北部城市暹粒举行。会议就反对恐怖主义、伊拉克战后形势、朝鲜半岛局势等地区和国际问题，以及中国加入《东南亚友好合作条约》等问题进行了磋商。在经贸合作方面，自1995年起，中国与东盟的双边贸易额以年均15%的幅度增长。2002年，双边贸易额达547.7亿美元，同比增长31.7%。目前，东盟已成为中国第五大贸易伙伴，中国成为东盟的第六大贸易伙伴。目前，中国与东盟间的高官磋商、商务理事会、联合合作委员会、经贸联委会以及科技联委会共同构建了中国—东盟五大平行对话合作机制。

8.2006年5月17日，中国东盟民间友好组织大会在北京举行。与会民间友好组织会后签署了《中国东盟民间友好合作宣言》，承诺将加强民间的交流与合作，以使中国东盟友好深入人心。

9.2009年8月15日，第八次中国—东盟经贸部长会议在泰国曼谷举行，双方签署了中国—东盟自由贸易区《投资协议》，这标志着中国—东盟自贸区的主要谈判已经完成，中国—东盟自贸区将如期在2010年建成。中国—东盟自贸区是中国对外商谈的第一个自贸区，也是东盟作为整体对外商谈的第一个自贸区。

10.2010年1月1日，中国—东盟自由贸易区正式建成。建成后是一个拥有19亿人口、国内生产总值接近6万亿美元、贸易总额达4.5万亿美元、由发展中国家组成的自由贸易区。目前中国与东盟间的高官磋商、商务理事会、联合合作委员会、经贸联委会以及科技联委会共同构建了中国—东盟五大平行对话合作机制。

内容概述

国际区域市场的基本模式主要分为地区性合作集团、自由贸易区、完全海关联盟、共同市场和货币联盟等五种类型。国际市场的区域化是一个国际趋势，经济因素日益成为市场区域化形成和发展的主要因素，其主要启动者是政府。营销者为了实施其营销策略、达到其营销目的还需了解和掌握各个国际区域市场的特点及影响，从而制定出有利的营销策略和战略。

与企业全球营销相关的国际组织多数属于政府之间相互协调和相互制约的产物。其中最为重要的是世界贸易组织。世界贸易组织是企业进行国际市场营销必须要缜密研究的一个主要组织机构，只有在世界贸易组织的框架下进行国际生产销售活动，企业才有可能保持长久的活力。除了世界贸易组织之外，企业的全球营销活动也会受到区域性国际组织的影响，因为区域性国际组织在成员和非成员之间对产品销售会有很多完全不同的规定,所以,对于希望到该区域进行国际经营拓展的公司必定会有极其重要的影响。

练习思考

1.什么是国际区域市场？国际区域市场对市场营销有什么影响？

2.请你谈谈欧洲市场对世界格局的影响。

3.请分析北美市场的概况及其对市场营销的影响,并举例说明。

4.如果你是营销决策者,如何在进驻北美市场时把可能的阻力减到最小？

5.在亚洲市场,哪些组织对其发展有着重要作用？

6.什么因素导致了国际区域市场的出现和发展？未来的趋势如何？

第7章　国际营销调研

　　了解国际营销调研的范围,明确国际营销调研的过程、国际营销调研的方法。学会对国际性的二手资料的寻找、分析与判断,并把各种实地调查的方法运用到复杂的国际市场环境中。学会在跨文化的背景下,建立一个全球性的信息系统。

教学要求

知识点	能力要求
国际营销调研的范围	(1) 市场机会 (2) 目标市场 (3) 进入方式
国际营销调研的过程	(1) 明确目标 (2) 确定来源 (3) 选择方案 (4) 执行方案 (5) 得出结论
国际营销调研的方法	(1) 文献调研 (2) 实地调研
全球营销信息系统	(1) 系统的构成要素 (2) 系统的使用

核心概念

国际营销调研(international marketing research)

调研范围(research scope)

调研过程(research process)

文献调研(Literature researches)

实地调研(field research)

营销信息系统(marketing information system)

营销调研(marketing research)是指系统地收集、记录和分析资料,为营销决策提供有效信息。在全球各地所进行的营销调研,其过程和方法基本相同。但国际营销调研(international marketing research)具有两大特征:其一,调研信息的传递必须跨越文化边界;其二,调研的环境不同,可利用的调研工具有所限制。本章重点将放在海外营销调研所遇到的困难和麻烦上。

7.1　国际营销调研的范围

国际营销调研与国内营销调研的基本区别在于,国际营销的不确定性或风险更高,因而需要更为广泛的调研范围。营销调研一般分为三种类型:其一,有关国家、地区或市场的一般信息;其二,预测未来营销状况所必需的特定国家或市场的社会、经济、消费与工业发展趋势信息;其三,制定营销组合决策与营销计划所必需的信息。国内营销调研的重点放在第三类,即收集营销组合决策所需的相关市场信息,其他所需信息通常有现成的二手资料可以利用。政治稳定性、文化特征、地理特点等相关信息对于国际营销者而言是必不可少的。Unisys 公司提出国际营销者应重点收集与评价下述信息:

1)经济形势:相关国家的经济增长、通货膨胀、商业周期等宏观经济指标,产品赢利性分析,相关产业研究报告等;

2)文化、社会与政治形势:从非经济角度对相关国家进行总体考察,还应包含生态、安全、闲暇时间及其对公司业务的可能影响;

3）市场情况纵览：对目标市场情况作详细分析；

4）技术环境概述：对相关产品技术现状进行分类总结；

5）竞争态势：从全球范围考察竞争者的规模、目标市场、产品特性及国际营销战略。

国际营销调研的范围十分广泛，特别是当一个企业进入一个新的国际市场的时候，应当收集和研究东道国的上述各种信息。同时，国际营销者也需要考虑调研的成本、时间与人等相关因素。简言之，营销调研投入增加将有可能降低国际营销失败的概率。

7.1.1　宏观国际市场调研

企业在决定是否要进入国际市场前，必须要收集以下信息：国际市场产品价格；国际市场产品总需求量；潜在国际市场需求量；竞争态势，包括主要的竞争对手，竞争对手的营销组合策略，竞争对手的市场份额，等等；同时，企业应关注国际市场的非经济因素，如政治稳定性、文化特征、生态环境、闲暇时间等等。

企业可以通过对上述信息的收集来进行国际市场机会分析，评估自己是否应进入国际市场。如果收集来的信息表明企业进入国际市场的潜力很大而风险相对较小时，企业就可以进入国际市场。对于非全球化公司的一般企业而言，不可能同时进入全球所有国家的市场，而是要根据各国市场潜力的大小与企业自身实力来有选择地进入。一般而言，市场潜力与企业相匹配的国家或市场，企业需要优先考虑进入。对一个国家的市场潜力进行评估时要收集以下信息，包括市场潜量、竞争态势、目标国的营销环境等等。

思考提示

对东道国的环境调查应该从哪里开始入手呢？

7.1.2　进入方式调研

进入目标市场的方式有很多种类型，如出口、许可贸易、在国外合资或组建独资企业等等。在选择进入方式时要考察以下信息：目标国家的政治法律情况；目标国家的国际贸易政策，如其外汇、关税、进出口限制等；目标国家的市场潜量；目标国家的市场竞争情况；目标国家的基础设施情况，如交通、运输、能源等发达程度;目标国家的资源情况,如原材料供应、劳动力价格、技术水平等;本企业的资源条件,如人才、资金、技术力量、管理经验等。

7.1.3　营销组合调研

当企业选择了进入目标市场的方式之后,就要考虑如何制定出高效的营销组合策略,这需要深入了解目标消费者的相关情况。对于进行国际营销的企业而言,掌握目标顾客的具体特征、经济状况及其变化发展趋势等将会对企业制定国际营销组合策略很有帮助。国际营销者需要调研消费者的需求结构、购买动机、购买习惯、购买偏好和购买特点等,同样他们的年龄、性别、受教育程度、职业、经济能力、消费习惯、价值观念、审美观等等也是企业要调研的信息。

7.1.4　进入目标市场方式的调研

进入目标市场的方式有很多种类型,如向目标市场出口,许可贸易,在国外组建合资或独资企业,等等。在选择进入目标市场方式的时候要考虑到以下信息:目标国家的政治法律情况;目标国家的对外贸易政策,如其外汇、关税、进出口限制等以及是否会给外来企业以优惠政策;目标国家的市场潜量;目标国家的市场竞争情况;目标国家的基础设施情况,如交通、运输、能源等发达程度;目标国家的资源情况,如原材料供应、劳动力价格、技术水平等;本企业的资源条件,如人才、资金、技术力量、管理经验等。

这些资料的收集会给企业选择进入目标市场的方式提供极大的参考依据。比如,当目标市场国市场潜量很大,而该国贸易壁垒很高,运输成本又很大,企业就可以考虑与当地企业合资建厂或建立独资企业在当地进行生产和销售;如果目标市场国的政局不是特别稳定,企业则可以考虑技术出口代替产品出口获得外汇收益。

思考提示

对国际市场的研究,最关键的信息是什么?

知识链接

国际市场研究集团

国际市场研究集团（RI）是 WPP 集团下属企业，于 1973 年在英国成立，是世界上最大的专项市场研究集团。迄今为止她在全球 60 多个国家设有可以提供全套市场研究服务的分支机构或办事处，具有在 130 多个国家进行研究的经验，有超过 1500 名专业的市场研究人员，在全球拥有 1500 家以上的客户。该集团提供的服务是：

1.进入市场。通过行业研究和组合研究洞悉行业及市场状况。

2.辨别与发现市场机会。通过定性的探索性研究与定量的使用习惯和态度研究，来辨别和发现市场机会，确定目标消费群。

3.产品概念设计。通过定性研究（例如创意座谈会）或定量的概念测试，来设计、修改及确定适当的产品概念。

集团标志

4.产品开发。通过联合分析来确定最优的产品组合，并通过单一性或对比性的产品测试、品牌名称测试、包装和价格测试，来进行产品评价及改进。

5.广告及宣传创作。通过品牌形象研究，广告投放前的定量及定性研究和媒介研究，来更好地评估广告及宣传计划的效果。

6.销售预测。在产品投放前进行销售预测及评估，以降低投资风险和制定恰当的营销策略。

7.产品投放市场及跟进。通过渠道管理研究，了解购买者对店内促销活动的看法及利用消费者追踪研究评估产品的市场表现。

资料来源：MBA 智库

7.2　国际营销调研的过程

国际市场营销调研的过程一般由五个步骤组成:第一,明确调研目标,确定调研主题;第二,明确信息来源,制定备选调研方案;第三,估算备选调研方案的成本和利益以及可行性,选出最佳方案;第四,执行调研方案并整理分析收集到的数据;第五,写出调研报告,得出调研结论,解释调研结果。

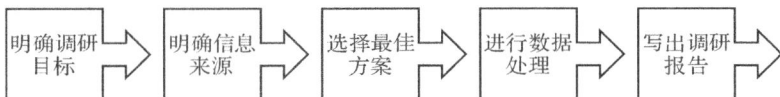

图 7.1　营销调研的过程

7.2.1　明确调研目标

国际营销调研的第一步就是要明确调研目标,确定调研主题。调研的目标来自营销中面临的具体问题,但是如何把业务中的问题变成调研的问题,是最关键的。在这一步中关键是避免"自我参照准则"的影响。

思考提示

如果我们现在面临的业务问题是如何开发新客户,应该把它转化成什么样的调研问题呢?

7.2.2　明确信息来源与制定备选方案

国际营销调研的第二步就是要明确信息来源并制定出备选方案。一般而言,信息来源于两个领域,即二手资料和原始资料。二手资料是指经别人收集、整理过的资料,通常是已经发表过的资料。原始资料是指由研究人员通过发放问卷、面谈等方式收集来的第一手资料。可以设计几个备选的营销调研方案。

137

7.2.3 评估备选方案的成本、收益及可行性，选择最佳方案

对备选方案运用成本—收益的分析方法，进行可行性研究与论证。根据各个备选方案的评估结果，选择最佳方案。

7.2.4 执行调研方案并进行数据处理与结果分析

收集资料的工作既可以由本企业国际营销人员完成，也可以外包给其他专业调研机构来完成。收集来的数据往往是零星，片面且杂乱无章的，因此要对其进行整理和分析。

7.2.5 总结、撰写调研报告与传递给决策者

国际营销调研的最后一步是撰写调研报告，对调研结果进行分析、解释与总结，并传递给决策者。调研报告最好由调研人员和国际营销人员一起撰写。

7.3 二手资料的收集与利用

二手资料的来源广泛，如企业内部提供的资料，政府机构、国际组织、研究机构提供的资料、情报等。二手资料的收集过程被称为案头调研，它比较节约时间和成本，但往往缺乏时效性。

7.3.1 二手资料的来源

二手资料是非常重要的信息来源，国际营销调研也往往从收集二手资料开始，因为国际市场营销调研涉及的范围很广，去国外实地调研成本很高，而二手资料的获得省时省力，方便可行。

（1）企业内部营销资料

许多企业都保存有大量有关市场营销方面的数据资料，相当一部分已经建立起了联网的营销信息系统，如订货记录、销售记录、销售额、客户资料、库存资料、利润状况、主要竞争者销售额及其利润状况等等，都可以从企业内部保存的营销资料中找到。营销调研人员通过掌握这些信

息,可以了解企业在国外各个市场的营销概况,并通过营销目标和营销费用的比较发现营销战略的不足。

（2）政府机构

政府的主管机关会公布和提供相关数据作为资料,国际营销工作人员可以从中获取目标国市场的统计资料,如销售机会,进出口要求和程序,关税率和海关章程,当地进口商、批发商、零售商的名单,求购商品的要求及数量,等等。此外,政府的权威出版物如《统计年鉴》、《世界经济年鉴》等也是二手资料的重要来源一。

（3）国际组织

一些重要的国际组织大多都会公开发布大量的数据统计资料,如联合国（UN）、联合国国际贸易中心（ITC）、联合国粮食和农业组织（FAO）、联合国贸易和发展会议（UNCTAD）、国际合作和发展组织（OECD）、国际货币基金组织（IMF）、欧洲共同体（EC）等。其中联合国是获取世界经济数据的主要来源之一。

（4）外国期刊

国外商务部及相关机构创办的期刊能为国际营销者提供大量的一般性和专业性的市场信息,如《贸易机会计划》（Trade Opportunities Program TOP）、《国际经济指标》（International Economic Indicators）、《对外贸易计划 140》（Foreign Trade Report 140）、《全球市场经济报告》（Global Market Surveys）、《海外业务报告》（Overseas Business Reports）等都具有很大的参考借鉴价值。

（5）商会和行业协会

大部分国家都有商会和行业协会,它们都会定期收集、整理和出版一些与本行业相关的信息,如当地业务状况、贸易规则、企业发展状况、产品需求状况以及消费者的调查报告等。这些资料对于国际营销调研人员而言都是很有参考价值的。

（6）国外调研机构

国外调研机构有国外的专业咨询公司、市场调研公司等。西方发达国家很重视市场情报的收集,因而其咨询业十分发达,这些专门从事调研和咨询的专业机构调研经验丰富,提供的资料一般及时、准确、可靠。因此企业在进入国外市场的时候,可以向这些专业调研机构购买市场信息。

（7）银行

银行是市场资料的重要来源。一些世界银行以及一些大的国际银行,如汇丰银行、巴克利银行等都会定期发行一些期刊,公布相关信贷、利率、外汇汇率等金融信息和有关国家的市场报告、经济发展状况等。银行公布的信息往往比较准确可靠。

（8）互联网

利用网上搜索可以收集到市场调研所需的大部分二手资料,如大型调查咨询公司的公开性调查报告,大型企业、商业组织、学术团体、著名报刊等发布的调查资料,政府机构发布的调查统计信息等。可以提供大量二手资料的网站有:各类网上博览会、各行业经贸信息网、企业间电子商务（B2B）网站、行业垂直网站、大型调研咨询公司网站及政府统计机构网站等。同时,因能在互联网上进行原始调研,互联网在国际营销调研中可起到重要作用。例如,各类网络游戏与应用软件都在互联网上进行测试和调查,以获取消费者的购买意愿、建议甚至是改进方案。

思考提示

公开出版物上的信息都是真实的吗? 如何鉴别呢?

营销故事

美国 KOTRA 的信息收集网

美国 KOTRA 在国外设立有完善的信息收集组织网,包括贸易中心 16 所,贸易事务所 16 所,代办处 6 所,通讯处 2 所,共 40 所。信息来源包括:（1）驻外领事馆。（2）海外市场调查专门机构。（3）外国的经济通讯。（4）外国银行。（5）国际经济调查机构。（6）各国政府和经济团体。（7）各国之产业、商品的专业杂志。（8）外国贸易。

资料来源:涂永式、李青:《国际市场营销》,广东高等教育出版社 2005 年版,第 93 页

知识链接

比较营销调研源自海格勒(T. A. Hagler)1952 年提出的比较研究方法。此方法着眼于整个营销市场管理系统。比较营销分析强调营销过程和环境的关系,营销过程被视为环境的直接函数。营销决策变量＝F(营销环境变量),一旦

环境因素变化,营销决策和营销过程也就随之变化。比较营销分析具体运用的是"对偶国家"分析方法。它先研究一国的环境和成功的营销过程,并根据环境的变化作一定调整。

资料来源:MBA 智库

7.3.2　二手资料的利用问题

(1)资料的可获得性

二手资料虽然节约时间和节省费用,但是也存在可获得性的问题。在本国获得二手资料相对比较容易,但要获得其他国家市场的详细的二手资料就相对比较困难,大多数国家没有定期收集与发布二手资料的政府机构。

(2)资料的可靠性

二手资料不一定非常可靠。一些官方资料统计往往过于乐观,更多地反映出民族自豪感或政治需要而不是客观现实。

(3)资料的可比性

可获得的二手资料往往缺乏可比性。一些国家的资料可能是许多年前的,也可能是偶尔不定期收集的,通常没有可资比较的历史资料。

(4)资料的验证

对于二手资料,都必须对其进行仔细的审核和验证。为判断二手资料的可靠性,必须提出如下问题:资料是否存在故意歪曲事实的理由? 收集资料的目的是什么? 资料是通过什么方法收集的? 这些资料是否内部一致,是否合乎逻辑? 检验一组二手资料是否与已知正确的其他资料一致,是判断资料可靠性的有效方法。例如,可根据育龄妇女的人数和婴儿出生数来检验婴儿用品的销售量数据是否正确。总而言之,随着经济发展水平的提高,二手资料的可获得性与可靠性也随之提高。

7.4　原始资料的收集与利用

原始资料是由调研人员通过发放问卷、面谈等方式收集来的第一手资料。收集第一手资料的过程被称为实地调研。实地调研成本很高,且费时较长。调研的方法有询问法、观察法、实验法以及各种抽样调查方法。原始资料能为国际营销决策提供最直接、最可靠的资料。

7.4.1 原始资料的收集方法

原始资料收集的常用方法有：询问法、观察法、实验法。

（1）询问法

询问法是指调研人员向被调查者提问，被调查者作出回答，是收集原始资料最普遍的做法之一。通过询问调研要明确以下几个方面的问题：一是了解消费者购买或不愿意购买企业产品的原因，例如他们喜欢或不喜欢哪些方面，什么因素影响了他们的购买行为，等等；二是了解消费者是如何进行购买决策的，例如在决策过程中他们会考虑的问题等；三是了解客户和潜在客户的基本情况，例如他们的年龄、收入、职业、受教育程度、购买习惯等等。

询问法可以通过电话、信函、面谈、互联网等途径进行，是国际营销调研中最常用的实地调研方法。

表 7.1　询问调研的类型

	访谈类型	说　明
传统调研方法	入户访谈	调研人员到被调查者家中进行调研，按照预先设计好的问题向被调查者提问，并记录被调查者的回答
	专家访谈	调研人员对工业用品的使用者或决策人如工程师、医生、建筑师等进行访谈
	拦截访谈	在购物中心、街头等客流量大的公共场所拦截被调查者，就预先设计好的问题对被调查者进行访谈
	电话访谈	调研人员通过电话与被调查者进行联系，按照调研问卷向其提问并作记录
	留置问卷法	调研人员将调查问卷直接交给被调查者，并留给其自行填写，然后按约定时间取回问卷
	邮寄调研	将拟好的问卷邮寄给被调查者，要求被调查者填写并寄回
新型调研方法	触摸屏	新型的调研方式，由被调查人员直接在触摸屏上回答问卷
	传真调研	通过发传真的方式收集信息
	互联网调研	通过在网站上设置问卷，通过访问该网页的人的回答来收集调研信息；或发邮件给被调查者的邮箱，由被调查者回复邮件来收集信息

不同的调研类型有其不同的优劣势，国际营销调研人员要根据实际情况来选择合适的访谈类型。

表 7.2　影响实地调研的因素

因　素	提　示
抽样精度	在对精度要求不高的情况下,费用低的抽样程序比较合适
预算的可得性	根据具体的预算选择合适的访谈方式
对被访问者提供各种刺激	口味测试、产品创意、模型测试和广告试验等方面的调研,通常选用面谈或因特网调研的方法
问卷长度	较长的问卷不宜使用邮寄、电话和拦截的调研方法
调研对象占总人口的比率	你是寻找占总人口 1％ 的样本还是找占 50％ 的样本？如果你是在大海捞针的话,最好选用廉价的方法
时间要求	最好不要使用邮寄调研,因为邮寄调研的周期很长,时间成本太大

资料来源:小卡尔·迈克丹尼尔、罗杰·盖兹,范秀成译:《当代市场调研》,机械工业出版社 2000 年版,第 112 页

（2）观察法

观察法是指在被调查者不知情的情况下记录被调研者的行为和信息的调研方式。在运用观察法的时候,被调查者往往不会发现自己在被调查,所以他们表现地比较真实和自然。使用观察法来进行调研必须具备以下条件:①调研所需要的信息可以从观察到的消费者的行为中推断出来;②观察的行为是具有重复性的;③观察到的行为必须是短期发生的;④被调查者不易察觉。

根据观察手段的不同,观察法可以分为人员观察和设备观察两大类。其中人员观察又可以分为直接观察法和痕迹观察法。直接观察法指的是调研人员直接到现场进行观察,比如去展销会、店铺去观察商品的销售情况,统计购买人次,观察客流量和客流规律等。痕迹观察法指的是调研人员不直接观察调查对象的行为,而是观察他们留下的痕迹。比如饮料企业到垃圾回收站观察各种废弃饮料罐的情况,从而推断饮料的销售情况。设备观察法则是利用一些设备如摄像机、录音机、心理分析仪器等来代替人工观察。例如在商场或超市安装摄像头,既可以起到防止偷盗行为的作用,又可以通过观察消费者的购买行为来推断消费者的购买趋势。

观察法虽然很直接,但也有不可避免的缺点。它不可能调查到被调查者的内心感受,例如购买动机、态度、意向等;不可能调研那些历时较长的行为或事件等;观察法只能观察到公开的公众的行为;被观察到的行为只能代表现在的行为,而不能显示未来消费者的购买趋势。

（3）实验法

实验法又称为因果调研,是一种定量的因果分析调研技术,即调研人员根据

调研目的选定调研对象,然后人为地操纵或改变一些因素,然后在其他因素不变的条件下观察这些因素的变化对所选定调查对象的影响,从而获得市场变量之间的因果关系的调查结果。实验法是国际营销市场调研中最为正式的调研方式之一,常被运用于新产品或新的营销策略推出之前,在小范围进行实验。通常实验法有以下三种类型:实验室实验法、销售区域实验法、消费者购买动机实验法。

实验法的优势在于它运用了大量的科学方法,比较客观准确,有效地观察了某些市场变量之间的因果关系,从而获得比较客观准确的信息。但是它在费用和时间方面的成本都非常高,而且干扰因素也比较多,容易暴露企业的营销计划,加上实验市场和人群与现实的总体市场和人群之间存在差异,因此在选用实验法时,要充分考虑其利弊。

(4)抽样调查的问题

在国际营销调研中,尤其是在一些欠发达国家和地区,由于人口统计不充分,对照索引的街区图也陈旧过时,导致抽样调查的样本抽取很困难,国际营销调研人员往往会采用简单随机抽样和任意非随机抽样进行调查,但这样的样本与总体存在较大差异,难以得到准确的调研结果。

思考提示

抽样方法应用到国际市场调研时,有什么特殊性吗?

表 7.3 用于国际营销调研的调查方式

标　准	电　话	个　人	邮　件
高度样本控制	＋	＋	－
确定受访者在家的难度	＋	－	＋
无法接近受访者的家庭	＋	－	＋
不具备大量训练有素的采访人员	＋	－	＋
大量农村地区人口	－	＋	－
无法获得目前的电话目录	－	＋	－
无法获得邮件地址目录	＋	＋	－
电话普及率低	－	＋	＋

续表

标　　准	电　话	个　人	邮　件
缺乏有效的邮政体系	＋	＋	－
文盲率较高	－	＋	－
面对面交流的文化	－	＋	－

注：＋表示具备优势；－表示具备劣势。

资料来源：Doole，I. & Lowe，R.（2001），*International Marketing Strategy*，Thomson Learning.

7.4.2　原始资料收集的改进策略

可以通过以下几点措施，提高国际营销调研的效果。

（1）培训国际营销调研人员

国际营销调研人员应当掌握各种调研方法和技巧，重点对国际营销调研人员的沟通能力进行培训。

（2）借助当地人的帮助

由于各个国家之间存在着文化的差异，因此如果在目标国市场能够找到既熟悉当地市场又通晓两国语言的人，最好是系统地接受过调研培训的专业人员，就能够帮助企业更好地在当地进行国际营销调研。

（3）采用回译法

所谓回译法也就是对问卷采用两次翻译的做法，指的是先用本国语言起草问卷，然后翻译成目标国语言，再找其他人将其翻译为本国语言与原先本国语言的问卷进行对比，这样一来，引起误解之处在问卷发放之前就能被发现。

（4）做好访问计划与访后跟踪

关于访问计划，最好请客户帮忙作出安排，或向被访问的人发出访问邀请函。访问邀请函应说明访问目的、本公司的基本情况、访问人简介、访问即将花费的时间、访问的时间和地点等。访问结束后，一般要给被访问者去电或者寄感谢信表示感谢。

7.5　调研信息分析与市场需求预估

国际营销调研的最后步骤是对调研信息的分析与对调研结果的解释。无论二手资料或原始资料都有其局限性，因此在分析时必须考虑这些因素，为管理层决策提供有意义的指导。在海外市场，根据表面意思理解信息有欠谨慎，如词语意思、消费者态度、访谈者态度以及访谈环境都会扭曲研究结果。文化与惯例不仅能影响提供信息的意愿程度，也能影响所提供的信息内容。例如，收视率、报纸发行数量、零售店数量以及营业额等数据都可能因当地的商业惯例而被扭曲。国际营销调研人员必须对所调研市场的文化传统具有深度的理解，必须具有修正扭曲调研结果的能力，同时在处理原始或二手资料时应保持怀疑和审慎态度。因此，国际营销调研人员最好聘用当地的专业人员或了解当地文化的资深专业人员。

考虑国际市场的不确定性和数据资料的局限性，以下两种分析和预测需求的方法特别适合国际营销者：专家意见法和类比法。

7.5.1　专家意见法

对国际营销者而言，海外市场需求的预测与评估是一个困难问题，咨询专家意见应是一个可行的方法。专家可以是公司内部的资深国际营销经理，也可以选择外部营销顾问，还可以考虑政府贸易部门官员。利用专家意见法预测需求的关键是对不同的市场预估方案进行比较。专家们视野开阔，营销经验丰富，因此能更好地预测市场需求稳定与增长的主要影响因素。即使不能提出明确的增长数据，预测发展趋势也对国际营销者是有益的。但是，利用专家意见法最棘手的是如何整合专家们不同的观点，以形成一个完整的预估方案。

7.5.2　类比法

类比法假定经济发展阶段相似的国家或地区对某一类产品需求的发展路径也是相近的。例如，公司计划预估旗下某品牌汽车在甲国的市场发展潜力，但缺乏充分的销售数据；但该公司在经济发展阶段相似的乙国却有充分可靠的汽车销售数据。已知乙国随人均 GDP 增长而增长的人均汽车保有增长率，因此如果调查到甲国人均 GDP 及其增长率，就能够根据乙国已确立的两者之间的关系，类比预估甲国的公司品牌汽车销售量及增长率。

在成本和时间允许的情况下尽可能采用实际市场研究的方法，需求预估只能作为一种辅助方法。毫无疑问，预估市场需求是最困难但也是最重要的营销活动。

7.6　全球营销信息系统

伴随全球一体化和互联网时代的到来,许多企业一迈向国际市场,就选择了全球化营销战略。而全球化营销必须建立在全球营销信息系统的基础之上。全球营销信息系统是企业为实施全球化营销战略提供适时而准确的信息而设计的系统。这个系统的功能是:向各个业务部门传递准确的全球营销业务信息;向业务管理部门按时、按地点提供管理信息;为企业决策部门识别、选择和解决营销问题并进行决策提供信息;综合衡量企业在全球各地和各产品细分市场的营销战略以及效果。

7.6.1　全球营销信息系统的构成要素

全球营销信息系统和国内营销信息系统在原理上都是相同的,它们的不同之处在于范围不同和信息层次不同。全球营销信息系统往往包括全球主要国家或地区,并按国家或地区建立子系统。

企业总系统在全球层次上包括了每个国家的营销信息分系统。虽然各个国家的市场情况各不相同,各个分系统都有不同的信息需求,但是各分系统建立起来以后,就可以形成企业的总系统。每个国家的子系统提供企业在当地市场进行营销活动时所需要的信息,例如东道国的产品供求情况、营销环境等方面的信息,可用于企业在当地的日常营销活动,更为企业总体控制和长远发展提供有效信息。各国营销子系统还可以从企业总系统中获取信息,帮助当地公司作出日常经营决策。总公司层次的总系统提供面向国际的高层管理所需信息作为战略决策和控制决策的依据,而国家层次的子系统则提供在该国营销决策所需要的信息。

企业的产品不同,进入全球市场的方式不同,企业内部的资源条件不同,其相应的全球营销信息系统也会有很大的不同。但是全球营销信息系统的构成要素都是类似的,一般包括营销信息、惯例和法令方面的信息、资源信息、一般情况、公司经营信息等。表 7.4 详细展示了全球营销信息系统的构成要素及其所包含的内容。

表 7.4 全球营销信息系统的构成要素

类　　别		内　　容
营销信息	市场潜量	有关产品潜在需求方面的信息,包括公司现有产品在市场上的地位和前景、有关互补品和替代品的产销信息
	消费者态度和行为	消费者或用户对公司现有产品的态度和需求、购买阶层、购买时间、购买频率等
	分销渠道	有关公司分销系统、竞争对手分销系统、独立经销商、批发商、零售商等分销系统的信息,包括可获得性、态度、偏好、效率等
	信息传递媒介	媒介的可获得性、效果和成本方面的信息
	新产品	有关新产品、新设想及其市场潜力的非技术性信息
	竞争对手的销售	竞争对手的销售额、历史、现状及趋势
	对手的市场经营规划	竞争对手对现有产品和新产品的市场营销规划
	竞争产品	竞争对手现有产品和在研制产品的特性及价格
	对手的管理	有关对手的能力、员工士气、调离调入频率程度、生产频率等信息
	对手的投资	竞争对手的投资、扩建计划、迁移计划等
惯例法令信息	外汇	外汇管制当局所操纵的外汇汇率变化及趋势,外汇制度和外汇市场;外汇银行及其有关贸易机构的信息
	税收	外国当局对所得股息和利润、利息的课税规定,所持意向和态度,关税
	其他	影响经营、资产和公司投资的其他信息,包括地方机构和国家机构的条文、规定和法律等
资源信息	人力	劳动力来源、失业、罢工等情况
	资金	公司所用资金的来源及成本
	原料	原料来源及成本
一般情况	宏观经济因素	诸如国民生产总值、人均国民收入、经济增长速度、经济结构、经济地理一类的宏观经济数据
	社会文化因素	社会结构和习俗、生活方式、教育普及程度、宗教信仰等
	政治因素	"投资气候"、政体、政治安定性、选举、政局变动、国际关系、战争等因素
	科技因素	重大科技成果、技术发展趋势等
	管理做法	员工做法、对员工的招聘和解雇、会计体系及报表程序等方面的管理做法和程序
公司经营信息		公司性质不同,衡量标准也不同,一般可包括如下一些数据:投资收益率、市场份额和变动趋势、营销支出占销售额比率、各产品系列销售额增长等

资料来源:逯宇铎、常士正:《国际市场营销》,机械工业出版社 2004 年版,第 424 页

7.6.2　全球营销信息的收集和处理

全球营销信息的收集可分为以下几种：

1）一般观察：此种方式投入的力量最小，指的是对各种信息进行一般了解。

2）监视：集中观察某一方面的信息。

3）简单调查：对某一方面的信息进行有限和非正式的搜寻。

4）调研：为特定的营销目的进行的正式的、有组织的调查和研究。

在收集信息的时候要注意其系统性、准确性、客观性、完整性、可比性和计划性。其中信息收集的计划性包括研究问题或目标、决定所需信息、决定信息来源、收集现有信息、收集原始信息、信息的处理和分析、作出结论、提出建议等等。

简单的全球营销信息系统可以只提供信息来源，而复杂的系统则包括全面使用计算机和网络技术，并为决策层提供准确系统的决策支持信息。企业可以根据自己的实际情况建立起适合自己的全球营销信息系统，为企业的全球化营销提供决策支持。

内容概述

国际市场营销调研的过程一般由五个步骤组成：明确调研目标，确定调研主题；明确信息来源，制定备选调研方案；估算备选调研方案的成本和利益以及可行性，选出最佳方案；执行调研方案并整理分析收集数据；写出调研报告，得出调研结论，解释调研结果。

国际营销调研的方法主要为二手调研和实地调研。国际营销的二手资料由于受到各国的信息屏蔽，获取是非常困难的。实地调研的方法有询问法、观察法、实验法。要根据国际营销实际调研目的和实际情况选择合适的营销调研方式，而且运用到复杂的国际环境中是具有挑战性的。

进行国际营销的企业应建立起一套完善和高效率的国际营销信息系统，以确定所需信息，判断信息来源，并收集、分析和发布信息。

练习思考

1.获取国外网站的信息会面临什么困难?

2.选择一个你感兴趣的国家,收集下你所学的专业信息,试试看会了解到什么程度?

3.一家国际餐饮连锁店打算对中国、法国和德国的消费者进行调研,有人提议采用同样的方式开展电话调查,调查问卷可用英文写再翻译成当地语言。对此,你有何看法?

4.进行实地调研时遇到不愿意合作的人,你用什么方式改变他们的态度呢?

第8章　全球目标市场选择与进入战略

学习目的

通过本章的学习,掌握全球市场细分思路及标准,学会评估全球目标市场细分并制定相应的目标营销策略;了解目前典型的国际市场进入模式,掌握选择进入模式的方法及决策过程;能理解全球市场中竞争与合作的关系,熟悉国际战略联盟的基本方式并学会选择适合企业自身特征的全球市场竞争战略。

教学要求

知识点	能力要求
全球市场细分	(1)熟悉全球市场细分思路 (2)掌握全球市场细分的宏观和微观标准
全球目标市场选择	(1)学会评估全球目标市场细分 (2)了解三种全球目标营销策略
全球市场进入战略	(1)了解国际市场进入模式的概念与分类 (2)掌握进入模式的选择因素 (3)掌握国际市场进入的决策过程
全球市场竞争与合作战略	(1)掌握全球市场竞争战略 (2)理解国际战略联盟的内涵及类型

核心概念

全球市场细分(global market segmentation)

微观细分(micro segmentation)

宏观细分(macro segmentation)

目标营销(target marketing)

市场进入模式(market entry modes)

总成本领先战略(cost leading strategy)

差异化战略(differentiation strategy)

专注战略(focus strategy)

国际战略联盟(international strategic alliance)

8.1 全球市场细分

8.1.1 市场细分与全球市场细分

随着市场经济的发展,单个企业已无法凭借自身资源去满足整体市场的所有需求,而且这也不利于提高企业的经营效率。1956 年,美国市场学家温德尔·史密斯教授首先提出了市场细分这一概念,这一理论已被广泛地用来指导企业的市场营销活动,在为企业寻找目标市场,对产品进行精确市场定位,加强市场竞争地位方面起到重要作用。 所谓市场细分,是指企业根据消费者对产品的不同需求、不同购买行为和购买方式,把整体市场划分为若干个具有相同或相似特征的子市场的过程。

市场细分的前提是顾客需求的异质化。根据顾客需求的差异程度,市场可被分为同质市场(homogeneous market)和异质市场(heterogeneous market)。当顾客对产品的需求大致一致,而且对企业同一营销策略反应也十分相似时,称为同质市场;当顾客对产品的质量、款式、价格等有不同要求,而且对企业的同一营销策略会作出不同反应时,称为异质市场。在异质市场上,具有类似需求的顾客群体就构成一个子市场。对企业来说,市场细分具有普遍的适用性和必要性。这是因为当今市场的一个基本发展趋势是顾客需求异质性的进一步扩大,这表现在,一方面原先较一致的需求现在出现了差异;另一方面原先差异的需求,现在差异更明显了。企业只有通过细分市场,才能选择最有利的目标市场,发现市场机会,有针对性地采取各种营销策略,有效地配置公司资源,达到占领市场、获取最大利润的目的。

全球市场细分则是市场细分概念在全球营销中的运用,它是指企业在顾客需求异质性理论的指导下,根据消费者购买某特定商品的行为差异,将全球市场分成若干个具有相似需求的消费者群或者子市场,以便企业制定出营销战略和策略,有效到达该市场。Samli 和 Hill(1998)提出它具有两个层次上的含义:第一,宏观层面。世界上有众多的国家,企业究竟进入哪个(或哪些)市场最有利? 这就需要根据语言、宗教、经济发展水平、文化、地理等标准把世界市场划分为若干子市场,每一个子市场具有基本相同的营销环境,企业可以选择某一组或某几个国家作为目标市场。这种含义的全球市场细分称为宏观细分(macro segmentation)。宏观细分是微观细分的基础,因为只有首先确定进入哪个或哪些国家,然后才能进一步在某国进行一国之内的细分。第二,微观层面。企业进入某一国外市场后,发现当地市场顾客需求仍存在差异,企业不可能满足该国所有顾客的需求,而只能依据行为、生活方式和态度等主观变量将其细分为若干个子市场,满足一个或几个子市场的需求,这种含义上的全球市场细分叫做微观细分(micro segmentation)。

思考提示

世界正经历着一个全球化的过程,世界各国的人们正变得越来越相像,人们的需求也变得一致起来。那么是否会存在一种产品,按一种方式设计,按一种价格定价,并按相同方式进行分销和促销?

8.1.2　全球市场细分的思路

国际企业在全球市场细分过程中,将遇到比一般国内市场细分更复杂的环境与问题,如果企业对众多国家一一进行市场细分,然后逐个选择和进入目标市场,那企业就要面对多少细小的全球市场? 这显然过于繁琐,而且没有必要。因此,全球市场细分应遵循宜粗不宜细和先粗后细的原则,可按以下思路加以细分:

(1)视全球市场为无差别的目标市场

目前,某些大型国际营销企业自视为"全球公司",实行"全球营销",认为各国消费者需求具有同质性,因此只要设计一套标准化的营销因素组合方案,便能在全世界运行,无须对国际市场进行细分。

(2)视每个国家为一细分市场

仅以地理因素中的"国家"为标准进行细分,是一种比较粗略的方法。这对小型的或仅进入很少国家的国际营销企业来说,是一种简单易行而又行之有效的细分方法。企业可以根据自身需求,再按该国消费者的需求特性进行第二次细分,选择一个或多个细分市场为目标市场,使国际营销活动更有针对性(参见图 8.1)。

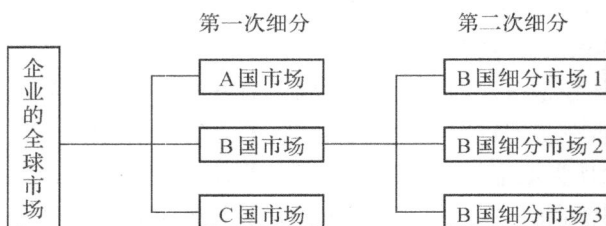

图 8.1　国家市场细分示意图

资料来源:蔡新春、何永祺:《国际市场营销学》,暨南大学出版社 2004 年版,第 99 页

(3)视全球交叉市场面为一细分市场

所谓全球交叉市场面,是指不同国家的一群具有相同需求特征的顾客所组成的全球细分市场,使企业可以运用相同的营销因素组合方案。首先应对企业进入的国家市场进行细分,然后再把存在于各国而又具有相同特征的细分市场结合起来,视为一个全球交叉市场面(参见图 8.2)。在现实中,这种细分方法已为众多国际跨国企业所采用,产品涉及服装、洗涤用品、汽车、数码产品、饮料等普通消费品以及其他工业消费品。

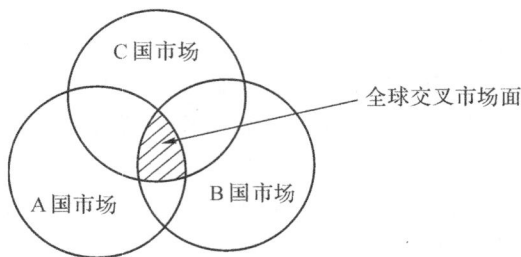

图 8.2　全球交叉市场面示意图

资料来源:蔡新春、何永祺:《国际市场营销学》,暨南大学出版社 2004 年版,第 99 页

(4)视国际市场面为一细分市场

通过前面几章的学习可以发现,虽然各国的环境千差万别,但总会有某些国

家在经济、地理或文化等方面的因素相同或比较接近,如英国、美国、澳大利亚和加拿大在文化上就具有一致性。这种细分方法的步骤为:首先应根据本企业的要求确定划分国际市场面的细分变量,如经济、文化、地理等,并确定采用一个、两个或多个细分变量为标准;其次,把具有共同特征的国家和地区组合成一个国际市场面,从而形成多个国际市场面;再次,根据企业的需要选择一个或几个国际市场面作为目标市场,并相应制定市场营销因素组合方案等。作为粗略的细分,至此便可进行具体的营销活动;如果有需要,也可以进行二次细分,在顾及市场总体特征的同时再考虑某些需求差异,使营销活动更具有针对性(参见图 8.3)。

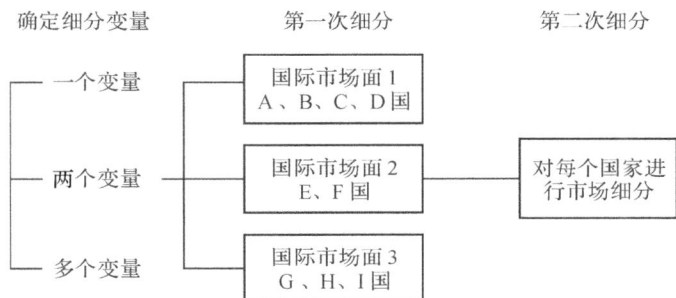

图 8.3 国际市场面的细分过程示意图

资料来源:蔡新春、何永祺:《国际市场营销学》,暨南大学出版社 2004 年版,第 100 页

知识链接

以多变量划分国际市场的方法

例如,芝加哥大学以诺顿·津斯伯格教授为首的研究小组,选择与经济增长密切联系的运输、能源、农产品产量、通信、国民生产总值、外贸、人口等 43 个变数为标准对 95 个国家进行分析比较;布赖恩·J.L.伯利教授则将这一成果加以整理,选择其中 85 个国家划分为 5 个类别:最高度开发国家、已开发国家、半开发国家、低度开发国家、极低度开发国家。这种细分方法综合考虑了众多的影响因素,统一国际市场面的不同国家的市场需求就可能比较接近,有利于实施同一营销方案。应该说它比上述单一变数的细分方法要科学得多。但其缺点是:难以获取安全、准确的资料,某些变数难以进行横向比较。因此有待于进一步研

究，尽量精选出最具影响力而且可以横向比较的变数，以便克服这些缺点，更科学地进行国际市场细分。

资料来源：蔡新春：《国际市场细分的思路》，《国际市场》1999 年第 12 期，第 36—37 页

8.1.3　全球市场细分的标准

选择合适的细分变量是全球市场细分至关重要的一个环节，它将直接关系到国际企业进行海外市场细分的成败。绝大部分国际企业都有过在本国内进行市场细分的经验，对于选择哪些细分变量也较为熟悉，这能有助于企业更好地进行全球市场细分。由于消费群体的全球同化趋势，宏观细分和微观细分的标准也趋于相同，或者两者之间的差别不大，因而不对它们进行分开讨论。

对全球市场进行细分，不同的企业可以用不同的方法与标准。例如，可以在人均国民生产总值或地理位置等单一标准的基础上细分全球市场；但是，仅以单一标准进行划分的情况较为罕见，一般都采用多个标准。那么，有哪些细分标准可供企业选择呢？

在前面国际市场环境的章节中，我们已经讨论过国际环境的各种划分标准，并按照 PEST 方法进行了归类，如地理、人口统计、经济、文化等，这些也是全球市场细分的基本标准。另外，行为因素和心理因素也是目前较为普遍的细分标准。

表 8.1　消费品市场细分的标准及方法

划分标准	典型划分法
1.地理变数	
洲	亚洲、欧洲、美洲、大洋洲、非洲
国家和地区	日本、美国、澳大利亚、英国、法国……
城市大小	5000 人以下、5000～19999 人、20000～49999 人……
密度	市区、市郊、郊区
2.人口变数	
年龄	6 岁以下、6～11 岁、12～17 岁、18～34 岁、35～49 岁、50～64 岁、65 岁以上
性别	男、女

续表

划分标准	典型划分法
家庭大小	1～2 人、3～4 人、5～6 人……
家庭生命周期	年轻单身,年轻已婚、未有儿女,年轻已婚、儿女在 6 岁以下,年轻已婚、儿女在 6 岁以上,年长已婚、儿女在 18 岁以上,年长单身,其他
收入(月)	800 元以下、800～1499 元、1500～1999 元……
职业	专业性、技术性、经理、文员、推销员、农夫、学生、家庭主妇、失业者……
教育	高中程度及以下、大学程度、大学程度以上
宗教	天主教、基督教、佛教、犹太教、摩门教、回教、伊斯兰教
种族	白色人种、黑色人种、黄色人种
国籍	中国人、美国人、英国人……
3.心理变数	
社会阶层	上、中、下
生活方式	浪漫型、追求社会地位型、朴素型……
性格	随和、孤独、专横、懦弱、保守、激进……
4.行为变数	
追求利益	经济、方便、地位……
使用者状况	不用者、曾用者、潜在用户、初用者、常用者
使用程度	大量使用、中度使用、偶尔使用
忠诚程度	没有、中等、强烈、极点
对产品态度	热心、肯定、冷淡、否定、敌视
待购阶段	不注意、注意、知道、感兴趣、想买、打算买

资料来源:逯宇铎、常士正:《国际市场营销学》,机械工业出版社 2004 年版,第 237 页

(1)地理细分

地理标准是宏观细分最常用的标准,这是因为地理上的接近易于跨国公司进行国际业务管理,同时处于同一地理区域的各国具有相似的自然条件和文化背景。特别是二战后区域性贸易和经济一体化发展迅速,使得区域性经济贸易组织内部的营销环境渐趋一致。比较有代表性的区域性经贸组织包括欧盟、北美自由贸易区、东南亚国家联盟等。

以地理为细分标准在划分国际市场中是非常关键的,也是最常用的方法。

按照地理上的相似性,我们可以把世界市场粗略地分为北美、南美、东亚、南亚、西欧、东欧、非洲等市场,因为在同一地理区域内通常具有相似的经济、文化等背景,消费需求也相对类似。如果企业想进行更为精确的细分,还可以把上述较大的地理区域作进一步划分。值得注意的是,地理因素是一种静态因素,对消费者的区分较为笼统,即使处于同一地理区域的消费者在特征和需求上也会存在明显差异,因此还必须结合其他因素进行市场细分。例如:"南非地区"包含南非、安哥拉、赞比亚等国家,它们在财富和多元文化上具有很大的差异;墨西哥与美国在地理上相邻,文化、经济上却有完全不同的特征;另外,按照这种分类方法,以色列也会被归类为"中东"国家。

(2)人口统计细分

所谓人口统计细分,就是按照人口总量、性别、年龄、文化程度、收入水平、受教育程度、家庭状况、宗教信仰、民族、城镇化率等人口统计学特征细分市场。由于人口因素直接影响消费者的需求特征,而且较其他因素更易于辨认和衡量,因而是全球消费品市场中最常用、最主要的细分标准。而在人口细分的诸因素中,又以人均收入、人口总量、年龄特征、宗教信仰四项最有参考价值。

①人均收入。世界银行根据各国人均国民生产总值,将各国分为高收入、中等偏上收入、中等偏下收入、低收入四个层次。对于大多数消费产品和工业产品而言,人均国民收入是市场潜力十分重要的细分变量和指示器。世界各市场的人均收入相差很大,低的布隆迪只有 100 美元,高的卢森堡则达 43940 美元。高收入国家除日本外,大部分都分布在西欧和北美。

知识链接

世行如何划分各国收入

世界银行是按人均国民总收入对世界各国经济发展水平进行分组。通常把世界各国分成四组,即低收入国家、中等偏下收入国家、中等偏上收入国家和高收入国家。

按世界银行公布的数据,2008 年的最新收入分组标准为:人均国民收入低于 975 美元为低收入国家,在 976 至 3855 美元之间为中等偏下收入国家,在 3856 至 11905 美元之间为中等偏上收入国家,高于 11906 美元为高收入国家。

中国:1985 年以前　　　　　　　低收入国家

　　　1986—2010 年　　　　　　中等偏下收入国家

2011 年至今　　　　　　　中等偏上收入国家

低收入国家(地区):35 个

中非共和国　尼泊尔　乌干达　布基纳法索　乍得　布隆迪　冈比亚　朝鲜　几内亚　柬埔寨　几内亚　津巴布韦　刚果(金)　海地　利比里亚　科摩罗　卢旺达　索马里　厄立特里亚　缅甸　吉尔吉斯斯坦　肯尼亚　坦桑尼亚　莫桑比克　埃塞俄比亚　贝宁　塔吉克斯坦　阿富汗　塞拉利昂　马拉维　多哥　马达加斯加　孟加拉国　马里　尼日尔

下中等收入国家(地区):56 个

不丹　巴拉圭　东帝汶　所罗门群岛　乌克兰　摩尔多瓦　乌兹别克斯坦　摩洛哥　也门共和国　斐济　亚美尼亚　斯威士兰　伊拉克　斯里兰卡　伯利兹　格鲁吉亚　佛得角　毛里塔尼亚　刚果(布)　汤加　加纳　洪都拉斯　印度　玻利维亚　印度尼西亚　瓦努阿图　危地马拉　科特迪瓦　吉布提　科索沃　喀麦隆　约旦河西岸　图瓦卢　老挝　土库曼斯坦　苏丹　圣多美和普林西比　莱索托　圭亚那　菲律宾　基里巴斯　萨尔瓦多　塞内加尔　萨摩亚　安哥拉　蒙古　密克罗尼西亚联邦　赞比亚　尼加拉瓜　越南　尼日利亚　叙利亚　巴基斯坦　埃及　巴布亚新几内亚　马绍尔群岛

上中等收入国家(地区):42 个

中国　帕劳　乌拉圭　拉脱维亚　伊朗　智利　俄罗斯　格林纳达　保加利亚　毛里求斯　利比亚　波斯尼亚和黑塞哥维那　加蓬　泰国　南非　牙买加　博茨瓦纳　白俄罗斯　厄瓜多尔　秘鲁　古巴　突尼斯　哈萨克斯坦　立陶宛　哥伦比亚　约旦　哥斯达黎加　纳米比亚　土耳其　罗马尼亚　圣卢西亚　美属萨摩亚　圣基茨和尼维斯　苏里南　圣文森特和格林纳丁斯　阿塞拜疆　塞尔维亚　阿尔及利亚　塞舌尔　阿尔巴尼亚　墨西哥　阿根廷

高收入国家(地区):77 个

新加坡　新喀里多尼亚　格陵兰　沙特阿拉伯　澳门　法属波利尼西亚　香港　法罗群岛　克罗地亚　波多黎各　关岛　海峡群岛　列支敦士登　特克斯科斯群岛　北马里亚纳群岛　特立尼达和多巴哥　卡塔尔　百慕大　圣马力诺　科威特　塞浦路斯　美属维京群岛　安道尔共和国　赤道几内亚　巴哈马　阿拉伯联合酋长国　巴巴多斯　阿曼　巴林　阿鲁巴　开曼群岛　马恩岛　摩纳哥　马耳他　文莱达鲁萨兰国　丹麦　新西兰　以色列　日本　冰岛　加拿大　比利时　匈牙利　法国　卢森堡　波兰　澳大利亚　爱尔兰　韩国　瑞典　奥地利　瑞士　希腊　美国　德国　芬兰　意大利　英国　挪威　荷兰　捷克共和国　葡萄牙　斯洛伐克共和国　西班牙　斯洛文尼亚　多米尼克　马

其顿王国　多米尼加共和国　马尔代夫　委内瑞拉　马来西亚　安提瓜和巴布达　马约特岛　巴拿马　黎巴嫩　巴西　黑山

注：人均国民总收入（与人均 GDP 大致相当）和人均收入是两个不同的概念，它既包括企业所得和政府所得，也包括居民个人所得；而人均收入只包括居民个人所得。

资料来源：世界银行：各国地区人均国民总收入排行榜（2011 年）

思考提示

平均收入的误导！平均收入并不能真实反映一个国家的真实生活标准，特别是对于发展中国家。

②人口总量。国民收入与居民人均收入水平的高低将直接影响目标市场的规模。在全球市场中，对于许多低值易耗的消费品来说（例如，饮料和饼干），人口总量往往是比人均收入更为重要的细分变量。典型的例子就是中国和印度。值得注意的是，像中国和印度这样人口众多但人均收入很低的国家，仍有一批比例较小但绝对数可观的高收入消费者。从消费水平上看，这些消费者已接近或达到了发达国家的收入水平；从消费总量上看，也相当于一个中小型的发达国家。因而，这种情况也是在进行人口细分时应当考虑的，具体详见表 8.2。

表 8.2　世界各国/地区人口数量以及中产阶级人数比率

国家名称	人口数（万）	占世界人口比率	中产阶级人数比重	中产阶级年收入标准（万美元）
中国	134141	19.67%	30.4%	0.65—1.6
美国	31000	4.55%	82.3%	3—20
巴西	19325	2.83%	49.6%	0.77—3.1
德国	8160	1.20%	81.5%	3—15
英国	6222	0.91%	80.3%	3.5—12
俄罗斯	14037	2.06%	51.2%	0.88—2.9
日本	12748	1.87%	80.4%	2.8—10

数据来源：国际货币基金组织（IMF）："2010 年世界各国/地区人口数量排名"，2011 年 4 月；世界银行："2010 年全球主要国家中产阶级比例"，2011 年 5 月

③年龄。按照年龄大小我们可以将人生划分为婴幼儿、儿童、少年、青年、中

年、老年六个阶段。处于不同年龄阶段的消费者,由于生理状况、兴趣爱好的不同,对商品的需求也不同。随着社会经济的发展及居民收入的提高,各阶段消费者的需求发生了巨大变化,这是国际市场细分不能忽略的因素。

④宗教信仰。世界范围内有三大宗教:基督教、伊斯兰教和佛教,另外还有许多种区域性宗教。不同宗教信仰的消费者在需求特征上也表现出差异。如在巴基斯坦,伊斯兰教为国教,信徒占全国人口的 95% 以上。信徒们严格遵守穆斯林传统,在该国售酒是禁止的。

大部分国家的统计局以及一些国际组织,如世界银行和国际货币基金组织,每年都会发布相关的人口统计调查报告。具有市场敏感性的国际企业通常可以根据这些报告,发现全球人口统计中的一些趋势:人口老化、孩子个数减少、职业女性增加等。如果一国的人口正趋于老龄化而新生儿的出生比率不断下降,婴儿食品公司就可能会考虑不进入这个市场了。一些欧洲国家正在经历这种情况,由于出生率不断下降,而人们的寿命不断延长,使得从玩具到食品和尿布等一系列婴儿产品行业都面临着激烈的竞争,消费类电子产品和住房也受到了一定的影响,而对医疗、老年护理、休闲等需求反而大幅度上升。

(3)经济发展水平细分

经济发展水平是全球市场划分中的一个重要因素,常用的指标有:国民生产总值及人均国民收入、工业化程度、城市化程度、经济发展阶段、消费模式、交通运输状况等。

全球的财富集聚和区域经济发展水平极其不平衡,据统计,世界 70% 以上的总 GNP 来自于北美、日本和西欧。如果你以德国城市科隆为圆心,400 公里为半径画一个圆圈,将会覆盖到泛欧洲市场上 5000 万最富有的消费者。

许多商品和服务的消费模式在很大程度上取决于消费者的财富或者所在国家的总体经济发展水平。处于相同经济发展阶段的国家,其消费者基本类似。比如,一般在具有较高个人收入的社会中,人们倾向于把更多的金钱和时间花在服务、教育、娱乐和健康上。在西欧国家是每家必备的一种基本必需品,也许对于很多发展中国家的人们来说是一种奢侈品,根本就没有太大的市场。

一般来说,处于同一经济发展阶段国家的消费者,在人均开支和期望的商品类型上存在一定的相似性。罗斯托(Rostow,1960)根据经济发展水平将不同国家划分为五个阶段:传统社会阶段、起飞前阶段、起飞阶段、趋于成熟阶段和大众高消费阶段,强调处于不同经济发展阶段国家存在需求模式的差异。

(4)文化细分

在文化环境这一章中,我们已经对文化的不同要素以及文化对营销的影响等方面进行了非常详细的介绍,这里就不再赘述。但是可以从中发现:在相似文化背景的国家群中,它们的消费者在生活方式、产品需求以及对营销组合策略的反应上具有很高的一致性。因而,企业在全球市场细分中能够按照文化背景来划分国家群,对具有相似文化背景的国家群采取基本相同或相似的营销战略。

单纯地用文化作为细分市场标准在很多情况下是不可行的。以宗教为例,巴基斯坦和沙特阿拉伯都强烈坚持伊斯兰教义,可是经济上的巨大差别使得企业很难在这两国内实行同一种营销策略。沙特阿拉伯的人均国民生产总值达12000美元,是一个各类消费品和工业品的大消费国。相反,巴基斯坦人均国民生产总值只有390美元,这对国际营销者来说,市场潜力太小。因此,在应用文化标准进行国际市场宏观细分时,还应兼顾其他的一些细分变量(经济、地理等),才能避免以单一变量进行细分而导致的片面性。

(5)心理因素细分

所谓心理因素细分是指企业按照消费者态度、价值观、个性、生活方式等心理特征来进行细分。企业之所以会根据地理、经济、人口统计、文化等上述因素进行市场细分,是因为在它们看来,具有这些相同背景的消费者的购买行为大体相似。但是随着社会经济的发展、生活水平的不断提高,消费者的需求从生理需求向心理需求转化,使得他们的态度、观点及购买行为很可能极不相同。因此,为了更好地确定目标消费者,应在进行全球市场细分时加入能反映消费者生活方式、个性类型、兴趣爱好、休闲方式、个人观点及意见等属于社会心理层面的因素。

在全球市场营销中,许多企业都按照心理因素来细分消费品市场,这不仅有利于企业针对不同生活方式和个性的消费群的需要与偏好来设计不同的产品和制定不同的营销组合策略,也有利于企业从市场细分中发现新的市场机会,拓展市场。但是,商业界和学术界提出了以下几个方面的质疑:

①价值观过于宽泛,难以和特定的产品种类里的消费方式或品牌选择行为建立联系。

②基于价值观的市场细分方案并不一定可以执行。按生活方式分组在应该采取什么样的营销策略方面没有提供足够的指导。另外,许多生活方式的一个类型当中又包含很多不同的形态,因而对实际的目标没有多大效用。

③按照价值观确定的细分市场不够稳定,因为价值观总是不停地变化。

④很难在国际范围内广泛推行,因为即使在相同区域内,国家之间的生活方式也经常千差万别。

知识链接

产品多样性与消费者感知

为什么大型超市比便利店更受顾客青睐？研究发现，人们在购物时普遍希望拥有自由选择的权利，重视多样性，喜欢多样性，而大型超市的最大优势就是规模大、品种全。人们通常认为，多样性取决于实际规模的大小。其实不然，它还取决于消费者的感知。换句话说，你的货品不丰富并没有关系，重要的是要能让顾客认为你的货品丰富。

蒙哥尔、鲁迪克和伊恩格分别是斯坦福大学、哥伦比亚大学教授，为了研究分类对顾客满意度的影响，他们在某连锁超市的杂志货架前观察购买杂志的顾客，并对他们作简单的采访。第一次，超市货架上只设置了 3 种分类标签：时尚类杂志、健康类杂志和娱乐杂志。第二次，在标签上将时尚类细分为服饰、美容和旅行，将健康类细分为饮食、健身和保健，将娱乐杂志细分为明星、电影音乐和体育，总共增加了 9 个细分标签。虽然两次杂志的数量和摆放没有任何区别，但是前后两组顾客的反应却大有不同：第二组顾客对杂志种类的丰富性非常满意，比第一组顾客有更高的满意度。

为了证实自己的发现，这三位教授又开始了第二次实验。他们在某咖啡馆准备了两种菜单，上面的 50 种咖啡的名称和排列顺序完全相同，不同的是其中的一张菜单将 50 种咖啡分成了 10 类，而另外一张菜单没有分类。令人惊讶的是，用分类菜单的客人对他们所购买的咖啡非常满意，其满意度也明显高于使用无分类菜单的客人。

资料来源：严欢、周庭锐：《产品多样性与消费者感知》，《销售与市场》2012年第 1 期

(6)行为因素细分

行为因素细分，是指企业依据消费者的购买动机或使用某种商品所追求的利益(benefits sought)、使用者状况(user status)及使用频率(usage rate)、对品牌的忠诚状况(brand loyalty)以及对各种营销因素的敏感程度等变数来细分国外消费者市场。例如：生产牙膏的企业可以按照消费者所追求的利益这个行为因素，将牙膏市场细分为保持牙齿洁白、防治龋齿和使口腔清新芳香等三个子市场；生产手机的企业可以按照使用者状况，将手机市场划分为未使用者、曾经使用者、潜在使用者、初次使用者、经常使用者、竞争者产品使用者等六个子市场；

银行可以按照使用频率,将信用卡用户分为频繁使用、中等使用、轻度使用和不使用等四类。

应该注意的是,消费者的购买行为特征较为抽象,具体的数据较难采集。为了有效地运用这种细分方法为企业的全球市场营销决策提供依据,企业一方面要进行深入的市场调查,对消费者的行为特点进行定量的统计分析,另一方面还应结合其他的细分方法来进行双重或多重细分,以保证市场细分的有效性。

8.1.4 评估细分效果

对于竞争激烈的全球市场,以为只要进行全球市场的细分就能在营销上获得成功这种认识是片面的。因为尽管全球市场细分是识别机会、发现机会的有效手段,但并不是所有的全球市场细分都是有效的。过于细分可能会影响企业的销售面;细分不当也可能招致营销上的失败。因此,有效的全球市场细分必须具备下述条件:可衡量性(measurability);可接近性(accessibility);足量性(substantiality);可实施性(actionability)。

(1)可衡量性

指细分后形成的市场,其规模及购买力程度必须能够衡量,否则某些特性就不能成为细分市场的依据。例如,婴儿奶粉所形成的市场就比较好衡量,其中6至12个月的婴儿为主要市场,满周岁到2岁的幼儿则是次要市场。有时如以消费者的心理因素细分市场,就可能出现衡量不易的情况。事实上,有许多的消费者特性是不容易衡量的,比如用生活方式作为细分标准就很难确定一国中究竟有多少人属于某一种生活方式。

(2)可接近性

指企业的人力、物力及营销组合因素必须足以达到和占领所选择的细分市场。如果细分后的市场,消费者不能有效地了解商品的特点,不能在一定的销售渠道买到这些商品,则说明企业没能到达该细分市场,企业就应放弃该细分。也就是说,对于不能进入或难以进入的市场进行细分是没有意义的。

(3)足量性

即细分后所形成的市场规模必须足以使企业有利可图,并有一定的发展潜力。因为每进行一次市场细分就需推行一套独立的营销组合方案,要付出相当的代价。只有足够大的市场与发展潜力,才值得企业尽心尽力开发。反之若市场十分狭窄,或者潜在消费者很少,就不值得去占领。例如,发达国家人口增长缓慢,年龄结构老化问题日趋突出,对企业来说,老年市场具有相当潜力。各类老人保健、老人医院,老人娱乐、休闲等行业都将发展成具有足量性的市场。反之,对于那些不具有足量性的市场,这样的细分就不会尽如人意。

（4）可实施性

即企业能够有效地吸引并服务细分市场的可行程度。例如,一家计算机公司根据某国的顾客对计算机的不同使用与服务要求,将顾客分为数个细分市场,但公司资源有限,缺乏必需的技术与营销力量,不能为每个细分市场制定切实可行的营销策略,因此该公司的市场细分就没有意义。

应当指出的是,要使细分合理和有效,还必须注意以下三个方面的问题:首先,企业采用几个细分因素,应取决于消费者需求差异的大小。对于消费者需求特征差异较小的产品或服务可采用单一变数进行细分;如果消费者需求特征差异较大,则应采取双重或多重变数细分,以保证细分的有效性。其次,细分市场的变数也不是越多越好。因为若对某市场采用了过多的变数进行细分,会导致各个子市场过小,既给企业选择目标市场带来了困难,又会使得企业的营销活动缺乏效率。最后,应把握市场细分的动态性。全球市场上的消费者需求和竞争者状况每时每刻都在发生变化,企业应注意信息的收集,在必要时进行市场细分的调整。

8.2　全球目标市场选择

国际企业在国际经营中,如何面对海外纷繁复杂的市场环境,寻求市场机会,以尽可能少的风险、尽可能高的投资回报,成功开拓海外市场,其首要问题是在细分全球市场的基础上,选择正确的目标市场。目标市场的选择有赖于全球市场细分,即在市场细分的基础上挑选自己的目标市场,然后运用不同的经营策略进入这些目标市场。

8.2.1　全球目标市场的含义

所谓目标市场,是指企业为自己的产品选定的市场范围,即企业要满足的一部分消费者或用户。全球目标市场选择也有两个层次的含义:一是在众多的国家中选择某个或某些国家作为目标市场;二是在国内的众多子市场中选择某个或某些作为目标市场。在这两个层次上选择目标市场的标准是一样的,必须具备三个条件:一是该市场具有未被满足的需求和销售潜力;二是本企

业有能力满足这一潜在市场,最好是具有一定竞争优势;三是进入该市场能获得
利润。

8.2.2 评估全球目标市场细分

营销的一个普遍法则是企业如果想要进入一个现有市场,那么它必须比竞争者提供更多的价值:更多的得益、更低的价格或两者皆有。鉴于此,营销人员在评估全球目标市场机会时,可以考虑以下三个因素:目标细分市场的现有规模和预计发展潜力、潜在竞争状况、与公司经营目标的兼容性与所需资源的可行性。

（1）目标细分市场的规模和发展潜力

目标细分市场现在的规模是否已大到足够给公司提供获利的机会? 如果不是,那么它是否具有很高的发展潜力能够让公司的长期战略受益? 有关这一点,可以从人均收入的增长幅度、产品生命周期和产品历年的销售额及其增长趋势等入手,分析该细分市场的需求状况、趋势和潜力。值得注意的是,选择全球目标市场的一个优点就是如果细分市场存在于多个国家,那么即使市场细分范围较窄也能通过标准化产品获利,否则会由于单一国家的细分市场规模过小而无法赢利。

一般而言,大多数细分市场的竞争过于激烈,中小型企业缺少必要的技术和资源为较大的市场服务。相反,规模较小的、不太有吸引力的细分市场更适合中小型企业,容易获得更多的利润。

思考提示

规模大又具有潜力的细分市场是否应该是企业选择的目标细分市场? 可能并不是,因为这样的细分市场往往会有众多的竞争者;反而一些起先并不被看好的细分市场,往往能给企业带来丰厚的收益。你知道原因吗?

（2）目标细分市场的潜在竞争

目标细分市场可能具有企业理想的规模和发展特征,但未必能提供理想的利润。所以,还必须考虑一些能影响细分市场长期吸引力的主要市场结构因素。根据迈克尔·波特的产业结构和行业吸引力分析的竞争作用力模型(参见图 8.4),我们可以从以下五个方面来分析:

进入障碍

规模经济

产品差异

品牌识别

转移成本

分销渠道的进入

资金要求

最新技术的获得

经验和学习曲线

政府行为

产业保护

产业规范

政策边贯性

资本在国家间运动

关税

外汇

外资拥有

提供给竞争者的帮助

供应商

供应商的力量

重要供应商的数量

供应商产品能否替代

供应商产品成本的差异或转移

供应商的前向威胁

产业的后向威胁

供应商对产业产品质量或服务
的贡献

供应商带来的产业总成本

该产业对供应商利润的重要性

新进入者

新进入者
的威胁

产业竞争者

供应商的
谈判力量

竞争的激烈性

替代品
的威胁

替代品

竞争者间的对抗

竞争者间的集中与平衡

产业发展

固定(或储存)成本

产品差异

间歇性能力增长

转移成本

公司战略投资

退出的障碍

资产特殊化

退出的一次性成本

与其他业务的战略相关

情感障碍

政府与社会约束

购买者的
谈判力量

购买者

购买者的力量

重要购买者的数量

该产业产品是否存在替代品

购买者的转移成本

购买者的后向威胁

产业的前向威胁

购买者产品质量或服务的贡献

该产业对整体购买者的成本

购买者的可获利性

替代品是否存在

密切替代品是否存在

使用者的转移成本

替代生产者的获利性与进攻性

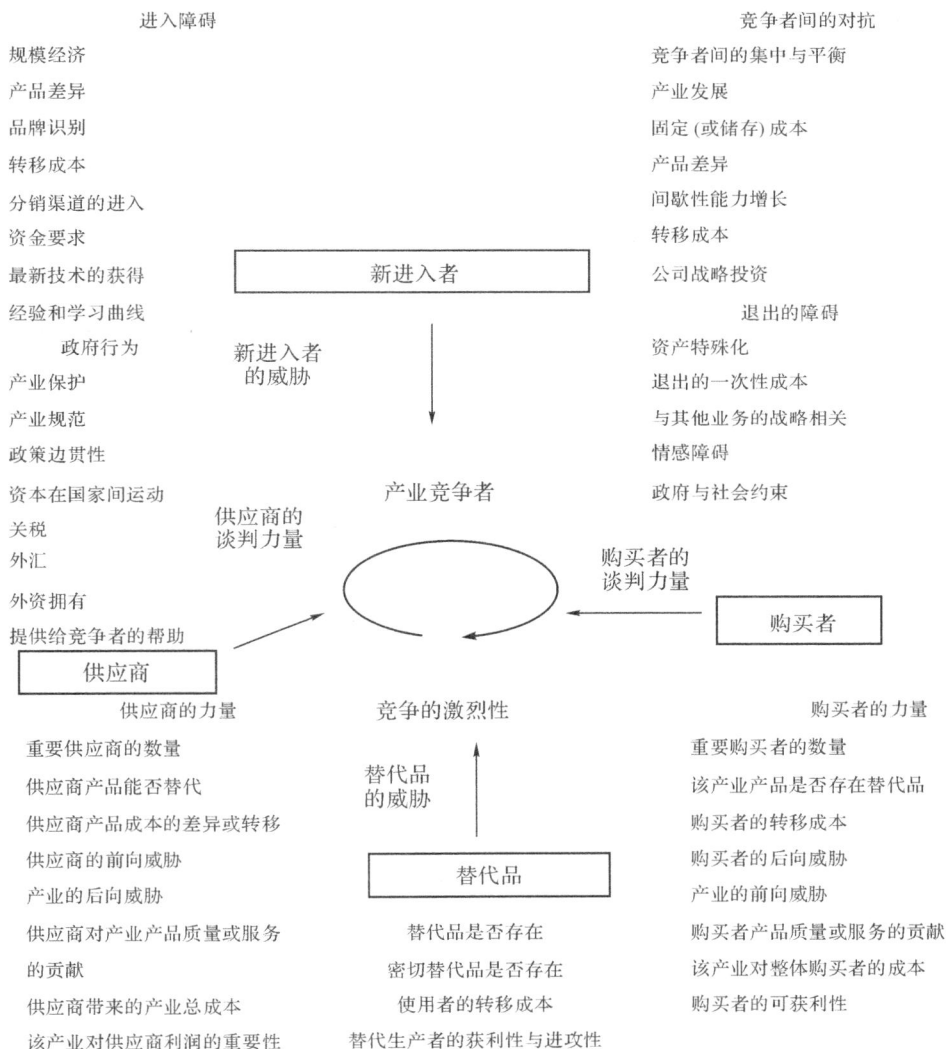

图 8.4　波特的竞争作用力模型

①现有竞争者之间的竞争

进行全球市场细分的目的之一是减少竞争对手(其中还包含可能加入的潜在竞争者或新竞争者),从而可以缓和竞争。所以,一些竞争过于激烈的细分市场,应该回避或者使用不同的战略。而在这些竞争者中,本地品牌常常成为新进入国际公司的最大威胁,它们具有渠道、消费者认同和地方保护政策等先入为主的竞争优势。国际公司可能的应对策略是进行更多的或不同类型的促销,还可以收购本地公司或者和它们联营等。

②新进入者的威胁

新进入者是指一个产业中最近开始经营的企业,或者是即将在一个产业中经营的企业。例如,对于诺基亚手机公司,苹果公司就是新进入者。新进入者是行业竞争的一种重要力量,这些新进入者大都拥有新的生产能力和某些必需的资源,期待能建立有利的市场地位。新进入者加入该行业,会带来生产能力的扩大,带来对市场占有率的要求,这必然引起与现有企业的激烈竞争,使产品价格下跌。另一方面,新进入者要获得资源进行生产,从而可能使得行业生产成本升高。这两方面都会导致行业的获利能力下降。

新进入者的威胁主要取决于该产业进入壁垒的高低。一般来说,进入壁垒越高,新进入者的威胁就越小。主要有以下八种进入壁垒:规模经济、产品差异化、资本需求、与规模经济无关的成本优势、分销渠道、政府政策、转手成本和预期报复。例如,英国沃达丰移动运营商要进入中国 3G 市场,必须获得中国 3G 牌照,它就面临政府政策这一进入壁垒。

③替代性产品

替代品是指与某一产品具有相同功能,能满足同一需求的不同性质的其他产品。例如中国航空公司所面临的竞争不仅仅是来自国内外的航空公司,可能还包括高速公路、高速铁路等运输服务的竞争,因为它们都是在满足消费者的同一种需求——运输需求。目前,我国大量高铁线路的开通已开始负面影响 800 公里以内的中短途航空客流量。因而从广义上讲,某产业内所有的企业都在与生产替代产品的产业竞争。

如果在一个细分市场上目前或将来存在许多替代性产品的话,那么可能会妨碍进入这一细分市场的公司获取足够的利润。因为替代性产品的价格如果比较低,它投入市场就会使本行业产品的价格上限只能处在较低的水平,这就限制了本行业的收益。

而且,替代品还具有隐秘性的特点,容易被企业所忽略。比如,柯达和富士为全球两大传统影像巨头,在胶卷市场的竞争一直非常激烈,它们一向把对方看做是最重要的对手,而忽略了旁边隐藏着的真正杀手——数码影像。最近几年里,数码狂潮在全球范围内的汹涌澎湃,已令传统影像失去超过 3/4 的市场,柯达也于 2012 年向美国政府申请破产保护。另外,以 iPad 为代表的平板电脑也正在逐步替代传统笔记本电脑的市场需求,从而可能将导致全球个人电脑行业的重新洗牌。

　　因此,任何企业都应该关注和识别替代品的问题,它不仅要求企业家们要关注与本产业似乎相去甚远的其他业务,还要求企业家们有敏锐的观察力和预见性。本行业与生产替代性产品的其他行业进行竞争时,常常需要本行业所有企业采取共同措施和集体行动。

　　④购买者的力量

　　购买者的力量主要是压低价格,尽可能以最少的钱来获得更高的质量或更多的服务。一般来说,购买者的力量大小取决于几个因素,包括购买者对供应商的依存度、买方所需产品的数量、购买者的集中程度、购买者的行业转换成本和赢利情况。

　　如果在一个发达的国际市场上,购买者相对于销售者具有强有力的讨价还价能力,那么他们将迫使价格下降,并需要企业提供质量更好的产品与服务。其结果是使得行内的竞争者们相互竞争残杀,导致行业利润下降。所以说,购买者的相对力量会影响细分市场的吸引力。

　　⑤供应商的力量

　　供应商可以通过提高供应价格,降低相应产品或服务的质量,使下游行业利润下降,以此来威胁某个产业内的企业。而供应商力量的强弱,主要取决于供应商的集中程度、所供产品的差异程度、替代品的可获取程度、供应商的实力以及它们所提供物品的重要性等。如果在一个细分市场上存在一个强有力的供应商,它能控制生产所需的原材料或服务的价格、质量及数量,那么这样的细分市场的吸引力也是不大的。

　　(3)与经营目标的兼容性以及所需资源的可行性

　　如果一个全球性的目标市场规模足够大并且竞争强度也适中,则最终需考虑的问题是公司是否能够且应当进入该目标市场。可以肯定的是,进入全球细分市场需要大量的资源投入和必需的技术,企业的综合实力是否能保证进入该市场? 另一个问题是进入该细分市场是否同公司的整体目标以及竞争优势来源相一致? 一些有吸引力的细分市场可能会快速地消失,因为它们不符合公司的长期目标。虽然这些细分市场就它们本身来说是有吸引力的,但它们可能将公司从主要经营目标中转移出去,或者公司也不具有在这一个细分市场上取得成功所需要的资源和能力。

8.2.3　全球目标市场营销策略的选择

　　细分市场的目的是为了实行目标营销(target marketing),即企业在市场细分的基础上,根据自身的资源和目标选择一个或几个子市场作为目标市场,并相

应地制订实施多种营销策略的过程。为此，通常有以下三种目标营销策略可供选择：标准化全球营销、差异性全球营销和集中性全球营销。

（1）标准化全球营销

标准化全球营销策略（standardized global marketing）是一种针对同质性市场而采取的标准化产品营销策略，即着眼于消费者或顾客的同质性，而不考虑需求的差异性。采取这种营销策略的企业把整个市场作为目标市场，以一种标准化的产品（或服务）进入更多国家，吸引更多顾客。可口可乐公司是奉行标准化全球营销策略的典型，凭借其广泛的营销渠道和大规模的广告宣传，在相当长一段时间内，以一种口味、一种瓶装的饮料，在世界软饮料市场独领风骚。

标准化全球营销的优点在于通过大批量生产和标准化的营销活动，可以实现规模经济效益，降低生产和营销成本。其缺点主要是：如果许多企业同时在同一市场上实行标准化全球营销，竞争必然激化，获利机会反而不多，而小细分市场的需求却得不到满足；同时忽视不同国家、不同消费者需求之间的差异性，就会丧失许多市场机会。

（2）差异性全球营销

差异性全球营销策略（differentiated global marketing）是指企业把整体市场细分为两个或以上的市场，同时在多个国外细分市场上从事营销活动，即针对每个目标市场，分别设计不同的产品和制定不同的营销方案。在当前的市场环境下，一种产品不可能满足所有或者许多消费群体的需求，只有最精确的产品与市场分割才能够满足特定消费群体的需求。

"针对不同的特殊消费族群提供特定的需求满足"，开发出多类别的新产品，而且使每一个产品对应地满足特定消费群体的需求。例如宝洁公司巧妙地运用了产品差异化，推出潘婷、飘柔、海飞丝、沙宣和伊卡璐等五个洗发水品牌，并分别对五个品牌设计了各自的个性化定位，从而确定了其在中国洗发水行业的主导地位。

这种营销策略由于有的放矢，对症下药，能扩大企业目标市场的范围和潜力，提高销售和市场占有率，为企业成长提供了一个良好的环境。从事国际化经营的企业在国际市场上站稳脚跟后，通常采用此策略以谋求在更广阔的市场范围得到发展和壮大。日本丰田公司靠微型汽车打入美国市场后，就转向采用差异性营销策略，又挤进了小型和中型汽车市场。差异性营销较之无差异营销可创出较高的销售额，但同时也会增加营销和生产成本。因为企业同时在许多细分市场上从事经营活动,势必将增加设计、制造、管理、仓储和促销等方面的费用。所以,企业要充分衡量差异性营销给企业带来的利弊,一般不宜卷入过多的细分市场。而且,在实施该策略的过程中,应集中精力全力争取在选定的细分市场上取得竞争优势。

(3)集中性全球营销

集中性全球营销策略(concentrated global marketing),就是选择一个或有限几个国外细分市场作为目标市场,制定一套营销方案,集中力量争取在这些较小的细分市场上占有较高市场份额,而不是在整个市场上占有较低的份额。要倡导"放弃80%"的消费者,只有"放弃"才能创造最具特色的产品与服务。采用这种策略的多是资源有限的中、小型企业,因为集中性营销正适合了这类企业资源有限的特点,可以集中力量向特定细分市场提供最好的服务,这样便能在整个市场竞争环境中处于有利位置,便于企业今后的发展。

知识链接

特定细分市场上的"隐形冠军"

在化妆品市场,集中性营销策略已经成功地运用于兰黛(House of Lauder)、香奈尔(Chanel)和其他一些以高级、名贵为目标市场的化妆奢侈品公司。这些公司对自己的市场有很精确的定义,它们在全球范围内纵深发展,而不是广泛地覆盖整个国家。又例如德国的温特豪德公司(Winterhalter)就是洗碗机市场中的一个隐形冠军,但是他们从来没有向一个顾客销售过洗碗机。不仅如此,他们也从来没有向医院、学校、公司或者其他机构进行过销售。这个公司只把自己的洗碗机卖给旅馆和饭店,给它们提供洗碗机、水源处理装置、清洁剂和维修服务。对于公司狭窄的市场定义,于根·温特豪德评价说:"对我们的销售市场继续狭窄的规定,是我们所作过的最重要的战略决定。这正是我们在过去十几年里取得成功的基础。"

资料来源:Warren J. Keegan, Global Marketing Management, 7th ed, Prentice Hall, 2002, p 212

集中性营销策略的优点在于可深入了解特定细分市场的需求,实行专业经营,从而节省费用,增加赢利,并提高企业及其产品的声誉。其缺点是:放弃了其他市场机会,以后想要进入,困难很大,比如由于企业在某个细分市场上的较高声望,消费者对其已经形成了固定的看法。此外,如果目标市场过分集中,则风险较大，因为特定目标市场如果发生突然变化，如时尚和偏好的突然变化，或较强竞争者的进入，企业就可能陷入困境。最后，一些依靠规模经济取胜的行业不适宜采用此策略，如采掘业和加工业。

思考提示

大多数市场的隐形冠军都是采用集中性全球营销，不为大多数人所知；但正因为有所放弃，才能有所得。

8.3 全球市场进入战略

由于全球营销活动的一个重要特点是超越国界和异国性，当企业决定开展国际业务时，就应该确定进入模式和进入战略。那么，跨国企业最普遍采用的是哪些进入战略？究竟哪一种是最好的呢？

事实上，市场进入战略的方式各有利弊，并不存在什么进入市场的万全之策。不同企业在进入同一个市场或者同一个企业在进入不同市场时，均会采用不同的市场进入方法；因而在决策时，企业需要评估各种方法的成本和风险、当地政府允许的参与程度以及企业本身对该市场的期望值等因素，选择适合企业现状的进入战略。接下来，本节将具体论述进入市场的模式，并深入介绍影响市场进入模式选择的因素等。

8.3.1 国际市场进入模式的类型

所谓国际市场进入模式，是指国际营销企业进入国外市场可供选择的各种标准化的方式。进入模式的选择是企业最为关键的战略决策之一，因为它将影响到企业进入国外市场以后的经营活动以及一定数量资源的投入，因而如果开始选择不当，就会造成损失。而且从一种模式转换到另一种模式需要付出高昂的转换成本。这就要求企业在选择进入模式时要进行深入的分析和准确的判断。从总体上来说，进入国外市场的方法可以分为两种：一是在本国或第三国生产产品然后出口到目标国家市场；二是向目标国家市场输送资金、技术、服务等,在目标国家市场生产和销售产品。

而在国际营销理论中,它一般被分为三大类:出口进入模式、合同进入模式和投资进入模式。它们是跨国公司市场进入战略的基石,不同的进入模式代表了跨国公司的不同程度的参与、控制和风险水平(参见图 8.5)。通常,企业国际化的参与程度越深,所需资源投入越多,且控制度和风险也相应越高。进入模式的选择是跨国公司最重要的战略决策之一,它直接影响着跨国公司在国外目标市场所有的未来决策与经营。

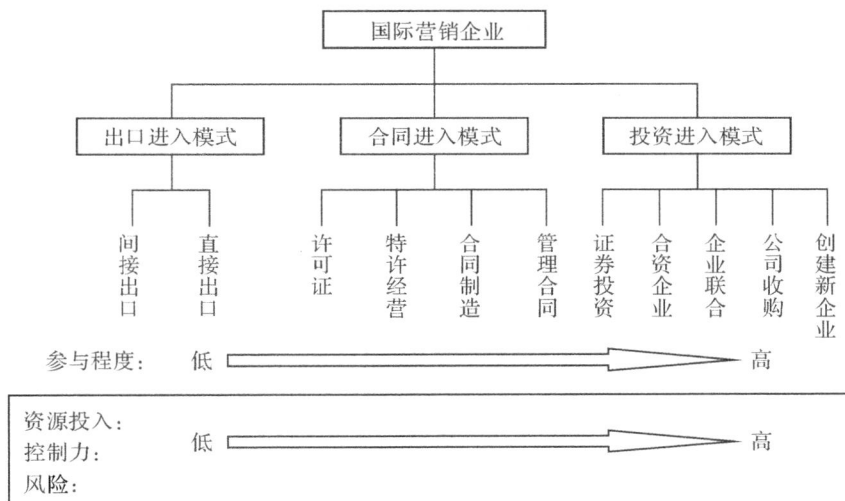

图 8.5　进入国际市场模式示意图

在上述三种模式中,各种具体方式都有明显的特点和差异。主要区别在于:出口进入模式输出的是实体产品,为企业国际化的初始阶段,主要目的是消化过剩的生产能力,使产品获得更广阔的国外市场;合同模式输出的是技术与服务(包括管理经验等),使企业在国际市场上能充分发挥自己的经营优势;而投资模式输出的则是资本,为企业国际化的最高阶段,目的是直接参与全球市场竞争,瓜分世界市场。接下来,我们将逐一对这三种模式的特点进行简单的介绍。

(1)出口进入模式

在向国际市场扩张的初级阶段,大多数企业采用出口的方式。对许多小企业而言,出口通常是它们把产品卖到国外市场上的唯一选择。全球《财富》500强中有相当数量的企业,例如波音公司,其全球收入中的大部分来源于出口销售。出口进入模式经常被企业视为一种很好的"投石问路"策略:一旦市场对产品的需求开始升温,企业可以转换到其他更有效的进入模式。

接下来将简要叙述一下两种出口进入模式:间接出口(indirect exporting)和直接出口(direct exporting)。

①间接出口

企业通过本国的中间商(出口管理公司、贸易公司、中间代理商等)把产品销售到国外市场,这种方式就叫做间接出口。此种方式下,企业可以利用中间商现有的销售渠道,不必自己处理出口的单证、保险和运输等业务。同时,企业在保持进出国际市场灵活性的情况下,还不用承担各种市场风险。初次出口的小企业比较适合运用间接出口的方式。然而,间接出口使企业不能获得从事国际经营的直接经验,对海外市场缺乏控制,所获得的市场信息反馈有限,利润亦有限。

②直接出口

在直接出口方式下,企业设立自己的出口部门,并通过国外市场上的中间商来销售产品。一般,这些企业拥有自己的外贸部门或驻外分支机构,或者利用目标国家的中间商来从事产品的出口。直接出口有利于企业摆脱对中间商渠道与业务范围的限制与依赖,培养自己的国际商务人才,积累国际市场营销的经验,提高产品在国际市场上的知名度,建立自己的渠道网络。但同时也要承担更多的风险,由于其业务量可能比较小,企业自己处理单证、保险和船务不能达到规模经济效益而支出更多的成本费用,而且企业需要一大批精通出口和营销业务的专业性人才。因此,进行直接出口的企业必须具备相当的企业实力和较大的国际市场规模,否则将得不偿失。

知识链接

中国制造的成本优势或将结束

1978 年,中国货物进出口总额只有 206 亿美元,占世界贸易的比重不足 1%。经过 30 年的快速发展,2010 年中国货物进出口总额达到 3 万亿美元,比 1978 年增长了 143 倍,年均增长 16.8%。其中,出口总额 15778 亿美元,年均增长 17.2%,占世界比重提高到 10.4%,连续两年成为世界货物贸易第一出口大国。这显然离不开中国所采取的低成本出口战略,使中国创造了经济连续高速增长的世界奇迹,从而成为继美国之后的世界第二大经济体。但是,也有迹象表明,这种发展势头将遇到阻力:中国老龄化人口数量的快速增长以及劳动力的减少,都将成为多个领域的发展瓶颈,生产成本也会随之增加。其他如通胀和不断增加的出口与运输成本等因素,也会带来重要影响。许多行业,如纺织业的业务已表现出明显的下滑。现在,中国占据的全球市场份额已经开始萎缩。针对这些情况,罗兰贝格管理咨询公司开展了题为"中国制造的成本优势或将结束"的研究。

经过几十年的发展,中国已成为推动世界经济发展的动力之一。2025年时,中国的GDP将达到76亿欧元——是德国与印度GDP总量的两倍。同时,中国也面临新的挑战:将面临人口快速老龄化和劳动力减少。2030年时,中国每四个人中就有一个超过60岁的老人。退休人数稳步增长,而劳动力到2030年时却会减少10%,这意味着劳动力总体将减少1亿。此外,政府不断改善内陆地区的生活条件,人口向城市迁移的速度也因此减缓。由此引起的劳动力短缺无疑又给工资带来了压力。中国的工资水平从1999年到现在已经增长了258%。

虽然工资上涨是成本增加的主要原因,但通胀以及汇率压力进一步加速了竞争力降低的过程。此外,还有不断增长的出口与运输成本。2006年起,中国的出口成本相比其他国家经历了大幅上涨——中国增幅为49%,而且世界平均水平为13%。运输成本也在不断增长,反映为不断增长的石油价格和全球能源消耗量。罗兰贝格专家也因此预测中国制造成本在2010到2015年间将上升75%。

"中国政府继续重点发展经济,这甚至也是对传统低成本模式的一个挑战。我们观察到,中国经济的发展正在逐渐摆脱对劳动密集型、附加值低行业的依赖。"温特说道,"如纺织业这样的重要产业已经到达其发展转折点,市场份额将出现下滑。"许多企业也因此转向邻近国家,如越南,因为他们的劳动力更加年轻,也拥有更多的贸易优惠政策和更低的生产成本。温特继续说道:"在中国仍有发展机会,但只局限于半导体、电路板和汽车等行业。"

虽然这种低成本优势即将失去,但企业在中国仍有很多机会来节省成本。比如,中国一直提供税收和购地优惠政策来促进中西部和高科技、绿色科技项目的发展。波义耳总结道:"在一些省份建立工业园区和提供优惠政策已经取得成效,吸引到重要的投资者。国际高科技公司最近也公布其投资计划,将在中国的研发中心与高科技制造工厂投资超过30亿的美元。"

资料来源:环球企业家,2012年,http://www.gemag.com.cn/html/2012/story_0106/28110.html

(2)合同进入模式

合同进入模式,是指与目标市场国的企业建立一种长期的非股权关系,通过前者向后者转让技术或技能，来实现产品进入国际市场的目的。主要有以下四种：

①许可证模式

它是指企业在一定时期内向国外某企业转让其工业产权，如专利、商标、产品配方、公司名称或其他有价值的无形资产的使用权，以此获得使用费和其他补偿的一种方式，其核心是无形资产使用权的转移。使用费从销售收入的1％到15％不等。在某些行业，公司间交叉许可证经营协议相当普遍。如1999年，高通和爱立信就CDMA无线通信技术的专利组合达成了交叉许可协议，对于爱立信销售的每一部采用CDMA技术生产的手机，由高通收取一定的许可使用费，由此解决了两家公司之间的专利争端。

许可证最明显的优势是无须大量海外投资即可快速进入海外目标市场。因此，它尤其适合因缺乏资源和财力而无法到国外投资建厂的小企业。与出口相比，它还能绕过进口壁垒的困扰或进入完全对进口封闭的市场。而且，它也能降低直接面对国外市场上政治或经济不稳带来的风险。

但是，这种方式不利于对目标国市场的营销规划和方案的控制。而且与其他进入模式相比，许可证经营所带来的收入可能要少很多。最大的威胁在于机会主义风险。许可证经营可能将被许可方培养成强劲的竞争对手。一旦协议期满，被许可人就可以驾轻就熟地运用它在许可经营期间所学到的技能。

②特许经营模式

特许经营是许可证经营的一种形式，发展十分迅速，其具体形式多种多样，可分为服务业特许（麦当劳）、制造业特许（可口可乐）和零售业特许（7—11便利店）。这种模式和许可证进入模式很相似，它是一项协议，其中特许方授予被特许方在特定的地域和确定的期间内（通常为10年）使用特许方的商号、商标、交易模式和操作技能的权利，作为交换，特许方收取特许使用费和其他费用。除此之外，特许方还要给予被特许方以生产系统、经营方法、管理服务、营销战略与策略等方面的帮助，并强调对执证人整个经营过程的控制。

在这种模式下，特许方不需投入太多的资源就能快速地进入国外市场，而且还对被特许方的经营拥有比许可证模式更大的控制权。但是仍很难保证被特许方按照特许合同的规定来提供产品和服务，不利于特许方在不同市场上保持一致的品质形象，而且特许经营模式的适应面较窄，大多为商业、零售业、餐饮业等。

营销故事

麦当劳:特许经营赢得全球

麦当劳的巨大成功引起众多企业竞相模仿,尽管其成功的因素很多,但它在1955年首创的全球连锁经营模式为世界餐饮业指明了方向。

麦当劳全球连锁经营模式,即所谓的特许经营体系,使得它的供应商、特许经营店主、雇员以及其他人员共同向顾客提供了他们所期望的高价值。该公司通过授权加盟麦当劳向符合条件的特许经营者收取首期使用费,并按特许经营者每月销售额收取服务费和许可费。为了保证"复制"的麦当劳餐厅质量,麦当劳把标准化的作业变成容易复制的程序,并对新加盟者进行严格的培训,它要求新的特许经营者到"汉堡包大学"上课3周,学习如何管理这项业务。被许可方在购买材料、生产和销售产品时,必须严格遵守程序要求。与相继出现的竞争者不同的是,麦当劳视加盟者为事业伙伴,而非单纯买下加盟权的商家,只顾榨取利益,并不关心加盟店的生存能力。麦当劳的创办人克罗克说:"我认为我必须尽力帮助加盟者,加盟者的成功将保障我也成功。但我没有办法既帮助他,却又同时视他为顾客。"

资料来源:卢泰宏等:《百年营销实战创新经典回放》,《销售与市场》2000年第3期,第6—13页

③合同制造模式

合同制造模式是指向国外企业提供零部件或相关标准,由国外企业按合同要求生产出成品,并由母国企业自身负责营销的一种方式。它实际上是把生产厂设置在营销对象国,实行当地生产、当地销售。

采取这种模式的优势在于能充分发挥母国企业在技术、工艺和营销等方面的优势,以及国外合作企业的制造优势;所需要的国外投资较少,风险也相应较小;同时由于产品由母国企业销售,能掌握市场控制权,有利于扩展国际市场。但它也有局限:由于合同制造往往涉及零部件及生产设备的进出口,有可能受到贸易壁垒的影响;在国外寻找合适的生产企业比较困难;可能失去对生产过程的控制;一旦制造合同终止,东道国制造商可能成为企业在当地的竞争者。

④管理合同模式

这种模式是指那些管理资源比较丰富的企业,以合同形式承担国外企业的部分或全部管理任务,以提取管理费、一部分利润或以某一特定的价格购买该公

司的股票等方式作为报酬的经营参与方式。这类方式主要适用于旅馆业。典型案例有希尔顿集团（Hilton）、喜来登（Sheraton）为国外宾馆提供管理服务等。

利用这种模式，企业可以利用管理技巧，不发生现金流出而获取收入；还可以通过管理活动与目标市场国的企业和政府接触，为以后的营销活动提供机会。它的局限是：这种模式具有阶段性，即一旦合同约定完成，企业就必须离开东道国，除非又有新的管理合同签订；有可能培植今后的竞争对手。

（3）投资进入模式

投资模式属于进入国际市场的高级阶段。我国的"走出去"战略所指的主要就是投资模式。在这里，我们简单介绍最常见的三种投资模式：合资、收购国外企业和创建新企业。

①合资

对于许多寻求业务扩张的跨国公司来说，合资企业是进入国外市场，尤其是新兴市场最可行的办法。合资指的是与目标国家的企业联合投资，共同经营、共担风险、共负盈亏、共同分享股权及管理权。简单地来说，就是各具优势的企业通过合作来获得更多的利润，使企业做大做强。双方合作可以分享彼此的企业资源，诸如资金、技术、人才、生产能力、品牌、销售网络等。在合资企业中，外国企业一般是投入工业权、设备和部分资金等，而东道国企业则主要提供土地、厂房、动力、原材料、劳动力等，按协议价格计算投资额，依此分配利润。按照持有股份情况，合资企业分为三种形式：多数股（持股 50% 以上），等分股（50：50）和少数股（持股 50% 以下）。

在下列情况下，合资经营对国际企业是有吸引力的：

- 当企业能利用当地合资方的专门技能时；
- 当企业能进入合资方所拥有的当地分销系统时；
- 当企业想进入一个独资经营被禁止的市场时；
- 当能进入受关税、配额保护的市场时；
- 当企业缺乏扩大国际业务所需的人力、财力时。

通过合资，跨国公司在合资前期可以利用本土企业现有的生产条件和成熟的销售网络，尽快地进入市场，同时利用本土企业带来的比较稳定的销售收入来分摊其自身品牌在开拓期的管理费用和销售费用。然而，在很多情况下，当地政府不提倡甚至禁止在某些行业设立全资的外资公司（如，中国）。在这种情况下，与当地企业进行合资，跨国公司更容易被东道国所接受，并能减少因文化、法律等差异造成的不适与风险。

但是也应看到由于股权和管理权的分散以及来自不同国家文化背景的管理

人员的存在,合资企业在经营上的协调与管理会比较困难,往往会出现摩擦,比如无法理解对方的商业逻辑等;而且母公司的技术机密、商业机密等有可能流失到对方手里,将其培养成将来的竞争对手。

表 8.3　中国合资企业的目标冲突

	外　方	中　方
计划	保持业务灵活性	维持企业与国家经济计划的协调
合同	字斟句酌,细致入微,可执行性	模棱两可,化繁为简,适应性
谈判	按部就班,一事一议	浑圆式、启发式
员工	效率最大化,产量既定的情况下,人员越少越好	尽量多雇用当地员工
技术	使技术的复杂程度与组织以及经营环境相匹配	尽快获得最先进的技术
利润	长期最大化,定期汇回国内	再投资于现代化建设,保持外汇储备
投入	减少不确定性和粗制滥造的原材料及零部件供应	提高国内采购比例
工艺	强调高质量	强调高产量
产出	进入并开发国内市场	出口换汇
控制	减少外部政治和经济对决策的干预	欢迎外国技术和资本,但防止外国势力对主权和意识形态的渗透

资料来源:M. G. Martinsons and C. -S. Tsong, "Successful Joint Ventures in the Heart of the Dragon", Long Planning, 28 (1), p5.

②收购

收购指国际企业通过资本市场上购买某企业的股票或在产业市场上购买股权,取得该公司的所有权与经营权。收购是跨国公司在经济全球化背景下的规模扩张的主要方式,跨国并购方式可以降低企业机会成本,从而有利于跨国公司在全球范围内进行组织结构调整。采取该策略的前提条件是要有潜在的收购对象,在前期需要花费大量的时间去寻找、评估潜在的收购对象,接下来是双方旷日持久的谈判,然后将被收购的公司融入现有组织结构中去。

中国企业的海外并购在 21 世纪形成了一轮热潮。表 8.4 展示了 1994—2009 年间完成交易的中国企业海外并购的时间和并购交易规模分布情况。可以看出中国企业的海外并购事件集中于"走出去"战略提出之后的 2002—2009 年,2009 年的海外并购事件最多,有 29 起。最高海外并购金额和平均海外并购金额都出现在 2006 年,分别为 10282. 16(百万美元) 和 1142. 46 (百万美元/

起）。2007年全球金融危机过后中国企业海外并购的单笔并购金额减少，但并购事件大大增加。

表8.4　中国企业海外并购事件的时间和交易金额

年　份	事件个数	有交易金额的并购交易	交易金额（百万美元）	平均交易金额（百万美元）
1994	1	1	98.5	98.5
1995	1	1	1.3	1.3
1996	2	2	482.1	241
1997	4	3	360.6	120.2
1998	7	6	262.5	43.7
1999	4	3	45.9	15.3
2000	6	4	75.5	18.9
2001	6	4	50.5	12.6
2002	11	10	2098.9	209.9
2003	9	7	2048.6	292.7
2004	16	9	2367.49	263.05
2005	8	6	4243.59	707.27
2006	12	9	10282.16	1142.46
2007	21	15	2437.80	162.52
2008	20	12	2346.35	195.53
2009	29	21	5794.6	275.93
总计	157	113	32996.3	292.00

资料来源：顾露露、Robert Reed：《中国企业海外并购失败了吗?》，《经济研究》2011年第7期，第116－129页

　　它的优点是能迅速扩张和抢占市场，很快就成为全球领先；另外能够掌握到一些关键资源，如技术、渠道、人才等，增强竞争力；能绕过对象国的贸易进入壁垒。但是缺点也很明显：风险非常高。主要表现在，收购前往往只看到表面，比如渠道、市场占有率、技术等，但是看不到被收购企业里很多实际的问题。往往是对方企业里有很多难以解决的问题才会被出售，而且这些问题等买了之后才会发现比预期的还要多；收购过程中容易招致东道国政府的限制和当地民众的

反对而被迫终止,例如 2005 年中海油曾出价 185 亿美元收购加州联合石油公司
(Unocal Corp.),此事在美国政界激起一片反对的声浪,最后中海油被迫撤回投标。接下来就是整合,管理界有"七七定律"——跨文化兼并 70% 都是失败的,都是无法达到预期效果的,而这失败的 70% 中,有 70% 是因为文化整合困难。

营销故事

中国企业收购海外资产遭遇消化不良

　　一些率先在西方国家购得知名品牌的中国企业出现了消化不良的现象。电子消费产品生产商 TCL 集团股份有限公司(TCL Corp.)在它 2003年收购的 RCA 和汤姆逊(Thomson)电视机品牌上的损失正在日渐扩大,李东生也承认整合要比预期困难。2005 年斥资 12.5 亿美元收购国际商业机器公司(IBM)个人电脑业务,并因此成为全球第三大个人电脑制造商的联想集团(Lenovo Group)由于策略上的失误,造成其产品的全球市场占有率开始萎缩。对此,联想则提出要分五年、三个阶段完成整合。

　　TCL 与美国 InFocus Corp. 成立的合资公司斯曼特微显示科技有限公司(South Mountain Technologies Ltd.)正在削减在美国和挪威的业务,该公司没能为其生产的电视元件签到一笔合同。中国最大的独立汽车部件制造商万向集团(Wanxiang Group)几年前收购了境况不佳的芝加哥零配件厂商 Universal Automotive Industries Inc. 21% 的股份,但 2005 年该厂还是没能避免破产清算的命运。

　　许多这类交易的收购对象都是原本境况不佳的业务。"谁都不会把下蛋尤其是下金蛋的母鸡卖给别人。"比如 IBM 的个人电脑业务在联想收购前的 4 年时间累计发生亏损近 10 亿美元。中国企业在决定收购这类业务时的想法是,可以利用自己成本低的优势扭转局面获得赢利。另一方面,也是想利用这些品牌已有的全球分销网络。但是,很多事都会发生变故。

　　联想在削减 IBM 个人电脑业务成本上的行动过于迟缓。IBM 个人电脑业务在被收购前已退出家用电脑市场,而在商用电脑市场上也难以适应全行业价格迅速下降的潮流。至于 TCL,它在整合 RCA 和汤姆逊方面的主要失误在于,它未能预见到消费者对平板电视的需求会如此火爆。

　　资料来源:Gary Mcwilliams & Evan Ramstad:《中国企业收购海外资产遭遇消化不》,《华尔街日报》中文版,2006 年 8 月 24 日

③创建新企业

创建新企业指企业直接到目标国家投资，建立新的工厂。新建的工厂可以完全由自己创建，也可以与国外企业合资创办。

建立全新的企业可以得到东道国的支持，可以扩大企业对当地市场的影响力和知名度；可以完全控制整个管理和销售，独立支配所得利润；技术秘密和商业秘密也不易丢失。但是独资要求的资金投入很大，而且市场规模的扩大容易受到限制；还可能面临比较大的政治和经济风险，如货币贬值、外汇管制、政府没收等。

相比合资而言，收购和创建新企业的进入方式能够使企业在资本、技术、管理、商标等方面拥有较大的优势，从而保证子公司将严格按照母公司的海外经营战略意图行动，并保护企业的技术秘密和经营秘密。1999 年 TCL 集团正式进入越南时，建立的一个生产厂和三个营销服务公司所采取的进入模式均是如此，主要也是考虑到当时越南的市场环境，合作方式效果差，且成本高，风险大。所以 TCL 集团宁可小而全，以确保能独立自主地开展经营活动。

8.3.2　选择进入模式的影响因素

在了解这三种市场进入模式的主要特点之后，可以发现它们在控制度、所需资源、灵活性、风险性等方面有显著差异，每种模式的优势与弊端并存。因而，在无论选择何种进入模式前，都必须对企业的内部因素和外部因素进行具体的分析（参见图 8.6），以此来评价不同的市场进入模式。

（1）目标国家环境因素

首先是目标国家的市场环境因素：市场规模和竞争结构。如果目标国家的市场规模较大，或者市场潜力较大，则企业可以考虑以投资模式进入或在目标国家设立分销机构，在经营期间保留控制权使管理者能更有效地直接策划，引导市场发展；反之则可以考虑出口、许可证贸易等，使企业进入市场所费资源最小化，可以节约资源用于其他潜在的可获利的市场。

当目标市场的竞争结构是垄断或寡头垄断型，竞争密度很大时，企业一般来说倾向于选择低资源的出口模式，虽然所获利润不大，但能避免直接与当地垄断企业的竞争。但如果企业拥有足够资源并且当地的市场规模和潜力对于企业来说具有重要战略意义时，应考虑以合同模式或投资模式进入，以使企业有足够的能力在当地与实力雄厚的企业竞争。如果目标国家的市场结构是分散型的，则先以出口模式积累经验和收集信息，然后再考虑是否建立合资企业或独资企业。

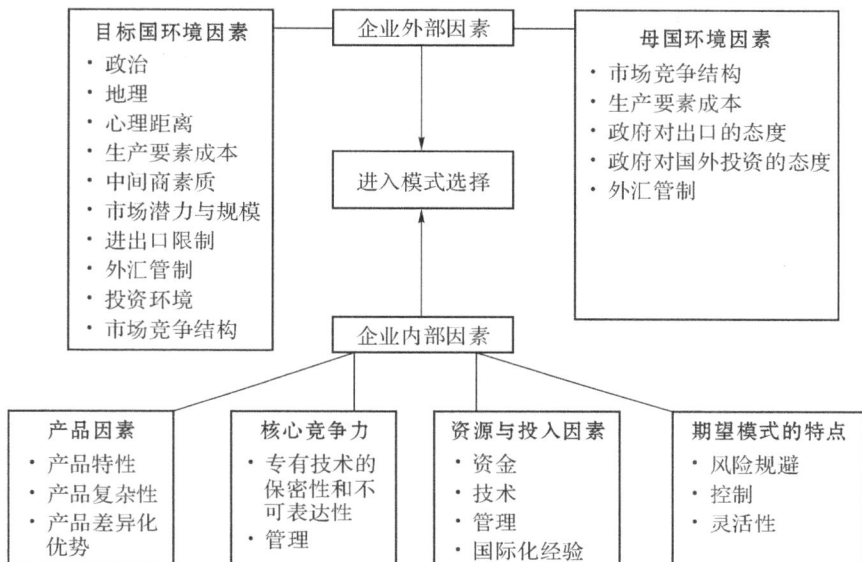

图 8.6　国际市场进入模式的选择要素

其次是目标国家的宏观环境因素:政治、经济、地理、社会文化环境以及生产要素成本等。相对于出口和合同进入方式,国家风险对直接投资的影响更大。中国企业应持续关注《国家风险分析报告》,参考世界银行每年公布的《全球商业环境报告》,对不同国家的整体风险情况有所了解。政府政策也是影响进入模式选择的重要因素,会影响某些进入模式的可能性以及不同进入模式之间的收益比较。当企业在非股权进入与股权进入模式之间进行选择时,市场与经济因素成为考察进入风险与潜在收益的重要决策参数。总而言之,如果目标国家的政局稳定、法制健全、投资政策较为宽松、人均国民收入比较高、汇率稳定,则可以考虑采取投资模式进入,反之则以出口模式或合同模式进入为宜。但是目标国家对外国商品和原料征收关税、规定配额会促使厂商在当地建立生产厂或采取类似行动。

影响企业投资决策的心理距离包括地缘接近性、文化相似性、体制相近性、邦交紧密性和发展阶段相近性。企业的投资一般遵循心理距离"由近及远"的原则。例如,如果目标国家距离母国较远,为了省去长途运输的费用,则可以考虑合同模式或投资模式。如果目标国家的社会文化和本国文化差异较大,则最好先采取出口模式或合同模式进入,以避免由于文化的冲突造成的摩擦成本和不确定性。

实际上,包含要素禀赋的生产条件因素也是市场运行与经济发展的基础条件。当目标国家的生产要素(材料、劳动力、资本市场)的价格比较低、基础设施比较完善时,则比较适合采取投资进入模式,否则应采取出口模式。

(2)母国环境因素

国内因素主要包括本国市场的竞争结构、生产要素和政策环境因素三个方面。在本国市场是垄断竞争或寡头垄断型,国内市场已不能满足企业需要时,可以考虑以合同或投资模式进入国外市场。如果本国市场广阔,竞争程度比较高,则企业可以考虑先抢占国内市场,辅以出口产品,待其实力足够大时再采取其他方式进入国际市场。

从生产要素来看,当本国生产要素比较便宜且容易获得时,企业可以采取出口模式进入国际市场,反之则采用合同制造或投资方式。

本国的政策环境要素是指本国政府对出口和对外投资的态度。对于某种进入模式来说,只有当国家层面方式对其有制度约束时,这种模式才有可能成为企业的选择。例如,我国的对外开放政策直接促进了企业的出口和对外直接投资;去除保护和激励的出口政策以及出口退税制度,将减少企业的出口倾向,从而又会影响企业出口或直接投资的选择。一般来说,本国政府都鼓励企业进行出口,涉及国家安全或高端技术的产品除外。但对于海外投资,本国政府有时候会出于增加国内就业、经济发展等原因,加以限制。

总之,母国因素如同一个人先天成长的家庭环境,可以成为企业"走出去"战略所依赖的资本和竞争优势源泉,某些方面也可能成为某一时期企业海外拓展的制约因素,需要政府、企业和社会中介组织的合力加以克服(黄速建和刘建丽,2009)。

(3)产品因素

企业产品要素的密集度、价值高低、技术含量以及物理特性,如重量、易腐蚀性等,对于决定产品的生产地点都很重要。劳动密集型和资源密集型产品主要以具有丰富自然资源的国家为生产基地,如果目标国家具备这些条件,那么可以采取投资模式,就地设厂,以节省出口的中间费用。例如软饮料公司(可口可乐)一般建立许可证协议,或在当地建立装瓶厂,因为运往较远市场的运费相对于产品价格来说实在太高。如果企业生产的产品价值高、技术复杂,考虑到目标国市场的需求量,以及当地技术基础的配套能力,则以出口模式为宜,例如进入我国的大部分国际奢侈品都是由国外直接进口而来。

产品的服务性和适应性。如果客户对产品的售前售后服务要求比较高,例如高科技产品,以及那些需要作出大量适应性变化以销售国外市场的产品,企业最好采取合同模式或投资模式进入。

产品的差异性一般来源于产品的技术性能、设计等不易效仿的因素,或受专利保护等,使得该产品比其他产品更受青睐,卖方主动权较大,可以制定较高的价格。由于产品差异构成了"自然垄断",企业可以采取出口模式进入。反之,则宜采用投资进入模式。

（4）核心竞争力

就核心竞争力而言,企业可以分为两类:一类企业的核心竞争力是技术,另一类企业的核心竞争力是管理。当企业的竞争优势建立在技术上时,应尽量避免许可证和合资企业的经营方式,以降低技术失控的可能性。当企业的竞争优势建立在管理上时,以管理技巧为基础的大多是服务性企业（如麦当劳、希尔顿国际饭店等）,这些企业最宝贵的是它们的品牌,而品牌是受国际标准化法律保护的,因此可以采取特许经营和建立子公司相结合的方法。

（5）企业资源与投入因素

企业在管理、资金、技术、工艺和销售方面的资源越充裕,企业在进入方式上的选择余地就越大。如果企业的资金较为充足,技术较先进,且积累了丰富的国际市场营销经验,则可以采取直接投资模式进入国外市场。反之,则以出口模式和合同模式为宜,待企业实力增强,积累了一定的国际市场营销经验后再采取直接投资模式。

（6）期望模式的特点

①规避风险。国际企业的经营风险主要源于国外投资信息的不确定、市场的不完全性、巨大的交易成本和机会成本的存在,同时对象国的政局以及有关对外贸易的法律政策等政治风险也不可忽视。如果决策者是风险规避者,将倾向于使用出口方式或合同方式（中间商）,因为这样需要的财务和管理资源较少。合资经营可以分散风险,分摊建立当地分销渠道、雇用人员及其他运行成本,尽管合资谈判和管理合资企业要耗费相当多的管理时间和精力。当然,资源占用少、风险低的市场进入方式不能推进国际业务的发展,同时还会失去很多机会。

②控制。指企业在目标国经营的子公司所拥有的决策能力和影响力。市场进入方式的决策必须考虑企业在国际市场上运营管理中所需的控制程度。通常,企业所拥有的控制与投入的资源成正比。采用出口进入方式所需的资源最少,同时企业对产品或服务在国外市场上几乎没有什么控制;若是许可证方式和合同制造,企业就需要一定的控制权来严格管理生产,使产品达到质量和技术标准,相应也将占用企业更多的资源。全资拥有自己的子公司可以拥有完全的控制权,同时也会耗费大量的资源。

③灵活度。所谓灵活度是指国际经营企业迅速、低成本地改变经营地点、市场进入方式甚至退出的能力。通常,灵活度与资源投入程度是负相关关系,如投资进入模式需要长期或大规模的资源投入,在短期内最难以进行变更,所以它的灵活度最低。一般在不确定的情况下,国际企业倾向于选择灵活度较高的进入方式,如出口模式,以应付可能出现的各种风险。

知识链接

国外市场进入模式决策过程

在进入模式选择的同一层次,企业需要在不同模式之间进行决策。进入模式决策涉及众多因素的考察,需要企业具备战略统筹思维,即在企业整体国际化战略指导下,综合衡量各种内外部因素,在各种进入模式之间进行系统比较,选择与战略目标相契合的进入模式。从科学决策来看,企业进入模式决策应该是一个动态的选择、适应与调节过程。因此,企业须对进入模式进行动态跟踪、评估与调整,以使决策误差降低到最小。决策流程图的构造从全球化战略规划角度出发,企业需要对全球资源分布、竞争环境与竞争规则作出详细的分析与判断,以发现机会、规避风险。企业需要从全球化的角度出发,分析自身的资源与能力,充分发挥企业的比较优势。

图8.7是企业进入模式的动态决策流程。进入模式战略是国际化战略的重要内容,与其他战略决策相似,企业的进入模式决策也应该从分析入手,综合考察企业资源、能力与外部竞争环境的匹配情况,及时抓住企业相对优势扩展的机会,找到企业的战略资源缺口,明确国际化战略定位,下一步才进入目标市场选择阶段。

对于任何一家企业而言,都可以将目标市场区分为已进入的市场和未进入的市场,对于已进入的市场,企业要持续跟踪进入模式的表现。对于市场拓展型的进入模式,企业可以利润、市场份额等量化指标评估现有进入模式的优劣。当存在同一市场的竞争对手时,企业可以衡量相对竞争地位的改善,以此来评价进入模式的有效性。对于资源获取型进入模式,企业除了要评价财务指标外,更要关注核心资源的获取及其与自有资源的协同效应发挥情况,以决定进一步的整合策略或模式调整方案。对于确定的战略目标,某种进入模式的评估结果不理想,可归因于两种情况:目标市场选择不当或进入模式选择失误。如果是前者,就需要重新遴选目标市场;如果是确定的目标市场,评估的结果表明进入模式选择有误,则企业需要重新审视资源、环境与能力约束下的企业战略目标,在修订目标的基础上再进行模式匹配。由此,进入模式选择实际上应该是一个动态调整过程。

对于未进入的市场,企业需要进行环境扫描,并对目标国家进行分组,分别考察不同类型国家的市场潜力、资源状况与国家风险,作出初步的进入与否的判断,针对特定的国家,进一步明确进入目标,如获取技术或通过该市场进行贸易转移,然后综合衡量各种相关因素,作出进入模式选择。当然,对于收购和合资而言,最初引起企业注意的是目标企业本身,而不是该企业的母国因素,但在最终的决策阶段,企业仍然需要考察东道国环境因素。因此,企业程序化地进行目标市场分组,并不影响企业以更微观的视角寻找合作伙伴或收购对象。

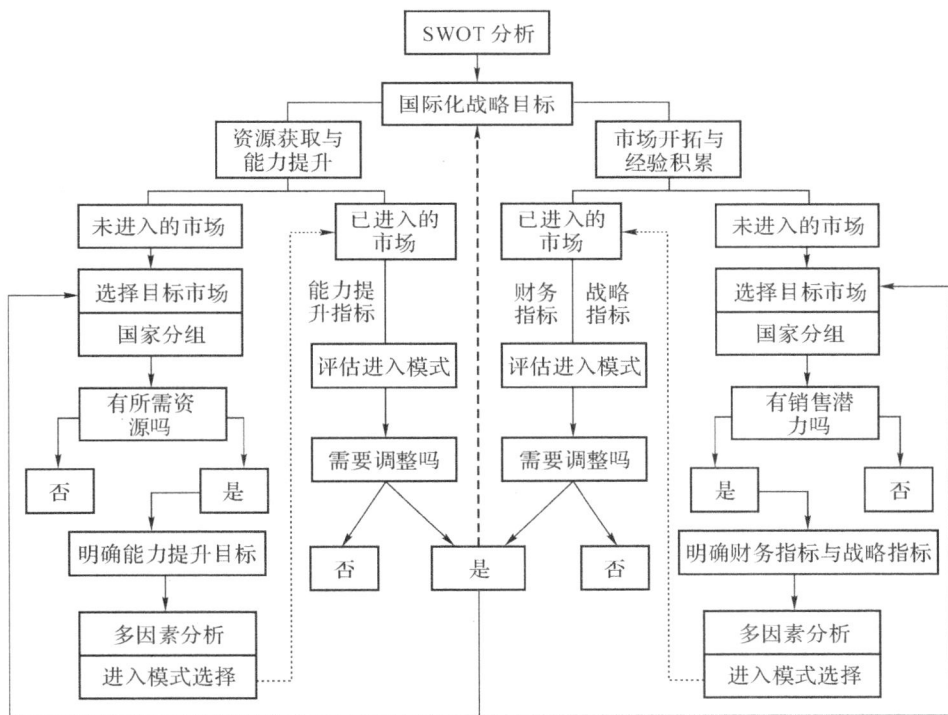

图 8.7　企业海外市场进入模式决策流程及其动态调整过程

资料来源:黄速建、刘建丽:《中国企业海外市场进入模式选择研究》,《中国工业经济》2009 年第 1 期,第 108—117 页

8.4 全球市场竞争与合作战略

8.4.1 全球市场竞争战略

全球市场竞争战略是企业众多战略中的一种,是对企业全球竞争的整体性、长远性、基本性谋划。"竞争战略之父"——迈克尔·波特认为,所谓的竞争战略就是创造差异性,即有目的地选择一整套不同的运营活动以创造一种独特的价值组合。简单地说,就是你的企业凭什么比别的企业强,顾客为什么买你产品?一般情况下,只有两种原因:一是你的产品比别人便宜;二是你的产品别人没有,唯独你有。在新的竞争格局下,竞争变得日趋激烈,企业为了获得战略竞争优势,必须采用不同的竞争战略。

但是,在制定全球市场竞争战略之前,企业需要分析自身以及竞争对手的优势、劣势,找出具备竞争优势的特殊能力与资源。图8.8概括了竞争战略的制定过程。

一个企业在市场上能否成功,取决于它是否掌握特殊的资源或具备特殊的能力。这些使得企业能够为顾客创造独特的价值,或者提供最有价值的产品——好产品低价格或值得支付高价的更好的产品。也正是这种竞争优势才能让企业获得平均水平之上的赢利能力,并保持市场领先优势。而本节将要讨论的波特"基本竞争战略"就是解决企业如何充分发挥自己的资源和能力,建立竞争对手不能轻易达到的市场地位的问题。

每个企业都会有许多优点或缺点,任何的优点或缺点都会对相对成本优势和相对差异化产生作用。将这两种基本的竞争优势与企业相应的活动相结合,战略大师迈克尔·波特提出了三种基本的竞争战略:总成本领先战略、差异化战略及专注战略。企业无论采取何种战略,目的都是要为顾客创造最大价值,同时也为企业获得超额回报。

(1)总成本领先战略

总成本领先战略,是指企业将经济成本降低到比所有竞争对手更低的水平以获得竞争优势的一种竞争战略。这要求企业以规模经济和经营资源的充分有效利用为基础,严格控制生产与管理费用以及最大限度地减少研发、服务、推销、

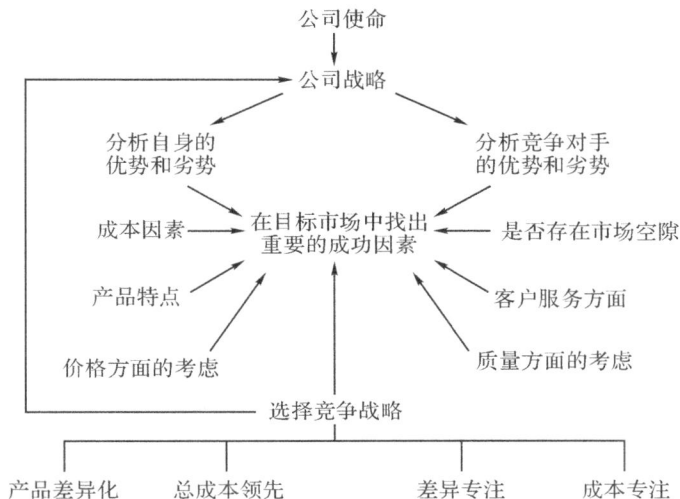

图 8.8　制定竞争战略的过程

资料来源:罗杰·贝内特:《国际营销》(第三版),华夏出版社 2005 年版

广告等方面的成本费用,使企业产品的总成本降到最低水平。它可以确保企业向行业内最典型的消费者提供无任何附加饰品的标准化产品或服务。

想要赢得总成本最低的有利地位,通常要求企业拥有较高的相对市场份额或其他优势,诸如与原材料供应商保持良好联系,或产品的设计能便于制造生产,或易于保持一个较宽的相关产品线以分散固定成本等。

营销故事

格兰仕的"微波炉"——"皮鞋"的价格

格兰仕是中国企业乃至全球企业中,运用波特总成本领先战略最标准和最成功的实践者之一,仅用五年时间,就打败所有竞争对手,成为世界第一。格兰仕之所以能成功,除了充分利用国内丰富而廉价的劳动力优势以外,其规模生产、规模研发以及全球化采购功不可没。例如,1997 年格兰仕把美国最先进的微波炉变压器生产线搬到了国内,以每台 8 美元的成本价替美国公司生产(美国企业成本为 30 多美元);在格兰仕拥有了美国的生产线后,日本变压器企业已无钱可赚,面临绝境。于是,格兰仕又找日本企业来谈判,把日本最先进的变压器生产线也搬了过来,以每台 5 美元供货(日

189

本变压器价格为 20 多美元）。我们可以为格兰仕算这样一笔账：引进的生产线在欧、美、日国家的企业里，每周开工时间一般为 24～30 小时；而在格兰仕有三班工人轮流开工，每周开工时间可以高达 156 小时，产能利用率达到 90% 以上。仅仅通过这样一项，单位产品的固定生产成本比国外同等企业就下降了 5～8 倍。

而且，格兰仕在市场竞争中频频使用降价的手段。但这并不是为打价格战而降价，而是为了持续确保实现总成本领先战略而降价，即降价→扩大规模→降低成本→再降价→再扩大规模→直至垄断。当生产规模达到 125 万台时，格兰仕就把出厂价定在规模为 80 万台的企业的成本价以下；当规模达到 300 万台时，格兰仕又把出厂价调到规模为 200 万台企业的成本线以下。这样，生产规模每上一个台阶，价格就大幅下调，以确保总成本领先的优势。格兰仕走的是一条通过降价占有市场份额，获得扩大再生产的资本，通过扩大规模再降低成本，推动新一轮降价；构筑经营安全线，然后加大研发投入，通过规模分摊研发费用，以持续不断的降价造就持续不断的新品，构筑技术安全线，从而形成一个"中国制造"的良性循环。凭着成本领先战略，格兰仕在行业中的绝对领先地位使其逐渐垄断了全球的微波炉市场，目前的市场占有率达到 50% 以上。

资料来源（改编）：佚名：《善用成本优势：格兰仕的答案》，全球品牌网，2006 年 4 月 21 日

显而易见，成功执行总成本领先战略的前提是企业能够持续地把成本降到低于竞争对手的水平。但是，单纯地削减成本不是总成本领先战略的哲学要义，而是要在追求价格领先的前提下保证质量。它要求企业各部门在运行过程中采取更加完善与统一的行动来进行支持，进而提高企业经营业绩。有些企业因没有正确理解成本领先战略，盲目追求为消费者提供低成本产品或服务，而忽略了质量，致使企业陷入困境。

诚然，总成本领先战略看起来很简单，而实际操作起来却很难，因为单单从某一方面降低成本其意义几乎没有。能够在保持有竞争力的质量前提下取得成本优势，并不是大部分企业的能力所在。

（2）差异化战略

差异化战略，是指企业的产品在质量、功能、品种、样式、档次、商标、包装等方面具有明显的特色，或产品能被顾客感觉到独特性，从而形成与竞争对手明显的区别，以此获得竞争优势的策略。应当强调，差异化战略虽然致力于满足顾客的非标准化需求，但并不意味着企业可以忽略成本，只不过此时成本不是企业的

主要目标。

相对于总成本领先战略而言,大部分企业更容易实现产品的差异化,因为在整个行业的价值链中,每一个环节都可以产生差异化。而且,不同企业在不同环节的差异化能力可以是不同的,仅仅对产品进行局部的创新,就能引起顾客的兴趣。因而,此战略的进入门槛事实上比降低成本要容易得多。那么,怎样才能获得产品差异化呢?其具体方式一般有:

• 产品差异化。这里包括产品质量的差异化、产品可靠性的差异化、产品创新的差异化和产品附加值的差异化等;

• 服务的差异化。通过改变服务的方式和质量,向顾客提供与其他竞争者不同的,更为优质、完善和便利的服务;

• 企业和产品形象的差异化。通过改进企业的形象,增强顾客对企业的信任感,同时推行产品名称的差异化,通过产品识别系统的更新,使其更形象和更有文化底蕴。

营销故事

中国家电企业在东南亚市场的"差异化探索"

与在东南亚市场的欧美、日本、韩国的跨国企业相比,中国家电企业无论从资金规模、整体技术还是从综合实力上看,都有一定的差距。所以,中国家电企业没有与竞争对手在资金投入上硬碰硬,而是在充分分析东道国目标市场的基础上,结合自身的优势,实行差异化竞争策略。首先,实行了差异化的产品战略。TCL 为了打开越南的销售市场,研发了适销对路的产品,主要开发 14 英寸到 21 英寸等越南普通人群所需要的中低档产品来占有市场,这与日韩企业走高档高价高收益营销路线迥然不同。根据越南当地的天气,TCL 越南公司利用领先的制造技术开发了防雷击功能的彩电产品。小天鹅在马来西亚的主导产品——波轮式全自动洗衣机是在引进日本技术基础上发展起来的,价格上属于中低档次。这与欧美的产品相比不但价格实惠,而且更适合亚洲人的洗衣习惯。但在印尼他们选择了双缸半自动洗衣机,这是针对当地市场的具体情况作出的选择。因为在印尼购买洗衣机的大多是华商,大多由佣人负责洗衣,所以他们愿意购买价格低廉且操作简便的双缸半自动洗衣机。其次,实行了差异化的服务营销策略。比如在越南,一般彩电保修期最多 2 年,而 TCL 率先推出了"3 年免费保修、终身维修"的服务承诺。海尔实行的"一站到位星级服务"等服务创新体系,也在当地市场形成了自身差异化的优势和良好的口碑。

资料来源:胡轩:《中国家电企业在东南亚的跨国经营战略》,《市场周刊》2004年第4期,第37—38页

知识链接

"简单"的差异化营销

自从20世纪60年代麦卡锡提出营销学4P的基本架构之后,营销就成为商业市场竞争的显学,而许多行业由于竞争者众,越来越多的产品特色,越来越复杂的功能,似乎就成为新时代营销着墨的重点。然而,在更多的产品特色与复杂功能的潮流中,仍可见到不少舍"多与复杂",而以"简单"作为营销诉求的成功案例。

近年来红遍全世界的手机游戏软件"愤怒的小鸟",是另一个因"简单"而成功的营销个案。"愤怒的小鸟"为芬兰一个由12个人组成的团队设计,在近年来以众多角色、复杂剧情为主的网络游戏热潮中,以简单的角色(只有几只鸟与猪)、简单的剧情(用弹弓发射愤怒的小鸟打死猪)作为主轴,竟然红遍Android与iOS两大系统手机,全世界超过5亿次下载,年营业收入超过1亿美元,不仅成为最受欢迎与获利最高的手机游戏软件,更让"愤怒的小鸟"游戏角色肖像成为热门的授权商品。"愤怒的小鸟"的成功,提醒我们"多与复杂"不是营销唯一的思考方向,"简单"也可以是成功营销的要素之一。

为何"多与复杂"成为我们过去50年营销的主轴?想来与"差异化"有关。50年来,我们不断强调"差异化营销"的重要,以至于厂商不断创造自己"差异化"的产品特点。于是,第二家厂商比第一家厂商多了两个差异化特点,第三家厂商再比第二家厂商多了两个差异化特点,依此类推,形成了越来越多、越来越复杂的产品特色与设计。当然,有时更多的产品特色确实成功地创造了需求,带给使用者更高的价值。比如,汽车工业的电动车窗、安全气囊、行车导航等设计,确实带给了汽车使用者更高的价值。因此,"多与复杂"成为众多行业的主要营销诉求。

然而,似乎并非所有产业都要把"多与复杂"作为营销主轴,有些产品可能只需要把"简单"作为营销主轴。比方说,标榜无毒、有机、健康的农产品,本身就是回归对食物简单的健康需求;苹果的iPhone与iPad在全球热卖,也是一个将过

于复杂设计的手机与计算机,回归到产品简单使用的本质。当然,"愤怒的小鸟"游戏软件,在注重"多与复杂"的游戏软件潮流中,瞄准仍有众多消费者喜欢"简单"游戏的需求,而异军突起,小兵立大功。

曾几何时,我们的计算机配置早已超过我们的使用需求,我们的手机设计功能有一半以上没有被使用过。厂商为了"差异化"而创造的"多与复杂"的产品特点,可能有相当比例并非是消费者真正的需求。有时只是竞争厂商彼此之间不自觉地陷入"差异化"竞赛,而偏离了消费者需求的本质。

为了因过多差异化而导致差异化、追求差异化,反而让众多厂商陷入没有差异化的"多与复杂"的产品设计中。此时,回归需求本质,重视消费者内心的本质需求,可能是"差异化"突围的最有效策略!

资料来源:郭特利:《"简单"的差异化营销》,《新营销》2012年第2期

虽然其形式与总成本领先有所不同,它也能成为在行业竞争中赢得超常收益的可行战略。因为差异化战略可利用顾客对品牌的忠诚以及由此产生的对价格的敏感性下降使企业得以避开竞争;它也可使利润增加却不必刻意地追求低成本;顾客的忠诚度以及竞争对手要战胜这种"独特性"需付出的努力会构成市场进入壁垒;在产品价格的制定上可以获得较大的空间,以适应不同国别市场或不同地区市场的需要;最后,由于赢得顾客的忠诚,企业在面对替代品威胁时,其所处地位比其他竞争对手也更为有利。

但是,波特认为推行差异化战略有时会与争取占有更大的市场份额的活动相矛盾。在建立差异化战略的活动中总是伴随着很高的成本代价,有时即便全产业范围的顾客都了解公司的独特优点,也并不是所有顾客都愿意或有能力支付公司要求的高价格。

(3)专注战略

专注战略,是指由于企业资源的有限性或所具备的竞争优势只能在产品市场的一定范围内发挥作用,致使企业很难在国际市场上开展全面的竞争,只能在全球市场细分的基础上集中力量,主攻某一特定的全球消费群体、某产品系列的某一个品种或某一国家(地区)市场,从而取得比竞争对手更高的效率和收益。

前面介绍的总成本领先与差异化战略都是要在全产业范围内实现其目标,而专注战略的整体却是围绕着很好地为某一特定目标服务这一中心建立的,它所制定的每一项职能性方针都要考虑这一目标。这一战略的前提是:企业业务的专一化能够以更高的效率、更好的效果为某一狭窄的战略对象服务,从而超过在更广阔范围内竞争的对手。结果是,企业或者通过满足特定对象的需要实现了差异化,或者在为这一对象服务时实现了低成本,或者二者兼得。尽管从整个

市场的角度看,集中战略未能取得总成本领先或差异化优势,但它的确在其狭窄的市场目标中获得了一种或两种优势地位。

一般来说,专注战略在下列情况中特别适用:

- 市场存在完全不同的顾客群,他们对产品有不同的需求或消费方式;
- 其他竞争对手尚未关注该细分市场;
- 企业现有资源难以进入更大的市场;
- 企业具有满足特殊需求和进入特定市场的能力。

当然,采用这一策略可能具有较大的风险,特别是在企业成本优势不强,产品差异化程度不大的情况下。一旦消费者需求和市场环境发生变化或者其他强大的竞争对手开始进入,就很有可能陷入绝境。

8.4.2 全球市场合作战略

在传统的竞争中,企业强调以对抗为中心,认为竞争企业之间是一种一方受益必以他方受损为代价的互为消长的正负和输赢关系。然而,随着市场竞争的加剧、世界经济的一体化、企业经营的全球化以及全球市场的形成,竞争已经从国内延伸到国际。巨大的竞争压力和争夺全球市场的强烈动机使得许多跨国公司深感仅凭自身的资源无法实现企业的战略目标,在客观上要求它们改变竞争方式。于是就产生了一种全新的竞争观念,即竞争企业间通过合作或联盟,可以存在共同受益、互为共生的正正和双赢关系。

有了这种新观念的指导,跨国企业纷纷采取横向联合与纵向兼并,强调优势互补,在竞争中寻求合作,共同创造竞争优势。合作协议、战略联盟、国际战略联盟和全球战略伙伴关系(GSPs)等短语,常被用来描述这种为寻求共同目标而合作的企业之间的关系。

(1)国际战略联盟的内涵

国际战略联盟(international strategic alliance),是指两个或两个以上的跨国企业间为实现共同的目标而建立的合伙关系。也可以说,是相互竞争的两个或多个跨国公司为了战胜其共同的竞争对手,而采取的一种"竞争联合",它包括围绕某一产品而进行的投资、研究与开发、生产、市场营销等方面的全面合作,也包括知识创造和各种信息的交流活动等。在过去的二十几年中,国际战略联盟已成为最广泛使用的竞争战略之一。它可以使来自不同国家的企业共同分担风险、共享资源、获取新技术、迅速开拓新市场。

跨国企业结成国际战略联盟的动力来源于一个简单的信念:1+1>2。这需要结盟双方都必须具有某方面的比较优势,比如能够给对方带来渴望的技术、资源、知识风险分担和进入新市场的机会等。一般,文化上相容、相似的企业比有较大文化差异的企业更适合成为联盟中的合作伙伴。

(2)国际战略联盟的组织形式

国际战略联盟的组织形式有很多,企业可以根据其不同目的,从不同的战略联盟形式中作出选择。一种比较好的方法是根据联盟双方(或多方)所从事经营活动的性质来划分。如果双方从事的活动是同一产业中的类似活动,这种企业联盟便是水平战略联盟。如果联盟双方从事的活动是同一产业中的互补性活动,便是垂直战略联盟(Ghemawat 1986;M. Porter & M. Fuller 1986)。

①水平战略联盟

水平战略联盟是行业竞争对手之间的联盟。联盟双方共同从事某一项经营活动,从而模糊了企业之间竞争和合作的差别。目的在于改善企业在价值创造活动中的联合地位,以共同应对全球性的市场竞争。通过建立水平战略联盟,可使企业获得规模经济,减少多余的生产能力,转移知识产权,降低经营风险。它包括技术联盟、生产联盟、销售联盟等几种形式。技术联盟可以通过降低联盟双方在新产品、新技术研究开发方面的成本,提高产品开发效率,分散风险。如2003 年华为与 3Com 公司合资,致力于数据通信产品的研究、开发和生产,向用户提供从核心骨干网到桌面终端的全系列 IP 产品和解决方案。2007 年长虹和微软合作建立信息家电技术联合实验室,共同开发多媒体交互式电视和 PMC 便携式媒体中心。另外,企业联盟不仅仅表现在吸收国外先进技术,还体现在管理、生产技术及培训和专业服务等知识转移。2008 年 7 月,海尔集团与梅赛德斯—奔驰技术集团在青岛结成战略联盟,向奔驰学习精益管理。根据联盟协议,奔驰要将其在汽车方面的制造体系移植到海尔洗衣机制造中,以优化其生产制造流程,提高生产效率和产品品质。在营销联盟中获得的更高效率,则主要来自于联盟方利用共用的销售渠道和网络而提高规模经济,使联盟各方都可以得到更多的顾客,通过信息共享或者联合广告宣传,降低营销成本。例如,2007 年国家开发银行与巴格莱银行结成商品业务战略联盟,由巴克莱银行负责建立国开行的商品类产品的销售和交易能力,提高其商品业务操作及风险管理的技术架构。

②垂直战略联盟

垂直战略联盟是由处于生产和流通不同阶段的企业联合而成的。联盟方互相承诺从事对方的某些活动,双方可能签约,也可能不签约。这使双方都能够得到比一般的市场交易更紧密的协调,而双方又能继续保持自己的独立性。在结成联盟之前,企业往往首先要确认自己在哪些方面有优势,然后集中力量从事该项经营活动,同时通过协议让有优势的联盟企业从事自己不能有效从事的活动。垂直战略联盟一般以长期供货协议、许可证转让、营销协议、合资等方式出现。这种联盟最典型的是生产商同中间供应商的联盟,如丰田汽车公司同其零部件供应商的长期合作关系,又如 2008 年,李宁公司与美国米其林公司技术合作,引进橡胶技术联合开发新型运动鞋;生产商同销售商的联盟,如宝洁公司同全球最大零售商沃尔玛公司的联盟。

综上所述,国际战略联盟本质上是一种基于优势互补、资源共享思维的经营方式。在全球市场日趋统一而消费者日趋多样化的今天,战略联盟的思维可以有效地降低公司营运成本,提高产品和服务质量,从而为企业在全球市场的拓展创造良好的条件。从竞争到合作,越来越多的企业已经在转变其经营理念。

练习思考

1.试述全球市场细分思路与细分标准间的联系与区别。

2.试述影响全球市场进入方式的各种因素。

3.对三种目标营销策略进行比较分析并讨论三种策略的适用情境并举例说明。

案例分析题

奥德赛斯公司拓展海外市场

美国奥德赛斯公司的产品为连接器和离合器系列,其中奥德赛斯皮线器及其他一些相关设计在世界上拥有专利,因此,尽管市场上其他竞争对手的产品线发生了很大变化,但奥德赛斯在连接器和离合器市场上仍拥有固定的份额。奥德赛斯公司在美国和加拿大市场上具有很强的竞争力,因此,公司的专利产品在设计上具有难以仿制的特点,也没有竞争对手拥有和奥德赛斯完全一样的生产线。20 世纪 80 年代初,来自海外的订单在缓慢而持续地增加。拓展海外市场虽然存在语言、风俗和货币的障碍,但在美国生产产品成本太高,外国政府对奥尔赛斯产品征收的关税比过去增加了 10% 以上,在国际市场上缺乏价格竞争力。

奥德赛斯公司在美国和加拿大以外的业务都是以许可证协议的形式开展的。英国赛伦公司对奥德赛斯皮线连接器极感兴趣,1975 年末,它们签订了为期 15 年的许可证协议,允许赛伦公司在英国生产和销售奥德赛斯现有和将来的产品。此外,赛伦公司还获得了在除美国、加拿大、墨西哥和法国以外的其他国家销售奥德赛斯产品的许可;奥德赛斯公司可以从赛伦公司利用其他专利生产的设备出厂价格中提取 1.2% 的专利费。至 1980 年,奥德赛斯通过该协议获得了 30 万美元的收入。他对公司利润的提高有十分积极的影响,而且公司并未为此追加任何投资。

奥德赛斯公司在法国也有一个许可证持有人——塞拉公司,塞拉公司在法国享有产品的独家专卖权。该协议从 1979 年起生效,为期 10 年。在生效后的第一个销售年度,奥德赛斯从该项合作中获得税后收入近 2 万美元。

1981 年,塞拉希望与奥德赛斯进行合资经营,奥德赛斯在合资企业中投入 40 万美元,而塞拉则提供一间 4 万平方英尺的厂房、设备、国内分销渠道和管理人员,新企业将命名为塞拉—奥塞德斯,将德国作为未来拓展的主要目标。原来的塞拉公司将拥有新公司 60% 的股权。奥德赛斯公司除可获得红利外,还可获得奥德赛斯专利产品销售额的 5% 作为税收补偿。

与此同时,奥德赛斯有可能获得一家德国连接器厂商 CMF 公司。CMF 既希望出售公司的产权,又希望能继续管理公司。可是,如果奥德赛斯自己直接进入德国市场,将被视为一种"不友好举动"。因为德国是赛伦公司的地盘,赛伦对奥德赛斯的贡献颇大,奥德赛斯不希望由此而与英国的合作伙伴交恶。

1981 年,欧洲市场工业化和机械化步伐加快,这无疑给奥德赛斯带来了新的机会。奥德赛斯非常希望能抓住这一机遇,与欧洲公司合作,在欧洲生产。奥德赛斯将开拓海外市场的原因归结如下。

首先,合作将使单系列产品的市场尽可能地扩大,这样可以用地区扩张策略代替产品多样化策略;其次,奥德赛斯在欧洲的产品的重大改良和技术创新,将对其在美国市场上的有利竞争地位产生积极的影响;最后,奥德赛斯公司对本国生产的产品成本非常担心。奥德赛斯将不得不步美国手表和自行车制造商的后尘,将更多的制造工序移往海外而进口更多的配件甚至成品。

在确定是否进一步扩大海外经营前,奥德赛斯希望归纳出可供选择的各种策略。首先,奥德赛斯将通过扩大出口来建立海外市场。如果策略能取得成功,将使生产成本大大降低。第二,公司可争取获得更多的许可证协议。这一策略在英国和法国已经取得成功,但再次运用该策略获利不会太高,其上升空间有限。第三,公司可与海外市场上现有的公司进行合资。奥德赛斯将提供资金和技术,海外公司提供管理技术、劳动力资源、销售渠道等。这一策略看来最具发展前途。第四,奥德赛斯将建立完全由自己控制的海外子公司。但要达到这一目标也有许多困难,因为奥德赛斯缺乏海外经营的管理技术,他们对海外市场也不熟悉,缺乏经验。从事海外经营是一件十分复杂的事请,独资经营企业需要大量的时间和金钱投入。

(1)根据案例提供的背景材料,指出奥德赛斯公司所采用的进入国际市场的方式,并分析各种方式的优缺点。

(2)你认为奥德赛斯应采取怎样的策略拓展海外市场? 理由是什么?

资料来源:蔡新春:《国际市场营销学》,暨南大学出版社 2004 年版

第9章　满足全球市场需求的产品策略

学习目的

　　通过本章的学习,掌握企业为全球各地市场提供产品的不同策略方案以及这些不同产品策略的适用条件,了解全球产品的营销策略的内容,了解全球性品牌的本土化策略,掌握全球服务营销的主要策略。

教学要求

知识点	能力要求
国际产品的选择方案	国际产品不同选择方案的适用条件
国际产品的营销策略	(1)全球产品的质量保证 (2)全球产品的品牌决策 (3)全球产品的包装与标签决策
全球品牌与本土化	全球化品牌与本土化的兼容
国际服务营销	服务产品的国际营销策略

核心概念

产品(product)

全球化产品(global products)

全球品牌(global brband)

区域化产品(regional products)

标准化(standardization)

本土化（localization）

适应（adaptation）

服务（service）

服务质量（service quality）

营销故事

飞利浦（Philips）公司生产的 Norelco 牌电动剃须刀是典型的国际标准化产品，该剃须刀可以适应 100～240 伏特的电压，在频率上可适应 50～60 赫兹。简言之，飞利浦公司的 Norelco 牌电动剃须刀可以适应各国各地区不同的电压及频率，特别适合出国旅游时购买使用。

9.1 为全球市场开发产品

产品是企业满足消费者需求的基本载体，是联系企业与消费者的桥梁与纽带，也是企业获得生存和发展的基本条件。所谓产品是指提供到市场上的、能引起消费者注意、兴趣、购买或使用，从而满足消费者某种需求的一切要素，它不仅包括有形物品，也包括无形的服务。国际营销学中"产品"的概念与市场营销学中"产品"的概念并无不同之处，从满足消费需求的角度看，提供给消费者的产品都由核心产品（产品效用）、形式产品（产品实体）、延伸产品（附加利益）等层次所构成。一个企业所生产并向国际市场提供的产品能否为消费者接受，不仅直接关系到国际营销活动能否顺利进行，而且决定企业的兴衰成败。因此，国际营销的产品决策是国际营销决策的基础性环节。

9.1.1 国际产品的设计策略

企业在制定进入国际市场的产品决策时，首先要考虑该产品在国际市场的需求量及其价格、在国际市场销售所发生的各种成本费用、贸易壁垒的高低以及最终的销售利润率等因素，但选择进入国际市场的产品不同，这些不同产品所面临的内外环境和条件也相差很大。有的企业将国内畅销的产品原封不动地搬到国外，同样可以畅销获利；有时则需要将国内销售的成功产品进行功能、款式等方面的改变才能外销；有时则需要专门为国外市场设计制造与国内市场毫不相关的新产品。因此,企业在考虑为国际市场提供产品时,有以下三种方案可供选择：

第一种:用国内市场的现有产品直接销售到国际市场；

第二种:按国际市场的具体要求对现有产品进行改进后再销售到国际市场；

第三种:专门为国际市场开发生产全新的产品。

由于产品在国际市场的销售必须同时考虑在目标市场上的广告宣传方式,因此,国际市场的产品策略归纳起来有五种：

图 9.1　国际营销产品的选择方案

策略一:产品/宣传的直接延伸(双重延伸)

如果企业通过市场调查与研究,了解到国外市场的购买者对某项产品的要求与使用情况等环境与本国相同,便可以不改变产品,也不改变广告宣传的方式和内容,直接将该产品出口到国外市场。如 IBM 电脑、"吉列"剃须刀等产品在中国及全球市场的销售就是采用这种策略,并获得相当高的收益。

策略二:产品延伸,宣传改变

为了适应国外市场的文化背景和当地消费习惯,企业有时在不改变产品的前提下,必须改变广告宣传内容和形式,突出与当地市场相适应的文化价值观,使产品能更快更好地为当地顾客所接受。可口可乐公司在日本出售减肥可乐就是适当改变广告主题才得以畅销,因为,日本女性认为"减肥"是一个肮脏的字眼,而且她们的体重按照西方人的标准并不算重,所以减肥可乐饮料在日本的初期销售极其困难。可口可乐公司通过改变产品名称(将"减肥可乐——Diet Coke"改为"可乐清爽——Coke Light"饮料)和广告主题(由"帮助减肥"改为"保持形体健美"），问题迎刃而解。这种策略的优点体现在实施成本相对较低，因为产品本身没有改变，避免了产品研发、生产线改造等方面的成本投入，增加的只是广告设计等环节的营销费用。

策略三：产品改变，宣传延伸

一些产品在国外市场的基本用途及顾客对该产品的购买动机相同或相似，只是使用条件不同，或者顾客的使用习惯和购买行为略有差异。这就要求企业对外销产品作适应性调整，包括改变式样、包装、色彩等以适应其特点。但由于产品的基本功能和品质没有改变，顾客的购买目标或动机与国内消费者也相同，所以广告宣传就可不必变动。如"宝洁"公司在世界各地销售的洗衣粉，其基本功能都是清洁去污，但各国的洗涤方式（机洗或手洗）不同，水质不同，生活水平以及衣料质量不同，所以在不同国家销售的洗衣粉的配方也不同。再如"EXX-ON"公司为适应不同国家或市场的天气情况改变汽油的成分构成，但同时又保持汽油及其他制品的基本宣传主题——高效、节能与环保。

策略四：产品和宣传的双重改变

有时，为适应国外市场的政治与法律环境、独特的商业习惯以及顾客的消费习惯，无论是对现有的产品还是广告宣传的主题和内容都必须加以改变，方能进入当地市场销售。如天津天士力集团向国外市场销售的中成药——复方丹参滴丸，就是采取这种策略。中药在我国有着数千年的历史，孕育了一个庞大的国内消费群体，很多消费者对各种中药名称及其功能都了然于胸，对"滋补"、"顺气"、"去寒"等中医名词也能准确理解。但国外消费者尤其是欧美国家的消费者对中医中药的作用机理却难以领会，而且受中药产业传统落后技术的制约，确实存在有效成分含量不清、质量不稳定、剂型不符合现代人的饮服习惯等等问题，使得我国传统中药难以进入西方国家主流医药市场。要改变这种现状，必须按照目标市场国的相关法律规定和有关药品标准以及消费者的医药消费习惯，对中药的种植、加工提炼、药性成分的界定和广告宣传都要作出适应性调整，才能得到当地医药界和患者的认可。

营销故事

生产减肥食品的瘦得快（Slim-Fast）公司，第一次进入德国市场时，是聘请当地的一位名人来做广告。而在英国，健康食品不准许用名人做广告，于是在英国的新产品广告中使用教师、制片人等职业形象。而且，产品口味也要根据当地市场进行调整。在英国,香蕉味最受欢迎,而这种口味在其他国家却十分罕见。

资料来源:Masaaki Kotabe 等著,刘宝成译:《全球营销管理》(第三版),中国人民大学出版社 2005 年版

策略五:设计并开发全新产品

为了适应国外市场完全不同于国内的市场需求,必须针对性地生产新产品出口。虽然该策略要花费巨大的成本,但如能获得当地消费者的青睐,其收益也十分可观。

9.1.2　标准化与差异化

上述关于国际产品的五种选择方案可进一步归结为国际产品是采取标准化策略还是采取差异化策略。前者是指向全球市场提供标准相同的产品,实施该策略的产品称为全球化产品(Global Products)。全球品牌(Global Brand)的产品包括吉列剃刀、高露洁牙膏、索尼电视等。后者是指根据不同国家(地区)的市场特点提供与国内市场不同的产品。实施该策略的产品因有明显的地方化或区域化特色也称为区域化产品(Regional Products)。这两种策略在营销理论界曾有过激烈的争论,在跨国公司的营销实践中,既有不少大公司如雀巢公司、可口可乐公司等因采取标准化的策略而取得巨大的成功,但也有不少企业因没有对产品作因地制宜的改进而导致国际营销的重大失误。可以说,这两种策略的实施都有其存在的合理理由。

(1)国际产品的标准化策略及理由

赞同国际营销策略(包括国际产品策略)标准化观点的人以美国哈佛大学莱维特(Theodore Levitt)教授为代表。他认为:"国家之间的品位和做生意方式的古老差别已经消失。偏好的一致性将不可避免地导致产品、制造以及制造和贸易机构的标准化。以国家为基础的小型市场发生了奇迹般的变化和扩张。在世界竞争中的成功转而依赖于生产、分销、营销和管理上的效率,而价格不可避免地成为其中的焦点。"他的结论就是国际性企业应把整个世界市场看成是一个大市场,企业的任务就是提供先进的、性能良好的、可靠而又价廉的全球标准化产品。赞同其观点的其他学者还提出,消费者的心理具有全球性的共性,各种文化之间也有相近之处,因此,与产品密切相关的广告也可采用标准化的形式。

西奥多·莱维特（Theodore Levitt，1925—2006）是哈佛商学院资深教授，现代营销学的奠基人之一。1983年，刊登于《哈佛商业评论》的一篇文章《全球化的市场》(Globalization of Markets)引起轰动，在国际商业界引发了至今不能平息的争论，它使"全球化"一词载入了管理学词典。文章中莱维特作出了一个大胆预言：全球化已然来临，不久之后全球性公司将在世界的每一个角落以同样的方式销售它们的商品与服务。他在文章中明确提出了"全球营销"的概念。他呼吁多国公司向全世界提供一种统一的产品，并采用统一的沟通手段。他发现，过于强调对各个当地市场的适应性，将导致生产、分销和广告方面规模经济的损失，从而使成本增加。他的观点激起了一场暴风雨式的争论，不仅引起了学术界的震动，同时也引起了实际从事营销活动的人士的浓厚兴趣。20年后的2003年5月，哈佛商学院举办了为时两天的"全球化市场论坛"，来自世界各地的60多位学者和商界精英出席了讨论，由此可见其深远的影响。

西奥多·莱维特一生获奖无数，除了"麦肯锡奖"之外，他的《营销创新》(Innovation in Marketing)一书获1962年度管理学院杰出商业书籍奖；1969年获商业新闻约翰·汉考克奖；1970年获"年度营销人"帕林奖；1976年获乔治·盖洛普卓越营销奖；1978年获全美营销协会杰出贡献奖；1989年获国际管理理事会威廉姆·M.麦克菲利奖。

从企业角度考虑，至少有以下因素会促使企业采用国际产品的标准化策略：

①生产的规模经济

如果产品只在一个生产基地制造，为了满足世界市场的需求而进行大批量生产可以大大降低生产环节的成本。如果企业在世界各地设置不同的生产基地生产不同的产品来满足当地市场不同需求，则因当地市场需求有限而使企业失去规模经济效益。

②产品研制与开发的规模经济

企业实施国际产品的标准化策略,其产品研制与开发的巨额费用就可以在大批量生产与销售的基础上分摊;而且,企业不需要分散有限的研发资源为每个小市场设计独特的产品,从而可以更专注于某一种新产品的开发以减少成本。况且,对大多数企业而言,产品研发方面的人才是最为短缺的资源,只有集中使用才能降低研发风险,形成收益。

③营销活动的规模经济

当产品标准化时,如果广告内容和形式带有全球都普遍接受的特点,则无论在世界哪一个市场,企业都可以组织一场标准化的全球性广告活动,既降低成本,又避免在不同市场上的广告时间拖延;此外,广告宣传手册、推销人员的训练等方面,尽管各地市场稍有差异,但至少在产品介绍、产品及零部件存货控制以及售后服务方面,可以大大节省开支,并保证较高的准确性与可靠性。例如,IBM公司使其产品和服务标准化,目的在于使世界各国的IBM产品用户能得到相同水平的产品和服务。还有不少连锁经营的公司如麦当劳快餐、肯德基家乡鸡等,无论在哪一个市场,都使用相同的标记、快餐包装容器、相同情调的餐厅格局、相同的服务质量规范等,以便保持自己的特有风格。

④适应了消费者流动性增加的要求

随着不同国家之间的政治、经济、文化交往的密切和国际旅游业的快速发展,旅游者构成了一个不容忽视的庞大市场。当人们在海外旅行时,标准化的产品有助于他们识别自己熟悉和需要的产品,方便了他们选购和使用。如吉列剃刀、数码相机、希尔顿饭店等实行标准化的产品策略,就达到了这样的效果。

⑤技术性的要求

技术密集型产品一般趋向于标准化。这是因为,技术上的工艺和规格以及产品质量要求不一定随着国别市场的差异而发生变化,即使变化也不过是微小的改进,如电压和计量制的调整。如在计算机行业,为了各种辅件、软件接口方便以及联机并网的需要,产品的标准化有利于顾客的使用、升级和维修。

知识链接

为全球生产的笔记本电脑,无论是Sony、戴尔(Dell)、康柏(Ccompaq),还是联想、宏碁、华硕,均附有变压器以适应各国各地区不同的电压及频率,方便消费者在全球各地旅行时使用。

（2）国际产品差异化策略及理由

主张企业营销策略差异化的人们认为，世界市场应按照不同的地区、不同的文化、不同的社会等标准进行细分，企业的产品计划和促销手段都应因地制宜地进行调整甚至重新制定。企业实行差异化的策略，可以获得更大的利润，这主要由于产品的标准化虽然可以最大限度地降低成本，但不一定能最大限度地增加利润，而适当修改产品使其适应各个市场的特点，则可以大大提高其在全球市场的销售额，从而可弥补并超过产品调整的成本，使利润额有较大的增加。此外，以下理由也支持了企业采取差异化的产品策略。

①产品在不同市场所面临的使用条件不同

尽管产品在不同国家都能满足相近的基本需求，然而产品在不同国家的使用条件却有很大的差异。例如，就气候条件来说，温度和湿度都将给产品的使用造成影响。如杀虫剂及肥料需视各国的气候、土壤、水质及昆虫分布状况而修正其产品；化妆美容用品也应根据气候、消费者肤质而调整产品成分，如东亚沿海各国的人民，生活在比较湿润的季风气候条件下，油性皮肤的人较为常见，防止油脂分泌过多及青春痘的护肤品受欢迎，而东亚的干性皮肤可能是美国定义的中性甚至是略偏油性的肤质。又如产品在不同国家的使用习惯、维修标准等方面的不同也要求企业适当修改产品。有些国家（地区）规定汽车靠左行驶，因此驾驶座位于左边或右边是汽车厂家要注意的。松下公司出口到不同国家市场的电视机要进行专门的磁场矫正，以确保在各地能得到最好的电视信号接收效果。

②市场环境的差异

市场环境的差异首先表现为各市场的消费者收入有很大差别，这就导致不同国家的消费者尽管对很多产品都有共同的需求，但对产品的质量、规格、价格、包装等属性的具体要求有明显差异。对高档耐用消费品而言，高收入国家的消费者更重视产品的质量、款式、品牌知名度，而低收入国家消费者可能更看重产品的价格与效用。就日常消费品而言，发达国家市场多采用自选购物方式，包装质量要好，消费者有能力也愿意多付费用以换取好包装所带来的方便、美观以及某种社会声望的满足。而经济落后国家的消费者因收入有限，会较多地注意产品本身的使用价值，而不愿意为精美的包装付出额外的代价。可口可乐公司在中国市场销售的"雪碧"，主要用大容量的瓶装而非易拉罐，也是为适应中国市场的消费水平。

其次，市场环境的差异还表现在同一产品在不同市场上所处的生命周期阶段不同。产品在某个市场已处于生命周期的成熟阶段，但在另一个市场可能还不为人知，正处于引入阶段。如，自动洗碗机在大部分发达国家已到了成熟期，并且主要供家庭使用,但在发展中国家,这种产品主要是在宾馆、饭店使用,因此,洗碗机的容量规格就要大一些。

最后,市场环境的差异还表现为各地文化习俗所决定的消费习惯的不同。在中国,男子不能戴"绿"帽子,因为绿帽子代表老婆红杏出墙;在伊朗,绿色代表高级的颜色,回教的先知穆罕默德就戴着绿色头巾。

③强制性因素

首先,世界各国政府为了保护本国消费者的利益或某些集团的利益,或者是为了维持已有的商业习惯,对在本国市场销售的产品制定了一些特殊的法律规定和要求。这些规则有些是永久性的,有些则是临时性的,有些甚至是专为进口产品制定的。产品要想在当地市场销售,就必须符合该国的特殊要求,否则,只能放弃这个市场。例如,日本的商品规格就分为"强制规格"和"任意规格"两种。"强制规格"是指商品在性质、形状、大小和检查试验方法上必须满足特定标准,否则就不可能在日本市场上进行制造和销售,药品、化妆品、食品、电器、瓦斯用品等都属于"强制规格"的范围。美国政府对消费品的安全法规,内容更为庞杂,涉及多个方面。如织物的阻燃性;电器的安全性;餐饮具和玩具中油漆的贵金属和有害元素的规定;体育用品的安全标准;玩具和儿童用品的安全规定;食品卫生和安全规定等。

其次,度量衡的不同既是习惯也是标准。英国和美国采用英制,英寸、英尺、英里代表英制的长度,而欧洲大陆各国则采用公制,公分、公尺、公里代表公制的长度。因此,外销到不同度量衡的国家需要修改长度及重量单位。

再次,随着贸易保护主义的抬头,一些国家为了保护国内工业和国内市场,制定了一些限制进口的特殊法规。对于国际企业来说,唯一可行的策略就是在当地投资生产并购买当地的零部件,而这又限制了国际企业标准化产品策略的实施。

④子公司经营的需要

当今的跨国公司大多实行分权型管理,分布在世界各地的子公司有自己独立的利益,有些国外子公司还是跨国公司的利润中心。国外子公司为了追求自身利益的最大化,必然要求自己生产和经营的产品最能适应当地市场的需要,这样公司总部所制定的标准化产品策略就难以得到各地子公司的认同和配合执行。

思考提示

　　国际产品的标准化策略和差异化策略各有优劣，关键是国际企业要根据产品特点、市场环境等条件来灵活取舍。

9.2　全球品牌与产品的本土化

　　显然，标准化产品策略和差异化产品策略都有其存在的合理理由，对具体企业来说，究竟是采取全球标准化的产品策略还是选择本土化的差异产品策略，现在仍然没有一个客观统一的取舍标准，最可行的方案就是企业要根据自身的资源条件、产品特点以及目标市场之间的环境差异等因素，灵活决定产品是否修改或决定产品修改幅度。图9.2可了解不同产品的修改程度。

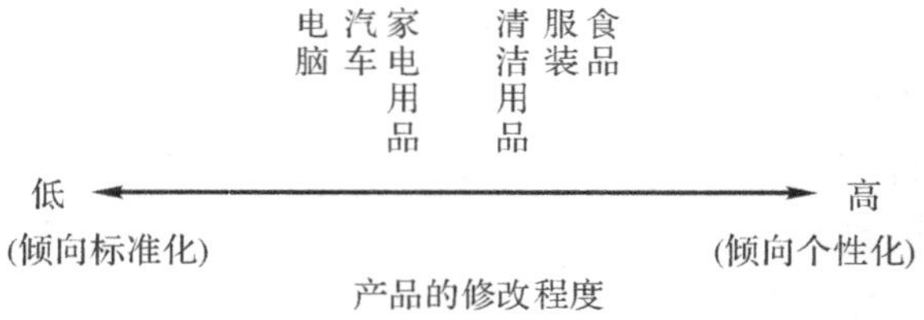

```
电 汽 家        清 服 食
脑 车 电        洁 装 品
     用        用
     品        品
低 ←──────────────────→ 高
(倾向标准化)              (倾向个性化)
        产品的修改程度
```

图 9.2　产品的修改程度

　　图9.2表明产品本身特性对企业选择有较大影响，如一些高技术产品、高档消费品、某些通用零部件等，在进入新市场时就可以保持其原来的特色，倾向于标准化。一般而言，越是接近上游的基础产业产品，例如钢铁、石油、水泥等，它的生命周期越长，可以实行标准化的产品策略；越是接近消费的最终产品，如食品、服装等，其生命周期越短，更容易受到当地消费者偏好的影响，应实行差异化的产品策略。以下几个因素是决定产品修改程度或本土化程度的主要因素。

9.2.1　产品是否有显著的规模经济

　　如果产品经由大量标准化生产可以明显降低单位成本，则宜采用标准化产品策略或小规模修改的个性化产品策略。从产业角度看，资本密集型产品如汽车、化工产品，其固定成本高，在大量生产的情况下，有明显的规模经济效应；相反,劳动密集型产品如服装、食品,在变动成本(人工成本)比重较高的情况下,并无显著的规模经济;至于清洁用品如洗发水、洗衣粉等,原料成本比重较高,而原料成本亦属变动成本,因此也少有规模经济。

9.2.2　产品生命周期长短

生命周期很短的产品,宜采取标准化策略以利迅速回收所投入的成本;反之,生命周期很长的产品,则可考虑大幅度修改。例如,个人电脑的生命周期相当短,新上市的个人电脑在上个世纪 90 年代大约只有 2 年寿命,接着在市场上消失。现在,随着计算机(芯片)技术呈加速发展趋势,个人电脑的生命周期只有6 个月左右,因此,很少作产品的修正。

9.2.3　产品是否需要售后服务

售后服务要求高的产品,应采取标准化的产品策略以利售后维修、零部件的更换;反之,不需要售后服务的产品则宜采用本土化的差异产品策略。汽车、家电产品(如冰箱、电视、空调等)需要较多的售后服务,所以多采用标准化产品策略,而清洁用品、服装、食品则少见售后服务,因此多采用适应当地消费环境的策略。

9.2.4　产品是否有较大的环境敏感度

进入国外市场时,企业如面临截然不同的政治、经济、文化、地理及社会环境以及消费者不同的消费习性,必须避免强求实施标准化策略,以减少失误;如果不同的市场之间的环境差异不大或环境差异对产品选择和使用的影响不大时,则不必过分强调制定差异化策略,以减少费用和实施的困难。

营销故事

以生产清洁用品闻名全球的宝洁公司(P&G),旗下汰渍(Tide)品牌洗衣粉在全球销售。但洗衣粉的去污效果与水质、洗衣方式都有关。不同地方水质硬度高低差异较大,有些地方习惯用热水洗衣,也有些地方用冷水洗衣;有些国家以手洗为主,有些国家以机洗为主。因此,宝洁公司在各国的洗衣粉配方有所差异,如欧洲的水质硬度较高,该公司加入特殊配方以加强洗净能力;对于手洗方式洗衣的地区,则加入发泡剂以增加泡沫,因为消费者经常将泡沫多寡与去污力联系在一起。

事实上,随着信息技术的飞速发展和普遍应用,当今世界著名的跨国公司在全球市场的经营中,已经将标准化产品策略和差异化产品策略进行有效的兼容,其采用的策略就是模块化(modular)策略和核心产品(core product)策略。

模块化策略包括开发一系列在世界范围内通用的产品部件,使之能够适配各色产品。在几个不同地点批量生产标准化产品部件以享受规模经济的好处,再按照不同市场需求选择不同部件进行组装出售以体现本土特色,满足个性需求。如生产电脑的 DELL 公司,通过信息化技术设备为主要内容的柔性制造系统,使得每一个消费者对电脑的特殊需求都可以得到满足,并且基本上是在与标准化产品同样的低价格、同样的高效率下达到的。

核心产品(共同平台)策略是以设计生产一种基本统一的核心产品为出发点,然后在核心产品基础上增添各种附属的特色以适应当地市场的需求,通过核心产品的标准化生产降低生产成本和采购成本,同时,公司又可对产品轻而易举地进行改动。菲利普公司供应世界各地的电子产品有 500 多种型号,但它们的零部件和半成品则尽量采用统一标准,以此既赢得规模经济的好处,又不失为客户提供多样化产品的美名。

营销故事

法国雷诺汽车大部分的销售收入来自欧洲市场。车身、发动机、底盘、传动装置在不同市场上都完全相同,但在北欧市场出售的汽车安装了功率更强的加热器,而在南欧出售的汽车则安装了高性能的空调。福特汽车公司的美洲豹 S 车型与林肯 LS 车型共享同一平台,大众汽车公司的 Golf 轿车平台也同时用于生产奥迪、Seat、Skoda 等其他不同品牌的汽车。属于通用汽车公司瑞德"绅宝"牌轿车使用的平台原先是为该公司的另一欧洲品牌"欧宝"汽车开发的。通用汽车公司的一位高级主管说:"有谁知道,打开车盖,里面全是一样的。"

思考提示

优秀的企业能够共享标准化产品策略与差异化产品策略的各自优势,实现全球性品牌在低成本基础上的本土化适应。其实现的条件是什么呢?

9.3　全球产品的营销策略

在今天的国际市场上,不论是生产工业品的企业还是生产消费品的企业,都将面临空前巨大的机遇和挑战。在全球新兴市场上,由于经济增长强劲,新的消费者不断出现,成为全球经济新的增长点。在成熟的工业化国家市场上,消费者的个性化需求更加突出。随着国际市场上的竞争日趋激烈,在国际市场上以国内市场的销售方式销售专为国内市场生产的产品将难以奏效。有些产品如果不经过改造,在国外市场上就根本卖不出去;有些产品不经过改造也能销售,但是如果能根据当地市场的需要经过适当调整,将更受欢迎。在市场竞争中,以消费者能接受的价格,提供优质产品和服务满足市场需求,应该是每一个公司的目标。

9.3.1　产品质量保证策略

产品质量保证是指销售商保证产品应该具有的使用价值或预期收益。质量保证的内容会因产品、市场等的差异而有所不同,但一般应包括以下内容:

①产品应起的作用、使用年限;

②买方发现产品有问题时进行维修的方法和地点;

③对产品整体及组成部分的保证及期限;

④明确适当的使用条件与使用方法。

明确的质量保证对销售者与消费者来说都具有积极的意义。对消费者来说,有吸引力的质量保证能使消费者消除购买时的疑虑和使用过程中的各种不便,从而乐于购买这种产品。从销售者的角度来看,由于质量保证可以明确规定厂商对产品各个方面应负责任的程度与条件,可以避免陷入日后因产品问题而造成的各项纠纷与争议。在国际营销中,质量保证策略可分为两个部分:一是公司向全球市场销售的产品采用相同的质量保证;二是公司向不同国家销售产品提供不同的质量保证策略。

(1)产品质量保证的标准化策略

如果从事国际营销的企业或在国际市场销售的产品具有以下特点,企业应实行产品质量保证的标准化策略。

1）产品的目标顾客是国际性的跨国公司

如果公司的顾客是诸如建筑、采矿、石油、制造业等领域的国际性的跨国公司及其在各地的子公司，则公司提供给国际市场的产品质量保证应是统一的，否则可能会因提供的产品质量保证存在差异遭到客户的抵制。

2）产品本身在国际市场的流动性高

如果顾客在某一市场购买该产品而又必须或经常在另一国市场使用时（如旅游产品），则企业应在不同市场上提供统一的质量保证；全球经济一体化，也同样要求企业采用质量保证标准化策略。

3）不同消费者产品属性的要求相同或相似

各国消费者不论其收入水平如何，价值观念与习俗有多大差异，他们对质量和健康的要求都是一致的。所以，凡是对消费者生命与健康有直接影响的产品（如药品、飞机、汽车、电梯等），企业都应提供统一的高质量保证。

知识链接

ISO 9000 证书

国际标准化组织（International Standards Organization——ISO）成立于1947年，其主要活动是制定电气、电子工程领域产品和技术的国际化标准并加以推广，以减少因设计、式样、特性等的不同而导致的国际贸易障碍。目前共有5个工业标准（ISO 9000—9004）。ISO 系列正成为在欧盟和其他地区做生意时的一个质量保证计划。

为了获得 ISO 系列证书，公司要请求认证机构（被授权提供 ISO 审核的第三方）进行评估，即对公司关键的生产过程进行审核。评估人员可以就从设计图纸一直到销售的任何问题进行提问。例如，供货方按期交货了吗？有证据证明顾客是满意的吗？其目的是在于要求公司制定一个全面的计划，防止遗漏任何细节。评估人员协助管理人员制定质量手册以便提供给任何想证实该组织可信度的顾客。一旦被认为合格，公司将得到证书。每隔4年进行一次全面评估以重新颁发证书，在此期间进行部分评估。

ISO 9000 正成为国际市场的最重要的营销竞争工具。随着市场对质量的要求越来越高，越来越多的公司都实行了各种形式的全面质量管理，客户对供应商进行 ISO 9000 注册的要求日益加强。越来越多的采购人员，尤其是欧洲的采购人员，拒绝购买那些质量保证没经过国际认可的第三方证明的产品。在质量可靠性极为重要的领域，尤其是在高科技领域，ISO 9000 还可以用来区分不同"级别"的供应商。换言之，如果两个供应商竞争同一份合同，拥有 ISO 9000 证书的一方有明显优势。

4）公司自身的实力基础

如果公司只向世界市场营销一种产品或较少的几种产品，而且公司在所有的目标市场均已建立了自己的服务网络，那么公司出于管理及企业形象等方面的考虑，会自愿采取质量保证的标准化策略。

（2）产品质量保证的差异化策略

如果企业营销的产品具有以下内外条件，则应采取质量保证的差异化策略：

1）公司向国际市场营销的产品种类很多，每一类产品又有不同的质量控制标准，因此很难向不同的顾客提供统一的质量保证。

2）产品在各国市场的使用条件不同，采用统一的质量保证或者导致成本费用过高，或者会使部分市场的消费者得不到满意的质量保证。

3）产品质量保证的直接目的之一就是扩大产品的销售，所以它本身就是一种有效的促销手段。要提高这种手段的促销效果，必须根据当地市场的竞争环境来决定质量保证的标准，如果当地市场竞争不够激烈，或本企业在当地市场处于优势竞争地位，则企业可在消费者可接受的范围内，降低质量保证标准以降低成本和价格。

4）如果公司没有质量可靠的国际服务网络，在国际市场没有统一的服务设施，那么就很难提供统一的产品质量保证。

9.3.2　国际产品的品牌策略

在市场营销学中，品牌（brand）是产品的名称、符号、术语、标记或图案，或者是它们的相互组合，目的是识别某个销售者或某群销售者的产品或服务，并使之与竞争者的产品或服务相区别。品牌包括品牌名称和品牌标志。品牌名称是指品牌可以发出声音的部分；品牌标志是指品牌中可以识别但不能发声的部分。

产品品牌，包括名称和标志，经向政府有关部门登记注册之后，获得专用权，受到法律保护，即为注册商标。因而，商标是指经过法定程序进行登记注册并受到法律保护的品牌或品牌的一部分。品牌在本质上代表着企业交付给买者的产品特征、利益和服务的一贯性的承诺。最佳的品牌就是质量保证。在国际营销中，全球品牌（global brand）与知名商标的作用更加突出。由于地理上的距离和社会文化的差异,生产厂家和消费者之间缺乏直接、及时的沟通,消费者对国外厂家及其产品往往不很了解,持有疑虑。而特定的品牌和商标,对在异国他乡的消费者来说,则意味着一定的产品质量保证和特定的市场形象。

高知名度品牌能为企业带来巨大的竞争优势:由于品牌在消费者中的知名度高,公司可节省大量的市场营销费用;因为消费者愿意购买公司产品,所以公司在与分销商和零售商的谈判中处于有利的地位;由于品牌代表了可信赖的质量,公司可为产品制定比竞争者更高的价格;也由于品牌名称代表了很高的声誉,公司就很容易进行品牌扩张。而且,品牌还为公司应对激烈的价格竞争提供了有效的手段。因此,可以说,品牌即是企业的生命。但企业要维持或提高品牌的知名度,需要持续不断地进行研究开发投资、技巧性的广告、优质的消费者服务等各项配套措施。

表 9.1 2010 年全球最佳品牌 10 强榜单

2010 年排名	品牌名称	国家	行业	2010 年品牌价值美元(百万)	2009 年品牌价值美元(百万)
1	可口可乐 COCA-COLA	美国	饮料	70,452	68,734
2	IBM	美国	商业服务	64,727	60,211
3	微软 MICROSOFT	美国	电脑软件	60,895	56,647
4	谷歌 GOOGLE	美国	互联网服务	43,557	31,980
5	通用电气 GE	美国	多元化业务	42,808	47,777
6	麦当劳 MCDONALD'S	美国	餐厅	33,578	32,275
7	英特尔 INTEL	美国	电子	32,015	30,636
8	诺基亚 NOKIA	芬兰	电子	29,495	34,864
9	迪士尼 DISNEY	美国	媒体	28,731	28,447
10	惠普 HP	美国	电子	26,867	24,096

在国际营销中,产品的品牌决策除了要决定是否需设计品牌、品牌的使用者和所有者以及如何设计品牌等内容外,还有以下特殊的决策。

(1)全球品牌还是国别品牌策略

公司可能在国际市场上使用统一的品牌,或称全球品牌策略。全球品牌是世界各地顾客统一认知的品牌,即有相同的产品形式、相同的核心利益和价值以及相同的定位。只有极少数的品牌能达到这些标准。像宝洁这样的公司也只有几个可看做是真正的全球品牌,即护舒宝(Always/Whisper)、品客(Pringles)、潘婷,其他品牌如碧浪、汰渍、舒肤佳、玉兰油、帮宝适等只是开始着手进行全球定位。

公司选择全球统一品牌策略的原因有:一是采用全球品牌的产品,其开发成本可以摊销到大批量生产当中,尤其适用于动辄涉及数十亿美元研发项目的高技术产业(如制药、汽车、计算机)。在制造、分销和单一品牌的促销中也可产生规模经济。二是企业出于营销策略上的考虑。全球统一品牌可为产品在国际市场上树立统一的形象,容易为消费者识别和购买;有利于显示企业产品在质量和技术方面的优势。在同类产品中取得全球领导地位的全球品牌有更强的竞争优势。

跨国公司也可能针对不同市场使用不同的地方品牌(或称国别品牌)策略。可口可乐的品牌家族中有 4 个核心品牌:可乐(Coke)、雪碧(Sprite)、健怡可乐(Diet Coke/Coke Light)、芬达(Fanta),同时该公司在世界各地还有大量的区域品牌和地方品牌。在印度,公司最畅销的品牌不是可口可乐,而是公司在当地收购的一个地方品牌"顶呱呱"(Thums Up)。

选择地方品牌可能会失去全球品牌的好处,当以下原因出现时,公司可采取这种品牌策略。一是当公司品牌无法翻译成目标市场国语言,或在目标市场国毫无名气,或企业欲在不同目标市场制定完全不同的价格时,可采用地方品牌策略。如美国日用品制造商美泰公司与中国合作伙伴合肥荣事达公司合作生产的洗衣机等家电产品,采用"荣事达"品牌销售,其原因就在于"美泰"名称在中国几乎无人知晓,而且,根据一项消费者调查显示,中国消费者认为美国电器体积庞大且笨重,与其挂美泰的品牌,不如利用中国老品牌的形象开展销售。二是东道国的法律规定迫使公司采用地方品牌或将原有品牌本土化。不遵守法律规定将难以开展经营。三是在爱国主义情绪高涨和提倡购买国货的国家里,将品牌名称与当地的观念联系起来,更有利于公司在当地的经营。例如,一家法国企业利用中东的反美情结,推出一种新型软饮料,取名"麦加可乐"(Mecca Cola),而且在瓶子上打出了一则富有寓意的口号:"不要稀里糊涂地喝,要喝出信念。"

知识链接

改革开放三十多年来,中国企业创造出了相当多的民族品牌,但从我国品牌总体状况上来看,目前的现状是"制造大国,品牌小国",2010 年我国的对外贸易额位居全球第二,其中出口额全球第一,我国品牌的地位却与之极不相称。由于品牌意识的增强,很多民族品牌价值处于攀升状态,但是必须看到,我国民族品牌成长过程毕竟太短暂,品牌价值、品牌实际竞争力、品牌管理经验等方面与发达国家特色品牌相比还处于劣势。

我国有 100 多种产品的产量都占到了世界第一位,我国每年出口 1.2 万多亿美元的商品中,标有我国自己品牌的商品仅占 1/3 左右;有 1/3 的商品没有品牌;有 1/3 的商品是 OEM。国际知名的民族品牌更是凤毛麟角。许多有中国特色产品进入外国市场,却以该国品牌的面目出现,只是在商标的不显眼处才标出 Made in China。甚至我们出口了几千年的丝绸和瓷器,也被大多数外国人冠以日本头衔。

中外品牌价值相距甚远。例如,同为饮料品牌,2010 年品牌中国 1000 强评估的"王老吉"品牌价值为 27.85 亿元人民币,约合 4 亿美元左右,而世界著名品牌可口可乐的价值高达 704 亿美元。即便是此次品牌中国 1000 强榜首的中国移动,价值 1349.88 亿元,与世界一流品牌也存在着不小的差距。这些差距都说明,我国民族品牌要想真正走向世界,还有很长的路要走。

(2)品牌的文化适应决策

由于国内外市场环境的不同,尤其是社会文化环境的巨大差异,要求从事国际营销的企业在设计品牌和商标时,或者在向国外市场直接销售产品时,都必须考虑品牌的文化差异与文化适应问题。首先,某些品牌或商标可能难以用当地市场的语言拼读发音。一般来说,品牌和商标越民族化,其他国家就越难以发音。如日本的松下公司在美国市场销售的电视机使用"松下"(Panasonic)牌名,是因为产品的原名称 Mitsubishi 对美国人来讲很难拼读,而另一名称 National 在美国市场又有其他公司在使用。其次,某些品牌名称在当地市场能用当地语言拼读,但有不适宜或晦涩的含义。如百事可乐公司以"Patio"的品牌向西班牙市场推出非可乐饮料,尽管该名称在西班牙语中能拼出读音,但语义不受欢迎,只好改为"美年达"。最后,某些品牌标志(符号、图案、颜色)在当地文化中可能有着特定的寓意。如白象在英语系的国家有"废物"的含义,而在南部非洲的某些国家,大象则是皇权和威严的象征。

因此,在国际营销中一旦发现品牌的使用有文化方面的障碍和制约,企业必须找出最佳的解决方案:或修改品牌的名称或标志;或重新设计品牌。

营销故事

我国出口到美国的白象电池和蓝天牙膏,因译名不当产生滞销困境。白象译为 White Elephant,而蓝天译为 Blue Sky,似乎是准确的翻译,但却犯了不了解他国文化的错误。

白象电池除出口美国外亦出口东南亚。在东南亚,大象搬运木材,象被当地人认为是吉祥之物,因此以白象命名会获得好评。但是在美国,White Elephant 是"大而无用的物品",美国人会买"大而无用的电池"吗?

至于蓝天牌牙膏,蓝天给华人一种海阔天空的感觉,但对美国人而言,Blue Sky 是"忧郁"的意思。如果在 Blue Sky 之间加上一横连成一个字,Blue-Sky 则表示"不可靠的"或"不切实际的",所以 Blue Sky 在美国必然不受欢迎。

我国名茶"茉莉花茶"出口欧美及东南亚各地,在欧美颇受欢迎,但在东南亚却销路不佳。研究发现,"茉莉"和"没利"的发音雷同,于是将"茉莉"改为"茉利","茉利"和"来利"发音相似,一字之差却改变了产品的销售状况。

资料来源:吴景胜著:《国际行销》,厦门大学出版社 2004 年版

(3)国际营销中的品牌与商标的自我保护

国际市场上的商标侵权行为时有发生,尤其是一些名牌商标更容易成为被侵权的对象。商标侵权是指在同一种商品或类似商品上使用与某种商标相同或相似的品牌、符号、图案并造成欺骗、错误、损害原商标声誉,并给对方造成经济损失的行为。商标侵权有三种最主要的方式,即假冒、仿制和抢先注册。

假冒商标是指盗用他人商标(通常是名牌商标)或者使用与他人相同或相似的商标,将其用于劣质同种商品,以次充好,借现有商标扩大销售,牟取利润。仿制商标指模仿名牌商标设计非常相似的标记、符号、图案或名称,用于次质同种商品,以假乱真,获取利润。如美国的 Levi's 是历史悠久、世界驰名的牛仔服商标,在法国就有 Levis,德国就有 Levy's,与 Levi's 发音相似,字形相似,以混淆消费者视听,借名牌推销劣质牛仔服。抢先注册指抢先以自己的名义注册并非属于自己所有的商标,取得商标的所有权,然后再高价出售给商标的真正所有人或者有意生产假冒商品的人,或者以此阻止竞争产品进入市场。澳大利亚有一经营中国商品的公司自 1980 年以来抢先注册我国轻工、化工、机械、粮油等进出口公司的商标 60 多个,然后向我方敲诈。

知识链接

中国著名商标被抢注

据国家工商总局的不完全统计,国内有 15% 的知名商标在国外被抢注,其中超过 80 个商标在印度尼西亚被抢注,近 100 个商标在日本被抢注,近 200 个商标在澳大利亚被抢注,每年商标国外抢注案件超过 100 起。

据国家工商管理总局商标局数据,自上世纪 80 年代以来,中国出口商品商标被抢注的有 2000 多起,造成每年约 10 亿元无形资产流失。

中国有不少老字号品牌如"狗不理"、"北京同仁堂"、"六必居"、"海信"等商标在国外遭到抢注,不仅影响了老字号的声誉,也给企业走出国门设置了贸易壁垒。

2005 年,青岛海信集团历时 6 年,最终以 50 万欧元的价格,将被西门子公司在德国注册的"HiSense"商标赎回。腾讯公司域名被外国人抢注,最终以 100 万美元天价赎回。

由于国际市场的商标注册竞争异常激烈,因此,国际营销企业做好商标的国际注册工作,是巩固市场,扩大销售,防止国际投机商侵权,进行自我权益保护的重要手段。企业在进行国际商标注册时要做好以下几点:

第一,熟悉拟申请注册国家的商标法律规定及商标使用权的确认原则。如是申请在先原则,则需抓紧时间,尽早办理商标申请注册手续;如是使用在先原则,则要准备充足的使用在先的法律证据。

第二,尽快注册,防止其他厂商抢先注册和假冒。

第三,遵循注册国的法律要求,办理必要的法律手续,缴纳注册费用。

第四,商标获准注册后,还要注意商标的使用问题。了解商标注册的有效期,期满前办理商标续展手续。有些国家规定,经过注册的商标在几年内不使用便要撤销。此外,还要注意有无模仿、假冒等侵权行为。

9.3.3 国际产品的包装决策

包装是指设计并生产容器或包扎物的一系列活动。这种容器或包扎物被称为包装物。在市场营销中,包装有保护产品,便利消费者识别、购买、携带、使用和消费,吸引消费者注意力和增加消费者利益等重要功能。按包装对商品的作用不同,可以分为运输包装、销售包装和中性包装。

运输包装,又称为外包装、大包装。其主要作用是保护商品,便利运输、储存和装卸。国际市场营销的产品,在途运输时间长,经过的气候条件复杂,分销的环节多,运输包装更显重要,要求也更高。

销售包装,又称内包装、小包装或直接包装,其主要作用是美化和宣传商品,便于产品的陈列、销售和消费。销售包装上一般印有商标、商品性能、用途、成分、使用和保管方法、生产厂家、出厂日期和有效期等内容,既能促进销售,又能指导消费。

中性包装,是一种不注明商品的生产国别,也不标明生产地名、厂名和原有商标和品牌的商品包装。西方国家市场上通常采用的中性包装有两种:一种是无牌中性包装,即包装上既无生产国别,又无商标牌号,俗称"白牌";另一种是定性中性包装,即包装虽未标明生产国别和厂名,但有买方指定的商标和品牌,或加注卖方国别。在国际市场营销中,采用中性包装有利于强化竞争,促进产品销售,特别是初涉国际市场,知名度不高的中小企业。

国际市场对产品包装的保护要求,通常要受到下列条件的影响:

①产品的特点。容易破碎的产品要解决运输中的防震问题,易腐物品要注意保鲜,轻泡物品要合理利用空间,高质高价商品的包装要有防盗保护设施,等等。

②气候条件。在热带地区销售的产品包装要有防潮防湿的功能,销往高寒地带的商品包装要有防冻的效果。

运输距离和运输条件。需要远距离长时间运输的产品,或在路况差的条件下运输的产品,或要在途中多次装卸转运的产品,均要求包装结实牢固。

③销售条件。分销环节多,或产品流转速度慢,也要求包装有更好的保护功能。

④政府规定。目前,世界各国对在本国销售的产品包装都有自己的规定和条例,对运输包装的材料、质量、危险防护等各方面,对销售包装的标签内容包括文字、图案、雕刻以及印制等均颁布了管理条例。近年来,环境保护越来越受到人们的关注,许多国家对包装材料的使用以及对包装废弃物的处理实行越来越严格的限制。如意大利在上个世纪 90 年代就禁止使用塑料食品包装袋,德国除了对食品禁止使用塑料包装袋之外,还全面禁止塑料包装;澳大利亚为了保护其自然环境,规定进口商品的木箱和托盘必须经过熏、蒸处理,以防虫害入侵。

⑤目标市场的文化习俗及消费习惯。各国消费者对包装的色彩、语言、图案、符号、数字等各有偏好与禁忌,企业在设计包装时应予以充分考虑,做到投其

所好,避其所忌。如法国、比利时人厌恶灰绿色的包装装潢;伊斯兰教地区,黄色象征死亡和不吉利,因而不受欢迎。在图案方面,德国禁用纳粹军团的符号标记,利比亚禁用女性人体图像等。出口产品的包装容量与规格也要考虑当地消费者的收入水平与消费习惯。如多数美国家庭对食品或日用品的购买频率大致为每周一次,而且大多是开车去购物的,相比之下,西欧家庭的购买频率要高得多,每周可能几次,特别是主妇没有工作的家庭,甚至每天去购买食品和日用品。因此,出口到美国的这些产品包装容量就要比西欧市场,以适应这种消费习惯上的差别。

在日趋激烈的国际市场竞争中,包装已成为强有力的营销手段之一。设计良好的包装不仅能保护产品、便利储运,而且能为企业创造促销价值,能为消费者创造方便价值与声誉。包装设计已成为一门专门的科学。

知识链接

具有中国古老风味的宜兴紫砂茶壶,在改革开放之初出口欧美市场时是以旧报纸为内包装,再将几十个茶壶塞满一个大纸箱作为外包装。此种包装使欧美人士认为紫砂壶是一种粗劣品,价格低且无人问津。后来改为精美包装,以一个茶壶为包装单位,在包装盒上印上紫色的紫砂茶壶图案,并以中文和英文写着"宜兴紫砂艺术瑰宝"(THE PURPLE SAND EAPTHERN WARE OF YIX-ING IS THE PRECIOUS OF ART),此种古色古香的设计,获得欧美人士的青睐,外销数量大幅上升。

资料来源:吴景胜著:《国际行销》,厦门大学出版社 2004 年版

9.3.4 国际产品的标签决策

标签是附着或系挂在商品或商品包装上的文字、图形、雕刻及印制说明产品信息的签条。标签与商标紧密相连,是整体产品不可分割的组成部分。一些研究者根据标签的作用将标签分为识别性标签(帮助消费者识别产品或品牌)、分等标签(说明产品等级)、说明性标签(说明产品成分、生产时间、有效期、使用及消费的注意事项等信息)、促销性标签(通过设计引人入胜的图案、文字来促进产品销售)。国际市场的产品标签决策主要涉及标签的语言问题及各国政府对标签的规定。

（1）标签的语言

国际市场的产品标签具有向目标市场传递商品信息、介绍使用方法的功能，一般而言，应使用目标市场国的通用语言，使标签上的信息能为当地消费者看明白。但有些国家如加拿大、瑞士、比利时、新加坡等，一国之内存在几种官方语言，出口到这些国家的产品标签上就必须同时用几种语言印制。加拿大政府就明确规定产品标签必须同时用法语和英语印刷，否则予以没收。有时，企业产品同时销往几个目标市场，为节省成本，可使用多语印刷的标签。如美国著名的"3M"公司对其全球性电子产品采用多语种标签，在欧洲销售的产品就要四种语言标签，对销往日本的产品只使用日语和英语两种语体的标签。

有时，如果标签上的信息对消费者并不重要，那么语体问题就无关紧要。如产品具有别特的国家形象，只需用一种语体标签；而且，只使用本民族语言更有利于巩固产品的国际形象。如法国的香水、巴黎的时装、意大利的皮革制品若不采用当地语言，人们反而会怀疑该产品是否是正宗货。

如果产品的技术性较强，使用较为复杂，必须向消费者详细说明产品使用过程中应注意的事项，则标签可采用一种语言，但在产品包装内需附上一份详细的多语体的说明书。如日本的家电出口到世界许多国家，其标签采用标准化的策略，但在包装内附上由中文、英文、西班牙文等多语体印制的说明书。

（2）各国政府对标签的规定和要求

目标市场国对标签的规定是企业不可抗拒的因素，企业只有遵照执行，否则只能退出该市场。各国政府对标签的规定要求各不相同，在贸易保护主义日益盛行的今天，很多国家通过五花八门的标签法规来保护本国市场和企业，将外国产品拒之门外。如美国政府就有专门的食品标签法，对食品标签上的内容作出明确规定，而且对标签上的内容格式也有明确要求。所以，对国际营销的企业来说，不要以为标签的事小，小事做不好，同样会失去大市场。

9.4　全球服务营销

随着经济增长，服务业在 GDP 中所占的比例不断上升，在发达国家，服务行业的就业比重在 70% 以上。目前，在服务业中的国际贸易和对外直接投资成为国际营销中发展最为迅速的领域，近十几年来，西方发达国家服务贸易额的增长远远超过了货物贸易的增长速度。

9.4.1 服务及其特征

从上个世纪 70 年代以来，随着服务业在经济社会中的地位与作用与日俱增，学者们开始关注服务与产品的区别，并致力于服务营销管理的研究。菲利普·科特勒认为，服务（Service）是一方向另一方提供的基本上是无形的任何活动或利益，并且不导致任何所有权的发生，它的产生可能与某种有形产品联系在一起，也可能毫无关系。其他学者也从不同角度对服务作出各种阐释，但他们都强调服务具有无形性和过程性的特性。

根据服务所涉及的具体产品，可以把服务划分为两大基本类型，一类是与产品有关的服务，另一类则是纯服务。

①与产品有关的服务（serve concerned pruduct）。是指在交易过程中不但有服务，而且还有有形产品，如运送、安装、维修等服务。在这类交易过程中，顾客总价值是由产品价值和服务价值共同组成的。而且根据侧重点的不同，又可以把这类服务分为三类：依附于产品的支持性服务（如汽车、计算机、家电等），以服务为主、附带产品的服务（如航空运输等），产品和服务相互混合的综合服务（如餐饮服务）。

②纯服务（pure service）。是指完全独立于有形产品的服务，如理发、护理、保险业、银行业、律师服务、教育等。近年来，随着分工的专业化和信息技术的发展，纯服务业得到快速增长。

知识链接

按照联合国和世界贸易组织的分类方法，服务业主要包括 11 大类：商务服务（其中又分为专业服务、计算机服务、出租服务等类别）；通讯服务（其中又分为邮政服务、速递服务、电信服务、视听服务等类别）；建筑和相关工程服务；分销服务（其中又分为佣金代理服务、批发服务、零售服务、特许经营服务等类别）；教育服务；环境服务；金融服务（其中又分为保险和保险相关服务、银行和其他金融服务、证券服务等类别）；与健康相关的服务和社会服务；旅游和与旅行相关的服务；娱乐、文化和体育服务；运输服务（其中又分为海运服务、内河运输服务、航空运输服务、航天运输服务、铁路运输服务、公路运输服务、管道运输服务、运输辅助服务等类型）。

我国根据 2003 年印发的《三次产业划分规定》及《国民经济行业分类》(GB/T4754-2002),将服务业划分为 15 类:(1)农林牧渔服务业;(2)交通运输、仓储和邮政业;(3)信息传输、计算机服务和软件业;(4)批发和零售业;(5)住宿和餐饮业;(6)金融业(银行业、证券业、保险业、其他金融活动);(7)房地产业;(8)租赁和商务服务业;(9)科学研究、技术服务和地质勘查业;(10)水利、环境和公共设施管理业;(11)居民服务和其他服务业;(12)教育;(13)卫生、社会保障和社会福利业;(14)文化、体育和娱乐业;(15)公共管理和社会组织、国际组织。

确切地说,哪些行业是服务业,目前并无统一的标准,以上列举的仅是官方分类。从营销角度看,服务有以下特征:

①无形性,即服务在购买之前是看不见、听不到,也品味不出的;

②不可分割性,即服务的生产与消费是同时进行的;

③易变性,即服务的质量取决于服务由谁来提供以及在何时、何地提供,难以通过机械设备进行控制与检测;

④易消失性,即服务产品是不能储存的。

服务的这些特征决定了服务与有形产品不同:有形产品可以在一地生产,多地销售,可以实行标准化,可以根据对需求波动的预测进行生产和储存,其质量可以在较长时间得到保障和维护。

9.4.2　全球市场的服务营销的挑战与机遇

(1)全球市场服务营销的挑战

与有形产品的营销相比,服务营销在开拓国际市场的道路上会面临独特的障碍,主要有以下挑战:

①贸易保护主义。相对于有形产品,服务营销面临的贸易壁垒更为棘手,它以各种形式遍布世界,最麻烦的是非关税贸易壁垒,政府的干预可以跨越国界而渗透到全球各个角落。

②服务交易需要面对面的现场接触。因为服务的无形性和过程性,所以在服务交付过程中需要人与人之间的实际接触,这就意味着服务提供者经常需要在现场,对于支持性服务——如广告、保险、会计、律师事务和快递业务等来说,这一点尤为重要。为了保持与跨国公司的业务关系,许多提供支持服务的企业不得不亦步亦趋地跟随这些大客户的市场足迹。与其他行业相比,文化障碍在全球市场上对服务提供者来说就变得非常突出。它要求服务营销商要与当地市

场的价值观和文化习俗保持和谐一致，这样，服务产品不可能做到像有形产品那样的标准化。

知识链接

东欧人对西方公司要求不高兴的员工在接待顾客时应显出高兴的样子感到困惑。麦当劳要求波兰雇员在与顾客打交道时，不管什么时候都要面带笑容，这一规定被许多雇员视为虚情假意。麦当劳只好将不接受这一规定的员工安排到厨房而不是柜台工作。

联合包裹服务公司也面临不同国家服务人员的管理问题：法国司机因为被告知吃午饭时不能喝葡萄酒感到愤怒，英国司机因为他们的狗不允许带上送包裹的卡车而提出抗议，西班牙司机发现褐色的包裹卡车与当地的柩车很相似而感到沮丧，德国司机对必须穿褐色衬衫而感到震惊，因为自 1945 年以来还没有这样的规定。

在美国，10％—15％的小费是服务员工报酬的一个重要部分，但在德国，按凑满最近的马克整数付小费，而在中国，付小费可能会被视为一种侮辱。

资料来源：菲利普·R.卡特奥拉等著，赵银德等译：《国际市场营销学》，机械工业出版社 2010 年版

③检测海外顾客满意度困难。考虑到服务业中人的因素，能否密切跟踪顾客的满意度决定了服务营销的成败。但是，因服务质量没有科学的衡量标准，主要取决于顾客的感知等心理因素，在许多国家中，有些顾客不习惯透露他们的意见或建议，而有些顾客则出于"礼貌"或"偏见"，不愿表达真实的想法，导致通过市场调研来分析顾客是否满意面临信息不完全、不真实的障碍。

（2）全球市场服务营销的机遇

尽管存在上述诸多挑战，但诸多服务市场的开发为全球服务营销提供了无限的机遇，主要表现在以下方面：

①对服务行业的管制在放松。虽然服务行业中的贸易保护仍存在，但政府对国际服务贸易的管制正逐步减少。过去仅适用于有形产品的关贸总协定规则，在世界贸易组织（WTO）框架下已扩展到国际服务贸易。中国正式加入世贸组织之后，大多数服务领域包括视听服务、银行服务、保险分销、专业服务、证券服务、电信服务、物流服务、旅游服务等正在全方位对外开放。

②对优质服务需求增加。随着消费者购买力的增长，对优质服务的需求快

速增加,国际服务提供商提供的服务如能在质量上更胜一筹,它们就取得了相对于本土竞争者的优势。由于长期受服务贸易的地方保护主义政策的庇护,当地服务企业对诸如客户导向、消费者满意度和服务质量之类的营销观念感到陌生,随着服务市场的开放,这些本土的服务企业很难在短期内调整服务营销模式。如马来西亚对银行采取了高度的保护主义政策,但花旗银行在该国采用了创新的营销手段、强大的销售队伍和明确的客户导向服务,从而成为该国最大的抵押贷款银行机构。

③价值意识增强。全球各地的消费者由于有了更多的选择,因而变得更加挑剔,价值意识不断增强。参与国际竞争的服务企业比地方性的服务提供商在这方面更有优势,因为全球性服务公司具有明显的规模经济优势,可以将节约的费用转移给客户。全球最大的零售服务商沃尔玛就因为大规模采购降低成本,利用先进的信息技术降低管理成本,从有能力通过"天天低价"在全球各地遍开分店。

9.4.3　服务的市场进入模式

服务的特征决定了服务产品的国际营销与有形产品的国际营销在进入方式及营销策略方面有诸多差异。服务在进入国外市场时有四种基本模式:

①出口。某些服务能被生产成产品,然后出口运送到各个国家。最典型的就是音乐和电影,今天也包括设计、软件、建筑等。

②特许经营。在服务国际营销中,特许经营是最常见的进入方式。目前全球公认的国际品牌——麦当劳、肯德基、赫茨国际汽车租赁、希尔顿酒店等,均是通过特许加盟的方式进入多国市场提供服务。

③战略联盟。当需要服务人员与顾客直接接触才能提供服务,并且服务过程比较复杂难以采用标准化服务,而东道国政府对投资进入的限制又非常严格时,战略联盟就成为最佳的进入模式。例如,会计、法律和医疗服务在许多国家中需要具备执业资格,并且通常不对外国居民开放。如果当地政府禁止外国公司从事该行业,公司就不能在当地建立分支机构和雇用本土的专业人员,这就需要寻求本土合作者建立合资或合作企业。

④对外直接投资。在允许外资服务业进入的国家,拥有复杂服务的服务公司往往倾向于选择对外直接投资。因为直接投资能更好地控制服务质量。

9.4.4 全球服务营销战略

服务性公司要在全球市场开展有效竞争,可采取以下战略:

①充分利用东道国市场的文化元素。为了克服国与国之间的文化差异,成功的服务性公司通过对文化环境的分析和围绕当地文化元素设计服务产品来争取市场份额。

②兼顾标准化与个性化。有形产品的国际营销面临着标准化与个性化之间的平衡问题,但大多数服务性企业不需要在这个问题上煞费苦心,为适应当地市场需求,在核心服务产品的基础上增加具有地方特色的支持性服务是很容易的。

③发挥信息技术的作用。服务性公司可利用计算机、智能终端盒先进的通讯技术为顾客提供增值服务。许多公司已经建立了通过互联网与客户、供应商进行交流的渠道。英国的汇丰银行依靠印度海得拉巴和中国广州的 400 名低工资员工对全球简单的后台操作流程化,以缓解英国总部后台操作的压力,使之总部有能力从事更复杂的任务。

④通过差异化实现服务增值。服务性公司可通过提供区别于竞争对手的利益或降低顾客成本(除货币成本外,还包括时间成本、精神成本、体力成本)来吸引客户。在中国市场,美国保险集团(AIG)允许顾客通过银行转账进行结算,而大多数当地保险机构仍要求顾客排队等待,并以现金的形式缴纳保险金。

⑤建立全球服务网络。为全球顾客服务的服务性公司应建立与之对应和配套的全球服务网络,但因开发一套全球范围的服务网络需要大量的资金,因此,越来越多的服务性公司通过与各地合作者共同出资建立服务网络。合作伙伴共建全球服务网络已经在国际电话业、航空业、广告业、旅游业等行业中已成趋势。

营销故事

麦当劳的方法

麦当劳拥有在全球最发达的特许经营系统,在 120 个国家拥有超过 3 万家分店,是世界上最著名的食品服务零售商。它的目标是为全球 1% 的人口提供服务。这一愿景体现在三个全球性战略上:成为世界范围内每一个国家最好的雇员;向店内每一个顾客提供优秀的服务;借助创新和技术扩展品牌来获得有利可图的持续增长。

目前,世界范围内 70% 的麦当劳都由独立的商人所有和运转。新的 50 万美元的特许费用取决于设备的尺寸、存货、装饰格调、景观美化或其他因素,先期的 4.5 万美元的费用必须付给麦当劳公司。麦当劳公司收取 3.5% 的服务费和总经销额 8.5% 的租金。麦当劳公司经营的国家范围内的总经销商可获得额外的支持。

通过广泛使用全球营销手段,充分利用各地市场机会,麦当劳已成为地球上最知名的品牌之一。麦当劳采取的是全球标准化的服务,从食物本身到餐厅布局,到快速和亲善的服务,公司都实现了服务思想的高度标准化;另一方面,麦当劳又围绕核心思想提供某种程度的当地顾客定制服务,尤其是它为满足当地口味,在菜单中增加了一些项目。如在印度,它引进了素汉堡;在中国香港引进了麦香鸡;在英国,菜单有茶和咖啡;而在其他一些欧洲国家,它还提供啤酒和葡萄酒。这些当地化的改变发生在食物和饮料上(核心产品的有形要素),而不是在服务要素上。

因为服务的生产和消费几乎同时发生,麦当劳在很大程度上无法利用下游增值活动的全球生产来避免各地的重复生产。但是,许多上游活动(研究和发展、设计、采购、营销和促销计划的制定)都是高度集中化的。例如,麦当劳通过在经选择的低价供应商那里进行地区性采购获取采购活动的规模经济性。通过制定复杂和高度标准化的程序使管理和培训活动的重复开展减少到最低限度,从而保持了分店经营活动的高质量和高效率。

资料来源:乔尼·约翰逊著,江林等译:《全球营销》,中国财政经济出版社 2004 年版;克里斯托佛·H.洛夫洛克著,陆雄文等译:《服务营销》(第三版),中国人民大学出版社 2004 年版

练习思考

1. 国际产品的设计策略分为几种类型?
2. 在什么情况下应采取产品和宣传的双重改变策略?
3. 国际产品标准化决策与差异化决策的理由。
4. 国际产品品牌决策的主要内容。
5. 国际产品包装决策要考虑的因素。
6. 标签决策中如何解决语言的问题?

7. 服务的特征。

8. 服务产品进入国际市场的方式有哪些?

案例分析题

1. 许多日本公司并不遵循典型的新产品开发过程(构思—筛选—最终的商业化生产),相反,它们采用"产品轰炸"的做法:产品研制成功后径直将一批新产品推向市场,然后再观察日本消费者是否购买新产品。在正式推出新产品后,其他厂商往往亦步亦趋地跟进类似的产品。与典型的新产品开发模式相比,这种方法的优势是什么? 其缺陷是什么?

资料来源:Masaaki. Kotabe、Kristiaan Helsen 著,刘宝成译:《全球营销管理》(第三版),中国人民大学出版社 2005 年版

2. 可口可乐公司新任首席执行官道格拉斯·达福特(Douglas. Daft)在上任后就开始推行所谓的"全球思维,本地行动"的战略。他说:"过去,我们仅着眼于相似之处,没有看到差异,我们没有给每个人带来什么。"从当地营销策略到宣传口径,一直到各种慈善活动,亚特兰大的公司总部统揽了所有的决策。现在,达福特先生正着手重建其品牌与全球不同社区的联系。

请评价可口可乐公司的新举措。

资料来源:Masaaki. Kotabe、Kristiaan Helsen 著,刘宝成译:《全球营销管理》(第三版),中国人民大学出版社 2005 年版

3. 小罗浮(Rover Mini)是一种扁平、方形的轿车,是在上个世纪 50 年代末当苏伊士运河危机引发欧洲石油定量配额时设计的。罗浮如今归入宝马麾下,1985 年开始向日本出口,售价为 180 万～240 万日元。一辆相同型号的日本轿车,成本仅是它的一半。

然而,仍有不少人争相购买。罗浮几乎不做电视广告,相反,它是依靠口碑。尽管价格昂贵且极少做广告,它在日本的销售量高于世界上其他任何地方。这种车在日本远远比通用的土星(SATURN)或戴姆勒·克莱斯勒的彩虹(NE-ON)等其他进口轿车更为成功。

你认为哪些因素可以解释小罗浮的成功?

资料来源:Masaaki. Kotabe、Kristiaan Helsen 著,刘宝成译:《全球营销管理》(第三版),中国人民大学出版社 2005 年版

第 10 章　国际营销价格策略

学习目的

　　通过本章的学习,了解国际营销定价的相关目标及不同方法,了解不同定价模式对国际营销过程产生的差异性影响,学会处理由国际定价产生的价格转移、倾销等问题。

教学要求

知识点	能力要求
定价目标与方法	掌握国际定价的形成规律
国际价格转移	理解跨国公司国际价格转移的机理
价格升级与倾销的防范	掌握应对价格升级与倾销的主要手段

核心概念

　　定价目标(price target)
　　价格升级(price escalation)
　　转移价格(transferprice)
　　倾销(dumping)

　　价格是影响厂家、经销商、顾客和产品市场前途的重要因素,因此,制定正确的价格政策,是维护厂家利益、调动经销商积极性、吸引顾客购买、战胜竞争对手、开发和巩固国际市场的关键。

10.1 全球定价目标和策略

价格是市场营销组合的一个重要因素。产品价格的高低,直接决定着企业的收益水平,也影响到产品在国际市场上的竞争力。国内定价原本就很复杂,当产品销往国际市场时,运费、关税、汇率波动、政治形势等因素更增加了国际定价的难度。所以,企业必须花大力气研究确定国际营销中的定价策略。本部分拟阐述影响定价的主要因素、定价方法、定价策略、调价策略、定价趋势等国际定价基本问题。

10.1.1 影响国际营销产品定价的因素

（1）定价目标

面对不同的国外市场,企业的定价目标不可能完全一样。有些企业将国内市场作为主导市场,而将国外市场看做国内市场的延伸和补充,因此针对国外市场往往会采用比较保守的定价策略。另外,一些企业将国际市场看得和国内市场一样重要,甚至把国内市场当做国际市场的一部分,这类企业采取的定价策略往往是进取型的。企业针对各个国外市场设定的不同目标,对定价策略也有很大影响。在迅速发展的国外市场上,企业可能更注重市场占有率的增长而暂时降低对利润的要求,采取低价渗透策略。而在低速发展的国外市场上,企业可能更多地考虑投资的回收,而采用高价撇脂策略。与当地厂商合资的企业,在定价上除了考虑自己本身的目标外,还必须考虑合作伙伴的要求。

企业的定价目标主要有以下几种:

①维持生存

企业生产能力过剩,在国际市场面临激烈竞争导致出口受阻时,为了确保工厂继续开工和使存货出手,企业必须制定较低的价格,以求扩大销量。此时,企业需要把维护生存作为主要目标。

②当期利润最大化

企业出于对目标市场的国家政治形势和经济形势复杂多变等原因的考虑,希望以最快的速度收回初期开拓市场的投入并获取最大的利润,往往会在已知产品成本的基础上,为产品确定一个最高价格,以求在最短时间内获取最大利润。采用这种定价策略,会使企业面临两种风险:第一,当前利润最大化,有可能会损害企业的长远利益。第二,对产品的需求弹性的测定和对产品生产、销售总成本的预计往往会有偏差,由此定出的价格可能不太准确,企业可能会因定价过高而达不到预期销售量,或者定价低于可达到的最高售价而蒙受损失。

③市场占有率最大化

采用这种策略需具备如下条件:A. 目标市场的需求弹性较大,偏低定价能刺激市场需求。B. 随着生产、销售规模的扩大,产品成本有明显的下降。C. 低价能吓退现有的和潜在的竞争者。

④产品质量最优化

由于获得质量领先地位的产品,往往比处于第二位的产品售价高出很多,以弥补质量领先所伴随的高额生产成本和研发费用。因此,采用这种策略,企业需要在生产和市场营销过程中始终贯彻产品质量最优化的指导思想,并辅以相应的优质服务。

此外,有些企业还考虑其产品或公司在国际市场上的形象,并以此作为定价目标。

思考提示

国际营销的成本结构与国内营销有什么不同呢?

(2)成本因素

成本核算在定价中十分重要。产品销往的地域不同,其成本组成也就不同。出口产品与内销产品即使都在国内生产,其成本也不会完全一样。如果出口产品为了适应国外的度量衡制度、电力系统等其他方面而作出了改动,产品成本就可能增加。反之,如果出口产品被简化或者去掉了某些功能,生产成本就可能会降低。

国际营销与国内营销某些相同的成本项目对于两者的重要性可能差异很大。例如运费、保险费、包装费等在国际营销成本中占有较大比重。而另外一些成本项目则是国际营销所特有的,例如关税、报关、文件处理等。现在我们将对国际营销具有特殊意义的成本项目分别进行说明。

①关税

关税是当货物从一国进入另一国时所缴纳的费用,它是一种特殊形式的税收。关税是国际贸易最普遍的特点之一,它对进出口货物的价格有直接的影响。

征收关税可以增加政府的财政收入,而且可以保护本国市场。关税额一般是用关税率来表示的,可以按从量、从价或混合方式征收。事实上,产品缴纳的进口签证费、配额管理费等其他管理费用也是一个很大的数额,成为实际上的另一种关税。此外,各国还可能征收交易税、增值税和零售税等,这些税收也会影响产品的最终售价。不过,这些税收一般并不仅仅针对进口产品。

②中间商与运输成本

各个国家的市场分销体系与结构存在着很大的差别。在有些国家,企业可以利用比较直接的渠道把产品供应给目标市场,中间商负担的储运、促销等营销职能的成本也比较低。而在另外一些国家,由于缺乏有效的分销系统,中间商进行货物分销必须负担较高的成本。

出口产品价格还包括运输费用。据了解,全部运输成本约占出口产品价格15%左右。可见,运输费用是构成出口价格的重要因素。

③风险成本

在国际营销实践中,风险成本主要包括融资、通货膨胀及汇率风险。由于货款收付等手续需要比较长的时间,因而增加了融资、通货膨胀以及汇率波动等方面的风险。此外,为了减少买卖双方的风险及交易障碍,经常需要有银行信用的介入,这也会增加费用负担。这些因素在国际营销定价中均应予以考虑。

(3)市场需求

产品的最低价格取决于该产品的成本费用,而最高价格则取决于产品的市场需求状况。各国的文化背景、自然环境、经济条件等因素存在着差异性,决定了各国消费者的消费偏好不尽相同。对某一产品感兴趣的消费者的数量和他们的收入水平,对确定产品的最终价格有重要意义。即使是低收入消费群体,对某产品的迫切需要也会导致这种产品能够卖出高价,但仅有需求是不够的,还需要有支付能力做后盾。所以,外国消费者的支付能力对企业出口产品定价有很大影响。要详细了解需求与支付能力,还需要深入研究该国国民的习俗及收入分布情况。

(4)市场竞争结构

产品的最低价格取决于该产品的成本费用,最高价格取决于产品的市场需求状况。在上限和下限之间,企业能把这种产品价格定多高,则取决于竞争者提供的同种产品的价格水平。与国内市场不同,企业在不同的国外市场面对着不同的竞争形势和竞争对手,竞争者的定价策略也千差万别。因此,企业就不得不针对不同的竞争状况而制定相应的价格策略。竞争对企业定价自由造成了限制,企业不得不适应市场的价格。除非企业的产品独一无二并且受专利保护,否则没有可能实行高价策略。

（5）政府的价格调控政策

东道国政府可以从很多方面影响企业的定价政策，比如关税、税收、汇率、利息、竞争政策以及行业发展规划等。一些国家为保护民族工业而订立的关税和其他限制政策使得进口商品成本增加很多。作为出口企业，不可避免地要遇到各国政府的有关价格规定的限制，比如政府对进口商品实行的最低限价和最高限价，都约束了企业的定价自由。

10.1.2　国际营销定价方法与策略

国际营销定价的基本方法与国内市场营销同，也分为成本导向定价法、需求导向定价法和竞争导向定价法。不同的是在具体的价格制定当中，需结合以上分析的各因素。

在定价策略上与国内营销也相似，包括新产品定价策略、心理定价策略、折扣与折让定价策略和地理定价策略。前三者在其他部分有详细的介绍，这里主要讲述地理定价策略。

企业在国际市场上销售产品，由于各国地理分布的差异而带来了成本费用的差异，因而，企业需要对销售于不同地区的产品制定出差异价格。地区性定价的形式有如下几种：

（1）FOB 原产地定价与到岸价格

FOB 原产地定价或离岸价，就是顾客按照厂价购买某种产品，企业只负责将这种产品运到某种运输工具（如卡车、火车、船舶、飞机等）上交货。交货后，从产地到目的地的一切风险和费用都由顾客承担。采用这种定价方法，与企业相邻国家的顾客负担的费用小，离企业远的国家的顾客负担的费用大，有可能导致离得远的国家的顾客不愿意购买这个企业的产品，而购买离他们近、运费低的企业的产品，使本企业失去地理位置较远的市场。

到岸价格是指由出口企业提供海外运输与保险。

（2）统一交货定价

统一交货定价和 FOB 原产地定价正好相反。它是企业对于卖给不同地区顾客的产品，都按照相同的厂价加相同的运费（按平均运费计算）定价，保证企业全球市场上的顾客都能以相同价格买到同一产品。这种策略便于企业的价格管理，有助于企业在各国的广告宣传中保持价格的统一。很明显，这种策略有利于巩固和发展离企业远的目标市场的占有率，但容易失去距离较近的部分市场。

（3）分区定价

分区定价是指企业把销售市场划分为若干区域,对于不同区域的顾客,分别制定不同的地区价格,例如出口到美洲各国用一种价,在欧洲各国用另一种价,在亚太地区用第三种价格。产品在同一地区的价格相同,在不同地区价格有差异,离得远的区域产品的价格略高一些。企业采用分区定价也有问题:①在同一价格区内,有些顾客距离企业较近,有些顾客距离企业较远,前者就不合算。②处在两个相邻价格区附近的顾客,他们相距不远,但是要按高低不同的价格购买同一种产品。相邻区域的价格差异有可能导致中间商随意地跨区域销售,不利于企业对区域价格的控制。企业在划分区域时,要注意这些问题。

（4）基点定价

基点定价是企业选定某些地点作为基点,然后按同样的价格向其他地点供货,顾客购买价格的差异只包含离基点远近运费的不同,采用这种方法,减少了顾客购买价格的差异,有利于统一产品的市场价格。企业可以选定多个基点,按照顾客离得最近的基点计算运费。例如,企业出口产品到欧洲,可将产品先运输到荷兰的港口,然后通过集装箱将产品运到欧洲各地。

（5）运费免收定价

有些企业为了尽快开拓某个国家的市场,由企业负担全部或部分实际运费。企业认为,如果产品销量增加,其平均成本就会降低,能够弥补运费开支。采取运费免收定价,有利于企业在国外市场实现快速渗透,在新市场尽快站稳脚跟。

10.2　国际营销中的产品定价方法

10.2.1　成本导向定价法

（1）成本加成定价法

成本加成定价法（Cost-Plus Pricing）又称为加额法、成本基数法,是指按照产品单位成本加上一定比例的加成（成本利润率）来定价。其计算公式为:

$$单位产品价格＝单位产品成本×（1＋成本利润率）$$

例如,某企业的固定成本是 1000000 元,总变动成本是 800000元,产量为 40000 件,如果成本利润率是 20%,则其产品单价为:

单价＝单位产品成本×(1＋成本利润率)
　　　＝(1＋20％)×(1000000＋800000)/40000
　　　＝54(元)

成本加成定价法的特点是简单、易算,定价人员只根据企业的会计记录就能定价。许多刚刚从事国际营销的企业都采取这种定价法。该定价法的主要缺点是忽视了国际市场上的各种因素,有时会出现大部分利润被中间商赚走的情况,有时则因定价低于市场现行价格,使消费者误认为企业产品质量低,从而影响产品和企业的形象。

(2)变动成本定价法

变动成本定价法(Marginal Cost Pricing)又称边际贡献定价法,是指企业定价时只考虑变动成本,而不考虑固定成本。这种定价方法一般只用于企业库存积压严重或客户追加定货,价格成为竞争的主要手段时。

例如,某企业生产 10000 个产品

固定成本:200000 元	单位固定成本:20 元
变动成本:150000 元	单位变动成本:15 元
总成本:　350000 元	单位总成本:　35 元

可见,只要单位产品售价超过 15 元,企业的固定成本即可得到不同程度的补偿。如果单位产品售价为 35 元,固定成本则可得到全部补偿。若单位产品售价超过 35 元,则企业在总成本得到补偿的前提下开始获利。

因此,企业在库存积压严重或客户追加定货,价格成为竞争的主要手段的短时期内,其单位价格底线是 15 元(单位变动成本)。

利用边际成本定价法是有很强限制条件的。第一,企业除满足原有市场外,还有剩余生产能力为新市场服务,即不会改变企业原有的生产规模,否则会增加企业固定资产投入,边际成本定价法也就失去了应有的基础。第二,新的超低价市场要与原有市场彼此隔绝,否则会影响原有市场的销售。第三,这种做法是短期的,而且不应在总销售额中占有较大比重。第四,须谨防目标市场国的倾销指控及相关制裁。

(3)收支平衡定价法

该法又称保本定价法,其原理是产品总收入等于产品的总支出。例如,某企业已知生产某产品的总固定成本为 20000 元,单位变动成本为 20 元,就可求出不同价格下收支平衡点的产量。该收支平衡点上的价格使企业不会亏损也没有赢利。收支平衡的定价计算公式为:

产量＝总固定成本/(单位价格－单位变动成本)

若企业的产量定为 800 件，则

800＝20000/（P－20）

P＝45（元）

使用此法，可以告诉我们在什么价格条件下，企业相应达到多少单位产量以上才能赢利。

10.2.2　需求导向定价法

需求导向定价法（Demand-Oriented Pricing），是企业根据客户对价值的认识和消费者需求程度，而不是依据企业的成本水平制定价格。可见，该法是通过价格预测，估计市场能容纳商品总量时的市场零售价，然后扣除中间环节的加成，最后倒推出出厂价。因此，需求导向定价法又称为倒扣定价法。

例：预测美国市场进口纯丝袜子的零售价为 60 美元/打时，才可卖出。而且，零售商的利润率为批发价的 50％，批发商的利润率为批发成本的 1/3。若进口关税率是 20％。进口商的利润率为 25％。根据需求导向定价法 CIF 报价应是多少？

解：根据需求导向定价法，推出 CIF 报价：

零售价为 60 美元，利润率是 50％。

批发价＝60/（1＋50％）＝40（美元/打）

批发利润率为 1/3，推出批发商的成本为：

成本＝40/（1＋1/3）＝30（美元/打）

又关税率为 20％，进口商利润率 25％，则：

CIF 价＝30/[（1＋20％）×（1＋25％）]＝20（美元/打）

10.2.3　竞争导向定价法

竞争导向定价法是以同行业竞争对手的价格作为企业定价的依据。该法只考虑竞争者价格的变化，而不考虑产品成本和需求的变化，使产品价格始终保持在与竞争者价格相等或接近的水平。主要方式有以下两种。

（1）通行价格定价

通行价格定价（Going-Rate Pricing）即随行就市定价法，是指企业按照本行业在国际市场上的市场价格水平定价。在竞争激烈的国际市场上，销售某些同类产品的各个企业，在定价时实际上没有多少选择余地，只能按照行业的现行价格定价。如在国际初级产品市场上,在质量、交货期等非价格因素相差不大时,如果把价格定得高于市价,产品将难以销售;反之,把价格定得低于市价,又会导致竞相削价,或受群起而攻之之苦。因此,企业为了获得稳定、合理的收益,宁愿少担风险,与同行业保持同一价格水平,以求和平共处,以防止对彼此都不利的价格竞争。

（2）密封投标定价法

密封投标定价法(Sealed-Bid Pricing)在国际上广泛应用,主要适用于成套设备、大型建设项目和矿产资源的开发方面。采购方常采用招标的方式选择价格最低、质量好、声誉佳的投标者签订合同。企业参加国际投标的目的就是希望中标,因此在确定投标报价时,必须充分预测竞争对手的报价,并根据竞争对手可能的报价,制定本企业最佳的报价方案。企业要制定一套既有利于中标,又能有利可图的方案,就要准确地估算成本和中标概率,选择期望利润大的方案作为报价方案。

例:某企业拟对外投标,制定了三套方案:A 为最大利润方案;B 为适当利润方案;C 为最小利润方案。具体资料见下表(表 10.1)。

表 10.1　密封投标报价方案　　　　　单位:万美元

方　案	报　价	成　本	利　润	中标概率	期望利润
A	4000	1400	2600	1%	26
B	2800	1400	1400	50%	70
C	1400	1400	0	100%	0

从表中可见,中标概率与报价成反比。因此,报高价中标概率低风险大;报价过低,获利太少。一般是寻求一个略低于竞争对手而略高于标底的价格。B 方案对投标企业最有利。

10.3　价格升级与渠道价格管理

10.3.1　价格升级及其防范措施

同在国内销售产品相比,出口到国际市场上的产品由于地理距离的增加、经

济差异的加大,导致了国际市场营销需要更多的运输和保险服务,需要更多的中间商和更长的分销渠道服务,还需要支付出口所需的各种案头工作费用和进口税。以上各种费用都作为成本费用加在产品的最终售价上,从而导致了产品在国际市场上的最终价格要比国内销售价格高很多的现象。我们把这种外销成本的逐渐加成所形成的出口价格逐步上涨的现象称为价格升级。

产品内销外销价格的巨大差异是由国际销售比国内销售需要增加更多的营销职能而决定的。我们不能因此就认为企业将产品销往国外就能得到更多的利润。出口过程中各环节费用的逐渐增加是造成价格升级的根本原因。

从上述分析可以看出,价格升级并没有给出口企业带来任何额外的利润。相反,由于价格升级,使得企业目标市场的消费者需要花高价购买同样的商品,高的价格抑制了需求,减少了企业产品的销售量,对生产企业本身产生不利的影响。因此,价格升级也是企业要想办法解决的一个问题。

思考提示

价格升级是提高价格造成的吗?

企业可以采取若干措施来减少价格升级所造成的消极影响。常用的方法有以下几种:

①降低净售价,即通过降低净售价的方法来抵消关税和运费。但这种策略常常行不通,一是因为减价可能使企业遭受严重的损失,二是企业这种行为可能被判定为倾销,被进口国政府征收反倾销税,使价格优势化为泡影,起不到扩大销量的作用。

②改变产品形式。例如,将零部件运到进口国,在当地组装,这样可以按照比较低的税率缴纳关税,在一定程度上降低了关税负担,从而使价格降低。

③在国外建厂生产。这样可以在很大程度上减少运费、关税、中间商毛利等价格升级造成的影响,但也会面临国外政治经济形势变动的风险。

④缩短分销渠道。这可以减少交易次数,从而减少一部分中间费用。但是,有时渠道虽然缩短了,成本却未必会降低,因为许多营销的职能无法取消,仍然会有成本支出。在按照交易次数征收交易税的国家,可以采用这种办法来少缴税。

⑤降低产品质量,即取消产品的某些成本昂贵的功能特性,甚至全面降低产

品质量。一些发达国家需要的功能在发展中国家可能会显得多余,取消这些功能可以达到降低成本控制价格的目的。降低产品质量也可以降低产品的制造成本,不过这样做有一定的风险,决策时一定要慎重。

思考提示

做好国际营销看来是需要逆向思维的,提高质量的方法估计你是非常了解了,但是降低质量千万别认为是制造假冒伪劣产品哦!

10.3.2　国际营销渠道价格管理

(1)企业的国际渠道价格政策

价格是影响厂家、经销商、顾客和产品市场前途的重要因素,因此,制定正确的价格政策,是维护厂家利益、调动经销商积极性、吸引顾客购买、战胜竞争对手、开发和巩固国际市场的关键。企业通常所运用的国际渠道价格政策有以下几种:

①非可变价格政策。采取这种价格政策就是没有任何谈判的余地了。价格的差异是固定的,如大量购买给予较低的价格,对批发商、零售商或不同的地点给予不同的价格。

②可变价格政策。即价格是根据交易双方的谈判结果来决定的。这种政策多在不同牌子竞争激烈而卖方又难以渗入市场的情况下使用。在这种情况下,买方处于有利地位并能够迫使卖方给予较优惠的价格。

③其他价格政策。

第一,一次性数量折扣。即价格根据一次性购买的数量多少而变化。

第二,累计数量折扣。允许由一定时期内(如 1～12 月份)的总订货量打折扣。许多食品企业采取这种方法销售。

第三,单一价格政策。这是一种不变通的价格政策。定价不顾及购买数量,不论什么人购买,也不管货物送到什么地方,价格都是相同的。

第四,统一送货价格。对不同地方制定价格有两种方法,一种是统一送货价格。即最终价格是固定的,不考虑买者与卖者的距离,运费完全由卖者承担。

第五,商业折扣。对履行不同职能的经销商给予不同的折扣。如:一批、二批、三批发商和零售商因履行不同的经销职能而给予不同的折扣。

第六,可变送货价格。即产品的基本价格是相同的,运输费用在基本价格之上另外相加。因此,对于不同地方的顾客来说,产品的最终价格要依他们距离卖方的远近而定。

如果基本价格是确定的,运输费用是后来加上的,这叫离岸价格(自提价)。如果最终价格是确定的,其中包括运输费用,这叫到岸价格(到货价)。

在离岸价格和到岸价格这两种方法之间还有许多折中方法,例如:

对消费者的统一零售价。如果制造商制定了零售商出售产品给消费者时必须执行的最终价格,而且零售商不得以高于或低于该价格出售,即叫做统一零售价。这种价格通常印在价格单上或包装上。制造商对该产品在市场上的价格严加控制,除制造商外,不允许有人使价格出现任何波动。

地区定价。即在一个地区性的市场上制定统一的价格。这种方法简单易行,在一个区域市场内宣传价格方便,而且实施也简单。

基点定价。货物以某个基点城镇为准。以上海市为基点城市,然后向东京、巴黎、纽约、香港等地送货,则追加从这个基点城市运往各个城市的运输费用。如果选定的基点城市不止一个,那么这种方法就叫"多基点定价方法"。

控制产品零售价格的水平有以下几个好处:

①多种零售价格增加了零售商之间冲突的可能性——那些不能以低价出售产品的零售商与能够这样做的零售商会发生争吵,最终产品的经销系统会受到严重的破坏。

②同一种产品在同一市场上有多种价格,会损害产品的声誉,消费者会怀疑以较低价格出售的产品是否是真货。

③如果没有固定的零售价格,经销商不会积极地进货,其经销范围也不会开阔,最终使制造商和消费者都受到损失。

④如果价格订得有利于消费者和制造商双方,那么统一的零售价(即零售商不得以低于此价销售),将对大家有利。

思考提示

使用什么方法可以控制最终的销售价格?

(2)企业销售价格结构体系设计

企业销售价格结构体系设计的首要任务是决定差别化价格结构。差别化的价格结构体系包括两个方面:

一是按照客户的重要程度来确定价格。按照现有客户实绩或潜在实力而将客户分为 A、B、C 三个等级,分别确定不同的价格折扣率。如 A 级大客户价格折扣率是 X％,B 级客户价格折扣率是 Y％,C 级客户(小量进货者)依订价出货。销售价格体系设计解决的是让利如何分配。让利就是出厂价和最终零售价之间的差额,谁得到这些差额以及得到多少,就是价格体系设计所要解决的问题。

二是依据销售渠道成员所在阶层确定价格折扣。企业必须设计好销售通路各环节的价格体系,即处理好出厂价、一批价、二批价、三批价、零售价之间的关系。由于销售通路各环节的价格设计直接影响到中间商的利益,从而影响中间商的积极性,决定着产品在市场上的前途,因此,企业必须重视。

一级批发商是靠加价和返利来赚钱,零售商是靠批零差价来赚钱,二者的利益都能够得到保证,而二批、三批处于中间环节,往上由一批决定着他不可能得到更多的利润空间,往下由于消费者的作用,零售商要以最优惠的价格拿到产品,这样,二级、三级批发商的利益如何维护,就成了价格设计的一个重要方面。

10.4　国际转移价格

随着跨国公司经营业务的发展及规模的不断扩大,其内部贸易在国际贸易中的比重愈显重要。目前,世界贸易中约有三分之一是在跨国公司内部进行的。跨国公司内部成功的经营管理是其跨国经营战略的重要一环,其中跨国公司内部贸易的定价机制,尤其是转移价格,成为跨国公司经营中最具诱惑力的商业秘密武器。

转移价格又称转移定价、调拨价格、内部价格等,是跨国公司内部母公司与子公司、子公司与子公司之间相互约定的出口和采购商品、劳务及技术时使用的一种价格。它并非根据国际市场上的供求情况制定,而是根据跨国公司的全球战略和整体利益人为制定的。因跨国公司内部贸易涉及商品和劳务两个方面,转移价格也包括两个内容:一是有形产品的转移定价,如公司内部相互提供设备、零配件等的价格;二是无形产品的转移定价,如子公司向母公司支付贷款利息、商标使用费、技术使用费、管理费等的价格。

在跨国公司的触角几乎遍及全球各个角落的今天,转移价格日益受到母国和东道国的重视。随着我国改革开放的深入,众多海外跨国公司纷纷涌入,在推动经济发展的同时,也带来了不可避免的冲击,如何对付不合理转移价格是不容忽视的问题之一。此外,尽管我国跨国公司发展尚处起步阶段,但未来中国企业跨国经营已是不可抗拒的趋势。因此无论着眼于现在还是未来,对跨国公司转移价格的研究都具有重要的现实意义。本文主要从其产生、作用及如何防范三方面论述。

10.4.1　转移价格的产生

转移价格是跨国公司跨国经营的必然产物。首先,跨国公司内部贸易的形成是转移价格产生与发展的标志与前提。作为一个由母公司及众多海外子公司组成的统一经营实体,其内部母公司与子公司及各子公司之间都存在着经常性的大量资金、商品、技术、劳务等流动,这些内部贸易需要有相应的价格作为核算的依据,由此转移价格得以产生。伴随着跨国公司经营业务国际化程度的提高,在国际市场存在结构缺陷(如贸易保护、知识产权等)和交易缺陷(如额外风险、市场差异)情况下,必然导致公司内部分工细化,并相应带来公司内部各项要素和产品流通规模的扩大。很明显,只依赖国际市场无疑会影响跨国公司经营战略的有效实施与生产的顺利进程,为此,最大限度地借助于国际市场脱离公司内部贸易成为其必然选择。

其次,转移价格是跨国公司实施全球战略经营的重要策略。跨国公司遍及全球的对外直接投资,使其得以在全世界进行各项生产要素的合理配置与再配置。正是通过转移价格这种方式,跨国公司的全球战略突破了一个国家一个市场的局限,享有全球统一调配资源,能最有效地使用人、财、物及技术,以达到全球经营一体化的效果。

此外,转移价格是跨国公司追求利润最大化的重要渠道。由于转移价格是一种公司内部贸易价格,在一定程度上不受国际市场供求关系的变化影响,跨国公司可以从贸易双方共同利益出发和全球经营考虑,充分利用各国在汇率、利率、关税等经济以及政治因素上的差异,利用转移价格,把成本降至最低,取得最大利润。

10.4.2　转移价格的作用

转移价格作为跨国公司内部经营管理的重要手段,一般都属于公司的最高机密,在任何时候都不向外泄露。局外研究人员很难收集到有价值的具体情报资料,但是,有限的研究结果表明,转移价格至少在以下几方面对跨国公司起着重要作用。

（1）逃避税收

主要指逃避所得税与关税。目前世界上有许多"避税天堂"（TaxHeaven），如巴哈马、巴林、摩纳哥、汤加等，因其所得税极低而得名。跨国公司可通过其设在避税地的子公司低价收购，高价卖出，尽管货物和款项均不经过避税地，但账面上的这次周转就使卖者子公司"低价"出售而无利，买者子公司高价购买亦无赢利，而设在避税地的子公司则取得了双方收益，减轻总公司税赋。另一种逃避所得税的方法是利用不同国家（地区）税率上的差异。如由高税率国家向低税率国家出售技术或劳务时，采用调低转移价格的办法，以降低低税率国家的进货成本提高其利润。反之亦然。这样，赢利从高税率国家转移到低税率国家，使整个公司的税赋减轻。

在关税方面，虽然任何一个国家的公司都无法改变关税，但只要运用转移价格适当，仍可变通。通常有以下几种方法：①利用区域性关税同盟及有关协定的某些优惠规定。②利用不同国家（地区）的子公司，以较低的发货价格，减少纳税基数和纳税额，降低进口子公司的从价进口税。至此，不难看出，跨国公司运用转移价格逃避关税与所得税的影响正好相反，少纳进口税就得多纳所得税，一般来说，所得税赋要重于进口税赋，故跨国公司权衡利弊，通常优先考虑所得税因素。

还有在进口受外汇配额影响的国家，较低的转移价格可以抵消配额限制。如东道国政府对特殊商品进口配有一个有限的外汇额度，用较低的转移价格可以令企业带进更多的商品。

思考提示

转移价格可以避税，其中的玄机巧妙你看懂了吗？

（2）逃避风险

这里的风险包括：①减少或避免外汇汇率变动风险。金融危机以来，各国货币汇率波动很大且频繁，致使跨国公司面临贸易中的交易风险，也面临资产的外汇风险，一般跨国公司采取货币转换的方法和"提前与延付"付款的方法来防止，但利用转移价格可以加强这种方法的有效程度，从而使风险进一步降低。②避免政治风险。政治风险与经济危险很难分开，尽管政府的决策可以从政治角度来解释，但这种决策后面的基本要素可能却是纯经济的。其中被没收或国有化，是跨国公司最担心的，尽管跨国公司可以采取一系列方法，如参加投资国政府的投资保险计划，雇用当地管理人员，使东道国拥有公司的股权等，将部分风险转嫁出去，但在具体投资中，跨国公司常常使用转移价格对子公司实行更高的销售价格、索取高额服务费、压低子公司出口商品价格等的办法，使子公司陷入财政赤字状态，成为空架子，从而将投资利润从东道国转移出去，将风险降至最低。③对付价格管制。为维护本国市场和当地居民的合法权益，保护民族工业，东道国制定市场价格控制政策。为避免东道国倾销等指控，跨国公司利用转移价格提高成本以提高该产品价格，同时，为避开东道国的最终产品价格管制，跨国公司将产品或生产该产品的中间产品以高价转嫁给子公司，形成高成本，提高产品售价，赚取高额利润。

（3）调拨资金

跨国公司的全球经营需要利用众多的资金市场，从整个公司体系内部各单位统筹资金额度，并希望能尽早收回投资，但是许多国家都实行不同限度的各种管制。为此，利用转移价格，使各子公司对母公司的各种生产、科研、管理等支付高额费用，对子公司高价售货或低价购买，从子公司抽回资本。类似做法还有：把资本从低利率国家转到高利率国家，或当某个国外高层存在扩大投资的良机时，将子公司的资金及时转移出去。

（4）获得竞争优势

转移价格是跨国公司获得竞争优势的制胜法宝。跨国公司在海外新建子公司时，可以凭借整个公司体系的资金等实力，运用转移"低价"，为新建子公司供应低廉的原料、产品和劳务，高价买进子公司产品，帮助子公司迅速打开局面，树立良好信誉，站稳脚跟；当跨国公司的某个海外市场竞争异常激烈时，总公司以转移低价，不惜血本，维持低价倾销，集中财力、物力支持在那里开拓市场的子公司，直至把对手挤垮，最终占领市场。

（5）减少利润过高带来的麻烦

跨国公司进入某个新市场，必然引起同行关注，它的失败是前车之鉴，但成功却是无声号角，引来竞争对手纷纷"抢滩"，易引起对市场的重新划分。此时，运用转移价格，降低东道国的利润，可以引开潜在竞争者对新市场的视线，此外，子公司的高利润还会带来三种麻烦：①导致东道国政府重新谈判跨国公司进入条件并制定新政策，分享其利，利用转移价格，可使其赢利移至国外，宣布较低的公司利润甚至亏损。②来自合作伙伴的麻烦。如果在合资企业中，跨国公司投资所占比例较高，扩大该合资企业的资产，可减少公布利润额，从而减少缴纳所得税赋与分红损失；反之，若投资国投资额较高，按投资比例分工，跨国公司获利较少,也可以利用转移价格减少合资企业总收入,来限制投资国分红。③当面临工会压力,要求工人分享企业利益,增加工资福利开支时,可采用高进低出的转移价格,使子公司账面利润呈现较低水平,应付工会查账。

10.4.3　转移价格的防范

跨国公司大量使用转移价格,给母国和东道国带来不少损失,对母国来说,这种损失主要是税收的减少,而对东道国来说损失更大,还涉及国际收支、外汇流出等诸多方面。较为突出的例子是哥伦比亚政府 1972 年对外国子公司调查结果显示:子公司从母公司进口的产品价格普遍高于国际市场价格,其中药物高 150%,化工品高 25%,电器高 51%。被调查的所有外国企业从转移价格中所获的额外收入相当于它们公布利润的 24 倍,单药品一项造成的经济损失就相当于哥伦比亚所有工业技术部门付出的专利使用费的总和。类似情况同样发生于其他发达国家与发展中国家。针对上述情况,各国纷纷加强研究,采取对策,一般对策分为两方面,一是母国采取的,一是东道国采取的。我国目前主要作为跨国公司的东道国,故本文着重探讨东道国防范转移价格的对策,以期对我国有所启示。

(1) 直接管制

直接管制是为了寻找一种市场价格或与之相近的价格代替转让定价,从而对其内部转移价进行监督和管理。

①运用"比较定价"措施。定价是将同一行业中某项产品一系列的交易价格和利润率进行比较,如果发现某一跨国公司子公司的进口价格过高或出口价格过低,不能达到该行业的平均利润率时,税收部门可按"正常价格"(亦称"公平价格",即以正常交易价格或卖给无关顾客同样商品的价格)进行营业补税。

②加强海关监督。任何货物进出口都需要通过海关,海关是设在国境上的国家行政管理机构,是贯彻执行东道国有关进出口政策、法令和规章的重要工具,可以有效地防止跨国公司操纵转让价格。如发现进出口价格明显异常时,可以要求重新估价或补交税收。

③以"国家出口牌价法"为标准。即东道国以其大宗出口的初级产品制定出口牌价,作为公开市场上出售该产品为原料和制成品价格一部分。因其取决于跨国公司与东道国政府的谈判,适用范围有限。目前只有赞比亚、坦桑尼亚等对某种产品谈判能力较强的几个非洲发展中国家使用。

④建立审计制度,加强对三资企业的财务管理与监督。任何企业的经营状

况最终都会在企业的财务账目中反映出来,转让定价的操纵也离不开会计账目,因此,建立健全严密的财务审计制度,是控制转让价格的关键因素。有时跨国公司转移价格的制定就视东道国审计制度与审计工作的情况而定。

(2)间接管制

跨国公司操纵转移价格的两个最主要目的就是逃避税收和转移利润,为此,东道国有必要通过对税收体系等调整来进行间接管制。

①用"公式分配法"计算跨国公司子公司所得税。首先按一定的公式估算出子公司应税利润,然后按子公司利润与其他国家正常利润的一定比例缴纳所得税,从而使跨国公司利用转移价格逃避税收的可能性减小。但这种方法有两个困难:一是公式中的变量即跨国公司可增减的比例没有统一标准,二是选择变量要有大量有关成本利润、资金周转等方面的信息资料,这对于发展中国家较难。

②"税收待遇一体化"。东道国对跨国公司子公司征税大致分为三类:投入税、产出间接税和所得税。跨国公司运用转移价格时往往通过东道国不同税种、税率的差异,人为调高或调低某些生产要素的价格,对此东道国采用"税收待遇一体化"政策,在一定时期内,统一各种税率,在保证总税收入不变的情况下,减小了跨国公司利用转移价格的可能性。

③对出口额进行差别处理。跨国公司常常利用低额开列出口发票的方式减少在东道国的纳税额。为防止这种损失,东道国可在计算应税利润时,先把出口额从总销售额中扣除,按正常价格计算其利润,核算出口应税利润额。这样,尽管低额开列出口发票可以减少所申报的利润,却不使总税收减少。

④跨国公司只有当高税国对于某些汇回项目不征税或课以低税,同时又有能力把利润转换为这种汇回项目时,才能从国际税制差异中得到好处。对此,对某些内部转移支付征税,可以在一定程度上遏制跨国公司对转移价格的滥用。也有些国家采取降低涉外税率的办法,使之略低于跨国公司的转移税率水平,有一举两得之效:一是避免跨国公司利用转移价格;二是还可在一定程度上增加对外资的吸引力。

此外,作为东道国必须注意国际市场行情变化。制定政策时,要对各种要素综合分析考虑,实行"一揽子"计划,对跨国公司的转移价格实行多方控制。

越来越多的国家对转移价格给予重视并采取多方措施,使之越来越困难与危险,机会不断减少。但转移价格对跨国公司的财务与会计人员仍具有高度的重要性,这场没有硝烟的"战争"还在进行中。

10.4.4　"转移定价"是把"双刃剑"

自从人类有了国家,就有了税收(体制)。自从有了税收(体制),就有人试图少交税甚至不交税。"避税"与"反避税"的话题由来已久,花样层出不穷。从假穿外资的嫁衣,到跨国公司进行内部关联交易,再到某些内资企业注册离岸公司,进行"转移定价",以达到避税的终极目的。

(1)转移定价的空间

市场经济的假设之一就是:承认人(自然人和法人)的趋利性,这也是市场得以发挥重要作用的理论依据。另外,对市场经济本身的一个要求是:要求市场对每一个市场主体提供均等的机会、公平的竞争环境。然而,由于历史的原因,到目前为止,国内的税法体系尚没有完全统一。在立法的层面上,内资企业就受到了歧视待遇,而外资企业却堂而皇之地享有超国民待遇,这就在为国内避税留下了法律空间的同时也留下了内资企业心理的不满情绪。国内尚且如此,国际避税的空间就更大了。严格说来,只要有两个国家(地区)存在税法体系的差异性(税率差异),就存在国际避税的空间和可能。

转移价格的基本原则是从高税率转移到低税率的地方。由于各国或地区的税率与税收体制存在较大差异,因此既存在现实的需求,也存在可行的操作空间。例如,中国香港所得税的基本税率是 17.5%,美国为 30%—40%,而内地内资企业名义所得税率为 33%,实际税率为 24%。因为存在这种差异,所以通过适当的安排,可以降低企业的纳税数额。

"转移定价"的操作原理其实非常简单,只要国内企业再注册一家离岸公司,前提是离岸公司注册地的所得税较国内要低。像中国香港、英属维尔京群岛(BVI)等地方便是。接下来就是会计技术问题,该技术原理也非常简单,即遵循"利往低处流"(利润往应征所得税低的公司转移)、"费往高处走"(费用成本记到所得税高的公司上)的原则,这样一个来回,就达到了避税的目的。

(2)转移定价的潜在风险问题

"转移定价"的操作原理尽管非常简单,但它毕竟进行的是跨国境、跨地区操作,并且至少涉及两套法律制度,而且进行"转移定价"操作的时间跨度都相对较长,动辄可能就是几年以上。基于这些特点,进行"转移定价"操作的企业可能会面临以下潜在风险:

①法律风险。法律风险来自国内法律风险和国际法律风险(离岸公司注册地法律风险)两个方面。就国内法律而言,由于避税不存在非法一说,所有的避

税都在"合法"下进行,因此,避税的合理性就成了问题关键。但更进一步的问题是,什么样的情形是合理的,什么样的情形是不合理的? 也许这个问题该留由税务机关来最后定论。国际方面的法律风险和成本就更大了,首先它最大的风险来自你的无知或是知之甚少;其次,包括两个国家或地区的语言、文化、价值理念、司法传统、司法观念、商业环境等等在内的巨大差异性都可能使你面临风险。

②信息风险。上面提到由于两套法律体系的差异性,并且你在进行"转移定价"操作时往往借助于外部力量,这样你所接收的信息基本上是经过处理的二手信息,或者是不全面的信息,并且其信息传递往往又具有滞后性,这些因素都会直接影响公司的正确决策。

③代理风险。进行"转移定价"操作的公司往往本身实力和信誉可能就不佳,并且由于避税本身的敏感性,这些公司往往也不会大张旗鼓地做广告,而且注册地还在境外,一旦你与代理公司之间产生纠纷,往往主动权并不在你这里,而且维权成本极高,大部分被骗企业往往会以自认倒霉而告结。

④经济风险。在这里有必要提及一下的是,"转移定价"针对的是企业所得税,并不包括流转税。因此,有的代理服务公司打着所谓"零"税负旗帜,其实是不存在的,它们这样说本身就是一种信息传递误导行为。所以,企业的决策者们应当理性地核算一下"收益"和成本,尤其是进行"转移定价"的总成本开支,除了直接的费用开支之外,还应当将时间花费成本、精力成本、上述风险折算成的经济成本一并记入,另外还要再加上机会成本。这样下来,你就有了理性的判断结果。

⑤企业道德和企业诚信风险。避税行为虽然不违法,但它决然有违税法的立法本意,一旦税务机关经过稽查认定贵企业存在不当避税行为,除了承担相应的法律责任和经济责任之外,另外还可能使企业的社会公众形象(包括企业道德和企业诚信)遭受巨大的损失,甚至可能是致命的,此类现实例子也不在少数。

10.5 倾 销

10.5.1 倾销的内涵与构成要件

(1)倾销的构成要件

一国的产品以低于正常价值的价格进入另一国市场而使得另一国国内有竞

争能力的产业受到损害的行为即为倾销。其构成要件：

①产品以低于正常价值或公平价值的价格销售；

②这种低价销售的行为给进口国产业造成损害，包括实质性损害、实质性威胁和实质性阻碍；

③损害是由低价销售造成的，二者之间存在因果关系。

对倾销的解释多种多样，没有统一的法律定义。一种比较公认的说法是，倾销是指出口到东道国市场上的产品价格按低于当地市场价格销售，致使当地市场上生产和销售同类产品的企业受到实质性的损害和威胁。

（2）倾销的类型

倾销可分为四种类型：

①零星倾销

零星倾销即制造商抛售库存，处理过剩产品。这类制造商既要保护其在国内的竞争地位，又要避免发起可能伤害国内市场的价格战，因此，必然选择不论定价多低，只要能减少损失就大量销售的办法，向海外市场倾销。

②掠夺倾销

企业实施亏本销售，旨在进入某个外国市场，而且主要为了排斥国外竞争者。这种倾销持续时间较长。一旦企业在市场上的地位确立，该企业便依据其垄断地位而提价。

③持久倾销

企业在某一国际市场持续地以比在其他市场低的价格销售，是持续时间最长的一类倾销。其适用前提是，各个市场的营销成本和需求特点各有不同。

④逆向倾销

这是指母公司从海外子公司输入廉价产品，以低于国内市场价格销售海外产品而被控告在国内市场倾销。这种情况在国际营销实践中时有发生。

10.5.2　倾销的主要特征

第一，倾销是一种人为的低价销售措施。它是由出口商根据不同的市场，以低于有关商品在出口国的市场价格对同一商品进行差价销售。

第二，倾销的动机和目的是多种多样的，有的是为了销售过剩产品，有的是为了争夺国外市场，扩大出口，但只要对进口国某一工业的建立和发展造成实质性损害、实质性威胁或实质性阻碍，就会招致反倾销措施的惩罚。

第三，倾销是一种不公平竞争行为。在政府奖励出口的政策下，生产者为获得政府出口补贴，往往以低廉价格销售产品；同时，生产者将产品以倾销的价格在国外市场销售，从而获得在另一国市场的竞争优势并进而消灭竞争对手，再提高价格以获取垄断高额利润。

第四，倾销的结果往往给进口方的经济或生产者的利益造成损害，特别是掠夺性倾销扰乱了进口方的市场经济秩序，给进口方经济带来毁灭性打击。

为了制止倾销而采取反倾销措施应该说是合理的，但如果反倾销措施的实施超过了其合理范围或合理程度，反倾销措施也会成为一种贸易保护主义措施，从而对国际贸易的扩展造成阻碍性影响。例如，武断地认定原本不存在倾销的商品为倾销商品，或无根据地夸大倾销幅度，从而无理地实施反倾销措施或不适当地提高反倾销税征收金额，这些都会阻碍正常进口贸易的进行。如美国与加拿大关于进口马铃薯征收特别倾销税的纠纷。1962年，由于气候原因，美国农产品收获季节早于加拿大，在美国马铃薯大量上市时，加拿大的马铃薯还未收获，这时美国出口到加拿大的马铃薯非常便宜，加拿大决定根据"正常价格"与出口价格的差额征收特别倾销税。美国政府认为，加拿大的征税行为是一种非关税壁垒，并向GATT申诉，要求解决加拿大对进口马铃薯征收反倾销税的问题。1963年1月2日，加拿大取消了该项税收。

思考提示

你知道倾销是如何认定的吗？国外的产品在中国市场有倾销的行为吗？能列举一些案例吗？

知识链接

反倾销税（Anti-dumping Duties），就是对倾销商品所征收的进口附加税。当进口国因外国倾销某种产品，国内产业受到损害时，征收相当于出口国国内市场价格与倾销价格之间差额的进口税。

目的在于抵制倾销，保护国内产业。通常由受损害产业有关当事人提出出口国进行倾销的事实，请求本国政府机构再征。政府机构对该项产品价格状况及产业受损害的事实与程度进行调查，确认出口国低价倾销时，即征收反倾销税。政府机构认为必要时，在调查期间，还可先对该项商品进口暂时收取相当于税额的保证金。如果调查结果倾销属实,即作为反倾销税予以征收;倾销不成立时,反倾销税即予以退还。有的国家规定基准价格,凡进口价格在此价格以下者,即自动进行调查,不需要当事人申请。

为防止最终确定实际交税的时间拖得过长,《反倾销协议》规定,在提出要作出反倾销税最终估算的数额之后,通常在 12 个月内最长不超过 18 个月作出决定,而且如果追溯征税的税额超过了最终决定的倾销幅度,则自作出对反倾销税的最终决定之日起的 90 天内返还其进口超征的部分。

根据《对外贸易法》,1997 年 3 月 25 日国务院颁布了《中华人民共和国反倾销和反补贴条例》,2001 年 11 月 26 日,中国又修改并颁布了《反倾销条例》,并于 2002 年 1 月 1 日起实施。

资料来源:百度百科词条

10.5.3　低价竞销(中国式倾销)的危害、成因与对策

(1)低价竞销(中国式倾销)的危害

第一,低价竞销导致外国对我国频频发起反倾销。我国已经成为遭受反倾销最多的国家。自 1995 年 WTO 成立以来,外国对我国发起反倾销调查 386 起,占 WTO 成员全部立案的 15.21%,是排在第二位的韩国的两倍;同时我国遭受 WTO 成员实施的最终反倾销措施 272 起,占 WTO 成员全部反倾销措施的 17.36%,是排在第二位的韩国的 2.5 倍。从对我国反倾销的主体来看,发展中国家已经代替发达国家成为反倾销主体。

第二,低价竞销对我国经济秩序的危害。我国出口企业在对外贸易中的低价竞销行为,造成的危害是不可低估的。据统计,欧美等国对我国反倾销涉案超过 1 亿美元的已经达到 15 起。从我国加入 WTO 后,每年直接涉案金额达十几亿美元,而且涉案产品广泛,一旦一种产品被征收反倾销税,极有可能被迫退出该国市场。在国外遭受反倾销产品的企业会把销售市场转移到国内,从而引发国内的经济秩序混乱。

第三,低价竞销造成出口秩序混乱的状况。低价竞销是我国成为世界上遭遇反倾销调查最多的国家的重要原因。低价竞销主要表现在两方面。一方面,在对外贸易中,一些出口产品多属于劳动密集型,规模小、科技含量低、产品花样少,缺乏有效的市场准入制度,在进入国际市场时,不是在产品质量和科技含量及营销手段上下工夫,而是依靠低价竞争来开拓和占领市场;另一方面,由于我国在生产秩序方面缺乏有效的管理和控制,一旦某种产品有利可图,立即一哄而

上,纷纷上马或扩大生产能力,例如,2004 年我国新增纺织和服装生产企业 35 万家,导致 2005 年我国纺织和服装生产能力和出口大增,从而导致出口产品受限。搞低价竞销,一般出现在三个阶段:一是在遭受反倾销前的阶段,搞低价竞销,从而导致遭受国外反倾销措施;二是当没有搞低价竞销的企业花巨资打赢反倾销官司后,一些企业继续搞低价竞销,最后导致的结果是又遭到反倾销制裁;三是在遭受国外反倾销措施后,仍搞低价竞销,导致"复审"时延长了征收反倾销税的期限。低价竞销行为在发展中国家市场上表现尤为明显,而且有愈演愈烈的趋势,这也是我国越来越多地遭受发展中国家反倾销的根本原因。据统计,由于低价竞争,几年前,中国出口到东南亚市场的普通摩托车平均卖到 700 美元,现在仅为 170 美元,每辆的平均利润仅为 6 美元左右;同样,我国的橘子罐头占了世界市场份额的 60% 以上,但是出口价格 10 年间下降了 2/3;我国出口皮鞋、橡胶及塑料布鞋、球类、伞、鬃刷、热水瓶等 6 种小商品出口规模近 10 年间增长了 51%,但综合平均价格却下降了 21.7%,大量利润流失。

营销故事

2010 年 8 月 12 日,意大利铝散热器行业协会向欧盟提出,中国铝散热器有倾销嫌疑。意大利铝散热器行业协会向欧盟委员会提供各种证据,证明中国铝散热器倾销欧洲市场。

2011 年 8 月 11 日,欧委会正式发布公告,对中国输出欧洲铝散热器发起反倾销调查,指控中国产品倾销幅度为 37%,并建议选择俄罗斯作为替代国。

2011 年 8 月下旬,永康市众多涉案企业奔赴北京机电行业协会研讨应对策略。

2012 年 5 月 11 日,欧盟对原产于中国的铝散热器作出反倾销初裁,裁定对中国普遍征收 61.4% 反倾销税。由于申诉及时,永康市宁帅实业、桑禾散热器、金标机电、伊斯特等公司都参加了此次反倾销应诉,他们将被征收 12.6%—21.2% 的反倾销税。

资料来源:金华新闻网,http://www.jhnews.com.cn/

(2)构成低价竞销的原因

从企业本身来看,一些中小企业缺乏企业社会责任,没有严格执行劳动、环保、社会保障和安全生产等法律法规,导致所谓的"生产成本"极低,以这样的成本加低廉的利润来闯荡国际市场，必然导致出口国反倾销制裁。现在国外许多进口商到中国来采购必须先"验厂"，即按照我国环保、劳动、社会保障和安全生产等法律法规对生产厂家进行检验。国外的"验厂"行为，一方面是由于我国企业缺乏自己的社会责任"标准"；另一方面也反映了我国相当多的企业存在"违法"行为，缺乏社会责任；再者，国外采购商"验厂"绝不是"作秀"和"难为"，是根据我国的相关法律来执行的，否则采购的商品会遭到诸如"环保协会"、"保护妇女儿童"等组织的反对和抵制，影响商业信誉。

从地方政府组织来看，片面追求 GDP 的增长，通过给予企业各种优惠政策，鼓励企业上马能够快速增长 GDP 的产业，而不是从国内外市场整体环境去定位，从企业长远的发展角度去考虑，比如高度扭曲的土地、水、信贷资源都是行政定价过低，引导经济活动的参与者以浪费资源的方式提高增长率，等等，也是造成出口企业低价竞销的主要原因。

国内相关中央政府部门的宏观调控和管理措施的缺位，行业协会及商会的行业导向和对企业的监督不力，也是造成一些企业在对外贸易中低价竞销的原因之一。对于政府而言，职能错位相当普遍，一是越位，二是不到位。例如 2004 年我国新增纺织品和服装生产企业 35 万家，就是由中央有关部门批准设立的，在市场容量有限的情况下，大量企业一哄而上，造成低价竞销是必然的事情。

国内相关法律对低价竞销行为的"无可奈何"，从而缺乏规制依据，也是低价竞销行为在对外贸易中盛行的重要原因。低价倾销，在市场经济条件下本身就能直观认定"低于成本价值"，而在目前情况下，许多国家不承认我国的市场经济地位，对我国发起的反倾销一般通过选定"第三国"的形式确定我国的产品成本，本身就有"歧视"的成分，如果我们采用国外的"低价倾销"标准，本身就是承认了这种歧视的合理性。

（3）如何规范国际营销中的低价竞销行为

第一，企业应当加强自律。对于企业而言，应当加强自律，严格执行劳动、环保、社会保障和安全生产等法律法规，严格履行国际或国内企业社会责任标准。在这方面中国纺织行业正在积极探索并以身践行。2005 年 5 月，由中国纺织工业协会组织制定的中国纺织企业社会责任管理体系——CSC 9000T 开始进入推广阶段，160 余家全国知名纺织服装企业、全国和地方纺织行业组织成为首批成员。发达国家消费者非常关注所购买产品的生产过程，如果产品的生产是在非人道、不健全的社会责任体系下进行的，任何优秀产品都不能被接受。我们在调研中了解到，我国的一些知名纺织服装企业，在与国际客商的合作过程中，都接受了严格的社会责任审核，包括员工福利待遇、工资、劳动时间以及食堂、寝室条件等细节。

第二，加强市场化建设，创造公平竞争环境。对于市场化建设而言，应当打破地区分割，加快市场化体制改革的步伐，建立起符合国际规范的市场经济价格体系、统一的国内大市场和公平竞争环境，为企业创造一个和谐有序的发展空间。这项工作需要由国家、地方各级政府、行业商协会等共同完成，长期而艰巨。

第三，实施有效的调控和管理。对于国家有关部门而言，对低价竞销的行为，应当实施有效的宏观调控和管理措施。在我国商务部公平贸易局给国务院起草的《关于贸易摩擦应对战略》中，有有关尽快出台《处罚低价出口行为规定》的建议，如果运用"市场化成本价值"标准，这个建议是可行的，对于规范低价竞销的行为是一个很好的举措。在国外限制低价竞销的行为，是有先例可循的，我们可以吸收国外的"最低限价"和"指导价"的确定标准，为我所用。

第四，填补法律空白，提高执法能力。对于中央及地方各级政府而言，应当加快政府职能转变，尽快填补因《对外贸易法》修改形成的外贸出口秩序管理的真空，对于低价竞销的行为，应当确定主管部门，配备相应的专业人员，不能多头管理，到头来却没人管。提高各地方政府和司法机关的执法能力，提高出口企业的生产成本，也是有效阻止对外出口低价竞销的途径。

对于行业协会而言，应当加快重组与改革，在职能上、经费来源上和人员配备上，都应当跟上形势的发展，有所创新，真正为企业服务，真正成为加强企业自律、整肃市场秩序的中坚力量，通过制定相应的规则，来规范、引领和指引企业的行为。特别要发挥商协会的导向和监督作用，并建立全国性的行业管理体系。同时应当发挥商协会的协调功能。

第五，调整现行法律法规。从法律层面而言，我们应当对现行的法律法规进行调整。从目前来看，对低价竞销行为的法律规制缺乏法律依据。从外贸法来看，我国现行《对外贸易法》第 33 条第 1 款规定，在对外贸易经营活动中不得实施以不正当的低价销售商品。对于何谓"低价"，从该法来看是不能得出结论的。同时第 33 条第 2 款规定，在对外贸易活动中实施不正当行为的，依照有关反不正当竞争的法律、行政法规的规定处理。这样，我们处理低价竞销行为要从有关不正当竞争的法律和行政法规中寻找依据。从行政法规或部门规章来看，对低价竞销行为的规制，没有相关规定。所以从我国现有法律层面来看，还没有相关规定。低价竞销行为的规制，可以从以下几方面着手。首先，进行法律修改，我国《反不正当竞争法》是 1993 年实施的，距今已有 12 年，已经非常不合时宜了，尤其是我国加入 WTO 后，对外贸易发生了巨大变化，修改我国的《反不正当竞争法》是当务之急。

对于地方政府违反国家有关法律法规或规定给予当地企业财政支持以及在用水用电及原材料和其他方面的优惠政策,造成出口企业的低价竞销行为,受害企业有两种救济途径:一是行政途径;二是司法途径。地方政府滥用行政权力的行为,应当通过行政诉讼法来解决。被侵害的经营者的合法权益受到不正当竞争行为损害的,可以向人民法院提起诉讼。

内容概述

企业要在激烈的国际市场竞争中求得生存和发展,就必须大力推销其产品,使产品价值通过一定的价格在市场上得以体现。价格是市场营销活动中最重要的营销变数和最直接的竞争武器。但是价格策略在国际市场上的选择和运用,有着其特殊性。如何控制价格升级和运用转移定价,实现其营销目标,还需要我们有更加深入的思考。

练习思考

1. 价格升级的原因是什么?
2. 如何应对价格升级?
3. 倾销是如何界定的?
4. 比较不同的定价方法。
5. 如何运用转移价格?

案例分析题

麦当劳近期在华的调价策略

2003 年 5 月 28 日,麦当劳在中国的近 600 家餐厅的汉堡类产品和奶制品价格均有不同程度的上涨,涨幅在 0.1 元到 0.5 元之间。譬如在北京,其主力产品巨无霸由原来的 10 元钱涨到了 10.4 元,麦辣鸡腿汉堡由原来的 9.9 元涨到了 10 元,麦香猪柳蛋由原来的 9.5 元涨到了 9.9 元,奶昔也比原来贵了两毛钱。不过此番涨价并非全线上浮,麦当劳只是对部分产品的价格进行了调整,有的产品价格甚至还进行了下调,从整体来看,餐牌价格平均涨幅仅为 1% 到 2%。

调价背景:

①市场需求。麦当劳经过调查发现,中国经济迅速发展,市民生活水平提高,顾客对产品品种、口味、质量、服务以及就餐环境提出了新的要求。而以健康绿色食品为主的"休闲快餐店"增势迅猛,也大有超越麦当劳式的传统老快餐之势。

②经营环境。近几年来,麦当劳身处的经营环境明显恶化,反"麦"之声此起彼伏,更有甚者将每年的 10 月 16 日定为"世界反麦当劳日",这使其惯行的"结网制胜"战略开始受到了挑战。自 20 世纪 90 年代起,麦当劳海外扩张加速,但作为美国的三大文化象征之一,麦当劳的快速扩张并没有为它带来多少荣光,相反还沦为了"资本全球化"的替罪羊,连它所倡导的快餐文化和曾经风靡全球的汉堡和薯条,也正遭受着人们的质疑和抨击。

③企业现状。麦当劳拥有一批认同感强烈的忠实顾客,忠实顾客的相对稳定性使得他们对价格有效阈限内的波动现象表现得并不是很敏感,这使得麦当劳适度价格微调成为了可能。遭遇 SARS 之后,顾客对产品的质量和卫生明显表现得更加挑剔,在城市旅游人数的减少和人们外出热情还未被充分激发的状态下,依靠人流决定盈亏命运的麦当劳在一定程度上面临着非常巨大的销售压力,而为了保证不中断营业,在人流收缩的情况下,麦当劳还得摊付包括消毒、产品制作、员工、房租等多项开支,这使其单位产品成本大大提高。

2002 年,麦当劳遭受了其 47 年以来的首次亏损,部分店面被关闭,并裁减了一些员工,海外扩张受到一定的影响。2003 年 1 月,已退休的吉姆·坎塔卢坡替代格林伯格执掌麦当劳。新任 CEO 重新定义了麦当劳的竞争优势和经营战略,将经营重点聚焦于提高单店绩效上,不再沿循"网胜"战略。2003 年 5 月,道·琼斯工业水平指数成分公司宣布麦当劳实现销售额涨幅 12%,股价上涨 8%,麦当劳新战略开始初显锋芒。

请分析麦当劳调价策略的目标是什么?

第 11 章　国际营销的分销系统

　　通过本章的学习,了解国际分销渠道的相关概念及分类方法,了解不同渠道模式对国际营销产生的影响,学会针对不同产品和市场特征设计不同的国际分销渠道,从而提高企业的国际营销效率。

教学要求

知识点	能力要求
国际分销结构	掌握国际分销渠道结构的基本概念
分销的标准化和差异化	理解分销渠道不同模式适用条件
影响分销渠道的因素	理解现实中影响分销渠道的具体因素
渠道成员管理	掌握管理渠道成员的主要方法

核心概念

　　国际分销(International Distribution)

　　分销的标准化与差异化(Distribution of the Standardization and Differenti-ation)

　　渠道的影响因素(Factors affecting the channel)

　　中间商(Broker)

物流（Logistics）

国际分销渠道的建立总是和企业的资源相互配套，总是遵循精练、快速、互动、高效的原则。套路是基本模式，但是，不论你的企业遵循怎样的分销渠道建设原则，都必须把握好（营销渠道）网点、网线、网络的基本要素。通过对点、线、面的合理布局，形成分销渠道良好的秩序，让物流、信息流、资金流、促销流在市场发展的每一个环节发挥作用。

11.1 全球分销策略的选择

11.1.1 国际分销的结构

国际分销是指产品或服务从生产企业向国外消费者或用户转移的过程。

分销过程包括产品的运输、配送、所有权的转移以及制造商、中间商和顾客之间的买卖洽谈。

国际分销渠道承担着很多功能，企业经营活动的很多环节都依赖分销渠道去实现，主要表现在：

①商流，产品从产品制造者向国外消费者转移过程中的一系列买卖交易活动。

②物流，产品从产品制造者向国外消费者转移过程中的一系列产品实体运动。

③货币流，产品从产品制造者向国外消费者转移的交易活动中所发生的货币运动。

④ 信息流，产品从产品制造者向国外消费者转移过程中所发生的一切信息收集、传递和处理活动。

⑤促销流，产品制造者向国外消费者转移过程中，生产者通过广告公司或其他宣传媒体向中间商及其顾客所进行的一切促销努力。

国际分销系统是由营销中介机构以及生产者和国外消费者或用户构成。营销中介机构根据所执行的功能不同，可分为经销中间商、代理中间商和营销辅助机构。根据营销中介机构所处的国境的差异，国际分销渠道机构还可分为国内中介机构和国外中介机构。国际分销系统的总体结构由三个环节构成：

第一个环节是本国国内的分销渠道；

第二个环节是由本国进入进口国的分销渠道；

第三个环节是进口国的分销渠道。

（1）国际分销渠道的基本模式

渠道设计是整个渠道决策的核心。尤其是考虑到分销渠道一旦建立便难以轻易进行变动的特性，渠道设计就更须谨慎从事了。

1）分销模式的标准化和差异化

所谓分销模式的标准化，是指企业在国外市场上直接采用国内的分销模式。多样化则是指根据各国不同情况，分别采用不同的分销模式。

有些企业采用了标准化的分销模式。采用这一做法的主要优点是可以实现规模经济效益，这是因为，如果在不同国家采用了相同的分销模式，营销人员更容易利用自己的经验来提高营销效率。而且，将本国的分销模式直接转移到他国，也有一些成功的先例。例如，美国的塔波维尔家庭用品有限公司一直通过"家庭聚会"的方式在美国进行销售，即由家庭主妇们在家中组织聚会，在聚会中展销产品，取得销售佣金。该公司将这一推销方式原原本本地搬到日本，尽管存在着社会文化和经济诸多方面的不同，仍然非常成功。另一个著名的例子是美国的 AVON 公司在全球以直销的方式销售它的化妆品取得令人瞩目的成就。

然而，更多的企业采用了多样化的分销模式。原因主要有以下几点：首先，各国的分销结构（如批发商、零售商的数量大小和特点等）不同，要求企业在不同国家采用不同的分销模式。例如，企业在甲国所采用的渠道，在乙国根本就不存在；欧美等国家都是市场经济高度发达的国家，这些国家都已形成有序的市场，渠道结构简洁而有效；日本、韩国等国家的销售渠道则多而复杂；在许多发展中国家的市场上，中间商数量很少，而且有可能早已成为竞争对手的独家经销商。在这些情况下，企业只能根据各国的不同情况，重新设计分销模式。

其次，各国消费者的特点（如数量、地理分布、购买模式、购买偏好等）也有所不同，也可能要求企业采用多样化的分销模式。

第三，竞争对手的渠道策略也可能要求企业采用与本国不同的分销模式。例如，有时竞争对手长期在某国采用某一渠道模式，使得该国市场只能接受这一模式，而不接受其他创新模式，因此，企业在进入这一市场时，只能效仿竞争对手的做法。在另外一些情况下，竞争对手势力强大，足以控制一国的某一渠道，企业欲进入该国市场,不得不另寻他路。

第四,企业对某国分销模式的选择,还取决于企业自身的一些特点。如进入市场的方式,企业规模大小,产品组合,渠道经验以及整体营销战略等。例如,当企业在市场国独资生产和营销时,对产品在该国的分销模式就有很大的选择权。反之,如果企业只是在市场国选择一家进口商或经销商从事产品的分销,对其渠道模式的选择余地就小得多。即使企业以同样的方式进入两个国家,如果进入两国的产品及其销售额不同,也可能要求企业采取不同的分销模式。

总之,分销模式的标准化和多样化各有利弊,因此有的企业采用标准化,另外一些企业采用多样化。但一般而言,多数企业都根据各国渠道结构、市场特点、竞争特点以及企业自身特点的不同,采用适应各国不同情况的、多样化的分销模式。

2)渠道长度决策

渠道模式设计中的两个具体问题是渠道的长度决策和宽度决策。渠道的长度是指中间商层次的多少。产品从生产企业流向国际市场消费者或用户的过程中,每经过一个对产品拥有所有权或负有销售责任的中间商机构,称为一个"层次"。层次越多,分销渠道越长;层次越少,分销渠道越短。在国际市场上,产品分销的层次可能长达十几个,要经过进口商、批发商及零售商等诸多层次,才能使产品抵达最终用户;也可能短到只有两个,即产品直接抵达最终用户,也就是直接销售。在上述两个极端之间,还因中间商层次的多少而存在着长短各异的各种渠道。

对中间商分销层次的确定,国际企业应综合考虑进出口条件、国际市场容量(特别是目标市场容量)、中间商的信誉和销售能力、产品特点、生产企业本身的状况和要求、消费者购买要求以及其他的国际市场环境因素等。

渠道的长度,首先取决于产品特点。一般来说,技术性强、需要较多售前及售后服务的产品,如机械设备、汽车、电视机、电冰箱、收录机等,需要较短的渠道,从而避免层层转手,维修、服务等无人负责。保鲜要求高的产品,应尽快送达顾客手中,也应使用较短的渠道。而单价低、标准化的产品,如牙膏、肥皂、香烟、卫生纸等,一般采用较长的渠道。

从市场状况来看,顾客数量多,购买量大,而且地理区域比较集中时,宜采用短渠道;反之,则宜用长渠道。此外还要考虑市场所在国的渠道结构。美国等西方多数发达国家的渠道一般较短,而发展中国家的渠道则一般较长。例如,尤尼莱佛公司(Unilever)等一些经营消费品的公司在印度进行产品分销时,先将产品委托给当地的代理商,再由代理商将产品交给存货商,存货商再将产品转交给零售商,最后由零售商销售给最终消费者。当然,有些发达国家中的渠道也较长,例如,P&G 公司在意大利采用的消费分销渠道与尤尼莱佛公司在印度使用的渠道几乎一样长,在日本的分销渠道甚至比在意大利和印度的渠道更长一些。

从企业自身条件来看,如果生产企业有较强的国际市场销售能力(组织机构、营销经验、推销员等),运输条件好(或外商、用户直接到生产厂提货),财力能够承担,而经济效益又合理时,可减少中间商层次;若出口商或进口商能力和信誉很强,生产企业也可以使用较少的中间商层次,甚至在国外某一区域内只设一个特约经销商或独家代理。

3)渠道宽度决策

渠道宽度决策是指企业在某一市场上并列地使用多少中间商的决策。例如,某公司打算在某国选择中间商作为公司在该国的代理商,那么,究竟应指定几家中间商? 多一些好还是少一些好? 这种决策就是渠道宽度决策。企业在制定渠道宽度决策时面临着三种选择:密集型分销策略、专营型分销策略和独家分销策略。

①密集型分销策略。密集型分销又称为广泛型或普通型分销。采用这种策略的具体表现是,国际企业选用尽可能多的中间商经销自己的产品,使产品在目标市场有"铺天盖地而来"之势,达到使自己产品品牌充分显露——"路人皆知"和随处可买,最广泛地占领目标市场的目的。在国际市场上,日用品,大部分食品,工业品中的标准化和通用化商品,需要经常补充和替换或用于维修的商品,替代性强的商品等,多采用这种分销策略。决心采用密集型分销策略的企业必须充分预计到,其所面临的每个中间商可能同时经销几个厂家、多种品牌的产品,使得它们不可能为每一产品的促销提供如广告宣传、人员促销等过程中需要的费用,这就要求企业在经济上向其提供一定的支持,使企业的渠道费用增加。从经济角度看密集型分销所产生的费用较大。同时,由于中间商数目众多,企业无法控制渠道行为,这些都是采用密集型分销策略会给企业带来的不利之处。

②独家分销策略。这是一种最为极端的常见专营型分销策略。由于产品本身技术性强,使用复杂而独特,所以需要一系列的售后服务和特殊的推销措施相配套,使国际企业在一个目标市场只选择一个中间商来经销或代销它产品。国际市场如汽车、家用电器、计算机和办公设备、照相器材等产品的许多生产企业都采用这种策略在世界许多国家或地区建立分销网络。采用这一策略的生产企业必须与被选中的独家经销商签订协议,协议保证作为独家经销商只能经销生产企业的产品,不得同时经销其他厂家的同类产品,而生产企业必须常常在产品供应、运输和管理技术等方面给经销商以特殊的便利条件或支持。采用独家

分销策略可使国际企业十分容易地控制渠道行为。但由于采用这种策略后使国际企业与独家经销之间的互相依赖性大大增强了,这样可能会由于经销商经营失误,使国际企业失去一条分销渠道,甚至失去一个目标市场。

③选择性分销策略。选择性分销策略是介于密集型分销与独家经销两种渠道之间的一种宽度渠道策略。国际企业从愿意合作的众多企业中选择一些条件好的批发商、零售企业作为自己的中间商,这样与密集型分销相比,可以集中地使用企业的资源,相对节省费用,并能较好地控制渠道行为。企业可以获得比采用密集型或独家经销两种策略更多的利益。但是,这一策略也不是尽善尽美的,起码有两点使企业决定采用该策略时有所顾忌:第一,与中间商是否能提供良好的合作以及愿意参与渠道协作的中间商数目的多少直接有关的是国际企业能为中间商提供多少市场畅销的产品,在供货方式、价格上给多大优惠,在诸如采用广告宣传等措施所需的费用上给予多大的支持等,国际企业能作出多大承诺;第二,国际企业与中间商之间的联系以履行合同来维系,无论哪方的行为有损于合同的执行,必将使产品在该渠道上的流通受阻,使采用这一策略预定应实现的目的落空。

(2)影响分销渠道选择的因素

企业在国际渠道选择中,要综合考虑渠道目标和各种限制因素或影响因素,主要制约因素有 6 个"C"。

1)成本(cost)

国际分销渠道的成本分为渠道的开发成本和渠道的维护成本。很多国家既有的分销渠道可能不符合产品的特性或市场的定位,甚至没有理想的渠道,需要进行新的开发,这往往需要投入一定数量的资金。由于国际分销渠道过长,开发出来的渠道要保持畅通,也需要进行不断地维护,这些都构成了渠道的成本。

2)资本(capital)

即国际分销策略的财务决策,需要确定使用某一种中间商的资本要求和现金流动模式。公司建立自己的内部渠道,即公司自己的销售力量时,需要的投资通常最大。而使用经销商虽然可以减少投资,但是必须提供所需的启动货物、贷款等。

3)控制(control)

国际分销渠道的控制是需要花费很大代价的,国际分销渠道的控制效果与渠道的长短成反比,渠道越短越好控制。所以在设计和选择渠道时,要考虑公司的控制能力,控制能力强的公司可以选择较长的渠道,能力弱的公司就必须选择较短的渠道,否则渠道一旦失控,就会导致竞争者的入侵,从而丧失该渠道。

4）覆盖面（coverage）

国际分销渠道的覆盖面应该对应目标市场群体，只有实现对市场的充分覆盖，才能获得目标利润和销售额。所谓最"充分"的覆盖须达到下列标准：

①在各个细分市场上获得最佳销售额；

②获得适当的市场份额；

③进行令人满意的市场渗透。

在竞争激烈的市场和人口稀少的市场上均难实现"充分"的覆盖。

5）特点（character）

渠道必须符合公司的特点及目标市场的特点。

市场特点主要包括：①目标市场的大小。如果目标市场范围大，渠道则较长，反之，渠道则短些。②目标顾客的集中程度，如果顾客分散，宜采用长而宽的渠道，反之，宜用短而窄的渠道。

公司本身的特点包括：①企业实力强弱。主要包括人力、物力、财力，如果企业实力强可建立自己的分销网络，实行直接销售，反之，应选择中间商推销产品。②管理能力强弱。如果企业管理能力强，又有丰富的营销经验，可选择直接销售渠道，反之，应采用中间商。③控制渠道的能力。企业为了有效地控制分销渠道，多半选择短渠道，反之，如果企业不希望控制渠道，则可选择长渠道。

6）连续性（continuity）

所谓连续性是指国际分销渠道的寿命问题。分销渠道开发的成本很大，如果运用的时间过短，就意味着成本的增加。

（3）分销方案的评估与选择

分销渠道方案设计后，生产厂家就要根据各种备选方案，进行评价，找出最优的渠道路线。通常渠道评估的标准有三个，即经济性、可控性和适应性，其中最重要的是经济标准。

1）经济性标准评估

主要是比较每个方案可能达到的销售额及费用水平。

①比较由本企业推销人员直接推销与使用销售代理商哪种方式销售额水平更高。

②比较由本企业设立销售网点直接销售所花费用与使用销售代理商所花费用，看哪种方式支出的费用大。企业对上述情况进行权衡，从中选择最佳分销方式。

2）可控性标准评估

一般说，采用中间商可控性小些，企业直接销售可控性大，分销渠道长，可控难度大,渠道短可控性较容易些,企业必须进行全面比较、权衡,选择最优方案。

3)适应性标准评估

如果生产企业同所选择的中间商的合约时间长,而在此期间,其他销售方法如直接邮购更有效,但生产企业不能随便解除合同,这样企业选择分销渠道便缺乏灵活性。因此,生产企业必须考虑选择策略的灵活性,不签订时间过长的合约,除非在经济或控制方面具有十分优越的条件。

营销故事

ZIPPO 打火机的国际分销

世界知名的 ZIPPO 打火机的分销渠道很独特,它是由 ZIPPO 俱乐部、专卖店、专柜等组合而成的。其中最耀眼的要属 ZIPPO 俱乐部了。在全球的很多网站,都可以看见 ZIPPO 主题的俱乐部,这是 ZIPPO 玩家交流心得和藏品的门户。别小瞧这些无处不在的网站,正是它们在维系着 ZIPPO 和广大用户的情感,使得用户对 ZIPPO 的认可和痴迷空前绝后。也正是由于互联网的 ZIPPO 俱乐部,将 ZIPPO 的故事,ZIPPO 的玩法、收藏、甄别等知识倾囊相授,用户对 ZIPPO 的品牌及品质认知得以提升,CS 战略通过俱乐部的形式无声无息地进行着。俱乐部还办理邮购等业务,令一些没有 ZIP-PO 专柜和专卖店的边远地区消费者同样可以成为 ZIPPO 的用户,让 ZIP-PO 物尽其用,市场最大化唾手而得。

ZIPPO 的可收藏性决定了它的价值,它虽构造简单,但决非普通的快速消费品,因此 ZIPPO 采取了专柜加专卖店的通路形式。专卖店和专柜实行统一售价,不加入疯狂打折的行列,因此,每一件 ZIPPO 都有保值、升值的可能。专卖店和专柜还可以保证用户购买的 ZIPPO 打火机都是正宗的,这在一定程度上减少了假货流窜,保障了用户的利益。另外,专卖店和专柜还同样是每支 ZIPPO 的售后服务中心,向用户提供终身免费维修的周到服务,从而使 ZIPPO 的"终生保用"承诺落到实处。

资料来源:中国营销传播网,2003 年 6 月 17 日,作者:刘胜

11.2　中间商的选择与管理

11.2.1　分销渠道成员——中间商的种类

（1）批发商

批发商是指供转售、进一步加工或变化商业用途而销售商品的各种交易活动。批发商处于商品流通起点和中间阶段，交易对象是生产企业和零售商，一方面它向生产企业收购商品，另一方面它又向零售商批销商品，并且是按批发价格经营大宗商品。其业务活动结束后，商品仍处于流通领域中，并不直接服务于最终消费者。批发商是商品流通的大动脉，是关键性的环节，它是连接生产企业和商业零售企业的枢纽，是调节商品供求的蓄水池，是沟通产需的重要桥梁，对企业改善经营管理及提高经济效益、满足市场需求、稳定市场具有重要作用。

批发商可分为四大类：

①商人批发商（或商业批发商）

商人批发商是独立企业，对其所经营的商品拥有所有权，也被称做中盘商（批发商）、分销商或者配售商，它们还可以进一步细分为完全服务批发商和有限服务批发商。

②经纪人和代理商

它们不拥有商品所有权，主要功能就是促进买卖，获得销售佣金。

经纪人的主要作用是为买卖双方牵线搭桥，由委托方付给他们佣金。他们不存货，不卷入财务，不承担风险。多见于食品、不动产、保险和证券业。

代理商有以下几种类型：

A. 制造代理商；

B. 销售代理商；

C. 采购代理商；

D. 佣金商（或称商行）：它是取得商品实体所有权，并处理商品销售的代理商，一般与委托人没有长期关系。

③制造商和零售商的分部和营业所

它的两种形式分别为，一是销售分部和营业所，制造商开设自己的销售分部和营业所。销售分部备有存货,常见于木材、汽车设备和配件等行业。营业所不存货,主要用于织物和小商品行业。另一个是采购办事处,作用与采购经纪人和代理商相似,但前者是买方组织的组成部分。

④其他批发商

如农产品集货商、散装石油厂和油站、拍卖公司等

(2)零售商

零售商是指将商品直接销售给最终消费者的中间商,处于商品流通的最终阶段。零售商的基本任务是直接为最终消费者服务,它的职能包括购、销、调、存、加工、拆零、分包、传递信息、提供销售服务等。在地点、时间与服务方面,方便消费者购买,它又是联系生产企业、批发商与消费者的桥梁,在分销途径中具有重要作用。

零售商可按不同标准进行分类。

①按经营商品范围来划分

A. 专业商店。专门经营一类商品或某一类商品中的某种商品,如盛锡福、亨达利。经营特点是品种、规格齐全。

B. 百货商店。是指经营的商品类别多样,每一类别的商品品种齐全,经营部门是按商品的大类进行设立,是多个专业店集中在一个屋檐下。经营特点是类别多、品种规格全、服务程度高。

②按商品售价来划分

A. 廉价商店

B. 仓库商店

C. 样品图册展览室

③无店铺零售业

A. 邮购和电话订购零售业

B. 挨户访问推销零售业

C. 购买服务

购买服务是一种专门为特定顾客如学校、医院、工会、政府机关等大型机构的雇员提供服务的无店铺零售业。

D. 自动售货

E. 电子销售,主要指计算机网络销售、电视机销售等形式。

④按是否连锁来划分

连锁商店是指由一家大型商店控制的、许多家经营相同或相似业务的分店共同形成的商业销售网。其主要特征是:总店集中采购,分店联购分销。它出现

在 19 世纪末到 20 世纪初的美国,到 1930 年,连锁商店的销售额已占全美销售总额的 30%。50 年代末 60 年代初以来,欧洲、日本也逐渐出现了连锁商店,并得到迅速发展。到 70 年代后全面普及,逐步演化为主要的一种商业零售企业的组织形式。连锁有三种:

A. 正规连锁店

同属于某一个总部或总公司,统一经营,所有权、经营权、监督权三权集中,也称联号商店、公司连锁、直营连锁。分店的数目各国规定不一,美国定为 12 个或更多;日本定义为 2 个以上;英国是 10 个以上分店。共同特点有:所有成员企业必须是单一所有者,归一个公司、一个联合组织或单一个人所有;由总公司或总部集中统一领导,包括集中统一人事、采购、计划、广告、会计等;成员店铺不具企业资格,其经理是总部或总店委派的雇员而非所有者;成员店标准经营,商店规模、商店外貌、经营品种、商品档次、陈列位置基本一致。

B. 自愿连锁

各店铺保留单个资本所有权的联合经营,多见于中小企业,也称自由连锁、任意连锁。正规连锁是大企业扩张的结果,目的是形成垄断;自愿连锁是小企业的联合,抵制大企业的垄断。自由连锁的最大特点是:成员店铺是独立的,成员店经理是该店所有者。

自由连锁总部的职能一般为:确定组织大规模销售计划;共同进货;联合开展广告等促销活动;业务指导、店堂装修、商品陈列;组织物流;教育培训;信息利用;资金融通;开发店铺;财务管理;劳保福利;帮助劳务管理等。

C. 特许连锁(Franchiser Chain)

也称合同连锁、契约连锁。它是主导企业把自己开发的商品、服务和营业系统(包括商标、商号等企业象征的使用,经营技术,营业场合和区域),以营业合同的形式给规定区域的加盟店授予统销权和营业权。加盟店则须交纳一定的营业权使用费,承担规定的义务。特点是:经营商品必须购买特许经营权;经营管理高度统一化、标准化。麦克唐纳连锁店一般要求特许经营店在开业后,每月按销售总额的 3% 支付特许经营使用费。肯德基连锁店的这一比例一般是 5% 左右。

11.2.2　寻找和利用中间商的方法

国际营销渠道管理的第一个任务就是发展渠道成员,即与国外中间商建立联系。对新近从事外销的企业来说,完成这一任务无疑是至关重要的。近年来,在我国不难发现这样一种现象:某一长期从事间接出口的生产企业,经过长期的努力争取,终于获得外贸经营权,然而在高兴之余,突然发现出口业务很难开展,

原因在于缺少与国外中间客户的联系。在国外市场上没有广泛的、稳定的中间客户联系，扩大国际营销是不可能的。即使是那些长期从事外贸业务的专业进出口公司，甚至包括从事跨国经营的大型国际企业，在大规模开拓某国市场之初，也要广泛地联系和发展该国的中间商。可见，广泛的、可靠的国外中间客户联系，是企业开展国际营销的宝贵资源。

(1)寻找中间商

国内企业可主要通过以下途径寻找国外中间商：

①函请我国驻外商务机构(驻外使领馆的商务参赞处、商务代办处)和各国驻华商务机构介绍；

②请我国经营外汇的银行和驻我国的外国商业银行介绍；

③函请联合国有关机构，如国际贸易中心、促进进口办公室等介绍；

④通过各国国际友好组织和各国的华侨团体等介绍；

⑤通过在国内外举办或参加展销会、展览会、博览会开接触国外各类客户；

⑥与各国民间组织，如各国的相关商会和产业协会进行联系，请其介绍各类客户；

⑦在国外适当地点和适当机构举办学术讨论会、技术交流会等，在会上接触各类客户；

⑧在国内外报章、杂志和专业刊物上登载广告，招徕客户；

⑨查阅国内外报刊广告、行业名录等，主动发函联系；

⑩通过我国的国际贸易促进会及其分会以及国内外的咨询公司介绍；

⑪请原有的国外客户介绍其他客户；

⑫通过各种私人关系介绍；

⑬在国际互联网上发布招商信息。

(2)筛选程序

筛选国际中间商的一般程序是：

①给每个潜在的中间商发一封用当地语言写的包括产品信息和对分销商要求的信；

②在回信中择优进行下一步的联系，提供有关产品系列、销售区域、销售人员数目以及其他更具体的背景信息；

③通过其他客户和顾客，考察潜在中间商的信用；

④实地考察最有希望入选的中间商。

11.2.3　国际分销渠道成员的管理和控制

企业在国外市场上除进行分销渠道模式的设计外,还要加强对渠道的管理和控制,以谋求企业和中间商之间的相互支持和友好合作。渠道管理的好坏直接关系渠道分销的效率,甚至关系到开拓某国市场的整体营销计划。

(1)管理中间商的原则

①激励——不可缺少的方式

在与中间商的合作过程中,应多给中间商以激励和嘉奖。因为中间商在实现产品销售的既得利益后,最终也使企业获得了目标利益的实现。

②坚持原则,特殊要求不让步

对于中间商的不合理要求,要坚决回绝,不留余地。格力空调的副总经理董明珠,在处理中间商的问题上显得很果断,"应该控制中间商而不是被中间商控制,所有的中间商都应该平等"。一次,有一个年销售额达 1.5 亿元的出口中间商,要求厂家给其特殊优待,而且语气很傲慢。董明珠当机立断,下令开除他的格力空调经销资格。那位中间商连忙认错,并保证和其他中间商享受一样的待遇。由此可见,对待中间商一定要纪律严明,否则,如果纵容中间商,会给厂家的管理带来一定的困难。实际上,一些中间商提出不合理的要求时,也是半真半假,不无试探之意,坚定地坚持原则回绝之,不但不会影响厂商关系,有时反而令中间商对企业更加佩服。

③注重与中间商的沟通,尊重中间商意见

厂家应多听中间商的忠告和建议,因为它们对所在地的市场行情最为了解,也最有发言权。法国有一生产纯净水的知名品牌 1997、1998 年度在美国市场上取得了巨大的成功。然而在 1998 年下半年度,由于计划失当,致使产品供应严重不足,尤其是 5 月至 10 月,中间商根本进不到水。于是,各中间商一再呼吁厂家尽快解决,但都没有引起厂家的重视。而这时各竞争对手乘隙而入,展开了全面猛烈的攻势,于是该纯净水铺货率大大下滑,在个别区域甚至被竞争对手扫地出门。于是中间商失去信心,不满情绪迅速扩散,而厂家却迟迟未采取有效的措施。中间商不堪忍受缺货、销售滑坡之苦,于是出现了厂家驻美国销售公司经理辞职的尴尬局面。这里,拱手把市场让给竞争对手的根本原因,不是因为对手强大,而是厂家不注重与中间商的合作,不尊重中间商的意见所致。

④加强合作,保护中间商的利益

应当好中间商经营销售上的参谋,帮助客户搞好管理与销售。我们不是把产品推出去卖给中间商就算万事大吉了,产品还要在中间商手中实现最终的销售。我们要与中间商共担风险,中间商需要我们的帮助,我们帮助中间商最终也是帮助了我们自己。

综上所述,企业在和中间商的整个合作过程中,要始终注意中间商的一切反应。因为一个品牌的知名度或者说是品牌价值需要具体的销售规模来体现,而销售规模则要靠销售渠道的运作才能实现。所以,销售渠道的开辟和管理是品牌创建成功的关键。在与中间商的合作过程中,应注重对中间商的沟通和管理,只盯着自己的利益,不顾及中间商的利益,只能使企业走上自绝之路,失去前途。

(2)管理中间商的内容

①渠道选择。选择渠道成员,对不同的制造企业来说,难易程度相去甚远,这取决于该企业本身的声誉及其产品的畅销程度。于是,有些制造企业物色合格的中间商毫无困难,另一些企业却可能费尽心机。不过,不管是难是易,任何一家制造企业在选择渠道成员之前,都应明确它的选择条件或标准。这些条件包括:中间商开业年限的长短,声誉的好坏,过去经营其他产品成效的记录,偿付能力,人员素质,协作精神和发展潜力等。如果中间商是独立的零售商,则还要考虑其门店地点、顾客类型等。

②专门管理。出口企业,尤其是经常开展国际市场营销活动的大型企业,一般应设立管理国际市场分销渠道的专门机构,建立和健全中间商档案,以加强对分销渠道的专门化、系统化管理。西方发达国家的许多大型企业都设有这类机构,专门负责对中间商的联系沟通以及监督管理工作,效果很好。

③适当鼓励。对中间商给予适当的鼓励,目的是促使双方友好合作,互惠互利,融洽感情。

④定期评估。这要做两方面的工作:一是对分销渠道模式和分销渠道机构进行评估,这种评估的标准主要是经济效益;二是对客户进行评估,这种评估主要是对客户的履约率、资信状况、销售能力、合作态度、经营效率等作出鉴定,必要时可对客户作出调整。

⑤及时调整。由于市场环境、分销渠道和企业内部条件等经常发生变化,所以对分销渠道的适当调整是必要的。比如目标市场已经转换,中间商信誉较差,企业改变了产品结构,竞争者的分销渠道与本企业的渠道冲突,等等。国际市场分销渠道调整的方法主要有:增减渠道或中间商,即主要调整客户;改变整个渠道系统。后者的难度远大于前者。如日本企业在进攻美国市场时,初期几乎都是请美国的中间商或制造商代销的,打美公司的商标。一段时间后,日本企业

开始尝试着用自己的商标,自己开设门市部或直接找连锁商店和百货公司销售。到市场完全熟悉以后,它们就脱离美国公司,自己独立经营,甚至办美国分公司。

（3）激励渠道成员的方法

①给中间商提供适销对路的优质产品。这是对中间商的最好鼓励。

②给予中间商尽可能丰厚的利益,以提高其经销的积极性,尤其是初进入市场的产品和知名度不高的产品。比如日本企业在进攻美国市场时,初期多选择独家代理商,支付给对方的费用超过任何竞争者,使中间商愿意为其效劳。日本企业称此为"中间商第一,生产企业第二。"

③协助中间商进行人员培训。许多产品需要安装调试、维修、改装、施工、技术改造以及其他业务技术咨询,这些生产企业不能完成或不能全部完成的工作,就必须请中间商代为办理,同时就需要帮助中间商培训人才。这一点在工业用品市场上已成为重要的非价格竞争手段。

④授予中间商以独家经营权。即指定某一中间商为独家经销商或独家代理。这种做法能够调动中间商的经营积极性。例如,在某一市场上若有许多家经销商经营本企业的产品,这些中间商就不愿意花钱为本企业的产品做广告宣传;如果本企业产品只有一家中间商独家经营,那么,该中间商就乐于为产品做广告宣传。因为该中间商可以独享广告宣传与增加销售所得到的一切利益。此外,中间商独家经营一种产品,特别是作为大企业或名牌产品的独家经销商,可以树立在市场上的声望和地位。

⑤双方共同开展广告宣传,或给中间商以广告津贴和推销津贴等。企业还可以与中间商共同承担有关费用,减轻中间商的负担。

⑥给成绩突出的中间商一定的奖励。

（4）激励中间商的形式

激励渠道成员,能使其出色地完成销售任务。要激励渠道成员,必须先了解中间商的需要与愿望,经过双方协商,可采取下面三种形式:

①合作。生产企业应当得到中间商的合作。为此,采用积极的激励手段,如给较高利润,交易中获特殊照顾,给予促销津贴等,偶尔应采用消极的制裁办法,诸如扬言要减少利润,推迟交货,终止关系等。但这种方法的负面影响要加以重视。

②合伙。生产者与中间商在销售区域、产品供应、市场开发、财务要求、市场信息、技术指导、售后服务方面等彼此合作,按中间商遵守合同程度给予激励。

③经销规划。这是最先进的方法。这应由有计划地实行专业化管理的垂直市场营销系统,将生产者与中间商的需要结合起来,在企业营销部门内设一个分

销规划部,同分销商共同规划营销目标、存货水平、场地及形象化管理计划、人员推销、广告及促销计划等。

营销故事

宝洁公司的分销商基金(BDF)

在与分销商合作中,宝洁公司采取了一种称为分销商基金(BDF)的分销激励政策,即每笔订单中宝洁公司将计算出 1.5% 的额度作为对分销商的分销支持,由宝洁公司控制,根据宝洁公司和分销商协商的计划使用。这种基金支持以下几种销售活动的费用:分销商销售代表的工资和差旅费,分销商的促销活动,分销商的交际费用。

资料来源:中国营销传播网,2003 年 5 月 16 日

11.3 不同条件下的营销渠道战术设计

11.3.1 抑制竞争产品的渠道设计战术

(1)抢先占领整个批发渠道

首先,采取高于竞争者的现金返利或者奖品丰富的抽奖对批发商开展促销,刺激批发商大量进货,尽量满足批发渠道中大部分的需求量,挤占批发商的流动资金,使竞争者无处下手而错过推广时机。

其次,在渠道竞争中,批发商是一个非常重要的环节,是双方可以共用的资源,那么谁能争取更多的批发商资源,谁就能抢占市场,因此阻挡竞争者就要堵住其出货的渠道。

第三,这个战术的重点在于消息灵通,在竞争者开始行动之前抢先动手,另外还要掌握各个时期整个渠道中的产品周转量,以及不同品牌所占有的份额,如此方能制订出针对性强的促销政策。

(2)零售终端全面铺货

这是从根子上堵塞竞争者的战术,即便竞争者通过了批发渠道,也会在零售

终端受阻,使其遭受更大的损失;采取这种战术时速度要快,政策要有吸引力,否则等竞争者反应过来就会前功尽弃;在竞争者开展渠道促销时,将重点放到零售终端上,要求经销商全力配合,对整个市场的零售终端发动大规模的强力铺货,可以采取赠送产品、现金返利、提供奖励等措施,使产品铺满零售终端,也抢占零售商的流动资金,从而堵住竞争者。

11.3.2　多产品推广的渠道设计战术

（1）分品类经营

第一,分品类经营的重点在于局部分、整体合,对每个产品而言是分了,而对于整个企业而言,这些产品都要体现出整体的品牌形象或企业形象。第二,每个产品都按照其自身的特点来选择合适的经销商,一个产品可以设置一个独家经销商;而经销商若想经销自己范围之外的产品,则只能到该产品的经销商处购进;另外,如果哪种产品的经销商推广得不好,将会被取消经销资格,以此来调动各个经销商的积极性。第三,此战术的目的在于使同一个企业的每个产品都能得到充分的重视,将不同产品分给不同的经销商经营,以集中经销商对产品的推广资源,同时对经销商也造成压力,促使其提高业绩。第四,分品类经营方式只适合于中等规模的市场。如果市场太大,一个经销商根本没有能力独立推广一个产品,而市场也太复杂,分品类经营难度大;而如果市场太小,一个经销商就能经营所有的产品,分品类则会浪费资源,容易引发不必要的市场纠纷,而且也分散了经销商的销售额,不利于提高其积极性。

（2）组合式推广

这是一种交叉营销战术,将不同产品组合起来,以畅销产品带动滞销产品或者畅销产品互相带动,目的是向同一消费群体销售尽可能多的产品。它具体有三种方式:一是硬性规定批发商在购进畅销产品或者老产品时,必须同时再购进一定比例的滞销产品或新产品;二是吸引批发商,规定只要购进滞销产品或新产品,就可以按一定比例获赠畅销产品;三是积分,规定购进畅销产品或老产品可以积多少分,购进滞销产品或新产品又可以积多少分,最后将不同的分数累积起来就可以获得相应的奖励。需要引起注意的是,以上第二、三种方式比较好,而第一种方式则不能常用,而且也只有实力大的企业可以采用,但一定要注意协调渠道的关系,否则将引发渠道的不满。

11.3.3 新产品上市的渠道设计战术

（1）避其锋芒，循序渐进

首先，这种战术往往适用于实力较弱、资源有限、市场基础较差的企业，其成功的要点是建立局部优势，包括市场基础和渠道关系，这样即便是竞争者发动攻击也不会无法抵挡。

其次，在具体的手段运用上截然不同于第一种方式，在新产品上市阶段将不采用任何促销措施，只是选择重点渠道进行铺货，并着重于零售终端的管理，做好终端陈列，与渠道建立良好的关系。另一方面则要依靠经销商的批发网络对市场自然渗透，避免引起竞品的注意而造成不利。

第三，这种战术的目的在于避开竞争者的注意力，低调进入市场，不与竞争者发生直接的冲突，争取足够的时间做好市场基础工作，积蓄力量，形成局部优势，逐渐蚕食市场份额。

（2）营造声势，抢占先机

此战术适用于流通性强的产品，可以迅速通过多级渠道到达终端，否则有在渠道中造成大量积压的危险；而且高比例的返利政策也不能实施太久，否则会造成较大的副作用，影响以后的推广。

这种战术在于以迅雷不及掩耳之势抢占渠道，使竞争者无法及时反应，从而争取到充足的推广时间，顺利地在市场上立足。

对于新产品实施这种战术，首先要做的就是迅速铺货，要按照渗透式铺货战术的方式，以高比例的实物返利刺激渠道大量进货，造成声势，使产品迅速流入到各级渠道，避免竞品的阻挡。

在渠道促销开展的同时，还要配合投放媒体广告或者宣传活动，以拉动消费者的需求，策应渠道的推广活动，使产品能顺畅地流通到终端。

11.3.4 产品销售旺季的渠道设计战术

（1）趁热打铁，借机造势

此时针对渠道促销最好的方式还是返利。我们对返利实施的各个阶段进行过跟踪观察，发现在销售旺季前实施返利政策，可以获得远远高于同一时期的销售量。

这个阶段的返利可以采取实物返利或现金返利，前者的目的主要是使流入渠道的产品更多，促进产品更广泛地渗透；后者则是以实际的利润刺激经销商、批发商大量进货,趁势扩展市场规模,同时也抢占更多的市场份额。

销售旺季是促进销售增长的最好机会,此时的推广重点除了提高销量,还需要在扩展市场空间、拓宽销售网络、强化渠道关系等方面下工夫。

每类产品在销售旺季都会获得较大的增长,但运用返利手段刺激销量的做法仍比较适合流通性强的产品和有品牌基础的产品,因为大量的产品进入渠道后必须要顺畅地流通到终端,并最终到达消费者手中。不具备以上特点的产品采用返利手段,比较容易引起积压,并难以通过零售终端消化库存,因此这类产品采用返利政策的时间不能太长,而且要将重点放在零售终端。

(2)强化市场基础,自然带动销售

除了返利形式,另外的方式就是销售旺季期间并不采取返利政策,而是将推广重点放在市场基础工作的建设上,通过市场根基的加强来促使销售自然地增长。

市场基础建设主要包括扩大铺货率,建立立体化的销售网络,活化零售终端,加强终端包装,完善产品的陈列,增加终端的促销活动,这样做可以借销售旺季之机较高地提升销量,而且投入的费用并不多,效果很好。

无论企业是否针对渠道开展促销,但对于市场基础的建设却是每个企业都应该作为重点的,尤其是实力较弱的企业,这种做法更是提高市场地位的最好手段。

11.3.5　产品销售淡季的渠道设计战术

(1)发动淡季攻势

淡季的促销力度不能太大,一是销量增长有一定限度,二是防止渠道积压大量的产品,否则会阻碍后期的营业推广,重点还是在于市场基础建设和客情关系巩固。

可采取的方式有正常比例的返利、抽奖、强化铺货等,使渠道在利益的刺激下持续进货,有效利用渠道的资金,同时也要开展消费者的促销,以协助渠道中产品的顺畅流通。

此战术在于趁竞争者放松精力、资源预算少的时机,在淡季中抢占渠道市场,建立销售网络,为旺季打好基础。

(2)蚕食竞争者客户,挤占市场份额

这种战术特别适合竞争者的经销网络与自己的经销网络构成互补的情况,如能争取到竞争者的客户,无疑将会大大完善自己的销售网络,有利于市场的渗透和规模的扩大。

此战术的目的是以不明显的手段逐步侵占竞争者的市场,因为淡季是企业最容易松懈的时期,市场比较平淡,经销商或批发商都将注意力放在了寻找其他投资机会上,此时是最容易实施蚕食策略的时候。而另一方面,在市场淡季时如能挤占更多的份额,就可以大大提升整体的销售业绩。

此时的推广手段动静不能太大,重点在于沟通渠道感情,尤其是策反竞争者的经销商,以完善自己的销售网络,因此可以采取赠送礼品、少量试销、个人关系沟通等手段,最终建立合作关系。

(3)巩固市场基础

对自己方面来讲,在销售淡季更要注重市场基础的建设,趁此时有充足的时间,弥补市场推广中的薄弱部分,加强自身的竞争力。

这方面的主要工作有维持一定的市场铺货率,使产品保持较高的注意力,以巩固品牌记忆;继续巩固零售终端的陈列和包装,维持与客户的关系,培训销售人员,为旺季打好基础。

11.3.6 消化库存积压产品的渠道设计战术

(1)开辟新市场

如果站在整个市场的高度来看待消化库存,那么比较好的方法就是开辟新市场或填补市场的空白点,要求经销商在规定的销售区域内尽量扩展产品的销售网络,增加产品的销售面。

同时,可以给经销商提供一定的支持,比如提供一辆送货车,要求经销商必须用于产品的铺货,在完成目标后予以赠送。

(2)逆向拉动

这种战术主要是加强零售终端的推广,只要产品在终端走动了,则自然会拉动批发渠道中的积压产品。

促销政策的重点将倾向于零售商,一是要求经销商配合对零售终端进行广泛的铺货,最大限度地提高终端铺货率,增加产品销售的产出点;二是给予零售商较大力度的返利,使其加强终端的推广力量,促进消费者的购买,从而反过来带动批发渠道的周转;三是由厂家选择大型的超市和卖场,直接开展现场的堆放陈列和有奖促销活动,提高品牌的影响力。

(3)产品的调换及搭配

可以将畅销品种与滞销品种搭配在一起,形成组合销售,以畅销品种带动滞销品种,同时制订优惠的价格,使组合产品得以售出。

不同的市场各有其特点,而产品在不同的市场表现也是不同的。所以在产品出现积压的情况下,可以协调各个市场之间的关系,由好市场承担差市场部分积压产品的消化,并由差市场提供一定的促销费用。而对于产品不同品种的销售状况,也可以将滞销品种调换到基础好的市场进行销售。

(4)将库存产品转化为费用

一是将库存产品用于针对消费者的派赠和试用,使消费者直接接触到产品,以促进消费者的试用;二是将畅销产品或品种作为实物奖励,承诺当批发商或零售商销售一定量的滞销产品,就按一定比例赠送畅销产品。

这是灵活处理库存产品的一种方式,在一定程度上对企业是有利的,但要加以控制。但这种方式不能多用,否则会影响到企业的品牌形象。

内容概述

企业的国际营销渠道具体模式选择,直接影响到企业的营销速度和效率。任何企业营销渠道模式的选择都要符合低成本、操作简易、高效率的原则。我们都知道,营销渠道的选择与企业经营的产品的性质有很大关系,不同的产品对营销渠道有不同的要求,不同的产品的营销,有不同的营销渠道模式相对应。国际分销渠道不仅需要开拓和建立,更需要维护和管理,对任何类型的中间商都应采取激励的态度和措施,不同的是根据中间商的特点,采取的激励办法和程度要有所差别。

练习思考

1. 试述影响国际分销渠道选择的因素。
2. 试述国际分销渠道的发展趋势。
3. 简述国际市场销售渠道的一般特点。
4. 如何发展国外市场上的分销渠道成员?
5. 国际销售渠道与国内销售渠道的差别有哪些?

案例分析题

江苏好孩子集团生产的"好孩子"童车是中国童车第一品牌,21 世纪初美国1/3 的手推童车市场以及一半以上的儿童自行车、婴儿摇篮等其他儿童用品市场都为"好孩子"所占据。2001年，"好孩子"总收入1.25亿美元，净利1250万美元，大部分的销售收入来自中国以外地区。

2002年3月，美国《财富》杂志上一篇题为《"好孩子"的成长烦恼》的报道，专门报道了其生产经营情况，引来了多家世界顶尖级投资基金对"好孩子"的关注。

事实上，"好孩子"进入美国市场，并没有建立起自己的销售网络。

正如该集团总裁宋郑所说："要进入Wal-mart、Sears这样的美国主流商业渠道，首先要满足中间商、销售商的经营安全需求。""好孩子"在美国普遍实行商品召回制度，只有为消费者提供全面安全的商品，经销商才有经营安全感，才愿意经营。1997年"好孩子"以Geoby的品名进军美国市场。Geoby虽然可爱，但难以步入主流销售网络。后来"好孩子"与美国有上百年历史的老牌儿童用品销售商Cosco公司结成品牌联盟，以Cosco-Geoby共同开拓美国市场，结果一炮打响。1997年，销售童车70万辆，被美国玩具协会确认为美国市场销量第三的知名童车；2001年，销量达120万辆，市场占有率达40%。

难怪该集团总裁宋郑出语惊人，"开拓美国市场，不必建立自己的销售网络"，他认为"结伴联手创名牌、打市场，显然比单独面对风云易变的市场竞争安全得多。在美国是这样，在欧盟各国也是这样"。

问题：

1."好孩子"集团是如何进入美国市场的？为什么不必建立自己的销售网络？

2.为进一步开拓美国市场，"好孩子"集团应如何调整分销渠道？

第 12 章　国际营销的大众传播策略

学习目的

　　通过本章的学习,掌握国际营销中企业采用的广告、销售促进、事件营销与体验营销、公共关系等大众传播策略在扩大企业在全球市场的知名度、美誉度,进而促进产品销售,实现企业进占全球市场目标过程中的作用,了解企业如何针对内外环境特点制定合理的传播策略及应注意的问题。

教学要求

知识点	能力要求
全球广告	了解全球广告的作用及制约因素,如何制定合理的全球广告策略
全球销售促进	全球市场销售促进的主要手段及各国不同的限制条件,如何根据当地环境制定适宜的销售促进方式
全球事件营销与体验营销	跨国企业如何利用"事件"来营销产品,如何开展体验营销
全球公共关系	全球性公共关系的作用及策略

核心概念

促销(sales promotion)

全球广告(global advertising)

事件营销(event marketing)

体验营销(experience marketing)

全球公共关系(global public relations)

思考提示

在国际市场营销中,地理、心理上的距离常常会将一个企业与其中间商和客户分离开来,所以有效的信息沟通就显得尤为重要,一个企业尽管在国际市场上生产出了适销对路的产品,选择了合理的分销渠道和制定了合理的价格,但国外顾客对企业或企业的产品如不了解或了解很少,其产品也难以打开销路。因此,任何一个企业要在国际市场上获得经营上的成功,必须制定有效的大众传播策略,提高企业在当地市场的知名度,引发消费者对企业及其产品的兴趣,进而产生购买行为。

12.1 全球广告与全球品牌

12.1.1 广告的概念及功能

在产品促销中,广告是一种应用最为广泛的促销方式。所谓广告,就是广告主以付款的形式通过大众媒介将产品、劳务或某项行动的意见和想法等有关信息传递给目标听众、观众和读者。西方国家的商品经济高度发达,广告业也异常发达,人们每天都生活在广告的海洋之中。如今的广告不仅发展成为一门独立的学科,而且成为社会的一个重要行业。发达国家的广告费用一般要占国民生产总值的 1%—3%,许多商品的广告支出高于商品销售额的 30% 以上。

知识链接

实力传播预计 2011 年全球广告支出总额将达到 4710 亿美元,比 2010 年增加 4.1%,恢复到 2008 年经济衰退前的峰值水平。广告市场自 2009 年经济衰退后逐步恢复元气,但其增幅因受到经济压力、自然灾害和政治动乱的影响而小幅放低。

　　预计 2012 年全球广告支出将增长 5.9%。下列"四年一届"的盛会将推动 2012 年的广告支出增长:英国夏季奥运会、波兰和乌克兰共同主办的欧洲足球锦标赛、美国总统大选。预计 2013 年全球广告支出略微下滑至 5.6%(高于先前预测的 5.5%)。

　　发展中市场(指除北美、西欧和日本外的其他地区)的增长步伐继续领先于发达市场:发展中市场在 2010 年占据 31.5% 的全球广告支出份额,这一比例将在 2013 年达到 35.9%。

　　2010 年至 2013 年,报刊杂志的广告支出将下降 2%;而电视、影院和户外广告在新技术的帮助下,增长率将领先市场整体水平;互联网广告的增长速度比市场整体水平更是快了 3 倍。互联网版面广告在网络视频和社交媒体的推动下,现已成为发展最快的互联网广告类别。

　　资料来源:《中国经营报》,2010 年 12 月 12 日

　　广告与其他促销形式相比有以下几个特点:

　　一是公众性。广告是一种高度大众化的信息传递方式。它比较适用于供大众消费的标准化产品的推广。

　　二是渗透性。广告把信息通过多次重复渗透给目标受众,使目标受众加深印象并接受。

　　三是表现性。广告是一种具有表现力的信息传递方式,它通过对文字、音响以及色彩的艺术化运用,使产品信息内容更具有新颖性和鼓动性。

　　四是非人格性。广告不像人员推销那样具有人格化,听众、观众和读者没有义务去关注广告并对广告作出反应。广告只能独白,而不能对话。

　　广告的基本功能是:传递信息,促进购买;说服诱导,创造需求;招揽顾客,增强竞争;介绍知识,指导消费。

　　国际广告是国际营销的重要活动,它是企业为开拓国际市场在目标市场国或地区所做的广告。国际广告的目的是通过各种适应国际市场特点的广告形式,使出口产品能迅速地进入国际市场,赢得声誉,扩大销售。加强国际广告活动,对扩展国际市场有重要意义:国际广告是产品进入国际市场的开路先锋。出口产品首次进入国际市场时,当地消费者对外来产品一般了解很少,不知道产品的性质、用途、制造方式,也不清楚生产厂家的有关信息,因而对外来产品有一种本能的也是正常的怀疑。此时,企业只有运用广告来迅速提高产品的知名度,增强当地消费者对企业产品的认识和信赖。另外,发达国家的市场多属买方市场,消费者有充分选择产品的余地,各厂家为争夺顾客,相互之间展开了激烈的广告

战。要开拓市场,巩固市场,扩大产品的市场份额,企业就必须持续开展强有力的广告宣传,提升企业及产品的形象,否则,产品再好也难以占领市场;而且,在现代国际市场上,消费者购买产品时,除了要考虑产品的使用价值外,还注意产品的社会价值,他们追求名牌,追求新潮,注重产品能赋予自己什么形象。因此,在不断推陈出新的国际市场中,国际广告是国际营销企业引导消费者、吸引消费者必不可少的促销手段。

由于广告在国际市场上的作用日益重要,越来越多的公司认识到,成功的广告对于在国际经营中的赢利是必不可少的。广告费用支出不断增加,作为世界两大"无烟工业"之一的广告业,在许多国家,特别是在发达国家的国内生产总值中所占的比例越来越高。

知识链接

作为全球最大的广告主,宝洁 2011 年的广告支出达到 93.15 亿美元,在过去两年大幅增长了近 24%。按照宝洁的广告预算,它每年的广告支出大概占到总销售额的 9%—11%,而一般快速消费品公司的广告支出占到总销售额的 5%—6%。

博盖咨询董事总经理高剑锋认为,宝洁习惯"兵马未行,粮草先动"的做法,也就是说在它的一款产品市场测试成功后,就着手启动一轮大规模的高空轰炸式广告,然后通过强势渠道地毯式铺货,其后展开线下的大量互动活动拉动销售。"高空广告偏向于电视,因为电视媒体比较适合大众消费品;而线下的广告与活动,主要是店面广告、店面陈列、路演活动和促销等。而为了配合传统的高空广告,宝洁组建了庞大的营销推广团队,以使得线上传播可以在线下得到落实。"

资料来源:《中国经营报》2012 年 2 月 13 日

12.1.2　全球广告的制约因素

企业在制作和刊播国际广告时,面临着比在国内做广告要多得多的制约因素。这是因为各国的文化背景存在着巨大的差异,而广告又是营销组合诸因素中对文化差异最为敏感的一个因素。具体说,国际广告将面临以下一些制约因素:

(1)语言的限制

语言对国际广告限制最为直接也最为明显,因为目前世界上还没有一个在

各个国家都通用的"世界语"。尽管有某种语言（如英语）在很多国家使用，但更多的情况则是，一个国家内部使用着多种语言。如在泰国做广告，要使用英语、汉语、泰国语；在新加坡做广告，要用英语、汉语、马来语和泰米尔语。国际营销人员没有可能掌握所有国家的所有语言，但又必须用这些不同的语言与潜在买主进行信息沟通。即使在国际广告中使用标准化的广告主题，即通过广告向各国消费者传递同一信息，也必须使用各国当地的语言。广告信息可以是标准化的，但广告语言必须是当地化的。在处理多国语言的障碍时，稍有不慎便会铸成大错。美国的 Chrysler Corporation 在将其 Dart 牌汽车销往西班牙时，使用在国内使用的广告——Dart is Power。但在西班牙语中，其含义为：顾客想买，但缺乏性冲动。美国汽车公司（American Motor）在将其 Matodor 牌车销往波多黎各时，发现 Matodor 在当地语言中有"杀手"的意思。即使是那些使用同一种语言的不同国家，因其文化环境和语言习惯等方面存在差异，不同国家的人对同一句话的理解也有一定的差异。如美国一家生产餐巾纸的公司，在国内所做的广告为"在你的餐桌上不会有比这更好的餐巾"。该公司将产品出口到英国时，广告没有任何改变，却没有考虑到在英国英语中 napkin 或 nappy 实际意思为"尿布"，这样餐巾纸的广告成为"在你的餐桌上不会有比这更好的尿布"。

除了翻译困难以外，很多国家的高文盲率也严重妨碍沟通，这就要求广告更富有创造力，多使用口语媒体。

为避免国际广告因语言运用失误而造成不必要的损失，有人建议：广告文本的翻译必须请精通当地语言和文化的人来做；或者广告文本翻译以后，必须请当地人审核，确认无误，再正式刊播；或者干脆委托当地的广告代理商来设计制作广告。

（2）政府对广告的限制

几乎世界上所有的国家都有管理广告的机构，定有广告管理的法规与政策，以维护本国消费者的利益不受虚假广告的损害，保护本国中小企业免受外国大公司的排挤。近年来各国政府对广告活动的控制或限制仍在加强，西欧各国尤为突出。各国政府对广告等方面的规定主要有以下几个方面：

第一，对某些产品的广告进行限制。不少国家禁止烟草、酒类、药品或者不动产等商品做广告。例如，欧共体国家已通过协议草案，禁止在其成员国的电视上播放各种形式的烟草广告。

第二，对广告媒介进行限制。有些国家限制使用某种媒介做广告；而有些国家则限制某种媒介的广告时间。

第三，对广告信息的限制。许多国家政府对广告信息施加限制，但限制方法有所不同。如法国和墨西哥对广告使用的语言作了规定；世界上有很多国家规定，某些广告刊播之前，必须经政府有关部门的批准。

第四，对广告开支进行限制。广告费用在某些国家也可能受到限制。比如印度政府曾限定外国公司在印度的年度广告费用不得超过一万美元。英国政府曾指责 Unilever 公司和 Procter Gamble 公司做了太多的洗涤剂广告，广告费几乎占这两个公司在英国销售收入的四分之一，以至于造成不公平的竞争局面。

知识链接

有关国家政府对广告的规定

美国电视广告规则规定：

• 用蒸馏法酿造的烈酒，不得做广告。

• 香烟广告，禁止播映。

• 证言性质的广告，内容必须有真人真事为证。凡无法证实者，不得播映。

• 在广告时间准则中，参加电视网各台，主要时间区段每 60 分钟节目，广告时间不得超过 9 分 30 秒；其他时间，每 60 分钟节目不得超过 16 分钟。

欧共体各国广告法规：

• 比利时、卢森堡：禁止比较广告。

• 比利时：禁止做电视广告和广播广告。

• 奥地利：法律对电台、电视的广告时间有限制，电视广告只能在指定时间播出；电台广告时间每周限制在 2～5 小时。

• 丹麦：禁止广播和电视做广告。

• 葡萄牙：国营电台不设广告节目；电视广告限制在 5％以内；禁止使用"最新的"、"最佳的"等夸张措辞。

• 英国：法律禁止在 BBC 广播协会的电视网和英国电视广播网内做广告；私人电台、电视台可做广告，但广告内容需经严格审查。

• 荷兰：法律规定，每个电台、电视台每天的广告时间在 15 分钟以内。

• 挪威、瑞典：禁止电台、电视做广告。

• 希腊、意大利：禁止比较型广告。

• 德国：两则广告之间间隔时间不得少于 20 分钟，每小时广告时间不得超过 20 分钟。

- 瑞士：禁止电台广告；电视广告每天 15 分钟，在每晚三次固定时间播出。
- 法国：禁止电台广告；电视广告每天七次共 15 分钟。

（3）文化差异性的制约

与来自不同文化的人进行交流会遇到很多困难，创造性地克服文化差异是全球广告业务中最富挑战性的任务之一。文化因素决定着如何解释各种现象，如果认知结构不同，同一信息的理解也就不同。例如，中国香港特别行政区的市场研究人员发现，奶酪总是让人想起洋人，所以有些中国人就不喜欢。丰田公司在中国推出 Prado SUV 品牌汽车时，发现读音类似中文的"武力统治"，让人回忆起日本的侵华战争。

（4）广告媒介的限制

做国际广告时，还面临目标市场国的媒介可获性的制约。其原因有二：一是政府限制使用某种媒介；二是某种媒介的普及率太低。前者的限制前面已作了说明，后者限制主要表现在某些国家通讯基础设施落后，某种媒介的普及率太低，限制了企业对广告媒介的选择利用。根据联合国教科文组织的调查，世界上有 100 个国家约 20 亿人口还缺少足够的信息传播媒介。非洲有 19 个国家没有日报，报纸的发行量也仅仅是每 100 人中有 1 份。在非洲的一些国家，广告人员泛舟在河上，一边行进，一边向灌木丛中的人们播放流行音乐和广告。

（5）广告代理商的限制

一般来说，广告业的发达程度是与一个国家的经济发展程度成正比的，因而在发达国家能够找到较好的广告代理商，当然，广告代理费用也较高。而在发展中国家要找到合适的广告代理商则相对困难。另外，广告业的发达程度还与一个国家的市场规模有关。如印度就是这样的国家，因该国人口多，市场规模较大，世界著名的广告公司华尔特·汤姆森公司（J. Walter Thompson）在印度就有多家分公司，员工数量超过 500 人。

知识链接

世界五大广告集团在中国

20 世纪 80 年代初的改革开放，把中国的经济置于一个新的起跑线上，国际广告航母 WPP 集团高瞻远瞩，锁定经济发展潜力巨大的中国市场，率先于 1984 年在北京建立伟达公关公司，成为最早一家进入中国市场的跨国广告集团。奥姆尼康、IPG 集团紧随其后，于 1991 年分别在上海与北京设立了中国总部。伴随日系企业新的一轮在华投资热潮，日本电通 1994 年组建北京电通，以期为本国客户提供跟进式服务，并同时打开中国市场。1984 年，是几大广告集团抢滩中国市场的起点，而上世纪 90 年代则是跨国广告集团登陆中国市场的一个较为集中的时期。

12.1.3　全球广告目标的确定

企业的广告目标取决于企业经营的总体目标。按照目标的不同，广告可分为通知广告、劝说广告和提示广告。

（1）通告广告（Information Advertising）

通知广告的主要目标是使国外消费者对产品和服务产生初步需求。广告宣传的主要内容是介绍一种新产品的问世，向顾客说明某种产品的新用途，告诉顾客某种产品的价格，介绍某种产品的使用方法和所提供的各项服务，等等。通知广告一般适用于产品处于市场生命周期的引入阶段。

（2）劝说广告（Persuasive Advertising）

劝说广告的主要目标是劝说和诱导消费者更多地购买本企业的产品和服务。广告宣传的重点内容是突出本企业产品和服务的特色，强调本企业产品和服务在满足消费者需求方面的明显优势，使消费者形成品牌偏好。劝说广告适用于市场竞争日趋激烈、产品处于市场生命周期的成长阶段。

（3）提示广告（Reminder Advertising）

提示广告的主要目标是提醒消费者别忘记购买本企业销售的、消费者曾经常购买使用的那些产品和服务，如向消费者承诺某种产品继续保持原有的高质量，提示某种产品已经到货，可在何时何地购买等。提示广告主要适用于产品处于市场生命周期的成熟阶段。

12.1.4　全球广告信息的确定

全球广告信息的确定常常涉及下述问题：国内市场的广告创作构想及其信息表达方式是否能够有效地在其他国家市场运用？在某个国家或地区被证明是成功的广告创意及其信息内容能否在其他国家或地区推广？国际市场的广告信息内容与表达方式应实行标准化还是差异化？等等。有些企业认为，各国之间存在着经济文化、政治法律等方面的巨大差异，因此，应根据各国市场的不同特点，为各市场设计不同广告主题，传递不同的信息，这样才能打动顾客的购买欲望,扩大企业的产品销售。而另外一种观点则认为,这种做法在现实中是行不通的。如有些公司(可口可乐、百事可乐等)在世界上一百多个国家从事营销,难道要为一百多个国家分别设计广告主题和广告信息?如果将一个国家再分为若干子市场的话,这一工作将变得更为复杂!然而,如果为世界市场制作统一的广告又会使广告缺乏针对性,忽视各国消费者需求的差异性,这样就必然失去广告的促销效果。那么,究竟采用哪种广告策略呢?这就引出国际广告界长期争论的一个问题:标准化还是当地化?

所谓标准化(Standardization),就是把同样的广告信息和宣传主题传递给各国市场。这种策略要求忽视各国市场的个性,而强调其基本需求的一致性。如可口可乐公司的广告宣传基本上采用标准化的策略。美国的宝洁公司在欧洲宣传其"干净先生"家庭清洁剂时,广告主角造型和美国的广告相同,只是利用的语言不同而已,此广告使宝洁公司在当地节省了50%的广告成本。

(1)全球标准化广告的优点

赞同广告信息标准化的一些学者和管理人员认为,这种策略至少有以下优点:

第一,各国消费者的基本需求是一致的,这是实现广告信息标准化决策的基础。各国消费者不论其所处的经济文化环境如何,他们对美的追求、对健康的向往、对产品质量的要求等都是没有国界的。因此,采用标准化的广告决策是完全可能的。正如英国营销学者沃尔什所说:"从表面上看,如果广告活动顾及到每个具体市场的文化背景和购买动机,销售量就必定达到最大值。但是,在所有市场上或者说多数市场上,消费者的购买动机都是相同的。在这种情况下,真正的广告创意(一种普遍缺少的东西)是至关重要的。因此,不论这个创意产生在哪个国家,如果使之成为标准化的信息而加以传播,都会增加产品的销售。"

第二,可以降低成本。一旦确定了广告主题,可将这一信息不加改变地传播到各国市场。这种标准化的策略可节省许多费用,如美术设计、文案撰写、排版、印刷、制片以及创作人员的费用等;而且,当企业进入国际新市场时,无法确定该市场是否值得花费巨额资金制作全新的广告时,采用此法,可以避免广告投资的风险。据报道,利维公司在欧洲六国市场上投放统一的电视广告,最终节约了大约150万英镑(相当于220万美元左右)。

第三,可以在全球市场建立统一的品牌形象。对于在很多市场销售同一种商品的公司来说,拥有一个连贯统一的品牌形象是十分重要的。1995年开始,美国护唇产品制造商 Blistex 公司在欧洲地区开展广告活动的首要目标就是树立统一的品牌形象。在实施此项广告活动之前,该公司在每个国家的广告主题都各不相同,导致在很多市场上品牌认知度低。新的泛欧洲市场广告战略确定了如下目标:提升品牌意识;在公司产品线背后宣传所谓的"从护理到治疗"的概念,从而确立统一的广告主题。在媒体广泛重叠的市场上,或者对周游各国的顾客提供的商品,保持信息的统一性,有助于顾客的识别与选购。

第四,标准化的广告决策可使公司总部的专业人员得到充分利用。合格的专业广告人员是难得的人才,使各国市场都配备这种专业人员是不可能的。

第五,由公司总部集中管理全球市场广告业务,可以实现规模经济效益;而且,有利于公司总部制定和实施整体的促销计划;配合企业和产品在各国市场建立起一致的形象。

第六,广播、电视、报纸、杂志等大众传播媒介的国际化,交通通讯的现代化,国际互联网的普及,国际旅游的普遍化以及国与国之间的经济合作日益密切,使各国消费者的需求愈益趋向一致,语言文字、传统习惯之间的隔阂在日益缩小。世界正在变小,各国消费者都在从其他社会汲取他们认可的好东西,不论是精神产品还是物质产品。

(2)当地化广告决策及其理由

所谓当地化(Localization)广告决策,是指企业向不同的国家和地区传递不同的产品信息,它强调的是各国市场需求的差异性。如美国的吉列公司(Gillette)就是采用当地化策略。该公司在世界上100多个国家或地区销售800种产品,大多数产品在不同国家都使用不同品牌名称,并使用不同的广告策略。

赞同实行当地化广告策略的一些学者和管理人员认为,执行这种策略至少有以下理由:

第一,各国消费者的文化背景不同,顾客需求千差万别,企业只有使广告信息适应和符合各国消费者的需求特点,才能实现广告促销的目标,才能使产品在世界各国的销售额增加。尽管当地化的广告决策会增加广告设计、制作和刊播的成本,但由于销售额会增加,总利润额仍可能增加,而且,因产品能更好地适应当地消费者的需求,所以销售价格也可适当定高,这样,利润也有望上升。

营销故事

美国万宝路(Marlbpro)香烟是全球知名的品牌,香烟广告是以美国西部的荒凉高原为背景,以牛仔打扮的男主角骑在马背上奔驰,以此塑造美国西部拓荒的冒险形象。

但上述广告在我国香港不受欢迎,很多香港人认为西部牛仔给人一种低级劳力的感觉,港人遂以为万宝路香烟是工人抽的烟,于是飞利浦莫里斯公司广告片中的西部牛仔改为西部农场的老板,以提升万宝路香烟的形象。

在日本市场,万宝路香烟面临七星(Mild Seven)香烟的激烈竞争。日本七星香烟广告是以大自然为背景,经常出现湖泊、河流或瀑布等大自然风景,主角大多在从事划水、冲浪或钓鱼等娱乐,成功塑造热爱大自然的形象。万宝路在日本的广告也以热爱大自然为诉求,主角仍为西部牛仔,并骑在马背上奔驰而行,不过却经常以山水园林风光为背景,可以说是"主角美国化,背景日本化"的广告。

资料来源:吴景胜著:《国际行销》,厦门大学出版社 2004 年版

第二,不同国家或地区的广告规制不同也限制了广告活动的标准化。正如前文所述,不同国家对广告媒体、广告信息内容、广告刊播时段等的规定都不同,使得标准化的广告决策难以实施。

第三,尽管有些产品的属性和功能不会因国家不同而发生变化,但不同国家的人对这些属性和功能认识是各不相同的,因此,不同国家的人对某种产品有相同的需求,但他们不一定会按同一方式接受同一种产品。这也表明,标准化广告不一定对全世界都合适。

第四,各国广告代理商的可获性、媒介的发达状况等因素的差异,都可能要求企业采取当地化的广告决策。

有些学者还收集了大量的标准化广告决策的失败案例,来说明国际广告决策必须实行当地化。如美国的基根教授(W. Keegan)在其《国际营销管理》一书中列举了大量例子来说明标准化决策是不可行的。美国通用汽车公司的"NOVA"牌汽车在拉美国家销售受挫,原因是"NOVA"在西班牙语中意为"不走";在巴西做洗衣粉广告不能强调"洁白"这一主题,因为巴西人不穿白衣服;智利人购买咖啡取决于咖啡的价格,而德国人则把咖啡视为必需品,价格再高也要购买;以马戏团的大象为主角的一则糖果广告在南非受挫,原因是当地人把大象视为神圣之物,而且南非的邻国斯威士兰,国王夫人的王室称号为"She—elephant",如南非播放了这则广告,则会冒犯邻国;研究西非文化的学者指出,在西非诸国都不能把广告文稿印在白纸上,因为白色是与死亡相联系的。

营销故事

教民的愤怒——索尼公司录音机广告

索尼公司在泰国为其新款录音机设计并刊播了一个大胆的广告,该广告以佛祖释迦牟尼为模特,随着录音机优美音乐的响起,双目微闭的释迦牟尼也凡心萌动,睁开双眼并跟着音乐的节拍跳起舞来。此广告刚一刊播,即受到广大泰国民众的抗议,认为这则广告是对佛祖的亵渎,是对泰国民众宗教信仰的极不尊重。

资料来源:周公立:《现代广告学教程》,上海财经大学出版社2005年版

12.1.5 国际广告信息决策应考虑的因素

通过上文的分析可以看出,两种决策都有其存在的客观依据,都有其成功的经验,也都有其失败的教训。因此大多数学者和管理人员认为,广告信息决策绝不限于标准化和当地化两种选择。一个企业通过标准化决策获得了成功,而另一个企业可能通过当地化决策获得成功;同样一个企业,甲产品采用标准化决策取得成功,而乙产品广告也采用标准化决策就可能失败;同一个企业,同一种产品,以前采用标准化决策取得成功,现在还采用标准化就可能失败……由此可见,在进行广告信息决策时,应对企业的产品性质、市场环境等各方面因素综合考虑,再作决策。

(1)产品特点

这是企业在进行国际广告信息决策时首先要考虑的因素。一般来说,工业品的广告信息比较适宜于标准化,消费品多适宜于当地化。这是因为工业品多属于标准化产品,其购买者的购买动机、购买方式比较接近。而消费品易受各国环境差异的影响,产品设计也多采用差异化策略,因而当地化的广告决策更为适合。例如,通用电气公司在将工业品销往海外市场时,主要采用标准化的产品和广告策略,而将其消费品销往海外时,多采用当地化的广告策略。

(2)目标市场

如果企业在各国的目标市场属于同质市场,即这些市场的一般特征,如收入高低、受教育程度、宗教信仰、生活方式等比较接近,那么,就可以推断这些市场的顾客潜在需求、态度、动机、行为等方面可能很相似,可以采用标准化的广告决

策；反之，则应采用当地化的广告决策。例如，美国的利惠公司发现各国的年轻人都喜欢穿牛仔服，这些年轻人购买牛仔服的动机以及追求的形象几乎也是一致的，于是，该公司推出了标准化的国际广告，结果大获成功，其在海外的销售额在 5 年间增长了 5 倍。但在另外一些情况下，标准化广告则不一定能获得成功。例如，比利时人在进食时注意食物的味道，而很少留意对其健康是否有益；荷兰人则十分重视自己的健康，选择食品时，维他命成分比味道更为重要；法国人对健康相对淡漠，向法国人推销牙膏，如果只强调防蛀牙的话，收效不是太大，而同样的广告在英国可奏效。

（3）产品在不同市场所处的生命周期阶段

在产品生命周期的不同阶段，企业的广告目标不同。在引入阶段应以通知广告为主，在成长阶段以劝说广告为主，而成熟阶段则以提示广告为主。若同一产品在不同的目标市场上处于产品生命周期的不同阶段，那么企业在不同的目标市场上的广告目标就不应相同，广告信息也应有所差别，即应采取当地化广告决策。反之，如果产品在各国市场均处于产品生命周期的同一阶段，广告目标相同，企业则可采用标准化的广告决策。

（4）媒介的可获性

媒介的可获性是选择广告策略时应考虑的另一因素。有时在甲国使用的媒介，在乙国受到严格的限制。如在国内一则成功的电视广告，可以被直接用在美国，但搬到印度却行不通，因为印度对电视广告限制极为严格。在另外一些场合，在甲国使用的一些媒介在乙国根本不存在。无论哪一种情况，都限制了广告决策的标准化。值得高兴的是，世界各国的大众媒介设施的起点尽管不同，但都在迅速发展。例如，电视广告正在进入越来越多的国家；通讯卫星的发展，使卫星电视正在成为一种真正的国际信息媒介。展望未来 10 年，卫星电视直播产业将在美、欧、日等发达国家继续得到发展，并将向亚洲、拉美和中东等发展中国家扩展。卫视直播网络将向宽带、高速、多媒体网络发展，并与地面有线电视网、计算机网（包括互联网）和电话网相互汇聚与融合。但由于卫星电视直播业务属于受国际电联保护和具有主权象征的特殊行业，加上各国政治体制、意识形态、种族、宗教、语言和文化背景千差万别，预计卫视直播产业将会在许多发展中国家长期独立存在。印刷媒介的国际化程度要低一些，但也在迅速发展，如《读者文摘》的发行范围达 40 多个国家，拥有数亿读者。大众媒介的发展趋势越来越有利于标准化广告决策的实施。

（5）法律的限制

各国法律对广告、尤其对广告信息都有不同的限制。如德国的法律禁止使用"最好的"、"最佳的"一类的最高级、比较级修饰词,如果使用了这类词句,被贬低者有权对广告人起诉,要求赔偿损失。在法国,如果广告人无法证明其广告内容的真实性,法院强令他作更正性广告,并由他自己付费。英国对香烟广告限制极为严格,它曾禁止菲利普·莫里斯公司为万宝路香烟所做的以西部牛仔为主题的广告,理由是:香烟广告中宣传这种英雄形象可能具有特殊的魅力,它会鼓励人们开始吸烟。澳大利亚的法律规定,本国电视台只能播放在本国制作的广告节目。可见,各国法律对广告的限制,影响企业对标准化广告决策的实施。

(6)成本—收益关系

对广告信息策略的选择还取决于成本与收益的关系。标准化策略的成本低,当地化策略成本高,但如果当地化策略的高成本带来的高利润额大于标准化策略的低成本带来的总利润额,还是应采用当地化策略;反之,则应实行标准化策略。当然,这种分析是困难的,而且,这种分析不能建立在急功近利的基础上。

营销故事

全球统一广告诉求

高品质。宝马公司在很多市场打出"终极驱动"的口号。

新产品/新服务。微软视窗 2000 操作系统发布前后推出铺天盖地的统一宣传活动。

原产国。某些国家特有或专长的产品常会在包装上印上"本产品来自……"来强调产品的产地,适合于时尚和奢侈品的厂商。

英雄和名人。全球定位的另一种形式就是将产品和英雄与名人联系在一起。瑞士手表制造商 SMH International 在推销 Omega 系列产品时,正值"007"系列影片之《黄金眼》上映之际,于是该公司签下明星皮尔斯·布鲁斯南为其拍摄广告。

生活方式。某些生活方式受到了目标受众的普遍憧憬,而无论他们生活在哪个国家。许多高级的全球品牌之所以魅力无穷,就是因为它们依靠反映这些生活方式的广告而得到了提升。

市场领导地位。无论哪个国家,一个在世界上或某个区域中雄踞领导地位的品牌对消费者都有强大的吸引力。对某一具有国家特色的产品来说,向消费者表明本品牌是该国最受欢迎的品牌,这个信息将给消费者留下深刻印象。

资料来源：Masaaki Kotabe、Kristiaan Helsen 著，刘宝成译：《全球营销管理》，中国人民大学出版社 2005 年版

12.1.6　选择广告媒介

（1）广告媒介

广告效果的大小在很大程度上取决于广告媒介的选择适当与否。广告媒介的种类很多，除了传统的报纸、杂志、广播、电视四大广告媒介以外，随着广告技术的飞速发展和市场竞争的激化，国际市场新兴的广告媒介正层出不穷（见表 12.1）。

表 12.1　新型广告媒介

户外广告	新兴分众广告	另类/其他分众广告
公交车	互联网广告	公厕内门板广告/液晶电视
大牌/看板	手机短信广告	垃圾箱/筒广告
橱窗广告	公交移动电视广告	飞机机身广告
灯箱	停车库灯箱	鸡蛋广告
候车亭	写字楼食堂灯箱	自行车（篮子/轮子）
出租车	电梯广告	地铁免费报纸
单立柱	红灯笼专用广告车	人体广告
电话亭	超市/便利店灯箱/手推车	教科书/练习本
阅报栏	电话黄页	……
飞艇/气球广告	渡轮及码头	
高速公路广告	加油站广告	
地铁广告	电影广告	
列车广告	VCD/DVD 贴片广告	
机场	体育场馆	
吊旗	自行车亭/棚	
霓虹灯	书报亭	
电子显示屏	邮政信箱	
墙面广告	邮政编码牌	
充气气模/实物	110 报警路名牌	
布幅/条幅	急救箱广告	
……	宣传单	
	……	

（2）选择广告媒介应考虑的因素

广告媒介的选择除了要熟悉各种媒介的特点外，还应考虑以下一些因素：

①产品的性质

工业品与消费品,高技术产品和一般性产品,应选用不同的媒介。如服装广告,最重要是显示其式样、颜色,最好在电视、互联网、杂志等表现效果好的媒介上用彩色画面做广告,以增强美感;高技术产品、成套设备等则宜用直接邮寄说明书的方法。

②信息的复杂程度及传播时间要求

媒介种类的选择还取决于广告信息本身。例如,对于复杂的技术信息,利用广播、电视都难以说清楚,而选择专业杂志或直接邮寄说明书则比较有效。另外,信息传播时间要求不同,应采用的媒介也应有所区别,如对于那些急需传播的信息,采用广播、网络最为适宜。

③媒介的可获性

做国际广告应特别注意媒介的可获性。这是因为每一个国家的各种媒介发展程度和所受到的限制不同,因而在甲国是最有效的媒介,而在乙国可能根本不存在或受到严格的控制。例如,电视在许多国家是一种最普遍的大众媒介,但在斯堪的那维亚地区诸国就根本不存在电视广告,沙特阿拉伯也不允许电视做广告,法国的电视广告是由政府控制的,不仅对每天节目的播放时间有严格规定,而且对每种产品每年的广告时间都有严格限制。

在有些国家,广告媒介太少,存在着严重的供不应求的情况,这样会导致两种结果:一是从预定登载广告到实际登载广告的时间间隔太长,广告缺乏时效性;二是媒介的普及率太低,广告信息难以传递给全部或大部分目标受众,促销效果差。

④媒介的覆盖面

选择广告媒介时应考虑的另一因素是媒介的覆盖面。覆盖面的大小取决于显露时间和拥有率两个因素。各种媒介的显露时间在各国有不同的规定和习惯,各种媒介的拥有率在各国也高低不同。因此,各国广告媒介覆盖面差别很大,企业在选择广告媒介时,应对不同媒介的显露时间和拥有率进行了解。

⑤媒介的成本

不同的媒介,其费用是不同的,一般来说,电视的费用最高,报纸、广播相对便宜。选择广告媒介时应以最小的花费实现最大效益为原则。因此,选择媒介不仅要考虑每一种媒介费用高低,而且还要分析它的促销效果及其所带来的经济效益大小。在费用一定的条件下,促销效果最佳的媒介就是最理想的媒介。

12.1.7　选择广告代理商

广告代理商是专门为企业制作和安排广告,并向客户收取佣金的独立企业组织。它可以帮助企业进行全部的广告活动,包括市场调研、撰稿、美术设计以及媒体的选择。正因为广告代理商拥有专业化的知识、技术、人才和服务,所以,几乎所有的企业都通过广告代理商进行广告宣传,许多自设广告部的企业也经常依赖广告代理商所提供的国际广告代理服务。国际企业可以委托本国的广告代理商做国际广告,也可委托国外的广告代理商做国际广告。但国内外广告代理商,数量众多,其规模、实力、服务质量也参差不齐,为此,企业在选择广告代理商时应注意以下条件:

(1)必须有足够的周转资金

因为广告代理商所经办的广告营业额往往超过其资本额,而广告代理商又必须按照媒介单位的规定期限将广告刊播费用付清,否则,媒介单位将拒绝为其发稿。而广告主一般是在广告刊播之前只付部分广告费用,余下的费用是在广告全部刊播结束时才支付。这样就要求广告代理商须有足够的资金,在广告主延付广告费时它可以先行垫付给媒介单位。

(2)必须有精干的人才

首先,必须有精干的专业业务人员,他们善于联络客户;能将客户所委托的广告在市场调研的基础上拟出经济有效的计划,创作出优秀的广告作品,对产品信息如实表现,并富有创意;必须熟悉国际广告业务,具有国际贸易和国际市场知识。这些条件缺一不可,否则,难以承担广告代理业务。

其次,对于专业媒介人员来说,则要求其能及时获得媒介的刊出版面或播出时间,对各种媒介有正确的认识,在代理国际广告业务时,应能向广告主提出正确的媒介选择,并能说明选择的理由和科学依据。

(3)必须有责任感

对于广告主所委托的广告,力求做得成功。在广告制作之前,能够对市场进行认真科学的调查研究,对产品市场需求进行仔细的分析评估,以保证自己制作设计的广告能够实现客户所希望达到的促销效果;广告刊播期间,有专人负责检查和监督,了解本公司所刊发的广告是否如期刊出;同时,对于和本公司有关的同类商品广告刊播情况加以记录参考,以了解广告竞争对手的广告计划和策略,并向广告主提出建议,采取相应的广告策略。

(4)必须有良好的职业道德,为广告主保守产品或企业的秘密

为了做到这一点,国际广告界有一条不成文的规定:一家广告公司在同一行业中只能接受一家企业的委托,不能接受第二家。在国际广告活动中,必须切实做到这一点,以取得广告主的信任。

(5)必须有科学化的管理

广告活动,从开始的市场调研、计划拟订到广告的设计创作和实施,是一项智力、技术高度密集的创造活动。同时,一家广告公司经常会代理几家广告主的广告业务,工作更加复杂,稍有疏忽,就会顾此失彼。因此,必须有科学规范的管理制度,部门经理除了具有出色的业务能力外,还要有出色的组织工作能力。

(6)国际广告代理机构还必须具有国际广告作业能力

主要有以下三个方面:一是与国际其他国家或地区的广告公司有业务往来和合作关系,可以在必要时得到他们在信息资料、技术和人员等方面的支持。二是具有健全的国际信息网络,可随时从世界各地得到有关市场情报。三是具有国际广告业务的知识和经验,了解国际广告惯例,懂得按有关惯例和规定从事广告活动,开展国际合作。

12.2 全球销售促进

销售促进是指在一定的时期内针对消费者或经销商而进行的对产品或品牌增加有形价值的活动。世界各国的促销规则和方法是多种多样的,但大多包含以下部分:促销定价技巧、有奖游戏、赠品和特制品、经销商提供安装、新产品预告、捆绑销售和联合促销、展销会和赞助等。促销产生的有形价值有多种形式,如减价或"买一赠一"。促销的目的是鼓励顾客试用产品,或增加需求,针对经销商的促销活动则是为了提高产品在分销渠道中的可获性。

作为一种营销沟通手段,销售促进在全球各国市场的使用越来越普遍,原因是该方式有以下优点:对顾客而言,销售促进除为顾客提高有形的激励,还减少了顾客的购买风险。对企业而言,销售促进的促销效果可知性高,促销主管可及时跟踪销量变动情况。此外,针对某些消费者的促销活动,包括抽奖或现金返还,需要购买者填表并寄回公司,企业可借此完善顾客数据库信息,便于将来与顾客联系。

对绝大多数跨国公司而言,销售促进的方式选择应由当地分公司根据当地

市场环境来灵活决定,以体现本土化特征。其原因如下:

①各国经济发展水平差异。在收入及识字率普遍较低的发展中国家,某些促销手段无法达到预期效果。一项关于在发展中国家促销做法的调查发现,样品或降价手段的使用超过平均水平。

②市场成熟度不同。在产品处于生命周期早期阶段的国家,消费者走出第一步是关键的,这样,样品、优惠券和买一赠一的促销手段较为适宜。而在一些成熟的市场,主要目标之一是让消费者重复购买,像积分折扣、批量优惠、优惠券等则可增加顾客的忠诚度。

③文化观念差异。不同国家和地区之间的文化差异悬殊。一项调查显示,台湾地区的消费者远没有泰国、马来西亚的消费者那样喜欢抽奖。台湾人使用优惠券时一点都不觉得没面子。而马来西亚人更喜欢抽奖,不愿意使用优惠券。欧洲消费者和美国消费者相比也更经常地使用优惠券。

④渠道结构差异。各国经销渠道的结构不同,生产商和经销商之间的权利天平在某些国家更偏向于经销商。当宝洁公司在德国的分公司试图引入"每天低价"的概念来削减产品推广的开支时,德国的一些大零售商就立即把宝洁产品撤下货架来报复。

⑤政府管制不同。不同国家对各种促销方式均有严格的规定。如在德国,优惠券金额不能超过产品价值的 1%。在挪威,代金券、酬宾赠物券和优惠券则是被禁止使用的。相比之下,英国则显得相对宽松自由。

营销故事

表 12.2　欧洲各国的促销选择

项　目	德　国	法　国	英　国	荷　兰	比利时
售价低于包装上的价格	Y	Y	Y	Y	Y
包装里的礼物	??	??	Y	??	??
额外商品	??	Y	Y	??	??
现金抵扣购物券	N	Y	Y	Y	Y
有奖竞赛	N	Y	Y	N	N

Y 代表法律上允许,?? 代表讨论中,N 代表法律上不允许

资料来源:[美]Warren J. Keegan 著,段志蓉等译:《全球营销管理》(第七版),清华大学出版社 2004 年版

12.3　全球事件营销与体验营销

营销故事

2009 年 3 月 9 日，从纽约到巴黎，从悉尼到上海，在全世界的很多地方，都举办了大型的 party，为一个人庆祝 50 岁的生日。这个人是谁啊？能受到这么多人的追捧？她就是青春永驻、风情常在的千面娇娃——芭比娃娃。

为了庆祝芭比的 50 岁生日，纽约时装周首次举办芭比娃娃时装秀。而在加州，一幢占地 325 平米的"芭比娃娃梦幻之屋"落成，在这座可以俯瞰大海的别墅里，光是一幅挂在客厅的芭比画像，价值就超过 20 万美元！

在澳大利亚，法国大厨用蛋糕制作了一个仿真芭比娃娃。蛋糕芭比的金色礼服上，点缀着 2000 颗施华洛世奇水晶。

在巴黎，50 名设计师以芭比为主题设计鞋子、手袋等时尚配饰；在加拿大，有商家特地推出芭比五十周年纪念香水；在上海，占据六层楼的芭比全球旗舰店开业……

玩具厂商美泰公司策划的这些事件通过全球各主流媒体追踪报道，赚足了消费者的眼球。

资料来源：CCTV《商道》，http://china.toocle.com

12.3.1　事件营销

（1）事件营销

事件营销是指营销者在真实和不损害公众利益的前提下，有计划地策划、组织、举行和利用具有新闻价值的活动，通过制造热点新闻效应的事件吸引媒体和社会公众的兴趣和注意，以达到提高社会知名度、塑造企业良好形象和最终促进产品或服务销售目的的手段和方式。企业的事件营销传播具有明显的商业营销宣传性质。其着眼点在于制造或者放大某一具有新闻效应的事件以期让传媒竞相报道进而吸引公众的注意。美泰公司所策划的"芭比娃娃"50 岁生日庆典系列活动就是典型的事件营销。

时下,不论何种大众媒体,商业广告都可谓铺天盖地。商业广告的泛滥,使广告从内容、形式到策略过于同质化,已经引发了受众的"审美疲劳",赤裸直白的销售目的令人望而却步。受众对于这种"强制"接受已经越来越反感,进而最大限度地回避这类广告。为了在复杂的媒体环境中脱颖而出,为了有效突破消费者越来越严密的心理,企业急切需要新的、富有成效的营销传播方法,需要加强营销传播活动的创造性,增加营销传播活动给消费者带来的附加价值,事件营销传播由此应运而生。

同时,全球媒体费用的高涨,使得广告经营成本相应提高;媒体的多元化趋势又导致传统传媒的广告效益因受新媒体的竞争而不断下降。众多企业在广告传播的投资决策上不得不进行调整,重新分配营销传播资源,纷纷降低广告传播支出在营销传播总支出中的比例。更重要的是,实施企业事件营销传播带来的新闻价值,比普通硬性广告更具有可信度、易传播性和经济性。企业事件营销利用媒体与社会公众关注的话题、事件,突破广告传播的传统定式,在营销传播成本投入较低的情况下,成为比较有效的一种营销传播方式。

(2)事件营销的特征

①有高频率的大众媒体作传播支持,消费者受众面广。

②利用具有轰动效应的传播话题,借用或者策划密切相关的事件,吸引媒体和公众关注,产生事半功倍的传播效果。

③事件作为营销传播的核心,贯穿于过程的始终;企业事件营销传播作为一种阶段性的营销策略与传播手段,传播周期较长。

④投资回报率高,是建立企业知名度与接触媒体较为廉价的手段。

总之,事件营销集新闻效应、广告效应、公关效应、形象传播于一体,尤其是其新闻价值和公众性话题,使其具有很强的传播能力,具有事半功倍的营销效果,成为近年来国内外流行的一种市场推广手段。

12.3.2　事件营销传播策略

(1)提高企业对社会事件的敏感度,善于借势和造势

按照传播事件的性质,企业事件营销传播的运作手法可以分为两大类:一是利用现有的社会热门事件或话题;二是人为制造媒体和公众关注的热门事件或话题。"借势"、"造势"就是对这两大类型运作手法的通俗表达。所谓借势就是企业及时抓住广大受众关注的事件、社会新闻或人物等结合企业或产品在传播

上的目的展开一系列相关活动；造势就是企业精心策划具有新闻价值的事件，吸引消费者以及媒体的关注，以实现传播目的。善于借势和造势是事件营销成功的关键，有些历史性重大事件是独一无二，可遇不可求的，企业要迅速抓住这一时机，像 2008 年的北京奥运会。企业仅靠自己的力量是难以制造轰动性事件的，或者需要很大的投入才能造出一些"势"来，这有违事件营销高效率少投入的初衷。比如，2001 年中国申奥成功，白沙集团第一时间在全国各地候车亭发布广告："这一刻，我们的心飞了起来"，引起了消费者的共鸣。

（2）切合品牌核心价值。

企业产品的品牌核心价值是选择何种类型、性质的事件进行营销传播的衡量中心。品牌核心价值是品牌资产的主体部分，它让消费者明确、清晰地识别并记住品牌的利益与个性，是驱动消费者认同、喜欢乃至偏爱一个品牌的主要力量。品牌核心价值是一个企业开展任何形式的营销传播活动的原点，即企业的一切营销传播活动都要围绕品牌核心价值而展开，必须是对品牌核心价值的体现与演绎，并丰满和强化品牌核心价值，使企业建立恒久不衰的竞争优势。如，2000 年夏季，朝韩峰会这个震动了世界的话题引起全球关注，半个世纪的对峙终于握手言和。邦迪广告《朝韩峰会篇》敏感地抓住这个时机，把人们对和平的期盼，通过"愈合伤口"的概念倾注给品牌。在朝韩领导人金正日与金大中进行历史性会谈时，邦迪创可贴在"两金"碰杯的经典画面旁边发表自己的见解："邦迪坚信，世界上没有愈合不了的伤口！"通过该事件营销活动，邦迪的形象得到很好的提升。"统一"润滑油在 2003 年伊拉克战争期间刊播的广告词为："多一点润滑，少一点摩擦。"将润滑油产品的功效与全世界人民对国家之间的纷争要通过政治协商而不是战争来解决的期盼巧妙地结合在一起。

（3）合理选择事件营销的目标受众

事件营销应该充分引发大众尤其是目标人群的共鸣。可以这么说，每一个成功的事件营销都抓住了大众内心深处最隐秘的情感。综观近年来成功的事件营销的案例莫不体现了它们对受众心理的成功把握。因此事件营销的第一步就是要摸清大众的心理倾向，搞清楚他们需要什么，他们在想什么，你所创造的事件必须让你的目标受众感觉到离他们很近，才会取得好的事件效果。事件的目标对象是企业的潜在消费者，我们需要考虑的是，企业的潜在消费者是否关注了这个事件，这才是事件营销成败与否的关键。只有策划的事件是你潜在消费者所感兴趣的，这样他们才会关注参与其中的企业品牌，才能很容易表现出一致的情感。不要对无效群体做无用的宣传，否则，就有可能让企业费心费力策划的事件遭遇和广告一样的命运——被淹没在信息海洋中无声无息。

（4）重视事件营销的渲染和跟进

在这个注意力稀缺的年代，人们对新闻的关注远远高于对广告的关注，成功的事件营销更是能够扩大企业的知名度。但是事件营销本身的目的就是通过新闻事件或制造事件来达到广而告之，尽管借势或造势对树立品牌有时是相当有效的，但事件营销与企业长期的品牌塑造不是一回事。如果企业单一依靠某一次或几次的事件营销，就永远打造不了一个稳固提升的品牌。企业大造新闻或社会舆论，靠事件炒作获得了一定的知名度和美誉度，必须以内部管理提升和市场的长期建设为基础。所以事件营销必须建立在日常广告投放的基础之上，应该注意对品牌进行宣传，在品牌的核心层注入情感，增加品牌的核心文化，借助一定的艺术形式，使"情"的投射穿过消费者的情感障碍，赋予在包装、广告、促销、设计上面，使消费者受到感染和冲击力；要注意充分利用活动的惯性，使之如水之余波适当向纵横延续，如必要的话可以将活动向外延续几天，销售也许还会有小的丰收；企业还可以定期提升和拉升品牌，拉升之后，在一个新的平台上，再做定期拉升，有大规模的传播造势，做各种公关工作和一系列广告促销活动，可以对活动的影响、效果及各界反应作进一步渲染，比如活动当日如何轰动、参加人数之多、意义之大等，发布新闻或者与分销商进行沟通，让消费者深切体验产品，通过这一系列的后续操作，将相关品牌信息不断灌输提醒消费者，培养消费者的偏好，不要让做出来的事件仅是昙花一现。

营销故事

"芭比娃娃"的促销

作为国际化品牌的芭比，50 年来一直进行着一系列对全世界有益的活动：为促进世界和平，"芭比娃娃"担当联合国儿童基金会的"亲善大使"，并在 1990 年主持召开了自己的峰会，成为"第一个看到世界和平的人"；为唤起人们对残疾人的关注与同情，又推出了"轮椅上的芭比"。以关心人的生存发展、社会进步为出发点，芭比娃娃用公益活动与消费者沟通，将品牌的营销活动凭借公益事业的知名度和权威性进行一系列的传播和扩散，在产生公益效益的同时，也使消费者对芭比的产品和服务产生偏好，在全球创造了数以亿计的忠实消费者。

2004 年 2 月 14 日"情人节"前夕，芭比娃娃的创造者和生产者美泰公司宣布了一条爆炸性新闻：芭比和她相恋43年的男友肯分手了。这个消息让全球的"芭比迷"为之震惊！要知道，芭比和肯是在1961年拍摄他们第一部广告片时认识的，两人一见钟情，并开始轰轰烈烈的相爱。到2004年，他们已经相恋了整整43年，这对曾经的经典情侣，为什么要结束这段爱情长跑，选择分手呢？这个消息，让全球的"芭比迷"为之震惊和惋惜，更让全球不少女孩的妈妈头疼不已，她们不得不向孩子们解释"分手、离婚"这类阴暗的词，同时还必须注意措辞委婉，以免在孩子们的心里留下阴影。许多家长因此呼吁玩具公司尽快推出新的情侣娃娃，转移孩子们的注意。

在千呼万唤之下，美泰公司终于在三个月后正式宣布，芭比的新追求者布赖恩——一位性感、阳光、魅力十足的澳大利亚沙滩男孩，将会为这个美国的千面娇娃带来全新的异国情调。而这个新的护花使者，售价是14.99美元。

这就是美泰公司的营销策略，很显然，这一分手，美泰公司必须重新设计两人以前共同使用的泡泡浴盆、粉色轿车、移动房屋和好几处别墅，这些又都成为新的产品，继续卖给全世界的芭比迷们。

美泰公司策划的这一系列事件，不仅再次赋予了这个塑料娃娃生命，让芭比更加贴近真实生活，同时也给芭比产品的延伸找到了冠冕堂皇的理由。如今，芭比从美国出发，走进150多个国家的数亿个家庭。据估计，一个美国小姑娘平均有8个"芭比娃娃"，而意大利的小姑娘有7个，法国和德国为5个。收藏芭比娃娃最多的超级粉丝来自德国，一共收藏了6000多个芭比娃娃！

资料来源：CCTV《商道》，http：//china.toocle.com

12.3.3 体验营销及其策略

营销故事

体验的由来

2001年9月4日，惠普公司与康柏公司达成250亿美元的并购交易，成为IT新老大。消息传来，举世震惊。惠普公司总裁费奥利娜（Carly Fiorina）提出了构造"全面客户服务模式"（Total Customer Experience），带领新惠普由传统的产品经济、服务经济全面转向体验经济。

　　10 月 25 日,被微软公司形容为设计最佳和性能最可靠的新一代操作系统 Windows XP 全球面市,比尔·盖茨宣称该新操作系统为人们"重新定义了人、软件和网络之间的体验关系"。"XP"来自"Experience",其中文意思即是体验。

　　12 月 2 日,美国未来学家阿尔文·托夫勒来到中央电视台《对话》节目现场。这位曾经预测了"第三次浪潮"到来的未来学家再次向大家预言:服务经济的下一步是走向体验经济,人们会创造越来越多的跟体验有关的经济活动,商家将靠提供体验服务取胜。

　　一时间,体验这个词在各种媒体上一下子热了起来,不但在 IT 领域,传统产业的企业也纷纷一起来关注体验。但到底何谓体验,何谓体验式营销,如何执行一个体验式营销战略呢?

(1)体验营销的含义

体验营销是指企业通过采用让目标顾客观摩、聆听、尝试、试用等方式,使其亲身体验企业提供的产品或服务,让顾客实际感知产品或服务的品质或性能,从而促使顾客认知、喜好并购买的一种营销方式。体验营销以满足消费者的体验需求为目标,以服务、产品为平台,以有形产品为载体,生产、经营高质量产品,拉近企业和消费者之间的距离。

营销故事

喝的不是咖啡,是"威尼斯"

　　有这么一个故事:一对刚刚抵达威尼斯的夫妇来到圣马可广场的一家咖啡店。在这里,两人一边在威尼斯早晨清新的空气中饮着蒸汽加压的咖啡,一边沉浸在古城最为壮观的景色和喧闹中。当他们结账时,发现咖啡 15 美元一杯,而在一般小餐馆、街头咖啡店喝咖啡只需要 0.5 美元,可这对夫妻却愉快地认为这杯咖啡绝对值 15 美元,因为在一般小餐馆根本体验不到什么是威尼斯。

从这样一个温馨、浪漫的故事中,我们不难看出,体验营销卖给顾客的绝对不只是产品,更重要的是一种氛围,这种氛围成功地打动了顾客内心深处的某种情感,从而让顾客产生购买行为,甚至愿意为这种行为付出高额价格。乔布斯说:"用我们自己微笑的方式,让世界变得更美好。"乔布斯不卖电脑,他销售世界更美好的前景,用救世主般的热忱创造新的体验。这就是体验营销的真谛,销售梦想而非产品。

知识链接

　　美国学者伯德·施密特(Bernd H. Schmitt),美国康奈尔大学博士,哥伦比亚商学院国际品牌管理中心创立者兼主任,哥伦比亚市场营销管理高级管理培训项目副主任,上海中欧商学院(CEIBS)市场营销学系主任。致力于企业和品牌标识、国际营销和战略营销、产品定位和宣传方面的研究。他将体验划分为五种形式:消费者的感官(Sense)、情感(Feel)、思考(Think)、行动(Act)、关联(Relate)。体验营销也可以分为感官营销、情感营销、思考营销、行动营销、关联营销五种策略,它们构成了战略体验模块(strategic experiential module,SEMs),共同发挥整体效应。这五种形式是按照"感官—情感—思考—行动—关联"运转的一个完整过程,称之为体验之轮(Experiential Wheel)。"感官"引起人们的注意;"情感"使体验变得个性化;"思考"加强对体验的认知;"行动"唤起对体验的投入;"关联"使得体验在更广泛的背景下产生意义。

　　(2)体验营销的必然性

　　体验营销已悄然来到我们身边,走进我们的生活。从传统的服装鞋帽的试穿、食品品尝、手机试用、自行车和摩托车试骑等到电信服务和网络服务的体验式营销、厨房用品整体设计和体验、样品商品房免费试住、旅游农家生活的田园风光体验、汽车试驾体验,等等,基本上普及到日常生活所需的所有产品和服务。可以说,体验营销将成为21世纪营销发展的新趋势,成为企业参与竞争的有力武器。

　　①消费者收入水平提高,需求层次提升的要求

　　进入21世纪,消费者需求和行为呈现出新的特点:随着消费者收入水平和消费水平的提高,大众化的标准产品日渐失势,对个性化的产品和服务的需求越来越高;消费者从注重产品本身转移到注重接受产品时的感受,情感需求的比重增加。消费者在购物及消费过程中已不仅仅考虑功能、价格、服务等与产品有关

的因素,他还会要求在产品购买及消费过程中能给自己带来更高层次的精神需求满足,如购物中的娱乐、服务质量、文化修养、消费知识学习、精神享受、激情追求、浪漫生活、价值认同等。站在企业的角度看,体验营销的目的就是使消费者通过体验的过程感受产品的质量、服务及生活的美好,满足其多层次的需求,吸引新顾客,留住老顾客。

营销故事

苹果公司在全球各地的直营店内会提供苹果电脑、手机及音乐播放器,给消费者试用。店内还有"天才吧",由苹果公司聘请的技术高手教顾客使用苹果的各种产品或解决技术难题。这种体验营销对苹果产品风靡全球无疑起了重要作用。

苹果在中国的一家直营店

②竞争的白热化

激烈的市场竞争历来是企业营销策略创新的外在动力。顾客购买与消费过程中的切身体验已成为增加顾客满意度和品牌忠诚度的关键决定因素。体验营销具有个性化的特征,创造全方位的体验就能满足消费者个性化的需求,获得他们的好感和支持,增强企业的竞争力,实现企业持续发展。体验营销是企业增强竞争力的明智选择。

宜家家居独特的体验

作为一家全球化的家居企业,宜家在家居行业以及消费者心目中享有盛誉,这在很大程度上得益于其独特的体验营销模式,即通过营销生活方式和突出的功能性产品设计,为原本简单的家具产品烙上文化印记。实际上,宜家所提供的不仅是设计简约的产品,还有独特的展示方法和轻松的购物环境。一般的家居店不允许消费者随便触摸或试用产品,宜家则恰恰相反:

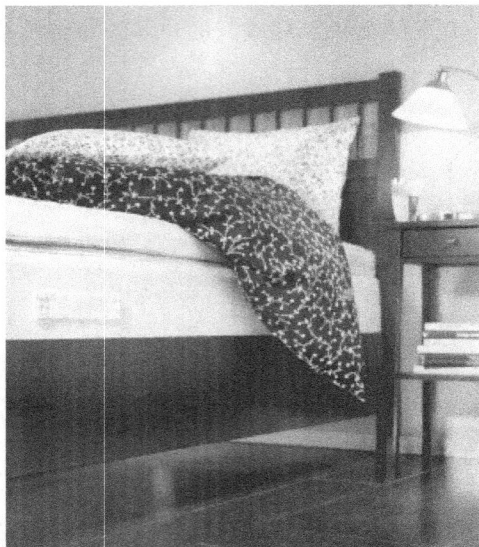

宜家南京商场的一间体验样板间

你可以走进厨房,拉开抽屉,甚至走进卧室躺在床上体验一番"家"的感觉;可以寄放孩子,购物之旅没有后顾之忧;车位免费不计时间;同时,宜家店内还提供了多样美味的餐饮服务,顾客在逛宜家的同时能够便捷地在店内用餐,增添了一份"家"的味道与温馨。可以说,独特的产品设计、人性化的居家式店铺陈设和多样美味的餐饮服务构成了宜家独特的体验式营销载体,这也是其营销战略的撒手锏。

2010 年 4 月 3 日,宜家南京商场通过店堂报名以及会员网络报名的形式征集到 24 位南京普通消费者,分成两组分别在 4 月 22、23 日一起入住宜家 11 个风格迥异的样板间。在活动当天歇业后的宜家南京商场里,体验者与宜家共度一夜"良宵",一起体验了宜家的舒适睡眠。

活动当日体验者根据睡眠质量测试及睡眠专家的建议,在宜家提供的 11 间卧室中,挑选自己喜欢且适合自己的卧室来进行睡眠体验。宜家还给体验者们准备了"洗漱小礼包",体验者们在洗漱停当后,钻进布置好全新卧具的宜家样板间中,爬上刚换好全新床单被套的床上,愉快地进入了梦乡。

除了一场酣畅的美梦和丰盛的早餐外,体验者们还可以一定的折扣购买他睡的全套睡眠产品,让体验者带走优质的睡眠,继续体会只属于自己的舒适睡眠。

宜家南京商场表示,人的一生中有三分之一的时间都是在睡眠中度过的,寻求一个好的睡眠是人人都应该去做的事情,因为每个人都有权睡得更好。

③新技术的广泛应用

现代科学技术特别是信息技术、网络技术等的发展及其应用,充分保证了消费者体验所需要的物质基础和手段。如借助电脑辅助设计的体验环境和体验过程,动感电影、互动游戏、网上聊天、网络视频、网上商店、虚拟实境等,都能为消费者提供低成本的体验。随着全球互联网的普及和发展,不但为消费者提供了互动式、个性化的感受,而且也成为消费者交流体验的理想平台。网络空间与生俱来就是一个提供体验的好地方,在未来的日子里,各个领域的先进技术还将不断地相互融合和提升,为消费者带来更多的方便和独特感觉。

(3)体验营销策略

①树立体验营销的现代营销理念

在体验经济时代,越来越多的顾客不仅关注产品的功能与价格,同时也关注产品设计和购买过程中附带的价值及情感诉求,这为体验营销提供了广阔的发展空间。体验营销要求企业以有形产品为载体,以服务为支架,以情感为纽带,以关注顾客体验为核心,以满足顾客个性化为诉求,将顾客的消费行为置于更广阔的社会场景中,使其在心理和情感上获得美好、深刻的体验,创造出值得回忆的感受。所以,企业必须树立体验营销的现代营销理念,高度重视对消费者心理需求的探究,以发现与挖掘更有价值的营销机会,增加企业的竞争优势。

②重视产品心理属性的设计和开发

如果没有好的产品,就无法对产品进行好的体验,因此,企业的体验营销要从注重核心产品的设计和开发开始，这是实施体验营销的前提。同时，就营销理论而言，当人们的物质生活水平达到一定标准后，心理上的追求就会显得更为重要。从这个角度来说，企业需要赋予产品同消费者生活理念及生活方式相吻合的心理属性，包括产品品位、个性及形象的塑造等，使其更能够吸引消费者，让他们在购买与消费过程中获得感性的生活体验，从而增添愉悦感和满足感。

营销故事

体验成为品牌的核心价值

我们国产手机的市场份额在 2003 年达到 50％ 以上之后，开始一路下滑，到 2006 年初，已经跌破 30％，许多国产品牌开始巨亏，并且已有诸多品牌开始退市。是什么原因造成国产手机今天的命运？

业内外专家给出了很多的答案。国产品牌缺乏核心技术是主要论调之一，可问题是在同样缺乏核心技术的家电、计算机等相关产业，为什么国产品牌能够打败拥有核心技术的国际品牌？显然这并没有切中要害。另一个主要论调是国际品牌借鉴了国产品牌的渠道运作策略，通过同样的掌控终端、渠道下沉策略使国产品牌丧失了原有的竞争优势，这似乎是现实，可为什么在日化、饮料等行业，国际品牌采用了这样的策略却未能撼动国产品牌的原有地位？显然这也不是根本性的原因。

有关专家认为，是国产手机带给了消费者糟糕的品牌体验导致了这一切。国产手机的工业设计、终端服务、价格相比国际品牌均有竞争优势，功能也不差，可就是品质不稳定，返修率太高。对于企业，返修率在千分之五或百分之五差别不是很大，而对于购买了缺陷产品的消费者而言，就是百分之百的糟糕体验，口口相传，一旦消费者形成了"国产手机质量差"的认知，企业再费力气做传播、做促销、抓终端、推出新颖的产品，也难以改变消费者的认知。

品质是品牌的基础性保证，是消费者体验中的一环，国产手机质量不稳定，并不是源于技术上的落后，而是源于急功近利的心态。据业内人士讲，一部手机出厂前应该做各种测试，还要有测试时间的要求，我们为了让产品尽快面市，免去了很多测试项目，缩短了测试时间。

③精心设计零售店铺的体验场景
实践证明，购物过程中的体验对消费者的店铺选择与品牌偏好具有明显的

影响。所以,在现场的店铺陈设和场景设置上,企业不仅要结合自身的产品特色,设计能够吸引消费者的场景主题,更要考虑消费者购物过程中的切实需要,提供充足的产品体验空间,使顾客能够在轻松愉悦的氛围中购买产品。当然,在设计体验场景的过程中,一方面要注意将体验主题与企业文化高度契合,另一方面还要考虑到目标客户群体的生活方式和价值观,这样可以最大限度地提高消费者对品牌的正面感知。同时,企业还要根据目标顾客、营销环境等因素的变化,适时推出新的体验模式,使体验营销为企业带来更大的价值。

④提供符合消费者需要的体验性服务

宜家始终秉持"服务创造体验"的宗旨,将服务与消费者希望自由自在体验购物旅程的内在需要高度契合。在购买过程中,宜家的销售人员并不主动提供产品介绍,而是基于顾客的需要进行详细的产品展示,给顾客绝对自由的购物空间。例如,顾客在体验过程中感到劳累时,随时都可以找到舒适的座位进行休息,甚至可以躺在展示床上小憩;当顾客感到口渴或饥饿时,可以步入宜家店铺内典雅的餐厅享受美味多样的食品或饮料等。正是这些与消费者购物体验高度契合的服务,使宜家在消费者心目中赢得了良好声誉,大大提升了品牌形象。因此,期望借助体验营销推广自己的企业不能简单地为提供服务而提供服务,而是要将提供的服务与消费者购物体验的内在需求相结合,开发出消费者真正需要的服务项目,达到以服务创造体验的营销目标。

営销故事

诱人的"苹果"

苹果公司全球范围开设专门体验店,它的店铺都是由光亮、透明的亚克力和磨砂白两种颜色组成,上端是有磨砂白带有苹果店专用明显图标,更好地为顾客在苹果体验店桌面上起到指示作用。体验店中一切以消费者为中心的体验环境设计使消费者更加轻松、愉快、全面地了解、认识产品并激起购买欲望,使成交变得简单有效,使直销也变得更轻松。这都是"感官营销"的体现。

无论苹果公司的哪一件产品,去掉了那个被啃了一口的苹果 LOGO 之后,消费者还是能够一眼认出,这就是苹果的产品。创新的产品设计依然符合"感官营销"的特点。另外,苹果公司开设的体验店里涵盖了苹果公司全系列的产品,包括了苹果台式电脑、苹果笔记本电脑、iPad 平板电脑、

iPhone 手机、iTouch、iPod 音乐播放器，另外还有一些周边产品，比如电脑配件、手机壳、耳机等等。让顾客能够直接接触、使用产品，了解产品的功能和特性，使他们能够更加容易接受苹果的产品。

在苹果体验店内，没有嘈杂的环境，没有蜂拥式的或冷漠式的介绍，服务人员不会刻意向顾客推销产品，不会赶走只玩游戏不买产品的顾客。相反，他们会根据顾客的需求向顾客介绍产品的使用方法，如果消费者有需求，他们会详细讲解产品的功能、配件、整机外观、手感等等，当然还有价格和售后。通过体验和服务人员的讲解，顾客能够快速掌握和了解产品的第一手资料。值得一提的是，苹果体验店还有针对菜鸟们的一对一培训，以及与产品有关的诸如数码摄影、音乐和影片制作的免费讲座，还有孩子们向往的 Apple 夏令营和为提高办公效率所开展的商务咨询，等等。这种温馨的、高素质的服务体现了"情感营销"和"关联营销"的优势。

资料来源：http://blog.sina.com.cn/s/blog_4a6f5dea0100yndx.html

12.4　全球公共关系

在促销的各种手段中，全球公共关系（global public relations）是一种间接促销产品或服务的方式，主要集中于从整体上为公司树立良好的形象，处理好与公众的关系。与广告不同，广告是企业付费在媒体上刊载信息，广告内容可以完全自己控制，但公司却无法控制外部环境变动，媒体报道的"歪曲"、片面或是定调。当企业在世界不同地区的经营活动引致不受欢迎的媒体报道或争论时，公司的公关部门要确保企业迅速地作出回应，及时沟通，保证公众对企业的信心，为媒体提供准确的信息，要为产品或服务的销售清除障碍或修路架桥。

公关的基本工具包括新闻发布、实时通讯、记者招待会、参观工厂或其他企业设施，贸易或专业刊物上的文章，公司的出版物及小册子，公司人员参与电视或电台上的谈话节目，特殊事件，以及因特网上的公司主页等。

随着经济全球化的持续推进，企业市场范围扩大到越来越多的国家，经营涉及的环节更长，相关的内外环境更为复杂，各种不确定因素也会越来越多，公共关系在全球营销沟通中的作用日益增强。一项研究表明，全球公共关系支出正以每年 20％的是速度递增。从事公共关系的专业人员必须超越媒体关系，放眼全球。其责任不仅仅限于担当企业的代言人，公关人员的责任是同时达成共识和相互了解,培养信任、和谐,阐明并影响公众的看法,预防冲突的发生,以及解决纠纷。

正是因为公共关系的巨大作用,许多公司都设立自己的公关部门,拥有自己的专职公关人员,通过他们来化解企业与员工、工会、股东、客户、媒体、政府及供应商等之间的矛盾。对于从事全球公共关系的人员来说,既要了解本国的公关对象,也要了解包括东道国或是其他国家的公关对象,能够熟悉当地的风俗习惯,能用当地的语言进行交流;在本国以外工作的公关人员还必须对非语言沟通十分敏感,这样才能和东道国的公众保持良好关系。曾有专家这样评价国际性公关人员的工作复杂程度:"通常要面对'更加不熟悉、敌意更浓、组织性和力量也更强'的对象,其要求更苛刻、多疑,而且更加多元化。"这些公关人员起着重要的作用,他们是"架设在隔阂日益缩小的全球村落间的桥梁"。

正是由于公关工作的重要性与高度专业性,也有不少公司选择国际性的专业公关公司的专业服务。国际上一些著名的公关公司往往和广告公司业务相联系,如媒体联系、活动策划、文字设计等,同时提供相应的咨询建议,使企业的全球营销活动能够适应某一特定国家或地区的经营需要。

知识链接

奥美公共关系国际集团

1980 年成立于美国纽约的奥美公共关系国际集团（简称:奥美公关）是世界十大专业公关公司之一,它和奥美广告等姊妹公司分享同一企业品牌。1995年开始在我国北京、上海等地设立分公司,目前已成为国内最大的国际公关企业。其公关服务范围涵盖业务增长、企业变革、资金筹集、危机管理、领导地位定位、行政总裁来访安排、媒体关系、技巧开拓、产品销售、结盟关系拓展、员工和政府关系等等。奥美中国通常会与奥美在 120 个国家 450 个办公室的全球网络进行合作,来帮助中国品牌的国际化发展。在这些客户中,有个人电脑品牌联想、国家级航空集团中国国际航空股份有限公司以及成都市政府。在北京和纽约,奥美公关参与了总金额超过 5 万亿美元的 80 多起交易,多于 75项的首次公开募股和上市,在企业并购、投资者关系、金融媒体、分拆、投票代理权争夺、管理/杠杆收购以及合资经营等方面都有着丰厚的经验。

不同国家的公关惯例受其传统文化、社会政治背景以及经济环境的影响较大。在诸多工业化国家中,大众传媒和书面文字是信息传播的主要手段。而在不发达国家,最好的方式是通过更夫、城镇传令人、集市或是法院的长官。如舞蹈、歌曲和讲故事就是加纳这个国家主要的信息交流方式。印度有一半的人不识字,因此新闻稿并不是那里最有效的沟通方式。虽然土耳其政府一再宣称,要像从前那样对信息实行绝对控制,但还是允许企业公关和新闻业的发展,使本国企业能参与全球竞争。

即使在发达国家,各国的公关实践也有很大的差别。在美国,小型地方报上的许多新闻都采取本地新闻稿的形式。而加拿大则有所不同,由于缺少小型报纸,几乎没有本地新闻。在美国,公共关系逐渐被人们视为一个独立的管理职能部门。而在欧洲,公共关系专业的人员被视为营销部门的一部分,而不是企业中独立的、不同于其他人的专家。欧洲开设公共关系课程和相关学位的高等院校比美国要少很多,且课程偏重于理论;在美国,公关课程往往是大众传媒或新闻学院的组成部分,且更加重视培养实际的工作技能。

母国中心主义的企业通常会跨越本国界限向东道国推行自己的公关活动,他们认为世界各地的人们所受到的激励和说服他们的方式都是相同的。很明显,这种公关方式没有考虑到文化的差异。而实行东道国中心主义做法的企业则给东道国员工更多的自由度,把当地的风俗习惯和惯例融入其公关实践。其优点是对东道国的情况较为敏感,但如果全球的沟通和协调不力,就会导致公关上的严重失败。

> 营销故事

丰田:"问题广告"事件及危机公关

丰田广告事件起源于 2009 年岁末所做的两则广告。其一是霸道广告:一辆霸道汽车停在两只石狮子之前,一只石狮子抬起右爪做敬礼状,另一只石狮子向下俯首,背景为高楼大厦,配图广告语为"霸道,你不得不尊敬";其二为"丰田陆地巡洋舰"广告:该汽车在雪山高原上以钢索拖拉一辆绿色国产大卡车,拍摄地址在可可西里。网友在新浪汽车频道、tom 以及 xcar 等网站发表言论,指出狮子是中国的图腾,有代表中国之意,而绿色卡车则代表中国的军车,因此认为丰田公司的两则广告侮辱中国人的感情,伤害了国人的自尊,并产生不少过激言论。在随后的危机过程中,刊登"丰田霸道"广告的《汽车之友》杂志率先在网上公开刊登了一封致读者的致歉信。

危机爆发后,广告主日本丰田汽车公司和一汽丰田汽车销售公司联合约见了十余家媒体,称"这两则广告均属纯粹的商品广告,毫无他意",并正式通过新闻界向中国消费者表示道歉。丰田表示,将停止广告刊发并通过媒体向公众道歉,并已就此事向工商部门递交了书面解释。

就广告而言,应该说丰田广告的创意还是不错的,而且如果投放在别的国家的话,可能什么事情都不会发生。可在中国这样的环境下,同样的广告就带来了巨大的危机,而且还被上升到民族尊严的高度。这与广告商忽略中国的文化和风俗不无关系。

面对危机,丰田公司体现了危机处理的规范性和周全性。首先,向消费者致歉并说明主观无过错性。以高规格的领导层召集新闻媒体进行座谈,并自始至终道歉声不断,同时还通过媒体向中国消费者道歉。在致歉的同时也适时地表达了主观无过错性。"我不是故意的,但既然产生了这样的理解歧义,我必须道歉","为了防止类似事件发生,公司正在采取相应措施,以坚决杜绝类似事件的发生,希望在最短的时间取得消费者的谅解和信任"。这在感情上已经有了取得媒体和公众的谅解的可能。其次,立即停止广告刊登。这样可以防止广告的辐射范围的进一步扩大,更体现了丰田"知错即改"的言语是真诚的。其三,不是推脱而是主动承揽责任。"我们是广告主,我们要负责任。"在公布初步调查问题发生原因是程序上出错的同时("这两则广告是一汽丰田和盛世长城两公司决定的,事先并没有征求丰田汽车中国事务所意见。我们以前每则广告都要征求丰田事务所的意见,但这次把这道程序给落掉了,这是我们的失误"),并没有把责任推给广告服务商,这种公关是令人信服的。其四,向工商部门递交情况说明更体现了丰田公司在更大范围内积极主动地寻求问题解决的途径。

当然,我们也看到,丰田公司在与受众的沟通中所做的工作较少,除了通过媒体致歉之外几乎没有其他的行为。可以说它忽略了危机公关的很重要的一个部分,即与受众的沟通和互动远远不够,毕竟问题是读者发现的。

资料来源:http://www.chinasexq.com/html/news/case/200994154314523.shtml,"十大企业危机公关案例专题"。

练习思考

1. 有关概念:广告、事件营销、体验营销、公共关系。
2. 分析国际广告所面临的制约。
3. 标准化广告信息决策与差异化广告信息决策的理由。
4. 国际广告信息决策应考虑的因素。
5. 企业如何进行事件营销传播?
6. 企业实施体验营销策略应注意哪些问题?
7. 调查并总结星巴克的体验营销策略。

案例讨论题

广告业中一个最热门的话题是针对儿童做广告是否合乎伦理道德。一派的论点认为儿童在 10 岁以前对广告和节目没有鉴别能力。因此,国家应采取干预措施,保护儿童免受广告的迷惑。但也有学者持相反的观点。在英国所做的一项研究显示,12 岁以下儿童对广告意图缺乏鉴别是大错特错的。丹麦玩具集团乐高公司赞成行业自律。该公司声称,乐高的玩具旨在为儿童提供教育和娱乐,广告是公司解释其玩具优点的一种手段。还有人提出,在广告禁令和规范背后往往是披着道德外衣的特定利益在作祟。瑞典严格限制玩具广告,恰恰是瑞典的玩具价格比欧洲其他国家至少高出 30% 的原因。类似地,有人指出,希腊禁止在电视上做玩具广告的真正意图是保护当地工业免受来自亚洲廉价进口玩具的冲击,因为进口玩具需要依靠广告来赢得市场的认知。

你的观点是什么? 你的解决方案是什么?

资料来源:Masaaki. Kotabe、Kristiaan Helsen 著,刘宝成译:《全球营销管理》(第三版),中国人民大学出版社 2005 年版

第 13 章　全球营销的个人传播策略

学习目的

通过本章的学习,可以了解促销的信息利用人际关系传播的规律与特点,掌握直复营销、精准营销和 UGC 营销的方法,并掌握营销者个人在信息传播中的作用。

教学要求

知识点	能力要求
直复营销	直邮与电话营销的使用,测试要素
互动营销	(1)网站建立 (2)电子邮件、视频 (3)广告搜索
UGC 营销	(1)网络营销模式 (2)UGC 营销类型
销售团队	销售团队的设计与管理

核心概念

直复营销(Direct Marketing)

互动营销(Interactive marketing)

UGC 营销(UGC marketing)

销售团队(Sales team)

13.1 全球直复营销

13.1.1 全球直复营销的概念

直销是各种互动式销售形式，这种形式就是产品的提供者与终端消费者直接接触，从而建立其一对一的关系。最常见的有邮件销售、电话销售、上门销售、网络销售及目录销售。美国市场营销协会对直复营销的定义是：一种为了在任何地方产生可度量的反应和达成交易而使用一种或多种广告媒体的互相作用的营销体系。直复营销可以通过顾客写信、打电话，通过闭路电视互联网等方式订货，货物通过邮寄或直接派送的方式交给顾客，钱款可以邮寄，用记账交付和利用其他一些方式交清。直复营销最本质的内容是广告信息的双向交流。

13.1.2 全球直复营销的特点

直销是分销与促销的结合，是在没有中间行销商的情况下，利用消费者直接（consumer direct，CD）通路来接触及传送货品和服务给客户。其最大特色为"直接与消费者沟通或不经过分销商而进行的销售活动"，乃是利用一种或多种媒体，理论上可到达任何目标对象所在区域——包括地区上的以及定位上的区隔，且是一种可以衡量回应或交易结果之行销模式。

通常直复营销所使用的媒体沟通工具与大众或特定多众行销媒体（如电视广告）不同，而是以小众或非定众的行销媒体（例如在面纸包上刊印广告信息后再将该面纸包分送出去给潜在消费对象，以及电话推销、电视购物、网络销售等）为主。仅从销售的角度来看，网络行销是一种直复营销。"直"是指不通过中间商而直接把产品销售给最终用户，网络上销售产品时顾客通过互联网直接向企业下订单付款；"复"是指企业与顾客之间的交互、回复和重复，企业和顾客之间相互了解对方的努力、行为并作出明确的回应，达到双方满意并不断进行合作。

（1）直接反应性

直复营销是采用能直接引起目标顾客反应的各种手段作为沟通营销者与目标顾客的媒介，如电话、网络、邮件等，使得顾客接受这些信息之后可以立即作出实质性的反应，如查询、拨打订购电话、网上浏览等，形成直复营销者与目标顾客强烈互动性。

（2）信息的双向交流性

在直复营销活动中，营销者与目标顾客之间的信息交流是双向的。营销者利用电视网络、电话等手段将企业的产品信息发送给顾客，顾客再根据真实逼真的信息选择商品并进而订货付款，因而直复营销者根据营销活动的结果进行决策就会十分准确。

（3）不受时空的限制

直复营销活动中，任何时间、任何地点都可以进行信息双向交流，可以全天候 24 小时全球范围进行。而在传统营销活动中，只有当顾客来商店或推销员亲自上门时，方可双向沟通，但在直复营销中只要某一媒体能将双方连接起来，信息交流就可进行，充分表现出其在空间上的广泛性。

思考提示

利用什么网络手段可以测量直复营销的效果呢？

（4）效果可测量性

即直复营销活动的效果可以测定。直复营销者可以通过回复的信息确切地知道何种交流方式使目标顾客产生了反应行为，并且能知道反应的具体内容是什么。

（5）以数据库为基础

直复营销离不开数据库的密切合作，通过建立数据库企业可以选出其目标顾客，等一轮直复营销活动结束后，目标顾客回复的反馈信息继续存入顾客数据库中，作为下一轮直复营销活动的依据。可以这样说，直复营销活动之所以效率高在一定程度上是因为存在着顾客数据库。

13.1.3　全球直复营销的形式

（1）邮购目录

采用这种形式的销售商按照选好的顾客名单邮寄目录，或备有目录随时供

顾客索取。邮购目录是直接邮购中的特殊形式,我国目前许多企业采用这个办法。该方法最早是由莫特莫利·华德公司在芝加哥采用,后被美国西尔斯公司采用并得以推广,西尔斯公司每年送出的目录手册高达亿份之多。总之消费者经由这种方式可以购买到任何产品。

（2）直接邮购

直复营销人员将邮件、传单、折叠广告和其他"长着翅膀的推销员"分别寄给有关产品购买力大的顾客。直接邮购可用来销售新产品、礼品、服饰和小工业品,其中包括一些附有订单、回执卡、免费电话等的回复工具,因此直接邮购是应用最广、花费最省的一种形式,并且操作简便、对目标顾客选择性强、效果容易衡量,最重要的一点是它的直接反应率可达 35% 以上,效果较好。

（3）电话营销

电话营销已成为一种重要的直复营销工具,即商家使用电话直接向消费者传递信息、销售产品。尤其值得注意的是自 20 世纪 60 年代美国推出免费电话后,电话营销就蓬勃发展起来。我国目前许多企业也推出了免费电话服务,消费者通过它可以获得有价值的销售信息,更可以通过拨免费电话订购产品。电话营销有立即性与直接性的优点,但其成本很高而且不能确保顾客是否愿意沟通。

（4）电视营销

即通过电视将产品直接营销给最终顾客。一般可采取两种方法:一种是购买 30—60 秒的电视节目来介绍、展示自己的产品,另一种是通过闭路电视或地方台播放一套完整的节目宣传介绍产品。

（5）电子销售

一是消费者通过视频信息系统操作一个小型终端,订购电视屏幕上显示的产品;另一种是消费者使用电脑向中心数据站索取信息。

（6）顾客订货机销售

一些公司将顾客订货机安装在商店、机场或其他地方,顾客要订货可以输入信息及信用卡号及本人的地址,则很快会收到商品。

表 13.1　化妆品公司直复营销的应用

	直邮渠道	电话渠道	电视渠道	网络渠道	其　他
宝洁（中国）有限公司	直邮广告是常用方式。时尚类杂志、超级市场及大卖场	直销人员经常采用的方法，有电话销售系统	有飘柔、潘婷、海飞丝、沙宣电视广告随处可见	大中华宝洁网提供产品信息和服务	在报纸、杂志等主要媒体都投入广告，打折、赠品或买送活动
欧莱雅（中国）有限公司	有采用，一般由直销人员实施	由销售人员或美丽有、52购物网、欧亚电视购物等网提供订购信息，供顾客拨打订购	大量的电视广告，如美宝莲也利用电视这个最重要和有效的大众传媒	华美网商城、美丽有、52购物网、欧亚电视购物等网上订购	专卖店销售为主，通过专柜和专业美容顾问的渠道向公众展示品牌专业形象及其产品
玫琳凯（中国）化妆品有限公司	直邮销售普遍采用	直销人员经常使用	普遍采用	各门户网站的化妆品商城	玫琳凯还与中央电视台、北京电视台、旅游卫视等媒体合作女性节目
雅芳（中国）有限公司	成功的典范，普遍采用，有很多直销人员，如"雅芳小姐"	由直销人员或购物网站提供产品购物信息等，顾客反馈或订购	大量的电视广告，很少上家庭购物频道	第一个网上产品专卖店在"北京263在线"，52购物网、欧亚电视购物等网上订购	主要得益于其美容专柜、专卖店和网上销售的多元化全方位渠道营销模式，以及各种促销活动
DHC（中国）有限公司	通信销售包括产品目录销售	800免费电话的开通，使消费者不仅可咨询产品信息，也可以电话下订单购物	充分利用电视广告。原装进口化妆品通信销售	正规在线订购DHC商品的只有上海DHC网站	通过百资网开展DHC免费索取活动和DHC在中国启动的免费体验天然基础护肤
资生堂（中国）有限公司	普遍采用，一般由很多直销人员实施	由销售人员或购物网提供购物信息等，顾客反馈或订购	有大量电视广告，广东卫视和相关网站进行产品宣传	美丽有、52购物网、欧亚电视购物等网上订购	在化妆品行业最先尝试专卖连锁店、百货店、专卖店、量贩店等不同的渠道

续表

	直邮渠道	电话渠道	电视渠道	网络渠道	其 他
上海家化联合股份有限公司	经常举行直邮、座谈会、PARTY等一些精确的营销活动	经销商和中间商采用	美加净央视广告等	部分品牌在52购物网、欧亚电视购物等网上销售	诸多品牌的各类促销活动
上海泊美化妆品公司	很少	有时采取	地方电视台	公司网页产品介绍	经销商和代理商销售为主
上海雅恋化妆品有限公司	经销商或代理商向客户邮寄产品目录	中间商进行电话销售	企业规模小，成本控制下，目前不做电视广告	在中国化妆品网和黄页商铺等有企业信息，但没有产品信息	经销商、代理商销售为主
上海美臣化妆品有限公司	各代理商和中间商有邮寄产品目录及其他产品资料，但效果不太理想	由中间商的销售人员进行	雪肤莱的电视广告在央视投放，取得了良好的宣传效果	公司淘宝网设有直销店店铺	节日的促销活动，如其旗下品牌雪肤莱情人节、春节促销活动

13.2 全球互动营销

13.2.1 互动营销的概念

在互动营销中，互动的双方一方是消费者，一方是营销者。只有抓住共同利益点，找到巧妙的沟通时机和方法才能将双方紧密地结合起来。互动营销尤其强调双方都采取一种共同的行为。

互动营销是指企业在营销过程中充分利用消费者的意见和建议，用于产品的规划和设计，为企业的市场运作服务。企业的目的就是尽可能生产消费者需求的产品，但企业只有与消费者进行充分的沟通和理解，才会有真正适销对路的商品。互动营销的实质就是充分考虑消费者的实际需求，切实实现商品的实用性。互动营销能够促进相互学习、相互

图 13.1　互动营销模式

启发、彼此改进,尤其是通过"换位思考"会带来全新的观察问题的视角。

　　网络互动营销是指通过网络平台进行企业与用户之间互动提升企业公众关系的一种营销模式。目前从事该类互动营销的专业机构有:1024 互动营销公司、明博互动营销机构、口碑互动等,另外很多知名公关公司如蓝标、普纳等也相继涉及互动营销领域。

营销故事

1024 互动营销

　　1024 作为业界领先的一站式、数字整合营销传播服务提供商,致力于帮助企业客户依托数字化平台展开沟通和营销活动,提供数字营销、数字公关、电子商务三个层面的数字整合营销全程服务。

　　1024 互动营销成立于 2005 年,以"网络互动营销"为核心业务。2005 年,中国互联网用户超过 1 亿,以论坛、博客、视频为代表的 WEB 2.0 风潮席卷整个中国互联网行业,推动了互联网平民化的进程。1024 公司成功地抓住了网络互动营销领域迅速发展的黄金机会,一跃成为国内最具代表性且最具规模的专业互动营销传播机构之一。2008 年,1024 公司加入中国国际公共关系协会,随后加入了协会公关公司工作委员会。在协会领导和行业同仁的指导和支持下,1024 公司不断吸取行业发展的专业化、规范化的理念和经验,并在经营理念、企业文化、日常业务管理等层面取得了长足的进步,并在 2008、2009、2010 年连续三年入选中国国际公关协会 TOP 潜力公关公司榜单。2011 年,1024 将"一站式数字整合营销服务提供商"作为企业发展新定位,"数字营销"、"数字公关"、"电子商务"三大板块成为主要服务领域。1024 互动营销已经悄然向数字整合营销传播服务转型。

1024互动营销首席执行官童紫静接受《国际公关》杂志专访时表示：数字化正在改变我们的生活方式。正如现在表达我们的观点，更习惯像写微博一样采用每段不超过140字的方式；数字化正通过不断改变我们的生活方式进而改变世界；同时，数字化又不断带给我们一个又一个新的未知，我们一边对新的未知充满渴望，一边又在不知不觉中创造新的未知。童紫静进一步认为，正是由于未知的存在，为数字化时代的营销人提供了更多的机遇和挑战，新的媒体形式及互动手段层出不穷，传播和沟通方式不断被颠覆；数字化时代的营销已经不单单是企业和品牌单向的传播行为，而是企业、消费者在数字平台上共同创造营销价值的时代。

资料来源：http://baike.baidu.com/view/2289920.htm

13.2.2 互动营销的类型

（1）互动型

互动营销主要强调的是商家和客户之间的互动。一般都是前期的策划，然后对某一话题，网络营销公司的幕后推手开始引导，接着网友就开始参与其中，这是比较常规的互动。

（2）舆论型

互动营销主要是通过网民之间的回帖活动、间接或直接对某个产品产生了正面的或者负面的评价。

（3）眼球型

互动营销主要就是吸引网民的眼球。如果一起互动营销事件，不能吸引眼球，那么无疑这起互动营销事件是失败的。互联网本身就是眼球经济，如果没有网友的关注，就谈不上互动。

（4）热点型

互动营销有两种事件模式，一种是借助热点事件来炒作，另一种是自己制造事件来炒作，自己借助事件，基本上也是通过淫、黄、艳的形式来制造事件，因为网络营销公司要想把事件炒作好，引起网民的关注，那么无疑需要抓住网民内心的需求，也就是网民上网喜欢做的事情，或者他们对什么事情比较感兴趣。

（5）营销型

互动营销一般都是为了达到某种营销目的而作的事件炒作和互动。一般都是网络营销公司借助互动营销来帮助客户传达企业的品牌或者促进产品的销售。

营销故事

明博互动营销顾问有限公司的成功案例

明博互动营销顾问有限公司成立于 2006 年,由公关界最红网络营销策划大师成功帝创立,总部位于北京,在上海、深圳均有分公司,是中国最大、最专业的网络公关和媒体管理公司,目前实战案例最多的网络公关领跑者,是新华网金牌代理商,亚洲产经新闻学会理事单位,中国网络推手联盟核心会员企业之一。明博互动是国内先锋媒体管理公司、新华网、人民网、搜房网、新浪网、焦点网等众多一线网络媒体的独家代理,新华每日电讯、财经国家周刊、商界杂志、航美传媒一级代理。明博互动创办至今服务过的企业包括:凡客诚品、华润、远洋、万科、龙湖、中粮、陕西中新沪灞、北京国安、搜房、欧特克、安琪、湖南卫视、本田、蒙牛、健力宝等知名企业。它是地产行业的广告公关三大供应商之一,体育营销第一强的公关公司,服务企业覆盖地产、体育、汽车、快消、IT 等行业。它是中国最有创意与实战案例的互动营销公司。创立至今三家明博创造了网络营销六大最。

1. 最有影响力的网络体育营销——李毅大帝

网络流行先驱,帝字称号起源,网易、新浪、搜狐等门户球迷心中最火的足球明星;百度贴吧李毅吧成为百度贴吧人气排名第二的贴吧。网络搜索量超过百万,迄今为止最为成功的网络体育明星案例。直接给陕西中新沪灞足球俱乐人气翻数倍。创造网络流行词:帝哥亮了、蛋疼等。

2. 最成功的体育事件营销——中泰拳王争霸战

已经成功推广 CKA 散打联赛的明博互动有了足够的散打联赛推广经验,并凭借在体育营销、的实战经验,成功地推广中国泰国拳王赛,明博互动良好地利用了民族的情绪制造了体育营销有史以来最成功的事件营销,让简单的比赛全民关注,让网络产生共鸣,网友自发回复讨论。创造了边茂富、张开印、徐吉福等散打明星。

3. 最大规模的危机公关——21 岁女总裁

各大论坛删除 13000 多条揭露骗子女总裁真相的帖子,发布大量正面消息对负面消息进行轰炸。让揭秘的帖子新闻淹没在大量的正面帖子新闻的网络大海中。屏蔽负面搜索关键字,让关于董思阳的百度 GoogLe 搜索与没有被揭秘前一样。发布新闻炒作"美女总裁"1000 余条。

4. 最大胆的网络营销——宜春

宜春，一座叫春的城市。这是最大胆的网络营销，产生了轰动的效果。多家媒体相应报道，网易新闻首页热点推荐，众多网友对此事件表示关注。

5. 最具传播力的病毒营销——凡客体

所有商业公关中被传播最多的病毒营销，所有病毒营销中最商业化的案例，建立了凡客诚品的品牌娱乐化定位，从而建立凡客诚品的知名度与美誉度。

6. 最高指数的红人营销——爱动 MM

在推广爱动 MM 的高潮期，在百度指数排名中爱动 MM 排在搜索榜前 10 位，是人物的第一位，平均日搜索量是十万，是第二名凤姐的 5 倍，迅速被多家媒体相继报道，爱动 MM 一炮而红，成为年度被搜索最多的网络红人。

资料来源：http://baike.baidu.com/view/4378876.htm

13.2.3 精准的互动营销

精准的互动营销通过 Marketing Test 营销测试系统及大型个性数据库对消费者的消费行为进行精准衡量和分析，实施精准定位。目的是在更好地满足客户的个性化需求、为客户提供个性化服务的同时，树立起企业产品和服务在顾客心目中的良好形象，强化顾客的品牌意识，为企业培养和建立稳定的忠实顾客群，从而达到一对一传播沟通的终极目标，即由企业与消费者之间的沟通转化为消费者之间的沟通，从而实现消费者的口碑传播和无限客户增殖；"一传十，十传百"形成裂变式客户增殖效果，使企业低成本扩张成为可能。精准的互动营销借助 CALL CENTER 等一对一沟通平台实现日常沟通，同时也借鉴传统的 ROAD 秀、促销活动、会议营销等互动活动与精准定位的目标受众进行互动沟通与交流。

精准的互动营销可以达到以下效果：

①建立一对一的直接模式，让企业与消费者建立零级渠道的接触，节约大量广告费用。

②互动沟通、个性化沟通，让企业在销售产品的时候更加引人入胜，让消费者潜移默化地接受。

③大型个性化消费者数据库和市场分析手段，使得企业知己知彼，百战不殆，让企业的竞争对手毫无防备。

④让广告与销售同时进行，做到广告效果可度量，方便及时调整错误。

13.2.4 互动营销的基本要素

(1)参与互动营销的便捷性

实施互动营销,就是要访问者参与其中。互动营销是要访问者很方便地参与其中,而不是要经过复杂的过程才能参与其中,否则访问者参与互动的几率就会小了很多。人是有惰性的,特别是网民,其惰性更大,参与互动比较复杂,就会点点鼠标离开,不会参与其中。比如申请试用产品、参与调查等,应该要便捷,申请表格应该简单明了,不涉及隐私等。如果对 IBM 的网站有研究,将会发现,其互动营销便于访问者参与,对于需要填的表格也很简单,大大方便了访问者的参与。在互动营销领域,IBM 应该是做得比较好的! 微软的互动营销也做得不错。

(2)互动营销使访问者受益

比如网络调查可以进行有奖调查、产品的免费试用。想要访问者参与互动营销,对访问者必须要有利益的驱动,对访问者没有产生一定的利益驱动(或必须需要某种产品和服务),其参与的几率也会大为降低,因为毕竟无聊的人是占少数。比如正望咨询的搜索引擎调查中,以前是发邮邀请参与每一季度的搜索引擎广告投放调查,现在是搞成有奖调查,参与的积极性提高。

(3)访问者的用户体验效果

互动营销更要注重其用户体验,如果其用户体验不好,是不可能成为企业的潜在客户或准客户的,这就会与互动营销的目的相违了。如果企业提供免费试用产品,那这个产品的用户体验要好,产品质量要过硬,并在使用过程中不断对其使用情况进行跟踪以及服务(虽然是免费,也一样要提供服务)。就好像 google 的 adwords 广告,如果 adwords 用户体验不好,进行了关键词投放不产生效果,我想超 80%以上的都不会续费再进行广告投放,可见,互动营销用户体验要好才可能获得成功! 随着网络营销的不断发展,其互动营销也将会出现更多的创新方式,更深层次渗透到企业的网络营销当中去,互动营销也将会有越来越多的企业来实施。但互动营销的三个基础要素一定要遵循,否则很有可能造成互动营销的失败!

13.2.5 互动营销的组成部分

完整的互动营销需要具备以下几个组成部分:

(1)目标客户的精准定位

能够有效地通过客户信息的分析,根据客户的消费需求与消费倾向,应用客

户分群与客户分析技术,识别业务营销的目标客户,并且能够合理地匹配客户以适合的产品提供支撑。

(2)完备的客户信息数据

在强大数据库基础上能够对与客户接触的信息历史进行有效的整合,并且基于客户反馈与客户接触的特征,为增强和完善客户接触记录提供建议,为新产品开发和新产品营销提供准确的信息。

(3)促进客户的重复购买

通过客户的消费行为,结合预测模型技术,有效地识别出潜在的营销机会,为促进客户重复购买的营销业务推广提供有价值的建议。

(4)有效地支撑关联销售

通过客户消费特征分析与消费倾向分析,产品组合分析,有效地为进行关联产品销售和客户价值提升提供主动营销建议。

(5)建立长期的客户忠诚

结合客户价值管理,整合客户接触策略与计划,为建立长期的客户忠诚提供信息支撑,同时能够有效地支撑客户维系营销活动的执行与管理。

(6)能实现顾客利益的最大化

实现顾客利益最大化,需要稳定可靠性价比高的产品、便捷快速的物流系统支持、长期稳定的服务实现对顾客心灵的感化和关怀。顾客权益的最大化是互动营销设计的核心理念,欺骗、虚假等手段只能使企业的互动营销走向灭亡。

一个企业要想发展,需要互动营销。将互动营销作为企业的营销战略重要组成部分来考虑,将是未来许多企业所要发展的方向。

13.2.6 互动营销的方法

品牌推广营销要创新,而创新思维意味着无限可能!于是,便有了体验营销、社区营销、博客营销、病毒营销和数据库营销。这些创新营销模式统称为网络营销或互动营销,让互联网之于品牌的价值最大程度地体现于有效、高效与互动。

互动营销的方法如下:

(1)体验营销

互联网所形成的网络有很多可以让商家直接与消费者对接的体验接触点。这种对接主要体现在:浏览体验、感官体验、交互体验、信任体验。通过上述这些体验活动给了消费者充分的想象空间,最大限度地提升了用户参与和分享的兴趣,提高了消费者对品牌的认同。

（2）社区营销

互联网以社区为基层活动场所。网友大都参加不同社区,且参与程度高、互动性强、主题特定、具有心理归属感的网络社区便于企业向用户传达品牌信息,尤其是通过用户间口碑传播的力量更使品牌传播效果已不仅仅是单个的累加,而是几何级数的增长。市场调查显示:77％的在线购物者会参考其他用户所写的产品评价,而这些人往往对网站拥有更高的忠诚度;超过 90％的大公司相信,用户推荐在影响用户是否购买的决定性因素中是非常重要的。

（3）博客营销

博客是电子商务新时代的新产物,现代人写博客成为一种新时尚,名人写、草根写、官员也写;个体写、社团写、企业也写。于是,企业博客便成为企业营销手段之一。博客营销需要解决的是各种客户问题,因此,博客营销的特点就是思想、情感的交流,关键在于具有良好的说服力,也就是要有强烈的公关意识。具体而言,五种意识必须贯穿博客营销的始终,这就是:形象意识、传播意识、服务意识、共存意识和竞争意识。通过与博友交流互动,表达明确的效益诉求,以达到品牌推广、产品营销之目的,这就是博客营销。

（4）病毒式营销

通过制作一个有趣的图解,引起人们饶有兴趣地去研究,使得图解在网络上迅速流传开来,让很多人看后当即就有亲身实验的冲动!这就是所谓的"病毒式网络营销"。病毒营销成功的条件包括有吸引力的病源体、几何倍数的传播速度、高效率的接收,因此在运作时须把握以下几点:首先是提供有价值、有创意、公共性话题的品牌信息;其次是寻找方便的品牌传播渠道;最后则是瞄准易感人群,选择有效的品牌信息传播平台。

（5）数据库营销

通过专业网络数据库挖掘技术,精选出一个数目,使回应率提升,正是网络为数据库营销插上了一双"网络的翅膀"。数据库营销奇特效果表现在:①信息收集方便,数据动态更新;②网络互动性强,消费者主动参与;③改善消费者关系,增加品牌魅力。

13.2.7　互动营销的模式

（1）会议营销

会议营销是一种借助和利用会议,运用营销学的原理、方法,而创新性开展营销活动的营销方式或模式。会议营销是通过寻找特定顾客,通过亲情服务和

产品说明会的方式销售产品的销售方式。会议营销的实质是对目标顾客的锁定和开发,对顾客全方位输出企业形象和产品知识,以专家顾问的身份对意向顾客进行关怀和隐藏式销售。

会议营销属于单层直销,又称做科普(体验)营销或顾问营销。

会议营销的目的是:

①集中目标顾客,现身说法,制造销售热潮。

②产生阶段销量最大化。

③和顾客进行双向沟通,培养顾客忠诚度,建立良好的口碑宣传。

④收集顾客档案,为数据库营销奠定基础。

```
开发期  →        活动期  →        跟进期  →

社区活动          邀请参会          回访服务

积累资料          科普讲座          重复邀约

筛选名单          沟通促销          服务促销

会前服务          会后总结          巩固关系
```

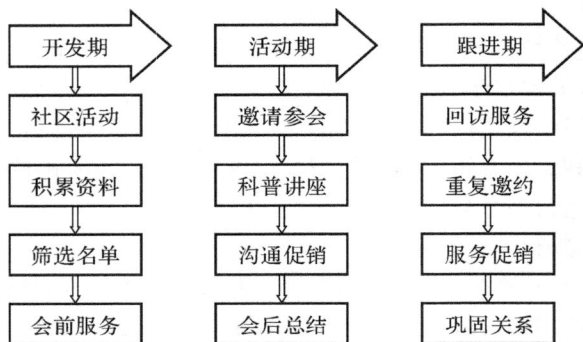

图 13.2　会议营销流程图

(2)路演(ROAD 秀)

路演又称 ROAD 秀/路边秀,译自英文 Roadshow,是国际上广泛采用的证券发行推广方式,指证券发行商发行证券前针对机构投资者的推介活动。活动中,公司向投资者就公司的业绩、产品、发展方向等作详细介绍,充分阐述上市公司的投资价值,让准投资者们深入了解具体情况,并回答机构投资者关心的问题。路演的目的是促进投资者与股票发行人之间的沟通和交流,以保证股票的顺利发行。在海外股票市场,股票发行人和承销商要根据路演的情况来决定发行量、发行价和发行时机。

搜狐在纳斯达克发行股票时,就是根据当时情况,将发行价进行调整后才得以顺利发行的;中国联通在香港招股时,则是早期定价比较保守,后来又根据路演情况调高了招股价。当然,也有路演失败的例子,中海油的海外融资,在路演过程中投资者对公司反应冷淡,公司虽然宣布缩减规模并降低招股价,市场仍然没有起色,加上有关部门的意见分歧,招股计划只好放弃,转而等待下一个机会。所以,从路演的效果往往能够看到股票发行的成败。路演在中国刚一出现不仅得到了上市公司、券商、投资者的关注和青睐,也引了其他企业的广泛关注和浓厚兴趣,并效仿证券业的路演方式来宣传推广企业的产品,形成时下盛行的企业"路演"。企业路演的概念和内涵已改变和延伸,成为包括产品发布会、产品展示、产品试用、优惠热卖、现场咨询、填表抽奖、礼品派送、有奖问答、文艺表演、游戏比赛等多项内容的现场活动。

（3）终端促销

在传统营销中,促销活动是产品营销的重要环节,主要为终端的销售工作起到推动作用。虽然在传统促销中,也强调突出产品的品牌形象、个性化、鲜明化,但是在策略制定、活动设计以及活动的进行中,对于个性化满足得不够充分,更多强调产品功效,每每在情感化传播的一环总是差强人意。比如传统营销的促销也包括产品的优惠、赠送及让利,但是在互动一环明显匮乏,互动营销强调对现场娱乐活动的策划。

（4）网络营销

新型的网络营销也是一种互动模式,而且其成本较低。网络营销存在一种高效率的互动关系,顾客选定自己感兴趣的产品,产生购买行为。传统广告的弊端在于它是单向的,无法收集消费者的意见和信息,不清楚消费者的反馈及心中所想。通过网络营销的互动,可以更好地了解消费者心中所想,便于企业掌握所需要的消费者信息。

最初的网络营销主要是通过点击来完成。它首先是发布广告,如果顾客点击了广告,就意味着,用户对广告是有兴趣的。但是这个时候,广告相对来说是静止的。随着点击方式的不断成熟,用户看完具体的广告网页会进入广告主的网站,这时才算进入一种互动状态。用户在看完网络广告后采取了购买行动,此时产生了销售结果,这就是互动产生的效益。有一些网页设立了用户参与的论坛,让用户们参与进来,提出对产品看法以及品牌的建议。通过这种在线沟通,拉近了厂家与消费者的心理距离,也是一种互动。

互动营销在中国也是近十年的事情,具体说是近五年发展比较快。互动广告的发展有一定的前提,需要一个国家或者地区必须提供相应的基础设施,以及广泛的消费者可以接受的使用费用。目前来看,主要是金融、IT、交通、汽车和电信,比如银行的信用卡、手机的新款发布、航空的路线设置和宣传等。运用互动营销的一个先决前提,客户具备完备有效的顾客数据库。应该说互动营销的应用非常广泛,不仅仅限于以上领域,现在消费者在与品牌沟通中越来越希望参与,沟通都应该是双向的。

互动营销大多以互联网络、手机、电话中心和数字电视作为载体。在日本和韩国,基于互联网和手机上的运用特别广泛;在泰国,手机使用频率最高;在中国,目前主要运用在互联网,但很快就会运用到手机上,预计在未来10年,这种互动营销将成为主流的一对一的营销方式。调查显示,互动营销主要通过网站、手机、电子邮件、电话中心等多种方式完成,在将来一段时间,数字电视也将成为一种主流的手段。一个商业人士可能不会花太多时间在互联网上,但一个青少年可能整天都在网上,所以如果您的产品是瞄准青少年的,您就可以使用网上沟通。互动营销一个需要注意的地方在于,一定要找准自己的商业目标。所有的沟通都应该有目标,也就是要非常清楚自己要解决的问题。

13.2.8　基本步骤

企业为了建立适当并且高品质的客户互动关系,可遵循的基本步骤如下:

①了解目前公司与客户互动的状态,及互动营销的可行性。

②盘点可能的互动点,列成详细的表格,进行筛选。

③根据企业所处环境与阶段,选择关键的互动点。

④针对关键的互动点进行详细的形式与内容设计,是做一次活动,还是搞在线体验,或者是改进现有的互动平台与流程,比如网站、售后、客服等。

⑤实施互动营销计划。

⑥评估与调整、改进。

互动营销在策略、工具与手段三个层面有一定的共通之处,也存在差别。如数码产品、PC、音像图书、休闲食品、饮料等在互动营销方面已有众多典型的例子,而且非常多的企业都已经在采用。地产、汽车等行业也已经将这种营销思想落地生根。但这其中存在一个很难避免的问题,那就是:企业规模越小,知名度越小,实力越小,互动营销越难做,具体表现在:客户数据库不完整,甚至没有建立;未能把握现有客户群体的喜好,难以设计与掌握互动点;很难策动大量的参与者加入互动阵营等。互联网广告一直没有走出传统广告的影子,如单纯按照网站的PV、点击的次数来评判价值,传播的变革仍然是原地踏步,企业所寄以厚望的市场突围不过是纸上谈兵。文中广告、视频广告、通话付费广告虽然在形式上不断变化招数,但始终也没有摆脱传统广告的窠臼。互动体验分享的环节是缺失的,最多只是给广告客户提供了新的选择。

13.3　全球 OGC 营销

　　Web 1.0 时期,网上的信息由静态的 html 页面构成,用户只能看到固定的内容。1990 年 Tim Berners-Lee 发明了互联网超文本系统,实现了信息的交流和共享。但是存在的不足是用户无法和数据交互,用户只能看,不能改写,无法参与到 Web 中来。[①] 随着 Web 的不断发展,到了 2003 年以后,数据由用户根据需要实时交互而生成,而不再是由某个网站事先制作并发布,即数据不再依附于网站,而是真正属于用户,由用户创造并使用。

　　Web 2.0 是互联网一个阶段的相关应用技术与服务的总称,它突破了原门户网站所惯用的单向传播模式,让用户主导信息的产生和传播。"Web 2.0 是相对 Web 1.0 的新的一类互联网应用的统称。"[②]Web 2.0 是网络运用的新时代,网络成为每位用户都参与的新平台。参与所产生的个人化内容,借由人与人(P2P)的分享,形成了现在 Web 2.0 的世界。

　　Darcy DiNucci(1999)在"Fragmented Future"一文中第一次使用了 Web 2.0 这个词汇。但 Web 2.0 的概念直到 2004 年才出现。Tim O'Reilly 提到他与工作伙伴在一次脑力激荡中提出了"Web 2.0"这个概念,他当时的定义是:Web 2.0 对电脑工业来说是一种商业革命,起因于开始把互联网当成交易平台,并企图去理解在新的平台上通往成功的规则。

　　之后,Tim O'Reilly 对 Web 2.0 提出了语义模糊的概念:"Web 2.0 是互联网作为跨设备的平台,其应用程序充分发挥平台的内在优势,软件以不断更新的服务方式进行传递,个人用户通过组成群体贡献自己的数据和服务,同时允许他人聚合,以达到用户越多、服务越好的目的。"[③]通过这种"参与架构"创造出超越传统网络页面技术内涵,引发丰富用户体验的网络效应。

　　著名的博客 Don 在《web 2.0 概念诠释》中认为:Web 2.0 是以 Filckr、

---

　　① 梁珂:《Web 2.0 现状研究》,《第十九届全国计算机信息管理学术研讨会论文集》,2008 年第 7 期,第 282—287 页。

　　② 梁珂:《Web 2.0 现状研究》,《第十九届全国计算机信息管理学术研讨会论文集》,2008 年第 7 期,第 282—287 页。

　　③ 郭莎莎、韦铭、肖江南:《Web 2.0 国内外研究现状及其对旅游业的启示》,《北京第二外国语学院学报(旅游版)》,2008 年第 1 期,第 37—41 页。

Craiglist、Linkedin、Tribes、Ryze、Friendster、Del. icio. us、43Things. com 等网站为代表，以 Blog、SNS、wiki 等应用为核心，依据六度分割、rss、tag、ajax 等理论和技术实现的互联网新一代模式。[①] Tim O'Reilly 的一系列研究是 Web 2.0 理论的重要基础，亦是中外学者研究 web 2.0 时的重要参考。

13.3.1　Web 2.0 的特征

实现 Web 2.0 的技术本身并不具有革命性.但其技术手段却带来了信息转播方式的革命性转变。Web 2.0 是一种新的互联网方式，通过网络应用（Web Applications)促进网络上人与人间的信息交换和协同合作，其模式更加以用户为中心。Web 2.0 的一些主要特征[②]如下：

（1）个人化

个人化，简单地讲就是每个人都有自己的页面，以用户为中心，体现了个人价值，也就是"去中心化"。

（2）社会化

用户能够自由地借助内容媒介，创建其一个个的社群，发生各种社会性的网络行为。

（3）开放、共创与共享

互联网的每个人都是创作者、评论者，通过开源程序和开放 API 来组织描述内容，从而共享信息。

13.3.2　UGC 传播模式

（1）网络传播模式

网络传播有三个基本的特点：全球性、交互性、超文本链接方式。网络传播是近年来广泛出现于传播学中的一个新名词，它是相对传统媒体而言的，是指以多媒体、网络化、数字化技术为核心的国际互联网络，是现代信息革命的产物。不仅如此，我们还认为网络传播其实就是指通过计算机网络的人类信息传播活动。

---

① 郭莎莎、韦铭、肖江南：《Web 2.0 国内外研究现状及其对旅游业的启示》，《北京第二外国语学院学报(旅游版)》，2008 年第 1 期，第 37—41 页。

② 梁珂：《Web 2.0 现状研究》，《第十九届全国计算机信息管理学术研讨会论文集》，2008 年第 7 期，第 282—287 页。

网络传播具有与传统传播方式截然不同的本质特征：互动性、及时性、个性化、传播成本费用低、权利平等性、多元性。

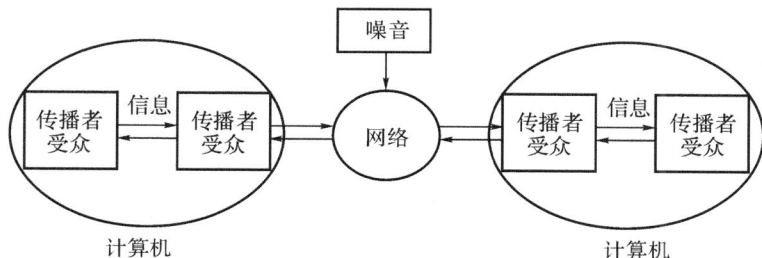

图 13.3　复杂的网络传播模式

但随着网络的发展，传播模式趋于简单化，可以省去一些中间部分，最后变成信息在用户之间的传递。

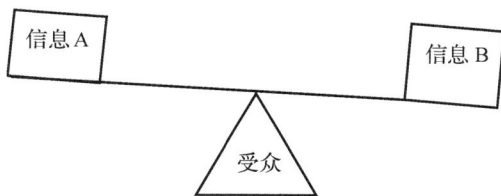

图 13.4　简单的网络传播模式

（2）UGC 传播模式

一般的传播模式自信源发出信息，通过媒介传递到接收者。简单的网络传播模式是基于受众的转发将信息交互传播。在 UGC 的传播模式中，用户既可以作为信息发出者，也可以作为信息接收者，网络只是作为开放的交易平台，用户为信息创造内容。

但是 UGC 传播模式构建如下，其中设：目标受众群为 X，受众群为 N。

UGC 传播模式就是把具有偏好的受众群聚合成目标受众群。通过 UGC 传播平台，用户根据自己的经验等创造内容，并通过网络平台传播给目标受众群；或者目标受众群在网络上发现 UGC 内容。经过体验和感受对 UGC 内容给予个人评价并反馈至 UGC 平台，并且对 UGC 内容进行转发。以此类推，越来越多的目标受众群发现或接收到 UGC 内容，并对此进行共享，最后形成最终的有效的营销信息。目标受众则根据个人情况进行信息选择，可以作为正面的信息资源，也可以作为负面的信息资源；可以是有用的信息资源，也可以是最终被

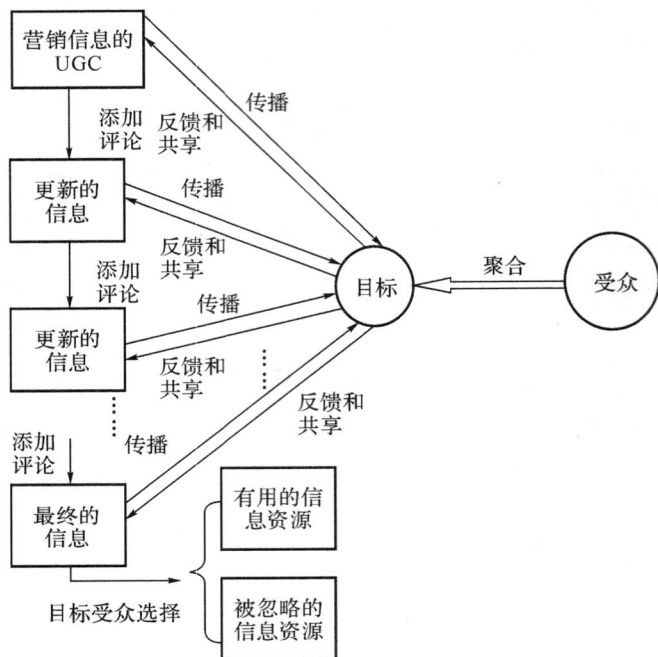

图 13.5　Web 2.0 环境下 UGC 传播模式

忽略的信息资源。选择完全依据目标受众的个人偏好、心理需求等个性化因素。整个传播过程是在 Web 2.0 的大环境下进行的。

依据上述信息传播模式的描述，可归纳出其模式特征：

①信息交互传播；

②用户创造信息内容；

③用户角色的多重性：既是传播者，也是接收者，更是创造者；

④信息在传播过程中不断叠加与更新；

⑤信息内容创造与传播过程开放共享；

⑥传播渠道与方式多样化。

（3）UGC 的类型

①社交网络：如 Facebook、人人网（校内）、QQ 校友等，用户可以更改状态，发表日志，发布照片，分享视频等，从而了解好友动态。很多公司利用这种社交网络发布产品信息，如：雅诗兰黛、奔驰、宝马均在开心网设立了主页，随时发布产品与促销信息。

②视频分享网络:如 YouTube、优酷网、土豆网欧诺公司等。这类网站以视频的上传和分享为中心;几乎所有的名牌产品特别是奢侈品都利用这些视频网站发布信息与广告。

③照片分享网络:如 Flickr、又拍网等。这类网站的特点与视频分享网站类似,只不过主体是照片、图片等;很多公司把产品的图片上传到此类网站,向目标受众和消费者介绍与展示产品,起到了宣传与促销的作用。

④知识分享网络:如百度百科、百度知道等。这类网站是以普及网友的知识和为网友解决疑问为目的;读者通过注册可以修改词条,并介绍自己的新产品,特别是技术性、知识性高的产品,如 JAVA、IAVA、苹果的 iVa 平台的介绍,其实质就是产品的宣传与推广。

⑤社区、论坛:如百度贴吧、天涯社区等。这类网站的用户往往因共同的话题而聚集在一起,在一起交流的信息具有明显的共同偏好,其需求的特点和市场的细分几乎是自然形成。

⑥微博:如 Twitter、新浪微博等。微博是目前最流行的互联网应用方式,它解决了信息的实时更新问题。手机等便携设备的普及让每一个微博用户都有可能成为第一现场的发布者。

虽然从创造价值的角度看,门户网站依然是网络主力,但互联网创造内容的主力军正在从专业记者向全部网民转移。人们每天在微博、SNS 上创造着庞大数量的内容,既多又杂。对于消费内容的用户来说,他们的时间和精力还是有限的,要么每天只看一个微博;要么在一个微博网站聚合消费微博的内容。不过,这时候简单地聚合已经不能满足人们的需求,UGC 要比门户网站创造更多样化的内容,以满足用户个性化的需求。

表 13.2　国内外旅游 UGC 网站的比较

网　站	国　外		国　内	
	Tripadviosr.com	Visiteurope.com	到到网	穷游网
目标受众	对旅游有共同偏好的群体	对欧洲长线旅游有偏好的外国受众群	每月有超过 4000 万独立用户和 2000 万用户,在中国对旅游有共同偏好的	高质量、庞大且忠诚的访问群体

续表

网　站	国　外		国　内	
	Tripadviosr.com	Visiteurope.com	到到网	穷游网
主要内容（UGC）	关于全球酒店、机票等有关旅游计划各部分的评论和建议，旅游指南。（对于中国旅游有着比重较大的部分）	发掘目的地、旅游计划和共享经历，搜索引擎	每月有超过4500万条点评和评论，旅行指南	超过300余万篇最新、最及时的游记、攻略和旅行小贴士；跟旅行相关的签证、景点、交通、住宿、美食、购物、娱乐、交友
可信度（eWOM）	作为全球最大的旅游网站，影响力巨大	由ETC创办，具有权威性	作为全球最大的旅游网站Tripadviosr旗下的中国网站，从专业角度来说，对旅游可以提供有效的建议	百度数据中心2008年4月发布的《旅游行业报告》中"旅游资讯类网站"位列第一。google新推出的网站导航和百度的hao123导航，穷游网跟携程、elong等并列为"十大旅游热门网站"

营销故事

Visiteurope 的 UGC 传播

　　Visiteurope是欧洲旅游协会创办的。此网站的目的是提高欧洲旅游目的地的长线旅游市场。通过ETC,此网站提供了独特的欧洲旅游目的地的全球营销方案。网站的结构根据不同的旅游经验,被分为几部分:发掘目的地、旅游计划和共享经历。除上述功能外,Visiteurope网还具有一些其他的功能,如搜索信息、机票、FAQ、链接等,并且有五种语言的版本。

　　在Visiteurope中的UGC主要是第三板块:"分享你的经验"。该板块UGC内容主要同Facebook、Twitter、Flickr、YouTube等SNS网站进行连接,将发布在这些网站上的UGC信息链接到Visiteurope。例如,旅游途中在Flickr上传浏览量比较高的照片,会链接到Visiteurope,视频和旅游日志等也会链接到Visiteurope。作为权威组织承办的网站,这种UGC传播的分享性使得信息被传播到更广的范围内。因此,Visiteurope也成为UGC的传播者和接收者。

　　分析上述案例可知,国内外旅游 UGC 网站在 UGC 内容上面,都做到了以用户为中心,给予用户创造内容的网络平台。因为地域文化的区别,UGC 内容和容量有所不同。由于外国旅游 UGC 网站的发展更成熟,所以外国的 UGC 网站可信度与质量更高些。从传播路径上分析,用户可以在网站上创造内容,受众可以通过搜索引擎等网站搜索旅游信息的 UGC 内容,根据自己的偏好来筛选内容,并给予反馈,更新评论,再传播给其他受众。

(4)UGC 营销的影响力

　　在参与、开放、共享和公平的 Web 2.0 时代,UGC 越来越受到年轻与高知识受众群的关注。人们发现网络信息的传播速度比传统媒体要快得多,而且可以选择屏蔽不喜欢的信息,这是传统媒体不能做到的。为了满足更多受众的需求,传统媒体不得不考虑使信息丰富,这使受众不得不看一些厌恶的信息。而 UGC 使受众不仅可以根据偏好选择不同的信息,也可以自己参与到信息的传播和创造过程中,高效的 UGC 同样可以提供如权威传统媒体的有效信息。

　　另外,Web 2.0 的环境使所有用户都是平等的,每个人都有可能成为意见领袖。目标受众接收信息的方式更为直接,噪音的干扰更小,目标受众可以依据个人心理的需求和判断对信息进行自主的分类与选择,同时还可以为喜欢的信息贴上标签。当然,也有人对 UGC 的可靠性提出质疑:商家有可能利用 UGC 的特点和功能传播虚假信息,或 UGC 内容可信度低。例如网络水军现象的泛滥。

　　通过对比传统媒体和 UGC 的传播特征,可以发现 UGC 相对传统媒体的传播优势和巨大潜力。旅游信息的 UGC 使得游客在选择旅游信息时,对 UGC 内容更加关注,UGC 促使他们尝试创造内容和共享内容。Park et al. (2007)提出,在线消费者对产品和服务的评论经常被认为比产品和服务的商家更为可信,因为消费者更愿意提供诚实的信息。例如在旅游 NSW、澳大利亚地区旅游研究中心和维多利亚大学的研究调查中,46%的被调查者暗示他们已经访问了有着 UGC 模式的网站,88%没有使用 UGC 的用户们认为 UGC 网站在未来是有用的。在已存在的 UGC 使用者中,78%用来搜索目的地信息,77%用来搜索住宿信息,46%用来搜索旅游相关服务的信息。他们把 UGC 的模式看做"附加的信息资源",73%的被调查者同意对比单纯地依靠酒店的自我描述,更愿意阅读关于一个酒店的消费者的评论。

13.4 管理全球营销团队

市场营销的原理告诉我们,人员推销对于有些产品来说是最有力的促销工具和手段,如高技术含量产品、需要一定服务支持的产品,甚至包括日用品。销售人员与顾客面对面交流下达成的交易,不仅能够赢得顾客的信任,还能够建立与顾客的良好关系,更好地直接了解顾客对产品和公司的需求与评价。在国际营销中,由于国际市场的变化速度非常快而且原因复杂,加上全球竞争的日益加剧,以及"外来产品"的特殊身份,要建立起国际消费者和用户对一个外国公司和产品的信任度,更需要借助国际营销人员与顾客的沟通、交流和关系。"关系营销"在国际营销中的作用越来越突出,而与顾客关系的建立,国际营销人员是最好的纽带。

国际营销人员队伍由三种人员组成:母国外派人员、业务国人员和第三国人员(非母国亦非业务国)。为了拥有一支高效的国际营销人员队伍,对这三种人士的选择,都要考虑其文化背景、专业程度和营销能力。因为几乎所有国家的顾客眼中,营销人员就是公司,他们的优劣直接影响产品和公司在顾客心目中的形象。营销人员是使公司所做的所有的营销努力取得成功的最终环节。在这点上,所有国家无一例外。

国际营销人员管理的基本问题是:国际营销人员队伍的组建与设计,国际营销人员的选拔与培训,国际营销人员的激励与薪酬待遇,等等。这些问题在国际营销领域都值得研究与探讨。

营销故事

百事的新掌门人

50岁的印度裔女性英德拉·努伊(Indra Nooyi),是快人快语的百事可乐新CEO,她在2006年8月14日被任命为百事可乐新CEO,并于10月1日上任。在百事公司工作12年后,她终于攀上了事业顶峰。2001年升任CFO后,她一直是百事CEO史蒂夫·雷尼蒙德(Steve Reinemund)继任人中最有力的竞争者。在雷尼蒙德的领导下百事取得了强劲的销售额和收益额,2005 年甚至达到了过去不可想象的成就,市场资本总额超过了老对手可口可乐。

努伊执掌百事后,美国最大的 100 家公司中女性担任 CEO 的就已达到 11 个,在 1994 年这个数字还是零。分析人士认为百事的策略不会发生重大变化,因为现在的发展方向就是她和雷尼蒙德一起确定的。努伊被称赞为"非常具有想象力,以聪明的方式挑战现实"。她 1994 年进入百事,帮助公司剥离了效率低下的餐饮和装瓶业务。目前百事的战略是更加强调发展海外市场,而努伊在这方面很有特长。

她出身在一个印度中产阶级家庭,在耶鲁大学读硕士,后成为美国公民,还和印度政府官员私交甚佳。她爱好音乐,是一个大学摇滚乐队的成员,笃信印度教。

资料来源:《21 世纪经济报道》,2006 年 8 月 23 日第 3 版

13.4.1　国际销售团队的设计

为自己的公司构建一支高效而精良的营销人员队伍是非常关键的,这既涉及到组织管理又涉及到人力资源管理的问题,是一项富有挑战性的工作。

国际销售队伍的设计主要包括人员的数量、结构、特征、任务、管理模式等方面,需要考虑以下几个因素:

(1)现实与潜在客户的分析

一个产品的现实与潜在客户的总和构成了这个产品的最大的市场潜量。市场的维护与开拓就是对现实顾客的把握和潜在顾客的挖掘,这既是客户关系管理的根本,也是企业生存的关键,不同产品的生存潜量不同,所需要的国际营销人员的数量也不同。一个国际营销人员能够访问、发掘和管理的客户数是有限的,我们根据产品市场潜量、每个新老客户需要进行访问的次数、国际市场的范围大小,可以大致确定所需要的国际营销人员的最大数量。

(2)公司销售渠道的分析

公司选择的销售渠道的长短与宽窄,影响着所需要的人员数量。长而窄的渠道方案,需要的人员数量就相对少些;宽而短的渠道方案,需要的人员数量相对多些。

(3)公司产品的技术含量和复杂程度分析

技术含量高的产品在进行推广时需要一定的专业知识,单纯依赖经销商的商业经验和能力是不够的;复杂程度高的产品往往需要对客户或消费者进行一

定的培训和辅导才会使用，特别是运用新技术研发的新产品。对这样的产品，无论是经销商还是客户，都需要公司派出的营销人员进行培训与支持，那么需要的营销人员的数量就会加大。

（4）国外顾客的接近方式分析

不同国家偏好的接近方式有很大区别，有的国家的消费者更信任本国的经销商，特别是发达国家；有些国家的顾客更希望得到制造商对产品的介绍。如果是后者，势必比前者需要的营销人员数量更多。

13.4.2　国际营销人员的招聘

任何一家有国际营销活动的公司，其员工的构成都可能包括三种人员：本国外派人员、业务国当地人员和第三国人员（既非母国亦非业务国的人员）。这三种人员的构成比例取决于公司的岗位要求、人员的可获得性和招聘条件。如果业务国合格的营销人员可获得性高，那么相应地就可以减少母国营销人员的外派数量。

一般的国际营销人员可以通过报纸、杂志、互联网等形式的广告和人才交流会进行招聘，国际营销经理人员可以通过高级人才招聘会、猎头公司和重要的个人推荐来寻找。如宁波波导手机有限公司就曾经在中央电视台的《绝对挑战》栏目中，利用大众媒体的平台进行海外营销经理的招聘。

（1）母国外派人员

如果公司的产品技术含量高，或者使用时需要一定的技能培训，或者对产品的介绍需要一定的专业知识，那么国际营销人员选用母国外派人员是最合适的。因为外派人员可以在公司接受更多的技术培训，对公司和产品熟悉，可以与母公司无障碍地交流，且忠诚度高，有利于在国外顾客心目中梳理公司和产品的形象，但其局限性是：外派人员成本高，与业务国之间存在文化与法律的障碍，缺少长期在国外工作的耐心。很多公司都普遍感到，说服那些优秀的员工到海外工作任职是非常困难的。

员工不愿意被外派的原因是多方面的，既有事业上的顾虑，又有生活上的困扰。来自工作和事业的考虑主要是怕影响在国内的晋级与提升，因为有的时候公司虽然有"空缺"的职位与机会，但由于"人在天涯"往往容易被忽略，"近水楼台"者会捷足先登。在生活方面的担忧主要是家庭生活的安排受影响，单身员工的婚期由于外派可能会被延迟；已婚员工要么在任期内两地分居，即使获准举家跟随，其配偶的工作和孩子的教育在陌生的环境中解决难度会非常大。

一项成功的外派计划，最关键的是确定两个问题，一是任期的长短，二是让员工愿意赴任。

外派期限可以是几个星期,三个月,半年,一年,三年,五年,十年,甚至更长。不同期限的外派无论公司还是员工方面,考虑的因素都会有差异,短期的、一次性的外派,可能容易让员工克服相关的困难,长期的、重复性的甚至长期性的外派,需要科学的管理制度作为保障才能实现。

让员工消除和克服不愿意从事外派工作的最好办法是建立良好的国际人力资源管理制度,这包括:海外工作的高薪水,家属工作与子女教育的补贴,周密的员工职业生涯规划,等等。最根本的管理办法是把一定期限的海外工作经历与业绩作为晋职的前提和必经之路。

由于教育与文化的趋同,现在越来越多的公司更多地利用业务国的人员,外派员工的数量逐渐下降。

(2)业务国当地人员

过去惯用的优先考虑选用母国外派人员的做法,正逐渐被优先考虑选用业务国当地人员所取代,哪怕是营销经理。选用业务国当地人员的最大优点是他们没有文化与法律上的障碍,他们更了解业务国当地的商业结构和惯例,而且雇佣的成本比外派要低得多。随着 MBA 教育的普及,可以在越来越多的国家获得受到正规教育的高端专业人才,他们既具备当地的文化知识与技巧,又具备全球化的经营管理知识,而在业务国当地建立和维持一定的销售队伍规模,其管理的成本比同等规模的外派销售队伍低得多。

当然,雇用业务国当地人员也有缺陷:首先他们在公司中很难完全发挥作用,主要是由于他们与母公司的沟通上存在一定的障碍,需要克服与母公司的文化差异,这导致母公司往往忽略或不能够正确理解他们的建议;其次是他们对公司的忠诚度,到"外国公司"就职,不意味着放弃"民族主义情绪",当公司的管理文化与他们所固有的民族主义文化的价值观产生摩擦时,他们会毫不犹豫地固守自己的价值观,甚至会选择离开,而这时公司失去的不仅仅是人才,还有信息资源和无形资产。

(3)第三国人员

所谓第三国人员,是指他们离开自己的母国到第三国为当地一家外国公司工作,其国籍既不在工作地点,也与工作公司无关。如:一个澳大利亚人就职于墨西哥的一家德国公司,这个澳大利亚人就是"第三国人员"。在当今经济全球化的时代,人们的世界观会发生很大变化,其流动性和在他国的就业率会越来越高,人才不再被国籍所限制,而是为机会所驱使。

第三国人员的特点是他们往往受到良好的专业教育,工作的技能和动力非常高,其雇佣的成本一般介于本国外派人员和当地人员之间,因为尽管薪酬可能大于当地人员,但是可以避免本国外派人员的"双重纳税"现象,因为本国外派人员既要向本国缴纳所得税,又要向业务国政府缴纳所得税。

营销故事

美国 ABC 公司的国际营销人才招聘方式

招聘人才的途径可以来源于很多渠道,如人才招聘会,广告或网上招聘,猎头公司,行业协会,朋友推荐,等等。但广告、网上或人才招聘会的方式耗时耗力还很难找到合适人选,而通过猎头公司的方法对于正处在降低成本、削减开支阶段的 ABC 公司来说显然也不可取。于是 ABC 公司的 HR 部门充分利用公司现有的网络资源,采取了成本最低却是最行之有效的方法:内部员工推荐法。ABC 鼓励内部员工及时了解公司的所有招聘信息,推荐相关人员,一旦推荐成功,员工将获得相应奖金。这样,一方面内部员工非常了解公司/团队需要什么类型的人才,什么样的人才能够与公司/团队的文化相适应,另一方面他们的朋友圈子也大都在造纸行业,因此提高了推荐的成功率;其次一旦推荐成功,兑现给内部员工的奖金仅仅是猎头公司服务费的十到二十分之一。

资料来源:www. emkt. com. cn,2005 年 4 月 25 日,销售与市场

13.4.3 营销人员的选用

制订科学合理的标准是选拔国际营销人员的前提,所以"招聘条件"与"岗位职责"的设计与确定是十分重要的。其表达的方式是:编制一份正式的"职务说明书",对每一种营销岗位的职责进行详细的描述,包括对国际营销人员的特殊要求。

对国际营销人员的要求一般包括:

①干练的工作作风,一定的"外交技巧"。

②成熟的心理素质,较强的独立工作能力。这对本国外派人员和第三国人员来说尤其重要。

③对海外工作的强烈热爱。不喜爱自己的工作或工作地点的人,很难成功。

④适应能力(flexibility)。主要表现在对当地市场的敏感度。

⑤精力充沛,喜欢旅行。许多国际营销人员的工作状态往往是在乘了十几

个小时飞机后,还要排长队接受海关和移民部门的检查,所需的体力之大,没有健康的身体和充沛的精力是承受不住的,而且当这种经历占每年 365 天的 50% 以上时,很容易让人失去对海外工作的兴趣。

对国际营销人员的选拔,可以通过笔试、履历及证明材料的审核进行,但最重要的是面试或模拟训练等方法,也可以通过重要人物的举荐和证明完成对招聘的审核。

不同的国家由于管理模式与文化的不同,对国际营销人员的素质要求也不同,所以选拔的标准有必要一定程度上"本土化"。

对国际营销人员选拔失误的代价是非常巨大的,因为外派工作的责任往往非常重大,没有很好地完成,会造成几十万元甚至几十万美元的经济损失,另外还包括实践的成本、市场机会、公司形象等难以计数的无形损失。对当地人员的选拔、聘用和解雇,还会涉及到业务国文化和法律方面的障碍,很多欧洲国家和发展中国家,都制定了严格的法律来保护员工的权益,如:最低工资标准、解雇的赔偿、再就业的补偿等等,失误的成本也是相当可观的。

营销故事

美国 ABC 公司运用性格测试工具选拔国际营销人员

在甄选合格人才的过程中,综合素质、教育背景、工作经验等固然重要,但每个团队成员的个人性格也决定了一个团队的整体发挥水平,HR 有很多甄选人才的理论和工具可以借鉴。在国际营销人员的选拔过程中 ABC 公司应用比较成功的工具是性格测试分析。ABC 的 HR 在面试前和副总裁一起详尽分析了作为这个特定行业的销售人员和客户服务人员应具备什么样的性格,现有人员的性格,该团队的销售和售后服务人员之间如何合理搭配才是最佳组合等,然后在面试时运用"Disc"、"MBTI"等性格测试工具来分析候选人的性格特征,将结果与客户性格、未来合作的团队成员的性格等作分析比较,综合考虑其他方面素质后最终确定最佳人选。

资料来源:www.emkt.com.cn,2005 年 4 月 25 日,销售与市场

13.4.4　全球营销人员的培训与管理

对国际营销人员的培训计划一般是根据外派营销人员、当地工作人员和第三国人员的不同特点和要求制订的。

（1）全球营销人员的培训

1）对外派营销人员的培训

对即将外派的国际营销人员，重点培训的内容是向他们介绍业务国的商业惯例、风俗习惯，以及在国外市场销售过程中容易遇到的问题和出现的错误，以帮助他们迅速地实现"本土化"。这种培训不仅需要在就职前进行，即使在海外就职以后，仍旧要进行，但培训的重点可以根据他们在海外工作的实际需要作出调整，如：增加对母公司发展变化的了解与介绍，对公司实行的新的管理方法的熟悉与认识，等等。

2）对业务国当地人员的培训

业务国当地人员的特点是了解本国的文化和风俗，但是对公司的情况是陌生的，所以培训的重点是向他们介绍公司的发展历程、组织结构与文化、技术与产品、管理制度，特别要着重介绍公司所采用的国际营销策略与方法。培训的目的不仅在于使他们能够适应岗位的要求，更重要的是减少他们的文化理念与公司的管理文化之间可能产生的摩擦与冲突。采用的培训方式要考虑当地人员的适用性，以他们愿意和习惯的方式进行。

3）对第三国人员的培训

第三国人员既不了解公司的文化和状况，也不熟悉业务国的文化和习惯，对他们的培训通常要包括外派人员和当地人员的所有内容，但由于第三国人员具有良好的专业教育背景，在培训方式的选择上会比较容易。

对任何类型的人员培训其关键都是树立国际营销人员的开放观念和文化意识，这种观念和意识体现为对任何文化不抱有任何偏见，能够理性、敏锐地对待异国文化，迅速地接纳新思想、新事物。对国际营销人员培训目的是使他们对异国文化保持高度的敏感度，具有高超的"文化技巧"。

"文化技巧"的掌握体现在以下几个方面：

①对他国文化和人民的尊重、关心和认同。

②积极应对文化差异与挫折。

③能够较好地避免"自我参照准则"的影响。

④乐观的心态和幽默感。

（2）国际营销人员的薪酬设计

国际营销人员管理的核心是对人员的激励与评价。激励中最基本的是薪酬制度的确定；而对销售人员的业绩评价也是最令人关注的部分。

1）国际营销人员的薪酬设计的目标

国际营销人员的薪酬设计的目标有四个：

①人员招聘。

②人员培养。

③调动工作的积极性。

④使员工安心本职工作。

在制订薪酬制度时,可以选择其中一个作为重点目标,否则目标太多,会导致薪酬制度难以制订或实施。

2)国际营销人员薪酬内容

国际营销人员薪酬的制订主要包括以下几个方面的内容:

①基本收入

这部分薪酬的制订一般是固定的,以保证国际营销人员的基本生活需要。

②海外工作津贴

海外工作津贴往往考虑业务国的收入与消费水平而定,对工作艰苦的区域要有额外丰厚的津贴。在确定海外津贴时,应考虑是否能够吸引员工愿意并安心海外工作,足够的津贴才会具有一定的吸引力。美国的一些公司发现,一项为期三年的海外任务,海外津贴一般为基本年薪的 1.3～3 倍。

③业绩酬金

业绩工资是根据国际营销人员的工作业绩发放的收入,对此项酬金的设计应把握以下几点:

a)在全球范围内采用统一的标准,且每项标准的要求一致。

b)在具体实施时,当地经理人员可以自行决定基本工资与业绩酬金的比例。

c)业绩酬金的发放形式应考虑业务国的文化特点,如:有些国家适合"透明式"发放,有些国家适合"红包式"发放。

表 13.3　一份简单的报酬计划

报　酬	确定依据	支付频率	薪金标准
基本收入	公司目标与实力	按月支付	根据岗位确定
海外津贴	业务国的经济水平	按月支付	根据业务国的生活成本确定
业绩酬金	团队业绩与个人业绩	按季度或年度支付	根据衡量业绩的财务指标确定
奖励收入	业务竞赛	竞赛结束时	根据竞赛结果

(3)国际营销人员的评估

国际营销人员的评估同样涉及到文化因素。尽管销售工作的业绩通常看重的是个人业绩,使用的指标往往是销售额、销售量、利润率、销售增长率等一些财务指标,但在集体主义色彩浓厚的国家,人们更为看重的是团队业绩而不是个人努力,这就给评估带来一定的难度,因为单纯的财务指标可以明确地表明个人的状况,但很难界定团队业绩中的其他因素,如团队的凝聚力、配合的默契程度等。团队的状况需要密切地观察,有时还需要考虑顾客、同事和主管人员的意见,在某些国家甚至人们的主观意见在评估中的重要性会超过客观的财务指标。

国际营销工作极具风险和挑战,对国际营销人员进行科学合理而又人性化的评价,关系到他们的积极性,也关系到整个公司的国际营销活动的成功与营销目标的实现。

营销故事

ABC 公司对国际营销人员的评估与考核

每年的 1 月份,美国 ABC 公司的每个员工要填写两份表格。一份表格是"持续进步"总结,分几项内容:

①员工需对照上一年度的个人工作目标中列明的各项目标,总结目标完成情况(结果、时间等是否达标,如未完成则分析未达标原因等)。

②员工总结自己在上个年度里的各项成功属性及行为举止,并逐项打分,打分分为三个等级:表现出色(超出预期)、表现达标及表现欠佳(低于预期)。

③员工分析总结自己的优势及需要改善的方面。

④员工列出针对需要改善的几个方面的当年度的具体行动计划及计划执行时间。

⑤员工写下自己对未来的短期(两年内)及长期(三到五年内)职业生涯计划,是否愿意考虑去其他城市或国家工作等。

另一份表格是让员工自己列出至少五项当年度的"个人工作目标",及计划完成这些目标的具体时间。这些目标必须是与 ABC 公司在中国的年度目标相一致,必须是 SMART(Specific, Measurable, Achievable, Result, Timing)的目标。因为是员工自己设定的目标,而不是公司强行下达的命令,员工会有认同感,自然就有动力去实现。

表格完成后,员工与经理约时间面谈。这是一个坦诚沟通、解决问题的绝好机会。双方就两份表格中的所有内容进行面对面的交流,对不同意见或评分进行讨论,直到达成一致。经理会借此机会对员工上一年度的表现作阶段性总结,给予一定程度的指导,员工也可以充分利用此机会向领导反映自己对工作或领导的看法,或提出为完成目标需要领导给予何种支持等。双方对所有内容达成一致后,分别签字,然后通过公司网络报上一级领导及人力资源部,为接下来的内部资源评估做准备。如果员工认为领导对他的绩效评估不够客观公正,经协商不能达成一致的,员工有权拒绝签字,并通过人力资源部门协调并记录在案。

通常,一个有效的经理与员工之间的面谈需要一个小时左右,此流程每年一次(如能做到每半年或每季度一次,效果更佳)。

人才的发展与培养。作完了绩效评估,接下来,就是根据绩效评估的结果,对公司内部现有资源作全面评估及定位,即内部人才资源评估,ABC 公司采取了下列方法:

各业务部门经理根据对所管辖团队的个人绩效评估结果,网上填写几份表格上传给上层领导机构及人力资源部。

部门经理会综合每个人的工作结果与表现,按照绩效评估中双方同意的分数,把每个人落在矩阵中相应的方格内(越靠近左上方的员工越具竞争力,越靠近右下方的员工越需要提高),然后用不同的图形来标注他为哪一类员工:①极具潜力人才;②可提拔人才;③个体贡献者;④需撤换人员。

这样,每一位部门经理都有一份视觉效果明显的团队人员分布图,根据此分布图,与上层领导进行讨论,对于四种不同类型的人员作出适当安排。

同时,作出保留人才计划及继任名单,列出公司应留住的人才,制定出适合他们的职业生涯计划,并在员工范围内物色可胜任的替代人员,制定相应的培训计划以加快替代人员的成熟速度。这样,一旦机会来临,被升职的员工可以随时走马上任,而不用担心影响其原来的工作,因为后备力量可以随时补充。通过这种途径,层层上报后,公司高层就会掌握一份全公司范围内,不同级别、不同职能职位的现状图和发展趋势图,知道现有人员水平,有多少后备力量可以补充。

然后部门经理将矩阵评估结果与员工沟通,例如对极具潜力者,公司可以提供何种升职机会及培训机会,获得员工的认可,鼓励员工再接再厉。对于需撤换人员,尤其是担任重要岗位的员工,将矩阵评估结果告知当事人,这样可以避免出现当公司通知某人将被辞退时,此人还认为公司对自己的表现比较满意的尴尬境地。

绩效评估及内部人才资源评估完成后(ABC 公司通常需要 3 个月的时

间来完成全公司范围的两项评估），公司高层、部门经理及人事部门会根据两项评估的结果及其他相关评估的结果，如针对极具潜力人才的 360 度调查等，结合公司当年度的加薪政策作出当年度的加薪计划。

资料来源：www.emkt.com.cn，2005 年 4 月 25 日，销售与市场

练习思考

1.个人传播策略的特点是什么？

2.直复营销适合什么类型的产品？

3.互动营销的适用条件是什么？

4.国际营销人员的积极性如何调动？其薪酬设计应该如何把握？选择一家你熟悉的企业，对其销售人员的薪酬制度进行调研，并试着给出一份新方案。

5.你开通微博了吗？当你写微博的时候，考虑什么因素呢？

6.你进行过网购吗？在网购的时候，你通过什么方式了解所购产品的信息？谁的信息对你影响最大，是卖家的还是买家的？

第 14 章　国际市场营销的计划、组织与控制

学习目的

　　通过本章的学习,掌握全球营销计划制订的步骤和方法,了解全球营销中跨国公司组织结构的演变过程,识别不同全球组织结构的特征与差异,学会根据企业战略和外部环境的变化设计组织结构,熟悉企业在执行营销计划中如何通过正式控制和文化控制来确保营销活动与企业目标的一致性。

教学要求

知识点	能力要求
全球营销计划	熟悉营销计划制订的过程和步骤
全球营销企业组织结构形式	(1)国际事业部、全球区域式结构、全球产品式结构、全球矩阵式结构和跨国公司网络组织的理解 (2)各组织结构的特征及演化过程
全球营销控制	(1)理解全球营销控制的复杂性 (2)正式控制和文化控制的理解 (3)掌握正式控制和文化控制的基本运用方法

核心概念

　　战略计划过程(strategic planning process)

国际事业部(international division structure)

区域式组织结构(geographic structure)

产品式组织结构(product structure)

矩阵组织结构(matrix structure)

网络组织结构(network structure)

正式控制(bureaucratic controls)

文化控制(cultural controls)

14.1 全球营销计划

14.1.1 全球营销计划的含义

计划是面向未来的一项系统性工作,它试图把握外部的不可控因素对企业造成的优势、劣势和对企业目标的影响,以取得希望的结果。一般情况下,在企业完成对全球市场的细分、选择合适的目标国家或市场之后,就可以制定企业的国际营销计划了。所谓国际营销计划,是指企业进入和拓展国际市场的具体营销策略、工作程序、实施手段及其要实现的终极目标。那么,面向国际市场的营销计划与面向国内市场的营销计划究竟有什么不同呢?

从计划原则本身来说,两者并无差异,但跨国公司在经营环境(东道国环境、母国环境和企业的具体环境)、组织结构、控制多国活动任务方面的复杂性导致了国际营销计划的复杂性和计划过程的差异。

因而,国际营销计划的制定工作要考虑到国际业务的迅速增长、市场条件的不断变化、国际竞争的日趋激烈及不断变化的各国市场的挑战,将外国环境的多变因素与企业的目标和能力结合起来。

最后,成功的计划工作是一个连续的过程,并不以完成计划文件作为结束,而是要不断考察实施的全部过程,注意计划的实行情况和结果。同时还要根据环境的变化及时修改计划内容,以适应原先不曾预见的新情况。下面我们就来介绍一下国际营销计划的过程与内容。

14.1.2   全球营销战略计划的制定

（1）企业目标和资源

评估企业的目标和资源在国际经营计划的各个阶段都是十分关键的。每进入一个新市场，都需要对母企业的目标和资源进行一次全面的评估。当市场竞争越来越激烈，或者企业发现了新的机会，或者进入外国市场的成本增加时，企业就需要进行这样的评估。

设定目标可以使国内和国际分部都有明确的方向，并使政策始终一贯。如果目标规定不明确，就可能出现这样的局面：一看到某些市场颇有希望就轻率地一拥而上，结果却发现那里的业务违背或冲淡了企业的主要目标。

国外市场的机会并非总与企业目标相一致，有时候需要修改目标，有时候需要调整国际计划的规模，或者干脆放弃这些机会。有些市场可能一时有利可图但前景黯淡；而另一些市场可能正好相反。只有当企业目标清晰明了，才能正确地取舍。

（2）开展全球营销的决心

国际企业的计划方法影响管理当局承诺的国际化程度。这种承诺影响具体的国际战略和决策。企业目标明确之后，管理当局必须确定是否准备对成功地开展国际业务作出必要的承诺。这种承诺包含三个方面的内容：计划投资金额、配备人员，以及在国外市场长期坚守直到上述投资见到效益的决心。

企业对全球市场营销活动承诺的程度反映出企业介入国际业务的程度。如果企业对一项国际业务的前景没有把握，它就可能会以一种试探性的方式进入市场，营销方法、分销渠道和组织形式也都会缺乏效率，结果导致这项事业的失败。而这项事业如果能够得到母公司的全力支持，本来是可以成功的。任何长远的营销计划都应该得到高层管理当局的充分支持，而且销售增长的时间表也应该是现实可行的。

（3）战略计划过程

不论是在多个国家中营销，还是首次进入国外市场，计划都是取得成功所不可缺少的。初次进入国外市场的企业必须确定开发什么产品，在什么市场销售，准备投入多少资源。对已经进入国际市场的企业来说，关键性的决策包括：在不同国家和不同产品间分配人力和其他资源，确定需要开拓的新市场或需要撤出的市场，确定需要开发或淘汰什么产品。为了评估国际机会和风险，并制定适当的计划来利用这些机会，有必要遵循一定的原则和程序。图 14.1 为在多个国家开展业务的跨国公司从事计划工作提供了系统的指南。

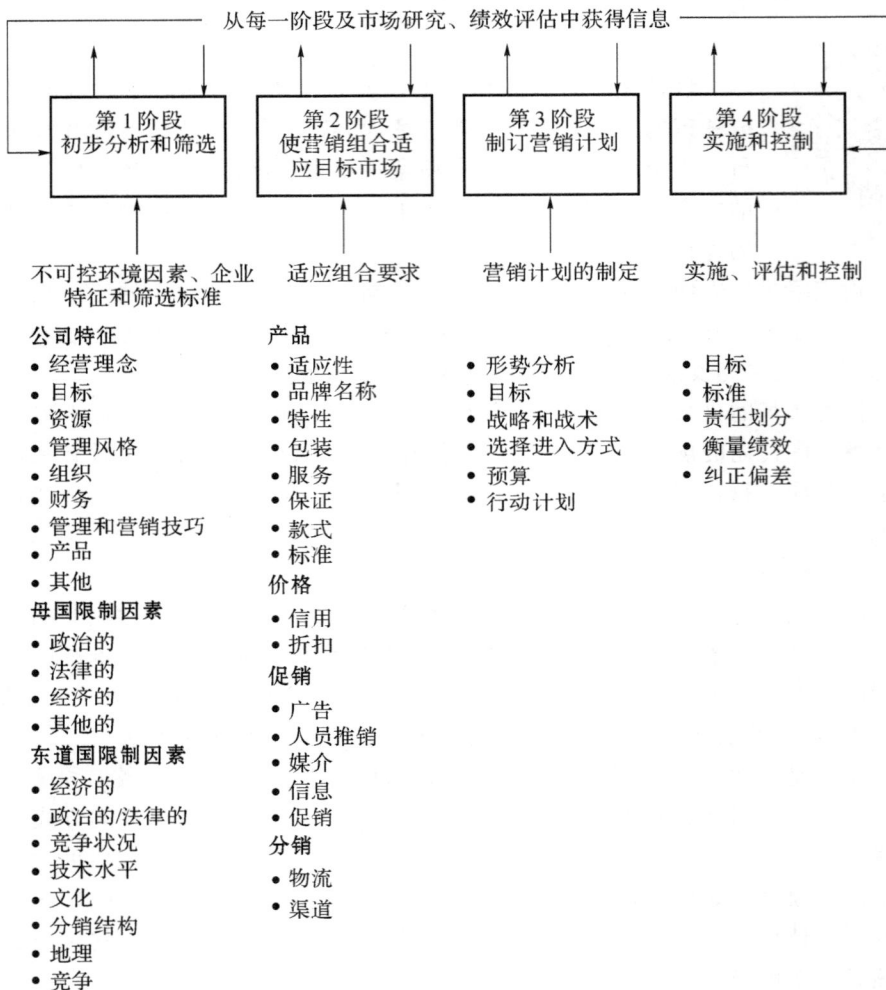

从每一阶段及市场研究、绩效评估中获得信息

第1阶段 初步分析和筛选	第2阶段 使营销组合适应目标市场	第3阶段 制订营销计划	第4阶段 实施和控制
不可控环境因素、企业特征和筛选标准	适应组合要求	营销计划的制定	实施、评估和控制

公司特征
- 经营理念
- 目标
- 资源
- 管理风格
- 组织
- 财务
- 管理和营销技巧
- 产品
- 其他

母国限制因素
- 政治的
- 法律的
- 经济的
- 其他的

东道国限制因素
- 经济的
- 政治的/法律的
- 竞争状况
- 技术水平
- 文化
- 分销结构
- 地理
- 竞争

产品
- 适应性
- 品牌名称
- 特性
- 包装
- 服务
- 保证
- 款式
- 标准

价格
- 信用
- 折扣

促销
- 广告
- 人员推销
- 媒介
- 信息
- 促销

分销
- 物流
- 渠道

- 形势分析
- 目标
- 战略和战术
- 选择进入方式
- 预算
- 行动计划

- 目标
- 标准
- 责任划分
- 衡量绩效
- 纠正偏差

图 14.1 全球营销战略计划过程

资料来源：菲利普·凯特奥拉：《国际市场营销学》（第 11 版），机械工业出版社2003 年版，第 328 页

第 1 阶段：初步分析和筛选，使企业需要与东道国需要相一致。

不管是初次开展国际市场营销，还是已涉足很深，对潜在市场进行评估都是计划过程中的第一步。国际计划过程中的首要问题是，决定对哪一个国际细分市场进行市场投资。企业的优势、劣势、产品、经营理念和目标必须与一国的限制因素和市场潜力结合起来考虑。通过第一阶段的分析和筛选,就可以淘汰缺乏足够潜力和风险过高的市场。

建立筛选标准。筛选标准是在对企业目标、资源和其他能力与限制条件进行分析的基础上确定的。重要的是,要搞清为什么要进入某一国外市场,及期望获得多少收益。在制定筛选标准过程中,企业对开展国际业务的决心和目标对建立评价标准起着重要的作用。筛选标准包括最低限度的市场潜力、最低限度的利润、投资收益率、可接受的竞争水平、政治稳定性、可接受的法律规定及其他与企业产品有关的标准等。

筛选标准一旦确定,就可对计划在其中从事经营活动的环境进行全面的分析。环境包括企业自身的优劣势、母国和东道国的宏观与微观等不可控因素。因所考虑的每个国家都给国际营销者提供了一组不熟悉的环境因素,使得国际营销计划这一任务更为复杂,也正是在这一阶段,国际营销计划和国内营销计划的区别最为显著。

第 1 阶段的结果为开展下面的工作提供了必不可少的基本信息:评估建议的国家市场的潜力;确认足以使某国被淘汰的重大问题(比如突发的黎以军事冲突);确定需要进一步分析的环境因素;确定营销组合中的哪一部分可以实行全球标准化,哪一个部分必须作出调整以及如何调整来适应当时市场的需要;制定和实施营销行动计划。

第 2 阶段:使营销组合适应目标市场。

这个阶段的目的是更加详细地研究营销组合要素。目标市场选定以后,应根据第 1 阶段中获得的数据资料对制定的营销组合方案进行评估,而后选定某种营销组合,使其适应选定目标市场环境中的不可控因素,从而有效地实现企业目标。

在第 2 阶段,营销者还可以评估将某种营销战术应用到不同国际市场的可能性。在不同国家中寻找相似的细分市场,常常可以发现获得营销活动规模效益的机会。例如,雀巢公司在研究中发现英国和日本的青年咖啡消费者有相似的动机,便在两个市场中使用基本相同的宣传基调。

对这个阶段分析的结果表明,营销组合常常因为需要调整的幅度太大,以致不得不作出不进入某一国外市场的决定。例如,一个产品可能不得不减小尺寸以适应某一市场的需要,而这样做的额外制造成本太高,那么在较高价格下的销售潜力可能因此太小而不宜进入该市场。

在第 2 阶段中,可以得出以下三个主要问题的答案:①是否存在允许在不同国家中采用同样的营销组合策略的可识别的细分市场？②需要对营销组合要素作什么样的调整才能适应目标市场的文化和环境条件？③考虑到调整所需的费用，进入某一市场是否仍然有利可图？

根据第 2 阶段的分析结果，可以进行第二轮筛选，再淘汰一些国家。下一阶段是制订营销计划。

第 3 阶段：制订营销计划。

不管目标市场是单个国家还是全球市场，都要为目标市场制订一个营销计划。营销计划主要包含形势分析、目标、市场进入方式、营销策略和具体的行动计划等。具体计划要回答做什么、谁做、如何做、什么时候做等问题，还要确定预算及预期的销售额和利润。像第 2 阶段一样，如果确信企业营销目标无法实现，那么就选择不进入该市场。

第 4 阶段：实施和控制。

在营销计划的实施过程中，应对所有营销计划予以协调和控制。许多企业还没有做到对自己的营销计划实施尽可能周密的控制，如果他们能对营销计划实行持续的监督、控制，就可以取得更大的成功。评估和控制制度要求绩效与目标相一致，即当绩效未达到目标时，采取纠正措施。

上述计划过程模型是按顺序分几个阶段阐述的，但计划过程实际上是一个动态的、连续的变量之间相互作用的过程，每一个阶段的信息也是不断积累的。图 14.1 所示的阶段只是勾画出了一条保证计划工作的高效率和系统性所应遵循的路线。借助于计划过程，决策者可以考虑所有影响企业计划成功实施的因素。

当一个跨国企业有多个产品进入多个国外市场时，有效地管理所有市场的所有产品将变得更为困难。国际营销计划能帮助营销者集中精力考虑成功的全球营销所必须考虑的所有因素。在掌握了计划过程中的信息并选择了国际细分市场后，就要对市场进入方式作出抉择。选择进入方式对企业来说是一个比选择国际细分市场更关键的决策，因为这一选择将决定企业的运作并将影响该市场的所有未来决策。

14.2 全球营销组织

在竞争日益激烈的今天，组织结构作为企业核心竞争力之一，得到了普遍关注。全球营销组织结构是指企业根据其营销战略和计划及其所处国际营销环境而建立的内部职能结构、层次、幅度关系、部门关系、职权关系、横向联系、管理规范结构等权力网络和沟通网络,是企业对其经营活动实施计划、执行和控制的架构。全球营销使得企业需要一种组织结构,既能对相关当地市场的差异性作出反应,又能促使在各地市场获取的知识和经验能够在整个企业内部进行扩散传播。这需要在知识集中和协调(整合)所带来的价值与对当地市场的反应能力(自主性)两者间保持平衡(Keegan&Green,2003)。因此,全球组织设计的关键点在于如何获得企业组织在自主性与整合性两者之间的权衡;全球范围内的子公司需要自主性来适应不同国家的当地环境,但是全球性企业作为一个整体又需要一定程度的整合来执行全球性战略(Yip,1992)。

思考提示

对于营销组织结构的选择,应根据企业不同的战略需要和外部环境的变换来决定。

14.2.1　全球营销企业的组织结构形式

从目前大多数全球营销企业的发展历程来看,几乎没有几个是从复杂的、内部结构多样化的组织形式开始的;大多数全球性公司都是创建于某一个国家,多年之后才在国外建立起了下属公司。而且,最初经营的只是母公司业务范围的部分项目,然后随着其规模的不断扩大,逐渐承担起更多的业务,并沿着产品、地域、职能等三个维度中的一个或多个不断地演变成复杂的、内部多样化的组织形式。总体上讲,跨国公司在其发展的不同阶段会采取与之相适应的组织结构形式。概括起来,跨国公司组织结构的演进主要经历了出口部、海外自主子公司、国际事业部组织结构、全球区域式组织结构、全球产品式组织结构以及全球混合组织(包括矩阵式组织结构)等六种形式。跨国公司初期多由出口部负责海外销售、结算、账款管理等;业务进一步拓展之后,由国际业务部统管公司的国外出口和投资;随着出口或国外投资的增加,撤销了国际事业部,不分国内国外市场,设立全球性的产品或地区组织结构负责信息处理和财务管理等活动。

各个全球性公司所建立的组织结构形式均不相同,而且经常随着市场和竞争环境的变化而处于更换和修改的变动中。对于全球营销企业来说,最重要的是了解各种组织结构的优缺点，在结合自身全球营销需要的基础上，根据企业战略不断调整组织结构，实现最佳的组织效率。本节将对国际化程度较高并被全球性企业广泛采用的后四种组织结构形式进行介绍与说明。

思考提示

在以不稳定的政治环境为特征的国家或者是政府政策不固定的国家，在以高通货膨胀和高失业为特征的国家，以及拥有不稳定货币的国家，都需要公司快速调整以应对变化着的环境。

(1)国际事业部组织结构

随着企业国际业务的日益增长，协调和指导这一活动的复杂性超过了单个人员的管辖范围，需要汇集从事国际业务的各方面专家来负责制定管理和营销决策时，原来的出口部就会被升级为"国际事业部"，所有国外业务都会被集中在一起进行管理。企业采取该组织结构的因素有以下四个：首先，国际业务已经受到高层管理者的足够重视，以至于需要成立一个企业部门专门负责；第二，国际业务足够复杂，需要一个拥有自主权的专业部门来制定诸如市场进入战略的决策问题；第三，企业认识到需要内部人员来处理来自国际业务的特殊需要；最后，管理层开始认识到主动识别全球市场的机会和竞争危险的重要性，而非仅仅只对环境作出反应。

一般而言，负责国际事业部的管理者直接受企业高层管理者的领导，因此它与企业的其他职能部门，例如财务、营销和运营具有同级关系。它们一般负责管理和协调企业所有的国外生产经营活动，并且负责对国外各地的子公司进行管理。例如，欧洲跨国企业最初都是一个按功能组织的国内企业，当业务扩展到其他国家时，就在当地创建一个小的子公司，这些子公司直接对母公司的总经理汇报工作，母公司的总经理常常亲自到子公司拜访，直接监控和管理国外各地子公司。这种组织结构比较适合于国外子公司较少的国际化企业，具有较强的反应灵敏性，并有利于企业以较低的管理成本从事相对复杂的国外经营。对于中等规模、经营有限的产品和较少的地区和国家市场的企业来讲，事业部型多国母子公司结构是一种比较有效的组织结构。

但是，国际事业部的组织结构存在一些先天的缺陷，尤其当企业业务发展到全球战略时，这种结构的缺陷也暴露得越来越明显。首先，国外不同地区子公司之间的联系相对较少，它们往往被认为是相对孤立的企业；其次，国内业务和国际业务存在相互分离的情况,它们之间的联系常常被人为地割断,不能有效地整合企业国内与国际的资源和市场;最后,由于为了实现规模经济,企业的生产和其他职能仍然归国内事业部管辖,而国际事业部则缺乏自己的产品、技术和资金。这样一来,国际事业部与国内事业部在资源上会存在竞争。当这些矛盾无法调和或国际业务发展到一定程度时,跨国公司会寻找更为适合的组织形式。

　　Humes(1993)的研究表明,国际事业部结构在全球战略的跨国公司中的应用程度有所下降。并且 Stopford 和 Wells(1995)的研究也表明,对于在许多国家从事多种产品经营的公司,国际事业部结构并不是一种有效的组织结构。这就导致了一些公司寻求适合多产品与多地区和国家的、具有全球视野的组织结构。

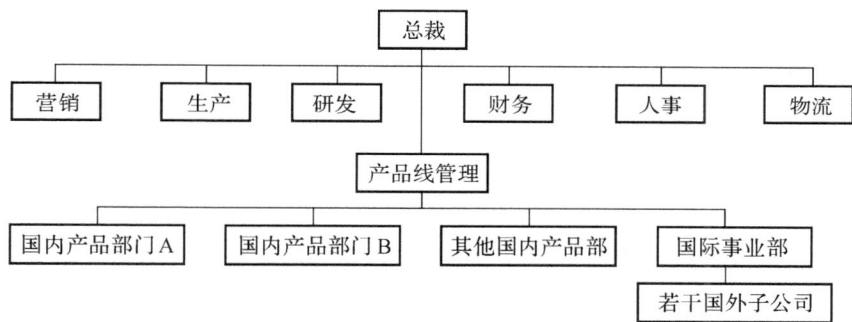

图 14.2　国际事业部的组织结构

　　组织设计还会受到公司特征的影响。对于一个优先发展国际化的公司,很有可能在组织结构中设立地区分部来负责在特定国家中的运作;而其他涉及国际业务的组织则可能仅设立一个国际分部来监管所有的国际运作;那些很少涉及国际业务的公司,可能仅拥有一个小型的国际部门。

　　(2)全球区域式组织结构

　　全球区域式组织结构是指跨国公司按地理区域为核心设立地区分部,而每个地区又分管许多各自的子公司的形式。它突出了地区、国家的差异要求,使营销更具有针对性。当全球地区差别较大,跨国公司强调各地子公司的独立性和灵活性以满足当地市场的需求时,全球地区结构是一种比较好的选择。在该组织结构中,总部首先按地理差别划分成不同区域,然后各区域内按国别划分成具体的公司。各区域总经理直接对公司总部总经理负责,区域内各国公司总经理直接对该区域总经理负责,区域总经理负责管理和协调本区域内的所有事务。虽然该组织结构重视各地区各单位的利润中心的地位,有利于各地区各单位根据本地实际情况灵活开展业务活动,发挥了区域单位的积极性。但是,区域式结构因重视了区域的特殊性而会忽视了产品的管理,当某一国家子公司的产品线较多时,协调及技术支持将是一个较大的问题。同时,各地公司专业活动的复制往往会带来成本的上升,各区域的地区本位主义会导致忽视全球战略,各区域不能在全球基础上交流信息、相互学习和资源共享,或者没有利用低成本制造的机会。所以,该划分方法比较适用于销售地区之间差别大,而每个地区内各国之间的差异较小,并且产品线较少且标准化程度高的企业,如消费品生产企业。

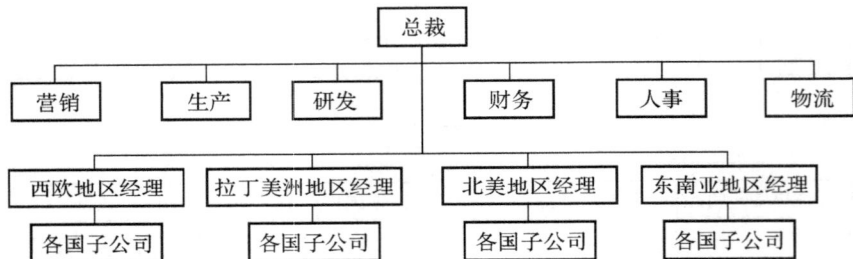

图 14.3   全球区域式组织结构

(3)全球产品式组织结构

跨国公司总部按不同生产线或产品品种设立不同的产品部。公司总部首先确定公司的总目标和策略,各产品分部根据总目标制定计划,由每个产品部负责该产品在全球范围内的营销运营,而总部各职能部门主要负责协调各地区各种产品的业务活动。每一产品分部一般设立生产制造、市场销售、财务、研究和开发、产品质量和人事管理等职能部门。产品分部经理主要根据公司总目标制定本分部的工作目标,并负责该类产品全球范围内的各种职能活动。

这一模式能够很好地协调一项产品所需的全部职能工作,及时从全球各子公司那里获取相关产品的需求和技术等信息,有利于公司进行全球性产品的研发和销售管理;它也能够有效地对不同产品线在统一市场上的业务活动进行协调,避免某些基本职能活动的不必要重复。如果企业强调全球战略,尤其是标准化产品的全球经营,全球产品组织结构是一种比较好的选择。在该组织结构中,企业首先在全球范围内把其产品分成若干个产品群,每一个产品群的总经理负责该群产品在全球范围内的商务活动。例如,它可以在美国从事技术和产品的研究开发,在中国制造,然后在全球销售等。这种组织结构的优点是各类产品具有全球视野,有利于各类产品的全球研发、生产和销售业务。

但是,由于它主要强调了产品因素而忽视了地区因素,使高度标准化的产品和管理方法很难适应各个目标国市场的差异需求;另外,产品部往往侧重于产品的研发,使得对产品的销售管理成为一个薄弱环节。一般而言,大多数消费品生产企业由于其产品的多样性而比较喜欢采用此种形式的组织结构。

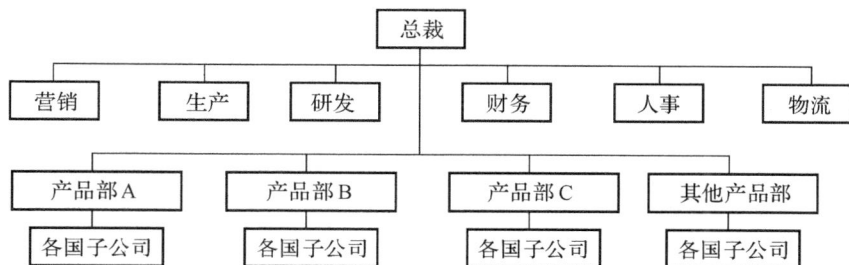

图 14.4　全球产品式组织结构

（4）全球矩阵式组织结构

以上所说的全球区域式组织结构最适合于支持强调当地适应性和灵活性的战略要求,而全球产品式组织结构比较适合于支持强调全球产品与营销的战略要求。但是,许多跨国公司所采取的战略既包括对当地适应性的考虑,又有对全球性产品和营销利益的考虑。因此,一些跨国公司采取了混合结构,特别是产品系列多、地区分布广泛的跨国公司为了加强全球产品和地区的协调,采取了全球矩阵结构。

全球矩阵结构是将两种不同的组织结构形式结合在一起,实现产品和地区的有机配合,形成多重指挥和命令系统,对国际化经营企业的全部业务实行纵横交叉其至立体式的控制与管理,每个子公司同时接受来自两个或以上的矩阵部门的领导,并分别向它们汇报,各矩阵部门共同分享对子公司领导权并分头工作,制定本部门的战略。而公司总部则负责整体战略管理,综合协调和裁决分歧。它为公司同时实施当地化战略和全球化战略提供了理想的组织保证,地区分部注重国别的响应能力,而产品分部则强调了全球效率。一般而言,只有当企业对地区利益需要和全球产品利益需要趋于相等时,全球矩阵结构才能最好地发挥作用。

这种结构为现今众多大型组织和跨国企业所采用,尤其是产品式和区域式相融合的二维矩阵组织,是跨国企业经营的基本模式。区域分公司形成矩阵组织的横向结构,而产品事业部则形成矩阵组织的纵向结构。这一模式同时兼顾产品、地区两个因素,克服了上述产品式与区域式的片面性,使两者能协调统一。因而,矩阵式组织结构具有灵活、高效,便于资源共享和组织内部沟通等优势。

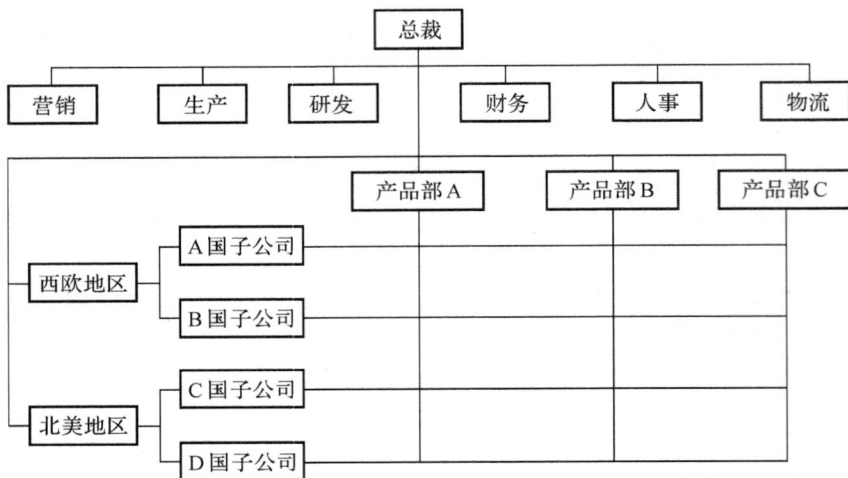

图 14.5 全球矩阵式组织结构

　　这种结构需建立在团队建设和多头控制的基础上,每个团队都要精通自己领域的专业知识。而且,公司总部需要较强的协调能力和平衡能力,以促进不同交叉组织结构之间的沟通、控制和协调。然而,由于矩阵结构形成了多重领导,如同一个经理可能既向某区域主管汇报工作,同时又向某特定的产品主管汇报工作,员工往往无所适从,容易导致混乱和冲突,复杂的渠道产生信息混乱,重叠的职责引起了无数的争执和责任的丧失,从而增加了管理的复杂性,降低了稳定性。在矩阵组织中,区域分公司和产品事业部之间的权力争斗始终存在,而矩阵式组织也经常在横向与纵向间摇摆,时而偏重于以区域分公司为主的横向结构,时而又强调垂直化,使组织向以产品事业部为主的纵向结构转移。一般情况下,在外部环境发生变化时,组织有调整自身结构以适应外部环境的需求,例如经济环境趋好时,矩阵式组织趋向于区域分公司为主的横向结构,各地分公司相对纵向产品线经理具有更大的权力;反之,则趋向于产品事业部为主的纵向结构。这是由于经济下滑,企业赢利能力下降,成本控制成为组织的首要问题,企业会采取成本领先战略以加强成本控制,而组织结构的垂直化整合正是为了支持企业战略的变化而作的相应调整。

在实际工作中,被地域、时间、语言和文化等障碍所阻隔的全球各地经理人员发现这种组织结构往往根本无法消除混乱和解决冲突。正是由于全球矩阵结构的这些不足,导致了产品管理者和地区管理者之间的一致性决策效率的降低,从而使一些跨国公司放弃了矩阵结构采用全球产品式组织结构或者区域式组织结构等。

知识链接

美的日电整合海外营销体系成立国际营销事业部

美的集团内部宣布了旗下第二大产业集团——美的日用家电集团整合海外营销体系的方案:将旗下各大事业部的海外营销职能进行统一整合,按区域分别成立国际营销事业部及东盟事业部。

美的日电集团对下属各产品事业部(照明电气公司除外)海外营销职能进行整合,分别成立国际营销事业部和东盟事业部。其中,国际营销事业部业务范围涵盖除东盟地区以外的全球市场;东盟事业部在原东盟公司的基础上成立,实施研产销一体化运作,重点发展东盟地区美的品牌业务。

美的日电成立国际营销事业部及东盟事业部,将海外市场销售与各个事业部的生产制造分开,突破原来各事业部营销资源较为分散的瓶颈,对海外市场业务进行专业化区域运作。本次整合完成后,美的家电业务的组织模式已经从单一的产品事业部制管理模式转变为"产品事业部+区域事业部"的矩阵式管理模式,进入新的发展阶段(详见图 14.6)。

资料来源:《美的日电整合海外营销体系》,2011 年,http://www.jdxun.com/html/2011/jdx_0421/5536.html

(5)跨国公司网络组织结构

20 世纪 90 年代以来,世界上许多知名的跨国公司对原有的组织结构进行了重建,开始从规模型的生产性组织向具有灵活性、适应性和有机性的组织转化。跨国公司在结构上逐步演变成"全球网络公司",该网络不单单表现为一个简单的公司内部网络,还是一个通过多种形式(如合作协定、许可协议、关系合同、分包、战略联盟等)和不同渠道形成的公司外部网络。在全球生产网络中,企业间不是简单的层级关系,而是以各种纽带形成的复杂的网络关系,表现为两个相互交错网络的拓展与延伸:一个是由跨国公司通过海外直接投资在世界各国或地区建立的海外子公司所构成的公司内部网络,表现为体系内部的国际分工,

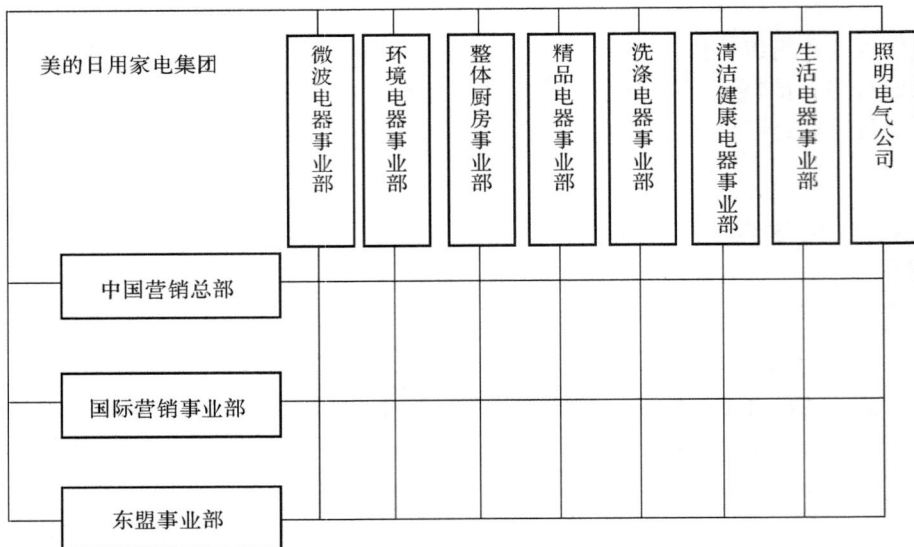

图 14.6　美的日用家电集团组织结构图

在这一体系中,跨国公司不再是一个层级结构,而是一个网络结构;另一个是跨国公司通过全球性的外包与合作而与其他公司建立的公司外部网络,表现为体系外部的国际分工。这两大网络相互渗透、相互交织,跨国公司的内部化网络并非一个完全封闭网络,而可能通过外包等方式与其他公司保持密切的联系,获取外部资源支持,形成一个公司外部子系统;跨国公司的外部化全球生产网络也并非一个完全开放网络,而是可能通过直接投资形成一个公司内部子系统,以垄断知识资产进而垄断利润。公司内部与公司间网络的联系构成跨国公司全球生产网络的整体,将内部化网络体系和外部化网络体系连接起来,可以最大限度地创造外部规模经济和范围经济。

跨国公司网络组织是跨国公司为了实现自身的全球发展战略目标而在研发、生产或销售等领域进行合作形成的企业网络组织。从形态上讲,一般由两个部分组成。一是战略管理、人力资源管理、财务管理与其他功能相分离而形成的一个由总公司进行统一管理和控制的核心;二是根据产品、地区、研究和生产经营业务的管理需要形成组织的柔性立体网络,它随着市场、用户、项目的需要而临时组成团队。网络中各节点的重要性由其在业务流程中的重要性决定,并随项目性质的变化而变化,合同则是节点间连接的纽带。

组织结构的网络化,使企业与企业之间打破了地区之间、国家之间的边界限制,将触角伸向世界的各个角落,在自发的市场机制的作用下,在全球范围内寻找合作伙伴,共同开发新的市场、新的产品、新的业务项目。其目的不仅仅是为了扩大企业规模或寻找较为低廉的生产要素,而主要是为了利用共享的生产要素,在联合企业内实现资源的优化配置,以取得所有单个企业所不能取得的联合经济效益。网络化组织结构将各个在技术上相同或相关的不同企业联结在一起,其基本组成单位是联结在一起的各个不同企业,即各个独立的经营单位。因此,企业之间的关系并非一般的市场关系,而是一种全方位的市场、技术、人才、研发、生产等合作关系。在网络组织中,没有企业的内外之分,只有距企业战略中心远近之别。例如,日本丰田汽车和日本其他汽车生产商在亚洲组织其生产网络,由核心企业(丰田)负责向网络内其他企业传递先进技术和革新方法,要求非核心企业生产的零部件必须符合核心公司的标准,核心企业协调所有活动,以保证高度的一致性。日本电气公司宣布将以分散方式使公司在全球范围内一体化,而不是通过在日本的公司总部控制网络中的所有企业。

14.2.2　全球营销企业组织结构特征比较和演化路径

如上所述,企业在全球化过程中可以采用的基本组织结构主要有国际事业部、全球区域式组织结构、全球产品式组织结构、全球矩阵式组织结构和跨国公司网络组织等模式。并且,这几种组织结构模式各有不同利弊、不同的适用条件和范围,企业在设计其组织结构中需要综合考虑各种影响因素。随着产品种类和国外市场销售份额的增加,企业组织结构会按照一定的方式进行演变,不断调整和设计自身的组织结构(如图 14.7 所示)。一般来讲,多国母子结构(出口部和国际事业部)比较适合于国际化经营的初期对全球战略和当地战略的强调都不高时;当海外市场的重要性不断加强时,全球区域式组织结构更能够有效满足"思维全球化,行动当地化"战略的要求;全球产品式组织结构更能适合企业产品多样性不断增加但全球各区域的市场需要差异却不大时,它使不同类型的产品都拥有独立的、专业化的部门进行产品的全球性研发、制造和销售。当跨国企业同时面临当地化适合的压力和全球化生产及竞争时,企业将更倾向于采用矩阵式组织结构。该组织结构能允许企业更好地面对全球市场的挑战:既全球化又当地化,既能发挥大规模企业的优势又能保留小企业的灵活,既能集权又能有效分权。结合信息技术和知识管理的发展,企业对全球战略和当地战略要求都很高时,跨国网络结构渐渐成为了理想选择。跨国网络组织具有更强的灵活性、适应性和竞争力,它同时也代表着跨国公司组织设计的未来发展方向。

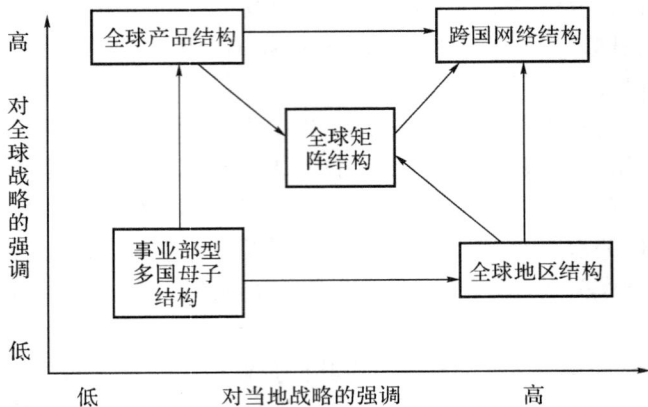

图 14.7　跨国公司组织结构演化路径示意图

资料来源：White，Roderick. E. and Toomas. A. Poynter. Organizing for Worldwide Advantage，Business Quarterly（summer），1989，pp. 84－89；John. B. Cullen 著，赵树峰译：《跨国管理》，机械工业出版社 2003 年版，第 205 页

14.2.3　全球营销企业组织结构的变化趋势

20 世纪 90 年代以来，以信息技术产业为代表的所谓"新经济"的显现和经济全球化潮流的迅猛发展成为世界经济的两大趋势。伴随这两大趋势，以跨国公司为代表的发达国家的大型企业为在全球竞争中保持领先优势，率先进行了一场意义深刻的企业制度与组织改革，从企业制度安排和企业内外部组织形式等方面进行了广泛的调整、重组和创新，其组织结构出现了崭新的发展趋势。主要表现在两个方面：

其一，企业的组织结构正在从传统的金字塔型转向为扁平型。所谓组织结构扁平化，是指通过减少管理层次和裁减冗员而建立起来的一种紧凑的扁平型组织结构，它能使组织变得灵活、敏捷，从而提高组织效率和效能。企业组织结构扁平化是当今组织结构变革的一大趋势。现代信息技术的发展为跨国公司组织结构扁平化提供了物质技术基础和手段。由于信息技术的进步，信息的收集、传递和处理都相应加快，从而缩短了组织结构的高层与基层之间的信息传递距离，提高了企业决策和管理的速度和效率。变"扁"是指形形色色的纵向结构正在拆除，中间管理阶层被迅速削减，从而减少管理层次，提高企业内部信息沟通效率。变"平"是指组织部门横向压缩，将原来企业单元中的服务辅助部门抽出来,组成单独的服务公司,使各企业能够从法律事务、文书等各种后勤服务工作中解脱出来。同时,扁平化企业通过对员工充分授权,可激发员工工作动力,培养员工自主工作与协调能力,由此管理者也不再充当发号施令的角色,而是与基层管理者及基层员工之间建立起一种新型的服务关系。瑞典与瑞士合资的ABB 公司在 80 年代末将其总部的 1000 多人压缩到 150 人,管理层次简化为 3层次,基层的 5000 多个利润中心具有高度的自主权。在管理层次最多的汽车公司中,美国通用从 28 层减至 19 层,日本丰田从 20 多层减少到 11 层。英荷壳牌公司在 90 年代中后期把总部的 3000 多人砍去了 70%,去掉了许多中间管理层次,使过去需要用 1 个月和一个 20 人委员会通过的决策,现在仅需要由 1 人和1 天就能完成。据估计,美国《财富》杂志所列全球最大的 500 家企业,从 1990—1995 年,平均减少层次 3 个左右。

其二,随着世界经济全球化和现代科学技术的爆炸性增长,跨国公司组织结构模式呈现出虚拟化趋势。虚拟组织是指两个以上的独立实体,为迅速向市场提供产品和服务,在 IT 网络技术的支持下,在一定时间内结成的动态联盟。企业的虚拟组织是介于“市场”和“企业”间的一种交易形式,其组织结构不是以实体结构存在,也不一定是一个法人实体,多数是由一些独立的经济实体基于某种共同目标而临时组织起来的一种联盟。在该组织形式下,它们依靠计算机网络、软件、虚拟现实技术等将彼此联系起来。企业可以在资源共享的情况下,精心挑选自己最合适的合作伙伴,从而形成企业具有竞争优势的价值链,进而促进企业组织发展。目前,愈来愈多的企业不再保留技术创新组织的实体形态,只是根据市场机会组成虚拟的创新公司或创新联合体,共担创新风险,共享创新利益,当既定的创新目标实现时,创新联盟即随之解散。通过组织结构虚拟化,各个企业可以充分利用合作伙伴的已有资源加速自己的发展,并且虚拟化组织结构一旦形成,企业便可凭借其强大的规模优势加速对市场的影响力,从而提高自己的竞争能力。例如:著名的耐克公司不用一台生产设备,其总公司缔造了一个遍及全球的帝国。为了实施虚拟化生产,耐克公司将设计图纸交给处于世界各地的生产厂家,让他们严格按图纸式样进行生产,随后由耐克公司进行贴牌,并将产品通过公司的营销网络将产品销售出去。这种模式充分实现了优势互补的作用。耐克公司的这一战略,不仅充分利用当地廉价的劳动力,极大地节约了人工费用,而且节约了大量的生产投资以及设备购置费用,从而能保证耐克公司最大限度地整合各地的资源,这也是耐克运动鞋之所以能以较低的价格与其他名牌产品竞争的一个重要原因。

知识链接

世界上并没有唯一正确的全球营销组织结构。甚至在特定行业内，不同的企业在应对外部环境变化时，采取的战略各不相同，作出的组织结构调整也不尽相同（Bartlett 和 Ghoshal，1989）。如果有什么普遍法则的话，确实可以发现那些顶级的全球性企业都拥有类似的组织结构特征：扁平而简单。这些企业好像在向我们传递一个信息："我们的世界已经够复杂了，就不要再使企业内部结构也变得那么复杂。"简单的结构能增加沟通的速度与可见性，能使企业有价值的资源集中在学习而非控制、监督和汇报上。在 21 世纪中，企业将面临更加不确定的、快速变化的全球竞争性市场，企业必须寻找新兴的、更具创新性的方法来组织企业活动。全球性市场需要灵活、有效和高度响应性的组织结构，需要以低成本、顾客为导向，向消费者快速地提供最高质量的产品和服务。

资料来源：Warren J. Keegan & Mark C. Green. *Global Marketing*，3rd e-dition，Pearson Education，2003

14.3 全球营销控制

全球营销控制是对全球营销战略和策略执行过程的监督和评估，并据此采取适当的措施以纠正实施过程中的偏差，旨在保证企业战略计划中既定营销目标的实现。营销控制是营销管理的一个重要组成部分，是一种作用于企业内部的整合机制，有效地控制使我们能够指导、规范和管理企业的全球营销，减少不确定性，增加可预测性，以确保企业不同部门的行为一致，从而完成共同的组织目标（Egelhoff，1984）。然而，对企业的全球运营进行控制，确保其绩效标准达到贯穿公司的统一标准，是一项复杂的任务。因为从地理区域角度分析，全球营销企业的总部与子公司或分支机构之间的地理距离较远，各自所处的外部环境不一，需要及时沟通信息，协调营销策略；从市场角度分析，全球性企业的目标市场分散在世界不同地区，在执行营销战略的过程中，分支机构或子公司会出现各种偏差，只有及时了解和纠正这些偏差，才能形成整体营销的合力；从子公司角度分析，各分支机构或子公司之间，无论是在外部环境方面还是在内部实力方面都相差较大,公司总部要正确评价其业绩,必须十分熟悉其各方面的情况,加强对其的控制和管理。另外,以下几个方面更增加了全球营销控制的复杂性:

首先,当地单位及区域聚焦通常会增加管理中间环节和员工雇佣,这会使管理、沟通以及评估的过程更为复杂;其次,多国公司可能会在许多国家都设有附属子公司或分支机构,而这些国家的外部环境变动程度和方式却并不一致,对于企业经营也会有不同影响,这会造成在不同国家间,构成评估目标的标准和考核也不具有可比性;最后,鉴于附属子公司与总部之间存在的隔离,双方都有一种拒绝受对方影响的趋势,例如,子公司会争取保留在决策制定以及绩效评估方面的自主权,而总部则会抵制来自下属企业和机构对计划和评估过程的介入。

从以上讨论中可以发现,全球营销管理非常复杂,由此带来的困难也不少;然而,全球营销企业却可以通过引入合理而恰当的控制体系来加以克服和解决。这些控制体系主要是围绕着结果产出(output)和过程行为(behavior)两个对象进行设计。结果产出控制包含对销售数据、负债平衡表、生产数据和员工表现等不间断地监测,并与企业计划和预算进行比较;而过程行为控制主要是在行为导致结果之前或之后,对行为施加影响,例如向各国子公司员工提供销售手册,对新员工进行企业文化的灌输。

另外,企业管理者需要制定控制方法对结果产出和过程行为进行测量和评价,一般有正式控制与文化控制两种方法(Baliga 和 Jaeger,1984)。正式控制是指通过一系列的法规和条例来指明企业所希望的行为;而文化控制则显得不那么正式,通过在组织成员内形成共有的信念和期望而发生作用(详见表 14.1)。

表 14.1　正式控制和文化控制机制的比较

控制的对象	控制的方法	
	正式控制	文化控制
结果产出	正式的绩效报表	共同的行为规范
过程行为	企业政策、手册	共同的管理哲学

资料来源:B. R. Baliga and Alfred M. Jaeger. "Multinational Corporations：Control Systems and Delegation Issues", Journal of International Business Studies, 1984, 15 (Fall):pp28。

14.3.1　正式控制

一般而言,企业制定正式控制机制包含以下三个过程:

(1)设定绩效目标和标准

建立正式控制机制的第一步是根据企业预计的市场潜力设定理想的销售和

利润目标以及营销计划支出的预算。预算是如何确定的呢？一般情况下,大多数企业会根据去年的绩效以及参考本行业内平均业绩和历史情况而定。对于全球性企业,更好的方法是通过对各国子企业可达到的市场成长率的估计,而这种估计必须建立在对国家和行业增长范式的企业研究基础上。例如,研究应该包括对竞争强度(市场中的本地和全球竞争者)、政治稳定性、经济发展、地区和本地贸易以及其他直接影响企业绩效的指标进行持续评估。

（2）测量绩效

实际绩效需要根据设定的标准进行测量。对于销售额、利润以及市场份额等指标的测量,都是针对特定国家或地区的目标市场,还会将其与之前的绩效和竞争对手的情况进行对比。而且,还应该将这些结果与公司计划中制定的、针对目标市场的目标进行比较。

（3）指出差异并更正

在这一过程的最后阶段,要将标准以及绩效之间的差异进行校正。如果标准的设定缺乏合理性或者由于不可预测的外部环境变化而导致标准没有达到,就需要在下一个评估周期对其进行调整。

当实际的销售额低于(或营销支出高于)计划目标时,管理者将调查这些结果出现的原因以及应该采取哪些手段进行改善。大型企业通常由于拥有规模优势,在企业总部会有专门人员负责对全球市场的某产品表现进行监控。他们负责产品从新产品引入到市场退出的相关事宜。由于全球市场的发展阶段存在差异性,同一个产品在不同的地理市场中所处的产品生命周期阶段也会不同。全球营销产品经理的任务之一就是要尽力避免同一营销错误的再次发生,以及最大化利用在其他市场上获取的知识和经验。小型企业把精力集中在主要市场中的主要产品上。主要产品指的是对企业销售、利润目标和竞争地位非常重要的产品。它们通常是处于引入期的新产品,需要密切的关注。当主要产品出现与预算的偏差时,总部将直接调查问题的原因,并协助当地管理者处理该问题。

14.3.2 文化控制

和美国企业不同的是,许多来自亚洲国家的企业认为正式控制过于刚硬和量化导向,它们重视将企业价值观和文化作为对正式控制的补充和替代。文化控制要求广泛的社会化过程,其中非正式的、人员间的互动是这个过程的关键所在。大量资源用于培训,帮助员工认同企业文化和工作方式。日本企业通常会在新员工培训的前几个月内进行名为"企业文化和精神的培训",使新员工形成

共同的企业使命和价值观。以下是企业采用文化控制机制的通用方法：

首先，在母国企业总部和区域或当地分支机构间建立频繁的沟通与联系，例如总部人员与分支机构人员，或者分支机构间员工进行面对面的接触。这能作为更好进行协作活动的一种方式，而且能够保证双方预期的良好沟通。

其次，使管理人员在不同业务间进行轮换，以此来最大化国际经验带来的收益。一个经常使用的策略是聘任一名非母国和东道国的管理者对新的或是存在问题的项目进行管理。这些管理者不仅具有灵活性而且富有经验，还不会由于母国或东道国企业而带来偏见问题。一般来说，从一个分支机构调往另一个分支机构的流动人员往往能提供有价值的信息和意见，用来参与控制。

最后一种是对员工进行培训，反复向其灌输与公司目标相一致的管理文化；管理培训能被用来使员工在企业增长、利润目标、创新等企业使命和目标上达成一致看法。

思考提示

总而言之，企业很少依赖于某一种控制方法，更多的是需要在定性与定量的方法、在正式控制与文化控制间保持平衡。

14.3.3　控制方法的运用

在大多数企业内，由于在职能履行中具有相应不同程度的限制，各职能部门都必须服从于各自的指导方针和准则。例如，相比于制造和财务，营销职能通常被认为包含更多行为方面的内容；生产比营销更容易被集中化管理，技术和工程人员也比营销人员更倾向于遵守相关标准和规定，因而制造类分支机构比营销类分支机构会受到更多的控制。美国跨国企业在营销控制中更倾向于强调定量数据获取的重要性，这虽然能使与绩效标准的比较更为容易，也利于跨国子公司之间的企业绩效对比，但是依然存在许多的问题。全球环境中的独特问题，例如通货膨胀、税率的差异和汇率波动，就会扭曲对某个子公司绩效的评价，从而无法比较各国子公司的市场表现。

另外，在设计控制系统时，管理者还需要考虑建立和维持控制系统所带来的成本,确保带来的收益大于成本。任何控制系统都需要在管理结构和系统设计上进行投入,例如文化控制所带来的成本包括:人员互动、培训计划、人员调换。当然,这些成本可能会被改善的控制系统和降低的人员流失率所抵消。最后,控制系统的设计还要充分考虑环境的影响。首先,控制系统应着眼于企业所能控制的范围;其次,控制系统需要与当地法规和风俗习惯保持一致。

练习思考

1.请阐述影响组织结构设计的因素有哪些?举例说明这些因素是如何影响组织设计的。

2.请比较国际事业部和全球区域式组织结构的不同,企业为何会从国际事业部转变为全球区域式组织结构?

3.全球矩阵式组织结构与其他组织结构的差别在哪里?请简略说明。

4.正式控制和文化控制如何确保全球营销活动与企业既定战略目标的一致?

案例分析题

某跨国企业成立于1977年,其总部位于东南亚地区。其主营业务是物流服务、金融后勤服务、快递、地区商务贸易、废品循环回收等。该公司所有企业的人员总数不到3000人,大部分所有权和经营权属于现任集团总裁和董事会主席及其家族成员。从规模上看,这是典型的中小型跨国家族企业。1993年起,该企业开始进入中国市场,虽然在华企业规模不大,但由于在局部细分市场中占有领导甚至垄断地位,效益相当可观。进入中国后,该公司在华企业人事控制的演化和发展过程主要分为3个阶段,即母公司完全支配阶段、"本土化"阶段和共同控制阶段。

(一)母公司完全支配阶段(1993—1999年)

从1993年至1999年,该跨国公司在中国共设立了3家公司,其中在深圳、南京设立独资子公司。独资子公司设有董事会,董事长与法人代表一直由总裁亲自担任,其他董事均是家族成员。所有的重大决策(例如任免总经理、利润处理等)都由董事长作出。在这一阶段,深圳公司的前几任总经理都是该企业国籍,由该企业总部直接委派,并向总部任命的大中华区域总经理直接汇报。而区域总经理则向公司总裁直接汇报。

在中国发展初期,对刚刚进入新市场的跨国公司来说,此时一体化的方式不适用,当地化的需求不强。环境越不确定,组织结构就越应该更具灵活性和适应性。该企业刚开始进入中国时,海外经营活动所占比重较低,为了规避海外直接投资的不确定性,采用变动性组织结构即母子公司结构,子公司的所有重要业务都由总部控制。

(二)"本土化"阶段(1999—2003 年)

在中国发展一段时期后,差异化即当地化需求较强,为了适应复杂的环境,总部将管理层"本土化",采用差别适用性组织结构。从 1999 年开始,一方面由于原有市场日趋饱和,总部必须开拓新市场、新业务;另一方面子公司的业务构成也开始由单一向多元化发展,加上控制效率与业务和市场变化间的矛盾日益突出,总部决定下放部分控制权,逐渐倾向于从子公司内部人员中选拔管理者。随后,这些"本土化"总经理的权限开始慢慢变大。但总部仍然保留着增加人员及全体员工基本工资变动的控制权。

(三)共同控制阶段(2003 年至今)

2003 年,母公司在上海成立了一家中外合作经营企业。与其他在华企业相比,上海企业的总经理有更大的权力。在年度预算或经营计划内,他拥有包括人事任免、绩效考核和激励制度的制订、人员的增减等独立决策权。当上海企业的人事控制放权带来明显成效后,该公司对中国子公司的管理结构和有关制度进行了调整:一是成立了中国区管理委员会,委员会组成:总部委派人员、国内抽调经理,委员会代替总部,通过营运、财务、人事等功能模块直接管理所有区内子公司。二是调整了财务汇报制度,各子公司的财务人员由中国区财务总监(委员会成员)直接管理。三是扩大了管理层(包括各子公司总经理)的权限,但总部同时加强了对子公司的监督。

(1)请讨论案例企业是如何调整组织结构的?是哪些因素促使组织结构的变化?

(2)请为本案例企业提出一套合适的组织控制机制。

资料来源:李玥、吴育华、沈琛:《环境变化与中小型跨国公司的组织结构变迁》,《东南亚纵横》,2008 年第 12 期,第 77—80 页

参考文献

[1]菲利普·R.凯特奥拉(Philip R. Cateora),约翰·L.格雷厄姆.国际市场营销学(原书第14版).周祖成,等译.北京:机械工业出版社,2010.

[2]罗子明,高丽华,丛珩.现代广告概论.北京:清华大学出版社,2005.

[3]屠忠俊.网络广告教程.北京:北京大学出版社,2004.

[4]John B. Cullen.跨国管理.赵树峰,译.北京:机械工业出版社,2003.

[5]Steve Carter.国际营销战略.姚雯,译.北京:经济管理出版社,2005.

[6]逯宇铎,常士正.国际市场营销学.北京:机械工业出版社,2004.

[7]吴晓云.国际市场营销学教程.天津:天津大学出版社,2004.

[8]任锡源.顾客满意度的口碑营销对策研究.北京:首都经济贸易大学出版社,2009.

[9]赵放.国际市场营销学.北京:机械工业出版社,2004.

[10]涂永式,李青.国际市场营销.广州:广东高等教育出版社,2005.

[11]徐剑明.国际营销实务与案例.北京:机械工业出版社,2004.

[12]Michael Czinkota.国际市场营销学.北京:电子工业出版社,2004.

[13]Warren J. Keegan.全球营销管理.段志蓉,等译.北京:清华大学出版社,2004.

[14]Dana-Nicoleta Lascu.国际市场营销学.马连福,赵颖,高楠,译.北京:机械工业出版社,2010.

[15]沈铖.全球营销学.武汉:武汉大学出版社,2004.

[16]涂永式,李青.国际市场营销.广州:广东高等教育出版社,2005.

[17]Yoram Wind, Robert Gunther.聚合营销.解杜鹃,等译.北京:中信出版社,2003.

[18]Helen Deresky. *International Management*.北京:清华大学出版社,2011.

[19]杰夫·萨宾,格莱士·布雷巴克.精确营销学.魏青江,方海萍,译.北京:高等教育出版社,2008.

[20]乔治·S.伊普.全球战略(第2版).北京:中国人民大学出版社,2005.

[21]郑新立.国际经济分析与展望(2010—2011).北京:社会科学文献出版

社,2011.

[22]马修·O.杰克孙.社会与经济网络.柳茂森,译.北京:中国人民大学出版社,2011.

[23]约翰·奥科诺,等.电子化营销.史达主,译.大连:东北财经大学出版社,2005.

[24]理查德·J.塞米尼克.促销与整合营销.徐惠忠,等译.北京:电子工业出版社,2005.

[25]格伦·布鲁姆,等.有效的公共关系(第8版).明安香,译.北京:华夏出版社,2002.

[26]弗拉赫蒂.全球运营管理.陈鹤琴,等译.北京:清华大学出版社,2003.

[27]菲利普·科特勒,等.营销管理.王永贵,等译.上海:格致出版社,2009.

[28]沃伦·J.基根,等.全球营销学.傅慧芬,等译.北京:中国人民大学出版社,2009.

[29]理查德·M.霍杰茨,等.国际管理——文化、战略与行为.赵曙明,等译.北京:中国人民大学出版社,2006.

[30] M. G. Martinsons and C. S. Tsong,. Successful Joint Ventures in the Heart of the Dragon. *Long Planning*,28(1):5.

[31] Warren J. Keegan,. *Global Marketing Management*. 7th ed,Prentice Hall,2002,p212.

[32]Gary Mcwilliams & Evan Ramstad.中国企业收购海外资产遭遇消化不良.华尔街日报(中文版),2006-8-24.

[33]黄速建,刘建丽.中国企业海外市场进入模式选择研究.中国工业经济,2009(1):108—117.

[34]顾露露,Robert Reed.中国企业海外并购失败了吗?.经济研究,2011(7):116—129.

[35]严欢,周庭锐.产品多样性与消费者感知.销售与市场,2012(1).

[36]卢泰宏,等.百年营销实战创新经典回放.销售与市场,2000(3):6—13.

[37]胡轩.中国家电企业在东南亚的跨国经营战略.市场周刊,2004(4):37—38.

[38]李玥,吴育华,沈琛.环境变化与中小型跨国公司的组织结构变迁.东南亚纵横,2008(12):77—80.

[39]卡尔·麦克丹尼尔,等.市场营销.北京:世纪出版集团,2009.

[40]http://www.cnexp.net/

[41]http://www.cntexu.com/

［42］http：//www. kesum. cn/Article/

［43］清华大学领导力培训项目网：http：//www. thldl. org. cn/

［44］中国企业管理网：http：//www. ceceo. cn/

［45］中国营销传播网：http：//www. emkt. com. cn/

［46］中国市场营销网：http：//www. ecm. com. cn/

［47］国际营销传播网：http：//www. globalmarketing. cn

［48］网易商业报道：http：//biz. 163. com/

［49］中华人民共和国商务部：http：//www. mofcom. gov. cn/

［50］中华人民共和国国家统计局：http：//www. stats. gov. cn/

［51］维基百科：http：//zh. wikipedia. org/zh－cn/

［52］百度百科：http：//baike. baidu. com/

［53］MBA 智库百科：http：//wiki. mbalib. com/

图书在版编目(CIP)数据

国际市场营销学 / 李亚雄等编著. —3 版. —杭州：
浙江大学出版社，2012.6(2025.1 重印)
ISBN 978-7-308-10011-3

Ⅰ. ①国… Ⅱ. ①李… Ⅲ. ①国际营销
Ⅳ. ①F740.2

中国版本图书馆 CIP 数据核字（2012）第 102495 号

国际市场营销学(第三版)

李亚雄　　张启明　　徐剑明　　编著

责任编辑	周卫群	
插图与版式设计	刘双花	
封面设计	联合视务	
出版发行	浙江大学出版社	
	（杭州市天目山路 148 号　邮政编码 310007）	
	（网址:http://www.zjupress.com）	
排　　版	杭州青翊图文设计有限公司	
印　　刷	广东虎彩云印刷有限公司绍兴分公司	
开　　本	710mm×960mm　1/16	
印　　张	24.25	
字　　数	435 千	
版 印 次	2012 年 6 月第 3 版　2025 年 1 月第 12 次印刷	
书　　号	ISBN 978-7-308-10011-3	
定　　价	43.00 元	

版权所有　侵权必究　　印装差错　负责调换

浙江大学出版社市场运营中心联系方式:0571－88925591;http://zjdxcbs.tmall.com